W0077756

Wenn eine Frau Mutter wird, verändert sich ihr Leben völlig, verschiebt sich die Sicht auf viele Dinge, aber auch auf die eigene Person und den Partner. Kinder sind die besten Lehrer, wenn es darum geht, neue Seiten an sich selbst zu entdecken. Sie sind eine Herausforderung an die Eltern, erwachsen zu werden und zu begreifen, was wirklich zählt.

Harriet Lerner, selbst Mutter, hat ein Buch für alle Frauen geschrieben, die verstehen wollen, was Muttersein bedeutet und welche Erfahrungen damit verbunden sind. Aus psychologischer und zugleich persönlicher Sicht beleuchtet die Autorin einfühlsam und humorvoll Fragen und Ängste von Müttern. Sie zeigt aber auch die Grenzen, die jeder Mutter gesteckt sind. Dazu gehört zum Beispiel das Gefühl der Ohnmacht, weil man das eigene Kind nicht vor allen Gefahren schützen kann. Wer ein Kind hat, kennt den hohen Anspruch, eine perfekte Mutter zu sein, und den Kummer darüber, wieder einmal versagt zu haben.

Das Buch begleitet Frauen durch das Auf und Ab des Mutterseins und zeigt, dass wir nicht perfekt sein müssen, um von unseren Kindern geliebt zu werden, wenn wir umgekehrt bereit sind, unsere Kinder mit ihren Unzulänglichkeiten und Eigenarten zu lieben. Harriet Lerner stellt auf kluge und warmherzige Art dar, was wir ändern können und wann wir besser daran tun, unsere Grenzen zu akzeptieren.

*Harriet Lerner,* geboren 1944, hat mit ihren Arbeiten zur Psychologie der Frau einen internationalen Ruf erworben. Sie arbeitet als Psychologin und Psychotherapeutin bei der Menninger Foundation in Topeka, Kansas, wo sie mit ihrem Mann und zwei Söhnen lebt. Sie hat mehrere Bücher veröffentlicht und schreibt regelmäßig für das Magazin »New Woman«. Im Fischer Taschenbuch Verlag erschienen von ihr »Was Frauen verschweigen« (Bd. 12030), »Wohin mit meiner Wut?« (Bd. 15174) und »Zärtliches Tempo« (Bd. 15173). Im Krüger Verlag erschien 2002 »Die Magie der Worte«.

*Unsere Adresse im Internet: www.fischer-tb.de*

Harriet Lerner

# Der Tanz ums Kind

## Wie Muttersein unser Leben verändert

Aus dem Amerikanischen
von Olga Rinne

Fischer Taschenbuch Verlag

Veröffentlicht im Fischer Taschenbuch Verlag,
ein Unternehmen der S.Fischer Verlag GmbH,
Frankfurt am Main, Januar 2003

Lizenzausgabe mit Genehmigung
des Krüger Verlages, Frankfurt am Main
Die amerikanische Originalausgabe erschien 1998
unter dem Titel »The Mother Dance«
im Verlag HarperCollins Publishers, Inc., New York
© 1998 by Harriet Lerner
Für die deutsche Ausgabe:
© Wolfgang Krüger Verlag GmbH, Frankfurt am Main 2000
Druck und Bindung: Clausen & Bosse, Leck
Printed in Germany
ISBN 3-596-15430-8

# Inhalt

Teil 4: Was Ihre Mutter Ihnen nie erzählt hat

Für Matt und Ben

# Danksagungen

Ich kann mir mein schriftstellerisches Leben nicht ohne meine lieben Freunde vorstellen, die auch meine besten Lektoren sind und mir Jahr für Jahr, Buch für Buch mit Aufmunterung, Ermutigung und gutem Rat zur Seite standen. Von ganzem Herzen danke ich Jeffrey Ann Goudie, Tom Averill, Emily Kofron und Marianne Ault-Riché dafür, dass sie so sorgfältige Leserinnen und Leser sind und mir so großzügig Zeit zur Verfügung stellten, die sie eigentlich gar nicht hatten.

Andere Freunde, Kollegen und Familienmitglieder waren mir ebenfalls eine große Hilfe. Besonders danke ich meiner Nichte, Jen Hofer, nicht nur für ihr sorgfältiges Redigieren, sondern auch für ihr einfühlsames und kritisches Denken im Hinblick auf familiäre Beziehungen. Mein Dank gilt auch Stephanie von Hirschberg, Joanie Shoemaker, Nancy Maxwell, Judie Koontz, Chuck Baird und meiner Schwester, Susan Goldhor, für ihre Ermutigung und ihre wichtigen Anregungen während meiner Arbeit an diesem Buch.

Besonderen Dank schulde ich Martha Patterson, Susan Garlinghouse und den Schülerinnen und Schülern der Topeka High School, die sich freiwillig erboten, sich mit mir zu treffen und mir von ihren Beobachtungen und Erfahrungen auf der Empfänger-Seite des mütterlichen Engagements zu erzählen. Diese Begegnungen regten mich dazu an, während des gesamten Arbeitsprozesses an diesem Buch mit Schülerinnen und Schülern anderer Schulen zu sprechen. Ich danke allen diesen Jugendlichen für ihre Einsichten und ihre Offenheit. An der Menninger Clinic, meiner Basisstation, ist Mary Ann Clift seit Jahren diejenige, die den Texten aller Angehörigen des Mitarbeiterstabs Kohärenz und Schliff gibt. Ich konkurriere heftig um ihre Zeit, und ich bin ihr zutiefst dankbar für die Großzügigkeit ihres Geistes und ihre an Zauberei grenzende editorische Präzision. Auch andere haben mich während der Zeit der Arbeit an diesem Buch mit Feed-back, Freundschaft und emotionaler und praktischer Hilfe unterstützt. Mein Dank gilt Ellen Safier, Libby Rosen, Patricia Klein Frithiof, Ingrid Busch, Neda Ulaby, Janet Paisley, Pat Spiegelberg Hyland und besonders Mary Rouse und Vonda Lohness-Sieh.

Ich habe von vielen Pionier-Denkerinnen gelernt, was das Verständnis von Familienbeziehungen angeht, unter anderem von Betty Carter, Monica McGoldrick, Kathrine Kent und dem *Women's Project in Family Therapy* (Marianne Walters, Betty Carter, Peggy Papp und Olga Silverstein). Während der fast drei Jahrzehnte meiner Arbeit als Psychologin und Psychotherapeutin habe ich von Kolleginnen und Kollegen mehr gelernt, als ich auch nur annähernd erinnern oder benennen kann. Mein besonderer Dank gilt Betsy Carter und Stephanie von Hirschberg für ihre anfängliche Hilfe und Unterstützung bei meiner monatlichen Kolumne in der Zeitschrift *New Woman*.

Ich danke dem Verlag HarperCollins, bei dem alle meine bisherigen Bücher erschienen sind, für das kontinuierliche Engagement für meine Arbeit. Peternelle van Arsdale war wesentlich daran beteiligt, dieses Projekt auf den Weg zu bringen und es in die richtige Richtung zu dirigieren. Als sie HarperCollins 1997 verließ, erbte Gail Winston das halb fertige Manuskript. Ihr Erscheinen auf der Bühne war ein Glücksfall für mich, denn sie erwies sich als eine Quelle der Inspiration und der klugen editorischen Entscheidungen. Mein besonderer Dank gilt auch Rick Pracher und Suzanne Noli.

Jo-Lynne Worley ist seit 1990 meine Agentin, Managerin und enge Freundin. Ihre Beiträge zu meinem Erfolg im Beruf und im Leben sind so zahlreich und im Alltag so allgegenwärtig, dass Worte nicht ausreichen, um ihr zu danken. Meine liebende Mutter, Rose Goldhor, jetzt, während ich dies schreibe, neunundachtzig Jahre alt, hatte den stärksten Einfluss auf mein Leben. Ich bin ihr für alles zutiefst dankbar.

Mein Mann, Steve Lerner, ist seit mehr als zwei Jahrzehnten mein Partner, in der Liebe und in der Arbeit. Obwohl er alle meine Manuskripte sorgfältig las, waren seine Beiträge und Anregungen bei diesem Projekt ganz besonders wertvoll, denn wir sind seit der Geburt unseres ersten Kindes 1975 auch Partner in der Elternschaft. Ich verließ mich also auf seine Sichtweise und sein Gedächtnis als Korrektiv für meine eigene Darstellung unserer Familie. Außerdem ist er ein überaus großzügiger, liebevoller und fürsorglicher Vater. Meine beiden Söhne, Matthew und Ben, gaben mir die Erlaubnis, über sie zu schreiben. Das ist ein Akt eminenter Großzügigkeit, insbesondere da alle Mitglieder einer Familie ihre eigene Entwicklung grundsätzlich durch ihre einzigartigen, individuellen und sehr unterschiedlichen Filter betrachten und ihre Geschichten entsprechend konstruieren. Auch wenn es wie ein Klischee erscheint (und doch gleichzeitig eine tiefe Wahrheit ist), kann ich nicht umhin zu sagen, dass meine beiden Söhne mich lehrten, was ich über das Muttersein weiß. Ich widme ihnen dieses Buch mit Liebe und Respekt.

# Einführung
## Mutterschaft aus der Sicht einer Mutter

Das Muttersein fällt mir ungefähr so natürlich zu wie die Arbeit einer Astronautin. Diese Tatsache allein sollte Vertrauen erwecken. Wer würde schließlich ein Buch lesen wollen, das von einer Mutter geschrieben wurde, die über den Dingen steht, der alles glatt von der Hand geht, die in Seligkeit schwimmt, während sie ihrem zappelnden Dreijährigen einen Winteroverall überzuziehen versucht, oder deren Augen immer strahlen, wenn sie auf die Frage »Was machen Sie denn so?« antwortet: »Ich bin Mutter!« Ich habe keines der oben genannten Probleme und bringe also die besten Voraussetzungen mit, meine authentischen Erfahrungen und klarsten Reflexionen über das Muttersein – und wie es uns selbst und alle unsere Beziehungen verändert, im Inneren und im Äußeren – mit Ihnen zu teilen.

Ursprünglich hatte ich vor, ein Buch über das Elternsein zu schreiben, aber während der Fahrt änderte ich die Richtung. Das geschah so: Ich hatte schon einige Monate lang fröhlich vor mich hin geschrieben, als ich mich entschloss, eine dieser gigantischen, dreistöckigen Buchhandlungen aufzusuchen, die so groß sind wie ein Kaufhaus und ebenso überwältigend. Ich schritt tapfer auf die Sektion über Elternschaft und Kindererziehung zu. Alle Autorinnen und Autoren, die über ein spezielles Thema zu schreiben beginnen, müssen sich einen Überblick über andere Arbeiten zu diesem Thema verschaffen, selbst wenn diese Aussicht Furcht erregend ist.

Der Gedanke, möglicherweise auf ein Buch zu stoßen, das mit dem meinem, an dem ich gerade schrieb, praktisch identisch wäre, beunruhigte mich sehr – obwohl dies in etwa so wahrscheinlich war, wie auf eine Mutter zu stoßen, deren Kinder mit den meinen praktisch identisch wären. Aber Mütter und Autoren neigen nun einmal dazu, sich über alles Mögliche Sorgen zu machen; also bekam ich unwillkürlich Herzklopfen und fühlte mich leicht schwindlig, als ich das Schild »Geburt / Kindererziehung / Elternschaft« vor mir sah.

Eigentlich hatte ich dem gesamten Genre der Erziehungsratgeber aus Gründen, die ich später erklären werde, abgeschworen, als mein erster Sohn geboren wurde. Ich hatte mich ziemlich auf dem Laufenden gehalten, was die psychologische Fachliteratur über Mutterschaft anging, aber die populäre Literatur zu diesem Themenfeld seit ungefähr zwanzig Jahren nicht beachtet. Jetzt bemerkte ich, dass sie zu einer wahren Flut angewachsen war. In den Regalen standen *Tausende* von Büchern, die sich der Aufgabe widmeten, Mütter durch Schwangerschaft, Geburt und Stillen zu begleiten und dann Eltern zu instruieren, wie man von diesem Punkt an am besten weiter vorgehen sollte. Zugegeben, »Tausende« ist übertrieben, aber die Menge an Büchern, die ich vorfand, könnte kein Mensch lesen und trotzdem noch genug Zeit haben, sich um ein Kind zu kümmern. Erfrischend fand ich, dass der Blickwinkel sich im Gegensatz zu der früheren engen Fokussierung auf die Mütter erweitert hat und dass nun generell von »Eltern« die Rede ist. Aber Elternratgeber von Wand zu Wand? Weitaus einfacher, als auch nur einen Bruchteil dieser Literatur durchzuackern, wäre es, ein weiteres Kind auf die Welt zu bringen oder eines zu adoptieren.

Ich fragte mich, ob ich wirklich noch einen Elternratgeber auf diesen bereits überfüllten Markt werfen wollte. Offensichtlich war zu dem Thema genug gesagt. Aber nachdem ich den Bestand in dieser Buchhandlung und in anderen Buchläden durchgesehen hatte, konnte ich nicht umhin zu bemerken, dass über das Thema des Mutterseins selbst ein auffälliges Schweigen herrschte; das heißt, ich fand kaum etwas über die Erfahrung der *Mutter* mit der Mutterschaft, darüber, wie ihr Leben und ihre Beziehungen durch die Mutterschaft verändert und transformiert werden. So entschloss ich mich, das Thema Eltern und Kindererziehung fallen zu lassen und stattdessen darüber zu schreiben, was es heißt, Mutter zu sein – was es mit uns macht und wie es sich von innen anfühlt –, aus der doppelten Perspektive einer Mutter und Psychologin.

Als ich dieses Buch zu schreiben begann, war mein jüngerer Sohn noch auf der High School und mein älterer Sohn auf dem College. Zwei Jahre später, als ich das Projekt abschloss, hatte ich eine weitere Perspektive dazugewonnen: Das Nest war leer. Ich war froh über die Gelegenheit, meine eigenen komplexen Erfahrungen mit dem Muttersein Revue passieren zu lassen, und ich zögerte nicht, die besten und auch die schlimmsten Aspekte dieser Erfahrungen darzustellen. Leserinnen und Leser, die mich aus »Wohin mit meiner Wut?« oder meinen anderen Büchern kennen, werden vielleicht überrascht sein, zu erfahren, dass ich mich meinen eigenen Kindern gegenüber so unmöglich verhalten kann. Ich hoffe aber, dass meine Offenheit frisch gebackenen und künftigen Müttern helfen wird, für die Dinge, die auf sie zukommen, gerüstet zu sein und sich in der Konfrontation mit einer überwältigenden Lebenserfahrung nicht so allein zu fühlen. Christina Baker Kline weist in ihrem Buch *Child of Mine*[1] ausdrücklich darauf hin, dass Mütter von Säuglingen ein ungeheures Bedürfnis haben, die Stimmen anderer Mütter zu hören, die zu ihnen sprechen und ihnen sagen, dass sie nicht verrückt sind und mit ihren Problemen nicht allein dastehen.

Bei Frauen, deren Kinder – so wie in meinem Fall – nicht mehr klein sind, ist dieses Bedürfnis nicht weniger stark. Es spielt keine Rolle, ob Ihr Kind zwei oder zwanzig Jahre alt ist;

wenn Sie zurückblicken, fällen Sie vielleicht ein harsches Urteil über Ihr eigenes Verhalten als Mutter und kommen zu dem Schluss, dass Sie alles falsch gemacht haben. Wenn Sie zu dieser Kategorie gehören, hoffe ich, dass Sie auf den folgenden Seiten Bestätigung für die erstaunliche Variationsbreite der Gefühle, die Mütter durchleben, finden werden, und dass Sie sich von unproduktiven Ängsten, Schuldgefühlen und Selbstvorwürfen weniger beeinträchtigen lassen.

Es gibt zahllose Arten von Müttern, viele Arten von Familien und ein unendliches Spektrum von Problemen und Herausforderungen, vor die eine Mutter sich gestellt sehen kann. Das alles kann dieses Buch nicht einmal annähernd umfassen. Die Erfahrung jeder Mutter ist sowohl universell als auch einzigartig, und nicht einmal zwei Wege durch das gefährliche Terrain des Aufziehens von Kindern werden sich je völlig gleichen. Kline zitiert Gloria Steinem, die es so ausdrückte: »Vielleicht tauschen wir unsere Geschichten mehr oder minder in derselben Weise aus, wie Forscher und Entdecker ihre Karten austauschen, in der Hoffnung, einander zu helfen, schneller voranzukommen, aber auch in dem Wissen, dass wir die Reise allein antreten werden.«

Natürlich habe ich meine besten Erziehungsratschläge auch in das Paket hineingepackt. Nachdem ich fünfundzwanzig Jahre lang versucht habe, Menschen bei der Lösung ihrer Probleme zu helfen, kann ich einfach nicht anders. Die Wahrheit ist: Ich liebe es nicht nur, Ratschläge zu geben – ich verlasse mich auch darauf, dass andere Menschen mir mit gutem Rat zur Seite stehen. Manche Leute nehmen alles selbst in die Hand, aber der Typ bin ich nicht. Ich glaube daran, dass wir hier sind, um einander zu helfen, und wenn wir Kinder haben, brauchen wir alle Hilfe, die wir bekommen können.

# Teil 1
## Initiation

# 1 Empfängnis und Geburt:
# Ein Crashkurs in Verletzlichkeit

Ich wurde auf die altmodische Weise schwanger. Ich konnte mir nie vorstellen, dass ich *wirklich* schwanger werden würde, denn der Gedanke, dass ein vollständiger Mensch im eigenen Körper wächst, ist im Grunde derartig bizarr, dass nur Irre oder religiöse Fanatiker es für selbstverständlich halten können, dass so etwas tatsächlich passiert. Und dann ist da das Problem, das Baby aus dem Körper herauszubekommen – eine Angelegenheit, über die kein normaler Mensch im Ernst nachdenken möchte.

Ich war dreißig, als ich zum ersten Mal schwanger wurde. Vor dieser Schwangerschaft hatte ich nicht einen einzigen mütterlichen Impuls verspürt. Wenn meine Freundinnen und Freunde ihre Babys in kleinen Tragekörben mit zu Dinner-Partys brachten, hatte ich Mitleid mit ihnen (den Eltern), denn die ganze Sache erschien so furchtbar umständlich. »O ja«, zirpte ich mit geheuchelter Begeisterung, wenn ich gefragt wurde, ob ich einen dieser winzigen Säuglinge im Arm halten wollte. Aber ich versuchte nur, höflich zu sein und »normal« zu reagieren. Ich setzte mich immer, bevor ich jemandem erlaubte, mir ein Baby herüberzureichen, denn ich habe etwas Tollpatschiges an mir und ich wusste, wenn irgendjemand es fertig brächte, ein Baby fallen zu lassen, dann wäre ich es.

Von mir zu sagen, dass ich nicht der »mütterliche Typ« war, ist eine gewaltige Untertreibung. Ich genoss es, in Gesellschaft von Erwachsenen zu sein, und unter Vergnügen und Lebensfreude stellte ich mir nicht vor, mich mit Säuglingen oder Kleinkindern abzugeben, die nicht in der Lage waren, sich selbst anzuziehen, die Toilette zu benutzen oder ein interessantes Gespräch zu führen. Im Gegensatz dazu hatte Steve, mein Mann, kleine Kinder wirklich gern und machte sich nie Sorgen, dass er ein Baby fallen lassen könnte. Wir hatten uns vorgenommen, Kinder zu haben, aber was mich anging, kam dieser Wunsch nicht aus tiefstem Herzen. Ich glaubte nur, dass Kinder eine wichtige Lebenserfahrung seien, die ich nicht verpassen sollte – ebenso wenig wie Open-Air-Rockkonzerte oder eine Rundreise durch Europa. Obwohl ich überzeugt war, dass es richtig wäre, Kinder zu haben, schob ich es so lange wie möglich vor mir her.

Sobald ich aber die Bestätigung erhalten hatte, dass ich schwanger war, platzte ich förmlich vor Wichtigkeit und Stolz. Ich hatte Lust, Fremde im Supermarkt bei der Jacke zu packen und zu sagen: »Hey, ich sehe vielleicht aus wie jede x-beliebige Frau, aber denken Sie mal, ich bin SCHWANGER!« Die Tatsache, dass andere Frauen vor mir das auch schon erlebt hatten, ließ das Ereignis nicht weniger fantastisch erscheinen und minderte nicht mein Gefühl, eine große Leistung vollbracht zu haben.

Mein Selbstbewusstsein blähte sich sogar noch mehr, als ich das erste Drittel der Schwangerschaft ohne die geringste Spur von Beschwerden oder Übelkeit durchsegelte. Ich rechnete es mir als Verdienst an, dass alles so glatt ging, und kam zu dem Schluss, dass es ein »gutes Zeichen« sei und dass ich letzten Endes vielleicht doch eine »richtige Mutter« werden würde.

Aber zu Beginn des zweiten Schwangerschaftsdrittels bemerkte ich zuerst Blutflecken und dann bekam ich Blutungen. Mein Arzt fragte mich, ob ich eine Abtreibung in Erwägung ziehen wolle, denn das Risiko, dass der Fetus einen Gehirnschaden erleiden könnte, sei gegeben. Manchmal hörten die Blutungen völlig auf und ich war voller Hoffnung, und dann wieder blutete ich wirklich stark und fürchtete, dass ich – oder das Baby – sterben würde. Ich war in einem Zustand der Panik;

ich bangte um mein eigenes Überleben und das meines ungeborenen Kindes und hatte gleichzeitig Angst vor der furchtbaren Demütigung, bei anderen Leuten eine teure Couch zu ruinieren.

Ich konsultierte einen Spezialisten am Medical Center der Universität von Kansas und wurde dann an den besten Gynäkologen und Geburtshelfer von Topeka überwiesen, einen Arzt mit überragenden diagnostischen Kenntnissen, der nicht der Meinung war, mein Baby würde einen Gehirnschaden davontragen. Im Grunde war die ganze Angelegenheit ein Vabanquespiel. Die Plazenta war zu tief im Uterus angesetzt, und Teile davon lösten sich vorzeitig ab, während die Schwangerschaft voranschritt. Es war nicht eindeutig vorauszusagen, wie weit dieser Prozess gehen würde. Wahrscheinlich kann man diesen Vorgang medizinisch präziser beschreiben, aber so verstand ich meine Situation zu diesem Zeitpunkt. Der Fetus in meinem Bauch war jedenfalls gesund, und ich sagte mir, dass die fortgeschrittene moderne Medizin wissen sollte, wie man eine Plazenta an Ort und Stelle hält. Es erschien wie ein kleineres technisches Problem, das nicht notwendigerweise lebensbedrohliche Konsequenzen haben musste.

Meine Angst in Schach zu halten war jedoch alles andere als einfach. Als ich im fünften Monat war, sahen Steve und ich uns eines Abends im Fernsehen einen Action-Film an. Eine Gruppe von Leuten saß im Fahrstuhl eines Wolkenkratzers fest. Der Bösewicht, der über ihnen im Fahrstuhlschacht lauerte, sägte an den Stahlkabeln, die die Kabine hielten. Panik verbreitete sich unter den Eingesperrten, als die Kabine hin und her zu pendeln begann. Ihr Leben hing nun am seidenen Faden. Was für eine blöde, langweilige Geschichte, dachte ich. Sekunden später hatte ich das Gefühl, keine Luft mehr zu bekommen. Ich sagte Steve, ich würde gleich ohnmächtig oder hätte eine Herzattacke oder würde einfach sterben. »Ruf den Arzt zu Haus an«, befahl ich meinem geängstigten Ehemann. »Weck ihn auf!«

»Sieht so aus, als würden Sie hyperventilieren, nicht wahr?«, sagte der Arzt, als ich mich so weit beruhigt hatte, dass ich meine Symptome beschreiben konnte. Ich hätte einfach in meine geschlossenen Hände oder eine Tüte atmen sollen. Da nun klar war, dass ich nicht sterben würde, war es mir peinlich, dass wir ihn um Mitternacht herzitiert hatten – zwei Psychologen, die nicht in der Lage waren, die üblichen Symptome einer Angstattacke zu erkennen. Der Fernsehfilm hatte offensichtlich wie ein Auslöser gewirkt und meine Ängste über die Vorgänge in meinem eigenen Körper hochkochen lassen. Das Bild der prekär an einem Kabel baumelnden Fahrstuhlkabine und der darin eingesperrten Leute, die jeden Augenblick in den Tod stürzen konnten, ging mir lange Zeit nicht aus dem Kopf.

Mein Kind zu bekommen war jetzt praktisch alles, was mich noch interessierte. Ich wollte dieses Baby mit einer Intensität, die ich nicht für möglich gehalten hätte, und ich brach in Tränen aus, wenn ich in der Warteschlange vor der Kasse im Supermarkt eine Frau mit einem Säugling vor mir sah. Ich bin nicht sentimental in Bezug auf Feten im Mutterleib, also hätte ich die verzehrende Intensität dieser Bindung und die Verzweiflung, die ich bei der Vorstellung fühlte, mein Kind zu verlieren, in keiner Weise voraussehen können. Nichts auf der Welt, absolut nichts, war mir wichtiger, als dieses Baby zu bekommen, aber was ich bekam, war ein Crashkurs, wie es sich anfühlt, total verletzlich und hilflos zu sein. Kinder zu haben, sogar unter so genannten normalen Umständen, ist tatsächlich eine lebenslange Übung in dem Gefühl, machtlos zu sein und die Dinge nicht steuern zu können. Wenn Sie also zu der Sorte Mensch gehören, die ständig alles unter Kontrolle haben müssen, rate ich Ihnen dringend, auf gar keinen Fall ein Kind zu kriegen oder zu adoptieren.

Man sagte mir, dass ich mit einem Kaiserschnitt und einer vorzeitigen Geburt rechnen müsste, aber um uns selbst Mut zu machen und die Hoffnung nicht aufzugeben, nahmen Steve und ich in einem nahe gelegenen Krankenhaus an einem Kurs für natürliche Geburt teil. Von uns einmal abgesehen, waren die Interessenten normale Paare mit normalen Schwangerschaften. Die Kursleiterin schien die Art von Person zu sein, die sich zu etwas so Unappetitlichem wie dem Gebären selbst nie herablassen würde, und sie sprach mit der unechten Munterkeit, die manche Leute in ihre Stimme legen, wenn sie sehr alte Menschen oder sehr kleine Kinder ansprechen. Das Wort »Frau« fehlte in ihrem Vokabular. Es hieß immer »Dame«, etwa in der Art: »Manche Damen werden vielleicht einen mit Blut durchsetzten Ausfluss bemerken, wenn die Wehen beginnen ...« Ich überlegte mir bei jeder dieser Sitzungen, ob ich sie nicht höflich ansprechen und ihr vorschlagen sollte, das Wort »Frau« wenigstens versuchsweise zu benutzen, vielleicht ein- oder zweimal, aber ich brachte nie den nötigen Mut auf. Ich hatte immer noch sporadisch Blutungen, meine Nerven lagen bloß und ich war unkontrollierbar abergläubisch geworden; also war ich überzeugt, dass meine Plazenta sich vollends von der Uteruswand lösen würde, wenn ich die Kursleiterin mit meinen radikal-feministischen Ansprüchen verärgerte.

Ich hob allerdings die Hand, um Fragen zu stellen, oder eigentlich dieselbe Frage in zwei Versionen: »Woran merke ich, wenn die Wehen einsetzen?« und »Wie fühlen Wehen sich an, wenn sie beginnen?« Die Kursleiterin antwortete auf beides: »Manche Damen sagen, es fühlt sich an wie Menstruationskrämpfe.« Ich hörte ihr aufmerksam zu, denn ich habe die Neigung, mich in Gedanken zu verlieren, und bin oft etwas zerstreut. Ich wollte auf gar keinen Fall in die Lage kommen, den Beginn des Geburtsvorgangs erst zu bemerken, wenn der Kopf des Kindes schon ausgetreten war, denn dann wäre es zu spät für den Kaiserschnitt, und man hatte mir gesagt, dass er notwendig sein könnte, um mein Kind lebend auf die Welt zu bringen und auch mein Leben zu retten ... Aber Zerstreutheit hin oder her – ich hatte einfach furchtbare Angst angesichts meiner Unfähigkeit, sicherzustellen, dass mit meinem Kind – oder mir selbst – alles in Ordnung sein würde.

## Loslassen

Erst viel später verstand ich allmählich, dass ich diese Angst annehmen musste, dass Schwangerschaft und Geburt uns lehren, uns Kräften auszuliefern, die größer sind als wir selbst. Sich auszuliefern ist sicherlich nicht typisch amerikanisch, und allein das Wort ruft bei den meisten negative Assoziationen hervor. Sich auszuliefern heißt, zu verlieren, die Hände in die Luft zu werfen und einzugestehen, dass man besiegt ist. Aber unsere kulturelle Orientierung verlangt von uns, dass wir obenauf bleiben und das Geschehen unter Kontrolle haben. Männer sollen Verantwortung für andere Männer, Frauen und die Natur übernehmen. Frauen sollen ihre Kinder lenken und unter Kontrolle haben – als ob das möglich wäre. Mit dem Annehmen von Dingen, die wir nicht steuern können, verbinden wir eher die Vorstellung des Aufgebens oder Versagens als die Idee des Sich-Anheimgebens an Kräfte oder Ereignisse, die unser persönliches Potenzial übersteigen.

Zur amerikanischen Lebensweise gehört der Glaube, dass es für jedes Problem eine Lösung gibt und dass jedes Hindernis überwunden werden kann. Wir glauben, dass wir unser Schicksal selbst in der Hand haben, dass wir bekommen, was wir verdienen. Wenn wir in Schwierigkeiten geraten, können wir uns mehr anstrengen, neue Ideen entwickeln, positiv denken und uns am eigenen Schopf aus dem Sumpf ziehen. Alles, was danebengeht, kann wieder in Ordnung gebracht werden, und wenn wir es selbst nicht schaffen, dann schafft es der Arzt (der Therapeut, der Rabbi, der Heiler). Ein großer Teil des Kummers und Schmerzes, den Mütter fühlen, erwächst aus der Überzeugung, dass wir Macht über unsere Kinder haben sollten, wenn es schon schwer genug ist, Macht über uns selbst zu haben.

Bis zu dem Zeitpunkt, zu dem meiner Schwangerschaft das Attribut »kompliziert« vorangestellt wurde, lebte ich in dem Glauben, dass mein erwachsenes Leben so verlaufen würde, wie ich es geplant hatte, und dass mir nie etwas wirklich Schlimmes passieren würde. Auf der intellektuellen Ebene wusste ich, dass es so nicht stimmte, denn jedem Menschen kann jederzeit Schlimmes zustoßen, und auch mir waren in der Tat schon einige schlimme Dinge passiert. Aber insgeheim war ich überzeugt, dass ich mit einer Schwangerschaft ohne weiteres fertig werden würde, wenn ich es nur richtig anfasste. In Wahrheit ist eine Schwangerschaft ein Ereignis, das weit über unsere Möglichkeiten des Steuerns und Kontrollierens hinausgeht, und es gibt überhaupt keinen richtigen oder falschen Weg, durch diese Erfahrung hindurchzugehen.

Wie *können* wir uns aber am besten auf eine Schwangerschaft vorbereiten? Nehmen wir die Worte einer Frau, die seit kurzem Mutter ist, als Beispiel:

»Sobald ich erfahren hatte, dass ich schwanger war, las ich alles, was ich über das Thema finden konnte. Ich wollte so gut informiert sein wie nur irgend möglich. Ich wurde zu einer Expertin der Entwicklung von Feten. Ich studierte die biologischen, hormonellen und emotionalen Aspekte der Schwangerschaft. Ich las alles über den Geburtsvorgang. Ich wollte ganz genau wissen, was mit meinem Körper geschehen würde und was ich auf jeder Stufe dieser Entwicklung zu erwarten hatte. Wenn ich nicht las, sprach ich mit anderen Frauen und fragte

sie nach ihren Erfahrungen. Für mich hieß es: Wissen ist
Macht.«

Völlig konträr reagierte diese Frau, Mutter von zwei Kindern:

»Kaum hatte ich meine Umgebung wissen lassen, dass ich
schwanger war, fingen andere Frauen an, mir ihre Geschichten
zu erzählen. Ich hatte sie nicht dazu aufgefordert, und ich hatte
eigentlich keine Lust, ihnen zuzuhören. Ich wollte der Natur
vertrauen und meine Schwangerschaft als normalen Vorgang
betrachten, der nicht von mir verlangte, auf irgendeinem Gebiet zur Expertin zu werden. Ich las gar nichts über das Thema,
weil ich einfach im Augenblick leben wollte. Ich wollte keine
falschen Erwartungen aufbauen oder mich in Ängsten verstri-
cken. Wenn man mir Horrorgeschichten erzählte, würde mich
das nur in Panik versetzen. Wenn ich von perfekten Schwangerschaften hörte, würde ich mich nur ärgern, dass meine nicht
so fantastisch verlief. Die Basisinformationen über pränatale
Vorsorge hatte ich von meinem Arzt. Ich bereitete mich auf eine
natürliche Geburt vor. Das Wesentliche war mir bekannt. Darüber hinaus wollte ich nichts wissen. Ich wollte das, was geschah, einfach erleben.«

Auf den ersten Blick erscheinen die Reaktionen dieser beiden
Frauen vielleicht so unterschiedlich wie Tag und Nacht, aber
ihre Geschichten spiegeln nur die beiden Seiten derselben Me-
daille. Beide Frauen schildern ihre persönlichen Bewältigungsstrategien angesichts einer dramatischen Umwälzung in ihrem
Leben. Ich meine nicht Desaster oder Tragödie, wenn ich »dramatische Umwälzung« sage. Ich wähle diese Formulierung vielmehr, um das schier Überwältigende einer solchen »normalen«
Lebenserfahrung zum Ausdruck zu bringen.
  Schwangerschaft und Geburt können herzzerreißende Erfah-

rungen sein oder uns in Euphorie versetzen. Für den Prozess der Adoption trifft das Gleiche zu. Unabhängig davon, ob diese Reise unkompliziert oder stürmisch verläuft, gibt es keine andere allgemein menschliche Erfahrung in unserem Leben – abgesehen von unserer eigenen Geburt und unserem Tod –, die uns in so kurzer Zeit durch so massive Veränderungen und Transformationen führt. Die Herausforderung liegt darin, die Erfahrung in ihrer ganzen Fülle anzunehmen – und manchmal einfach, sie durchzustehen, so gut wir können.

Auch wenn alles so läuft, wie es im Lehrbuch steht, was statistisch geschen wahrscheinlich ist, bleibt eine Schwangerschaft dennoch eine Lektion in Verletzlichkeit und Sich-Ausliefern. Ihr Körper ist bewohnt; Sie leben in dem Gewahrsein, dass die Geburt eines Kindes ein unkontrollierbares Risiko ist, und auf irgendeiner tiefen Ebene wissen Sie, dass Ihr Leben sich bald auf eine völlig unvorhersehbare Weise verändern wird. Wie gut Sie auch immer vorbereitet sein mögen – Sie werden nicht in der Lage sein, die Dinge zu steuern. Sie sind mitten in einem Kataklysmus, und das Einzige, worauf Sie sich fest verlassen können, ist, dass nichts mehr so sein wird wie zuvor.

## Und all das führt ... zu einem Baby?!

Bei so vielen Ängsten um die Schwangerschaft als solche hatte ich das zu erwartende Endresultat beinahe vergessen. Am 5. Juni 1975 wachte ich mitten in der Nacht auf und registrierte zu meiner größten Verblüffung, dass ich Menstruationskrämpfe hatte. Ich zermarterte mir das Hirn, wie um alles in der Welt ich Menstruationskrämpfe haben konnte, wo ich mich doch nicht einmal erinnern konnte, wann ich meine letzte Periode gehabt hatte. Aber bei mir lief ja sowieso alles schief, sagte ich mir, und dies war sicherlich nur eine weitere Marotte meines total unberechenbaren Körpers. Ich überlegte, ob ich nach dem Midol suchen sollte, aber dann fiel mir ein, dass schwangere Damen keine Medikamente nehmen. Also blieb ich im Bett liegen und dachte, die Menstruationsschmerzen würden sich schon wieder geben, da sie ja eigentlich gar nicht da sein konnten.

In meinem Berufsjargon bezeichnet man diese Art von Verhalten als »Verleugnung«. Der vom Arzt errechnete Geburtstermin lag im August; im Juni Wehen zu bekommen war ganz undenkbar. Ich schlief also mit meinen Menstruationskrämpfen wieder ein, nur um wenige Minuten später durch einen warmen Strom zwischen meinen Beinen geweckt zu werden, den ich für Blut hielt. Mein Tod – da war ich sicher – war nur noch eine Frage von Minuten, denn es gab keine Möglichkeit, mich schnell genug ins Krankenhaus zu bringen, bevor ich verblutete.

Ich trommelte auf Steve ein, der schlagartig wach war und das Licht anmachte. Ungläubig und zutiefst erleichtert sahen wir, dass ich definitiv kein Blut verloren hatte, denn der nasse Fleck auf dem Laken war farblos. Während wir das nasse Laken untersuchten, erwähnte ich nebenbei, dass ich – stell dir mal so was vor! – Menstruationskrämpfe hätte. Steve hatte eine andere Erklärung: Die Wehen hätten eingesetzt, die Fruchtblase sei gesprungen und das Fruchtwasser abgegangen, und das sei der Grund für das nasse Bett. Ja, es sei zwar früh, aber das käme nun einmal vor.

Ich weigerte mich, das zu akzeptieren. Es konnte nicht wahr sein, denn es war einfach nicht die richtige Zeit. Das Baby hatte getreten und die Blase erwischt, sodass ich das Wasser nicht halten konnte. Genau das, so hatte ich kürzlich gehört, war einer hochschwangeren Frau beim Einkaufen im Supermarkt passiert. Also ließ ich mich auf allen vieren auf dem Bett nieder, roch an dem nassen Laken und beharrte darauf, dass Steve sich ebenfalls an dem Geruchstest beteiligte. Ich war ziemlich sicher, dass ich einen urinähnlichen Geruch ausmachen konnte.

Das Tragische in der Zeit gedehnt wird zur Komödie, sagt Carol Burnett. Aus der Perspektive einer Fliege an der Wand hätte ich eine zum Schreien komische Szene erblickt: Wir zwei, auf dem Bett herumkriechend, an dem nassen Laken schnüffelnd wie Hunde und nur Atem schöpfend, um miteinander zu streiten, ob es nun nach Pipi röche oder nicht. Wir riefen den Arzt an, und der sagte uns, wir sollten sofort ins Krankenhaus kommen.

Als ich im Mondlicht vor dem Krankenhauseingang stand, fiel alle Angst von mir ab. Stattdessen fühlte ich eine unsagbar tiefe Traurigkeit, wie ich sie nie zuvor erlebt hatte. Ich wandte mich Steve zu und sagte: »Es tut mir so Leid.« Er nahm mich in die Arme und versicherte mir, dass er mich liebe und dass ich nichts dafür könne, aber ich wusste, es war meine Schuld. Ich wusste, ich hatte alles vermasselt. Noch nie war es um etwas so Wichtiges gegangen, und ich konnte nicht einmal eine Schwangerschaft richtig hinkriegen.

Die Wehen tragen ihren Namen zu Recht, und sie sind eine alles auslöschende, alles verzehrende Erfahrung. Nachdem festgestellt worden war, dass ich mein Kind auf natürlichem Weg gebären konnte, tauchte ich völlig in die Aufgabe ein, den Prozess durchzustehen. Meine Gefühle traten in den Hintergrund, wie bei einem Sportler, der sich auf den Wettkampf konzentriert. Mein Geburtshelfer sagte mir, ein Helikopter stehe bereit, um das Baby, falls nötig, zum Medical Center in Kansas City zu bringen, wo es eine spezielle Säuglings-Intensivstation gab. Alle rechneten mit einem kleinen Frühgeborenen von vielleicht vier Pfund. Ich stellte mir das Baby sogar noch kleiner vor, denn als ich auf dem Rücken lag und an mir herabschaute, sah ich nicht einmal mehr schwanger aus.

Das Einzige, was ich jetzt tun konnte, war, dieses Kind zur Welt zu bringen. Das pure, überwältigende physische Geschehen löschte alles andere aus. Bald wurde ich aus einem kleinen, dunklen Zimmer in einen großen, von Sonnenlicht durchfluteten Raum gerollt. Ich erinnere mich, wie mein Körper die Regie übernahm, wie erstaunt ich über den Säugetier-Charakter des gesamten Geschehens war, und dann rutschte das allerschönste Baby, das man sich überhaupt vorstellen kann, aus mir heraus. Das allerschönste *große* Baby. Ich traute meinen Augen nicht. Mir schoss durch den Kopf, dass es in Wahrheit vielleicht nur die Größe eines Hamsters hatte und dass ich es in meiner psychotischen Verleugnung so groß wie ein normales Neugeborenes imaginierte. Also hielt ich den Atem an und wartete, dass jemand etwas sagte. Und dann sagte mein Geburtshelfer: »Er ist groß!« Und jemand anderes sagte: »Nein, seht euch diesen hübschen Jungen an!« Steve war außer sich vor Freude, und wenn ich je in meinem Leben vollkommenes Glück erfahren habe, dann war es in diesem Augenblick.

Matthew Rubin Lerner war 50,8 cm lang und wog 3,53 kg. Er zeigte einige Charakteristika eines Frühgeborenen (drei Jahre später brachte sein Bruder Ben 4,6 kg auf die Waage), aber er war wesentlich weiter, als wir alle errechnet hatten. Dann wurde er hinausgebracht, und als Nächstes hörte ich, dass er auf dem APGAR-Index 9 von 10 Punkten erreicht hatte. Ich wusste nicht, was das bedeutete, aber ich war stolz, denn ich stellte mir vor, dass es so etwas wie ein A– beim ersten Examen war, ein hervorragendes Ergebnis, das immer noch Raum für Verbesserung ließ.

Meine erste Schwangerschaft vermittelte mir das Basiswissen über die Mutterschaft. Ich lernte, dass wir keine Macht darüber haben, was mit unseren Kindern geschieht, dass dieser Tatbestand uns nicht notwendigerweise daran hindert, uns absolut schuldig und verantwortlich zu fühlen, dass sich in Fragen von Leben und Tod in einem einzigen Augenblick alles wenden kann, und dass die meisten Dinge, über die wir uns sorgen, nicht geschehen (obwohl schlimme Dinge geschehen, die wir nicht voraussehen). Das sind die grundlegenden Lektionen über die Mutterschaft, die während der Jahre, in denen ich meine Kinder aufzog, ständig wiederholt wurden, und das Universum lehrte sie mich direkt und ohne Umschweife.

## 2  Sind Sie geeignet, Mutter zu sein?

Ich würde keiner Frau raten, aufs Geratewohl in die Mutterschaft hineinzuschlittern. Die Strategie »Augen zu, Nase zu-
halten und springen« ist keine gute Idee. Es gibt Dinge zu
bedenken, nicht zuletzt die Frage, wie ein Baby in Ihren Le-
bensentwurf hineinpasst, und ob Sie sich in der Lage fühlen,
ein Kind aufzuziehen. Tatsächlich tauchen zahllose Fragen auf,
die erwogen werden wollen. Wie sehen zum Beispiel Ihre kurz-
und langfristigen Berufsziele und Karrierepläne aus? Was sind
die wichtigsten Aspekte Ihres Lebens, in die Sie Ihre Zeit, Ihre
Talente, Ihre Energie und Ihr Geld investieren wollen? In welchem Zustand ist Ihre Ehe – wenn Sie verheiratet sind – und
welches Maß an Unterstützung werden Sie in Ihrem Freundeskreis oder bei Familienmitgliedern finden? Was glauben Sie
durch ein Kind zu gewinnen oder zu verlieren? Wie viel Verantwortung wollen und können Sie übernehmen? Wie werden
Sie und Ihr Partner entscheiden, wie viel Zeit jeder von Ihnen
auf die Pflege, Betreuung und Erziehung des Kindes verwendet? Sind Sie darauf vorbereitet, sich um ein Kind mit einer
schweren geistigen oder körperlichen Behinderung zu kümmern, wenn dieser Fall eintreten sollte? Und so weiter und so
fort ... die Liste ist endlos.

Aber auch wenn das alles bedacht (oder nicht bedacht) ist,
bleibt die Entscheidung, ein Kind zu bekommen, im Grunde
ein Akt des Glaubens. Es gibt so viele unbekannte Variablen.
Mit dem Unbekannten und Unvorhersehbaren sind wir natürlich auch bei anderen Lebensentscheidungen konfrontiert, aber
in einem weitaus geringeren Ausmaß. Ihr Ehemann oder Le-
bensgefährte – wenn Sie einen haben – ist vielleicht immer für

eine Überraschung gut, aber zumindest haben Sie ihn selbst ausgesucht, vermutlich nach einer Phase der Liebeswerbung, die Ihnen genug Zeit ließ, eine bewusste Wahl zu treffen. Ihr Kind müssen Sie so nehmen, wie es kommt. Sie können es nicht für eine Weile ausprobieren und dann Ihrer Wege gehen, wenn dieser kleine Mensch nicht das ist, was Sie erwarteten. Sie sind also mit der folgenreichsten Entscheidung Ihres Lebens konfrontiert und können sich dennoch nicht im Vorhinein auf die Realität einstellen.

Außerdem ist es unmöglich, die Entscheidung, ob Sie Kinder haben wollen, nach ausschließlich rationalen Kriterien zu treffen, unabhängig davon, wie gründlich Sie über die Angelegenheit nachgedacht haben. Eine Frau kann sich aus allen erdenklichen irrationalen, unbewussten Gründen dazu entschließen, ein Kind oder mehrere Kinder zu bekommen. Vielleicht will sie ihre Gene weitergeben, Unsterblichkeit erlangen, ihrer eigenen Mutter gefallen oder irgendeine Idealvorstellung von Familie erfüllen. Vielleicht will sie ein Baby, um eine große Leere in ihrem Leben auszufüllen, oder weil sie keine Ahnung hat, was sie mit sich selbst anfangen soll, und sich davor fürchtet, ihre Fähigkeiten in der Arbeitswelt zu erproben. Vielleicht will sie ein Kind, um einen Menschen zu ersetzen, den sie verloren hat, um ihre große Schwester zu übertrumpfen, um sich von ihrer Einsamkeit zu heilen oder um ihren Mann enger an sich zu binden.

Sie reagieren vielleicht mit Stirnrunzeln und Kopfschütteln auf die lange Liste der unbewussten Ängste und Sehnsüchte, die zu Schwangerschaften inspirieren, aber unzählige Frauen pflanzen sich aus unwürdigen Gründen fort. Es sind nicht nur unreife Teenager, die ungeplant und gedankenlos schwanger werden. Gebildeten Erwachsenen passiert das auch. Der entscheidende Punkt ist aber: Es gibt keine klare Verbindung zwischen den unbewussten Motiven, die uns ursprünglich antreiben, und der Liebe und Fürsorglichkeit, die wir mit der Zeit für unsere Kinder entwickeln. Und natürlich sind diese Motive mit anderen, positiveren Gründen für den Wunsch, Kinder zu haben, vermischt.

Sheila, eine der zufriedeneren Mütter aus meinem Bekanntenkreis, wurde schwanger, als sie neunzehn Jahre alt war. Sie war mittellos, hatte keinen Partner und war noch sehr unreif. Für ihren Entschluss, das Kind auszutragen, konnte sie als einzigen Grund angeben, dass sie jemanden haben wollte, der sie wirklich brauchte. Sie lebte mit ihrer Mutter und ihrer Großmutter zusammen, und die drei Frauen (und andere Familienmitglieder) zogen das kleine Mädchen unter großen Schwierigkeiten und mit enorm viel Liebe auf. Von ihrer Familie unterstützt, schloss Sheila ihr College-Studium ab und eignete sich die Computer-Kenntnisse an, die sie brauchte, um einen guten Job zu bekommen. Heute, zehn Jahre später, führen Sheila und ihre Tochter ein außerordentlich angenehmes Leben.

Ich will damit nicht sagen, dass es in Ordnung ist, ein Kind in die Welt zu setzen, wenn uns die notwendigen materiellen Ressourcen oder zwischenmenschlichen Verbindungen fehlen, die wir brauchen, um ein Kind aufzuziehen. In Sheilas Fall waren die familiären Beziehungen und die Verbindungen zu ihrer Glaubensgemeinschaft stark genug, um die notwendige Unterstützung zu geben, und Sheila selbst zeigte sich der Situation gewachsen. Aber ich lebe schon so lange, dass ich mir nicht anmaße, Urteile darüber zu fällen, wer Kinder haben sollte und wer nicht und wie es am Ende ausgehen wird. Ich wurde kürzlich an diesen Punkt erinnert, als ich las, wie Erma Bombeck ihre Mutter beschrieb: »Meine Mutter wuchs in einem Waisenhaus auf, heiratete mit vierzehn, wurde mit fünfundzwanzig Witwe und stand allein mit zwei Kindern und einer nach vier Jahren abgeschlossenen Schulbildung da.«[1] Erma Bombeck war eine nationale Ikone, aber wer hätte ihrer Mutter auf der

Basis der bloßen Fakten die Eignung zugesprochen, Kinder in die Welt zu setzen? Welcher Art Ihre individuellen Qualifikationen für die Mutterschaft auch immer sein mögen – Sie können sicher sein, dass Sie sich selbst überraschen werden und dass Sie durchaus in der Lage sein werden, mit gewissen Situationen, vor denen Sie sich ängstigten, umzugehen. Und Sie werden auf gewisse andere Situationen weniger vorbereitet sein, als Sie sich je vorstellen konnten.

## Wer urteilt über Sie?

Die Gesellschaft wird manche Frauen immer für ungeeignet erachten, Mütter zu sein. Unter die Kategorie der als »fragwürdig« zu betrachtenden Mütter fallen in unserer Kultur die folgenden Gruppen: Unverheiratete Frauen, Karrierefrauen (»Wieso schafft sie sich ein Kind an, wenn sie nicht genug Zeit hat, sich darum zu kümmern?«), lesbische Frauen (»Unmöglich«, unabhängig davon, wie reif, fürsorglich und liebevoll die Frau oder das lesbische Paar ist), arme (insbesondere farbige) Frauen und Teenager. Im Gegensatz dazu werden wohl situierte verheiratete Frauen ermutigt, so viele Kinder in die Welt zu setzen, wie es ihnen in den Kram passt, der Mahnung Alice Walkers zum Trotz, dass privilegierte Kinder weitaus mehr als ihren gerechten Anteil an den Ressourcen der Erde aufbrauchen und dass der Planet uns nicht weiter am Leben erhalten kann, wenn wir nicht alle lernen, uns in unserem Fortpflanzungsdrang zu bremsen.

Auch über Frauen, die sich entscheiden, *keine* Kinder zu haben, werden Urteile gefällt. Sie werden als selbstsüchtig, fehlgeleitet und unweiblich etikettiert – so als müssten alle Frauen grundsätzlich Mütter werden *wollen*. Frauen weisen heute solche anmaßenden Äußerungen in Bezug auf den geringeren oder

suspekten Status jener unter uns, die keine Mütter sind, endlich entschieden zurück. Aber alte Vorurteile sind zählebig.
Selbst in dem Wort »kinderlos« spiegelt sich eine unterschwellig negative oder bemitleidende Einstellung Frauen gegenüber,
die sich nicht fortpflanzen.

Meine Schwägerin Lisa Birnbaum[2], Professorin für Anglis-
tik, schreibt über ihre Entscheidung, keine Kinder zu haben:

> »Ein paar Leute sagen, dass ich überhaupt keine Argumente
> brauche. Meine Schwester sagt mir, dass sie mich um die Frei-
> heit beneidet, mit einem Buch an den Strand zu gehen, wann
> immer mir danach ist, nachdem sie mir eine Reihe von Details
> aus einem normalen Tagesablauf mit ihrem sechsjährigen Kind
> berichtet hat, um den ich sie mit Sicherheit nicht beneide.
> Wahrscheinlich ist es so, dass ich zu gut weiß, worin ich gut bin
> und was ich gern tue, um eine Laufbahn wie das Aufziehen von
> Kindern einzuschlagen. Warte ein bisschen zu lange, und du
> bist vielleicht nur eine Spur zu rational, um dich für einen Kno-
> chen-Job, der vierundzwanzig Stunden freiwilligen Einsatz pro
> Tag erfordert, zu begeistern.«

Und sie fährt mit den folgenden Überlegungen fort:

> »Aber das Anderssein in dieser Hinsicht macht mir bewusst,
> dass Menschen in meinem Umfeld sich zumindest wundern
> oder mich möglicherweise bemitleiden oder Werturteile über
> mich fällen werden. Wir alle können in die Lage kommen, auf-
> grund der Art und Weise, in der wir von gesellschaftlichen
> Mustern und Normen abweichen, auf ein Stereotyp reduziert
> zu werden, und das ist oft so empörend, dass es uns zur Weiß-
> glut treiben kann ... Gewöhnlich habe ich genug Abstand, mein
> Leben zu betrachten und mich zu fragen, ob ich mit der Art,
> wie ich lebe, zufrieden bin, ob ich aufrichtig, couragiert und

klar im Kopf bin. In diesen Momenten erscheint es mit schwieriger, mein eigenes Leben zu erschaffen, als mich zu entscheiden, ein anderes Leben hervorzubringen.«

Jene unter uns, die Kinder haben wollen, sehen sich, oft lange bevor sie tatsächlich Mütter werden, unter Verdacht gestellt, was ihre Eignung zur Mutterschaft angeht. Ich hörte solche Zweifel von einer zweiundfünfzigjährigen Frau; sie suchte meinen Rat, weil sie herausgefunden hatte, dass die Verlobte ihres Sohnes in ihrer Kindheit sexuell missbraucht worden war. Sie sprach für sich selbst und ihren Mann, als sie sagte: »Wir haben über die psychische Problematik von Inzestopfern gelesen und wir fragen uns, welche Art von Mutter eine Frau mit einem solchen Hintergrund sein kann. Wir wollen nur das Beste für unseren Sohn, und wir möchten wissen, ob eine Psychotherapie Leuten helfen kann, ein Trauma vollständig zu überwinden, sodass sie nie mehr dadurch beeinträchtigt werden.«

Natürlich können wir ein Trauma nie so »vollständig« überwinden, dass es in unserem Leben niemals mehr eine Rolle spielt. Keine noch so lange und sorgfältige Therapie, kein Genesungsprozess kann leidvolle Ereignisse aus der Vergangenheit je ungeschehen machen. Und vielleicht würden wir das auch gar nicht wollen, denn dann wären wir nicht diejenigen, die wir sind. Also: Ja, die zukünftige Schwiegertochter dieser Frau wird auch fortan durch ihre Inzesterfahrung geprägt sein – und durch alles andere, was sich in ihrem Leben ereignete.

Aber abgesehen davon, dass diese junge Frau ein schreckliches Trauma erlitten und überlebt hat, sagt die Tatsache, dass sie ein Inzestopfer ist, herzlich wenig über ihre speziellen Begabungen, Stärken oder Begrenzungen aus. Ich habe als Psychotherapeutin mit einer großen Zahl von sexuell missbrauchten Frauen gearbeitet, die ein außerordentlich hohes Potenzial an Kreativität, Liebe und Lebensfreude zeigten, und ich habe mit

Frauen gearbeitet, die nicht von solchen Erfahrungen berichteten und denen diese Attribute dennoch fehlten. Der menschliche Geist ist bemerkenswert, unkalkulierbar und schrankenlos. Das vorausgesetzt: Wer weiß, welche Art von Mutter diese Schwiegertochter einmal werden wird?

Und warum machte sich diese Frau keine Sorgen darum, welche Art von Vater ihr *Sohn* wohl werden würde? Ich schlug ihr vor, ihre »Besorgtheitsenergie« gleichmäßig zwischen ihrem Sohn und ihrer künftigen Schwiegertochter aufzuteilen. Meine Absicht war nicht, die nachhaltigen Auswirkungen von Inzest herunterzuspielen oder die Sorge zu entwerten, die diese Frau sich um die Zukunft ihrer hypothetischen Enkel machte. Ich wollte sie vielmehr ermutigen, ihre Schwiegertochter als die komplexe Persönlichkeit kennen zu lernen, die sie zweifellos war, ohne von ihrer leidvollen Vergangenheit Vermutungen über ihre Fähigkeiten und ihr zukünftiges Verhalten abzuleiten. Dieselbe Art von Respekt und geistiger Offenheit müssen wir auch auf uns selbst anwenden, wenn wir darüber nachdenken, welche Art von Müttern wir sind oder werden könnten.

## Ihre Vergangenheit ist kein Verhängnis

Junge Frauen in Therapie sagen mir, dass sie die Prägung durch ihre Eltern wie ein Verhängnis empfinden, das sie, ob sie es wollen oder nicht, an ihre Kinder weitergeben werden, so als ob die Vergangenheit sich zwangsläufig wie eine kaputte Schallplatte wiederholen müsste.

Wenn ich Frauen auffordere, mir den schlimmsten denkbaren Fall zu schildern, den sie sich für sich selbst vorstellen können, wenn sie Mütter werden, höre ich als Antwort oft (in diesen oder ähnlichen Worten): »Ich habe Angst, ich könnte so werden wie meine eigene Mutter.« Die Schriftstellerin Lynn

Sukenick prägte einen Begriff für diese weit verbreitete, tief gehende Angst: Matraphobie – die Furcht, sich in die eigene Mutter zu verwandeln. Eine Frau kann in der Tat auf die Mutterschaft reagieren, indem sie die Vergangenheit wiederholt. (Eines Morgens starrt sie in ihre Kaffeetasse und schreit plötzlich los: »O mein Gott, ich bin genau wie meine Mutter!«) Viel wahrscheinlicher ist aber, dass sie das Problem zu lösen versucht, indem sie ihrer Mutter so *unähnlich* wie nur irgend möglich ist, und das kann sie in ebenso große Schwierigkeiten bringen wie die Variante, der eigenen Mutter spiegelbildlich zu gleichen. Auch ein Mann kann Angst davor haben, die Vergangenheit zu wiederholen, aber aller Wahrscheinlichkeit nach geht er an die Vaterschaft mit bescheideneren Zielsetzungen heran, etwa indem er sich vornimmt, ein besserer Vater zu werden als der, den er selbst hatte. Männer machen sich in aller Regel weniger Sorgen darum, dass sie ihre Kinder »ruinieren« könnten, denn sie sehen ihre primäre Verantwortung darin, den Lebensunterhalt für die Familie zu verdienen, während Mütter immer noch dazu neigen, sich die Schuld an den Problemen ihrer Kinder zu geben (und von der Gesellschaft immer noch in diesem Glauben bestärkt werden).

Unsere Herkunftsfamilie ist der Kontext, der uns am stärksten prägt, das Grundmuster, nach dem wir unsere künftigen Beziehungen gestalten, und das wichtigste System, dem wir je angehören werden. Aber obwohl wir alle durch unsere Vergangenheit geprägt sind, ist doch niemand von uns dadurch verdammt oder zum Scheitern verurteilt. Und es ist auch wenig sinnvoll, auf der Basis unserer eigenen Geschichte, der Familie, in der wir aufgewachsen sind, oder den vorgefassten Meinungen, die wir über unsere eigene Reaktionsweise haben, vorschnelle Voraussagen darüber zu treffen, wie wir mit dem Muttersein umgehen werden.

Die renommierte Autorin Dorothy Allison wurde von Judith
Pierce Rosenberg für ihr Buch *A Question of Balance*[3] inter-
viewt, in dem Künstlerinnen und Schriftstellerinnen sich darüber äußern, wie die Mutterschaft ihre kreative Arbeit beein-
flusste. Allison wuchs in einer Umgebung auf, in der ihre
Familie als »armes weißes Pack« verachtet wurde. Von ihrem
Stiefvater wurde sie geschlagen und sexuell missbraucht; ihre
Mutter liebte sie, konnte sie aber nicht beschützen. Die Feministin und lesbische Aktivistin Allison erklärt: »Ich wollte kein
Kind in die Welt setzen und ihm dann Schaden zufügen.« Über
die Zeit, in der ihre Partnerin Alex schwanger war, berichtet
sie: »Eine meiner schlimmsten Ängste war, dass ich das Kind
ansehen würde und nicht lieben könnte – und dass ich dann
Liebe heucheln müsste.« Als Wolf, der kleine Sohn des Paares,
durch einen Kaiserschnitt entbunden wurde, war Allison im
Operationssaal. Sie erinnert sich, dass er aussah »wie eine rosa-
weiße Kugel, und diese Kugel öffnete sich wie eine Blume. Seine Beine und Arme entfalteten sich und streckten sich aus; seine Augen öffneten sich. Ich weinte zwei Tage lang, weil ich es
einfach nicht glauben konnte: Ich sah dieses Baby an und wusste sofort, dass ich es aus tiefstem Herzen liebte.« Allison sagte
zu Rosenberg: »Ich entdeckte in mir die Fähigkeit, mir eine Art
von innerer Ruhe und Freude vorzustellen, die ich nie gekannt
hatte. Bis das Kind ein halbes Jahr alt war, wiegte ich es immer
in meinen Armen und sang ihm etwas vor, und es war etwas
schier körperlich und emotional Befriedigendes darin. Besser
als Sex – und ich hatte nie etwas gefunden, das besser war als
Sex.«

Es gibt keine simplen Gleichsetzungen zwischen der Familie,
in der wir aufwachsen, und der Familie, die wir mitbegründen.
An vielen Windungen des Weges konfrontiert die Mutterschaft
uns mit dem unaufgelösten Schmerz und den emotional aufgeladenen Problemen aus unserer Vergangenheit. Aber wer uns

auch aufzog oder bei dieser Aufgabe versagte – die Mutterschaft eröffnet uns auch die Gelegenheit, die Vergangenheit aus
einer anderen Perspektive zu betrachten und unsere Beziehungen zu Mitgliedern unserer Herkunftsfamilie neu zu gestalten.
Außerdem ist es beruhigend zu wissen, dass praktisch jeder
Mensch eine mehr oder minder schwierige Vergangenheit hat,
obwohl das »mehr oder minder« zugegebenermaßen einen großen Unterschied ausmachen kann. Aber wie die Autorin Mary
Karr es schon sagte: Eine dysfunktionale Familie ist »jede Familie, die aus mehr als einer Person besteht«[4].

## Sollten Sie oder sollten Sie nicht …?

Während ich eine Frauenzeitschrift durchblätterte, stieß ich auf
einen Test mit dem Titel »Sind Sie bereit, Mutter zu werden?«.
Ach, wäre das schön, wenn wir einfach fünfundzwanzig Multi-
ple-Choice-Fragen beantworten, unsere Punktzahl errechnen,
uns auf einer »Bereit zur Mutterschaft«-Skala einordnen könnten, und – schwupps! – hätten wir die richtige Antwort parat.
In Wahrheit kann nur eine Person wissen, was richtig für sie
ist, und das sind Sie selbst. An guten Ratschlägen in dieser Frage – mit denen Sie etwas anfangen können oder auch nicht –
herrscht allerdings kein Mangel. Es liegt auf der Hand, dass es
eine Menge zu bedenken gibt, und ich würde Ihnen empfehlen,
so gründlich wie möglich nachzudenken; erinnern Sie sich aber
daran, dass Sie die Fähigkeit, in die Zukunft zu blicken, von
sich selbst nicht erwarten können.

An erster Stelle sollten Sie sich fragen, ob Sie wirklich ein
Kind *wollen*, oder ob Sie unter dem Druck von generationenlang tradierten Erwartungen stehen, die Liebe mit Ehe und
Mutterschaft in Verbindung bringen und Mutterschaft mit dem
»richtigen Platz« der Frau in der Gesellschaft.

Zweitens: Haben Sie sorgfältig über die Wahl des richtigen Zeitpunkts für ein Kind nachgedacht, sodass Ihre materielle Basis sichergestellt ist? Es ist immer noch die Frau, die an wirtschaftlicher Unabhängigkeit und Chancen im Berufsleben einbüßt, wenn Kinder ins Spiel kommen. Sie sollten nach Möglichkeit Ihr Studium oder Ihre Berufsausbildung abgeschlossen und im Beruf Fuß gefasst haben, bevor Sie sich für ein Kind entscheiden.

Und schließlich: Wie steht es in Ihrer Ehe oder Partnerschaft – wenn Sie eine haben? Eine chronisch distanzierte oder konflikthafte Paarbeziehung wird sich durch den zusätzlichen Stress, den die Ankunft von Kindern mit sich bringt, nicht verbessern. Und wenn Sie unbedingt ein Kind haben wollen, er aber auf gar keinen Fall (oder umgekehrt), dann würde ich sagen: Das ist eine große rote Warnflagge, die direkt vor Ihrer Nase hin und her geschwenkt wird.

### Sie sagt dies, er sagt das ...

Nehmen wir den Fall einer Frau namens Gena, die mir in meiner Eigenschaft als Ratgeber-Kolumnistin der Zeitschrift *New Woman* schrieb. Gena ist seit sieben Jahren verheiratet und wollte von Anfang an unbedingt ein Kind haben, und ihr Mann war von Anfang an mit derselben Entschlossenheit dagegen. Alles, was sie an Beratung und Therapie in Anspruch nahmen, einzeln und gemeinsam, führte zu keiner Lösung, sondern brachte sie immer wieder zu ihren gegensätzlichen Positionen zurück.

Jetzt willigt Genas Mann jedoch in ihren Kinderwunsch ein, unter der Bedingung, dass Gena sich bereit erklärt, die gesamte Fürsorge für das Kind allein zu übernehmen. Sie schreibt: »Er sagt, für die wirtschaftliche Seite werde er sorgen, aber er werde sich nicht aus seinem Sessel erheben, um eine Windel zu wechseln, mit dem Kind zum Kinderarzt oder ins Einkaufszentrum zu fahren oder sonst irgendetwas für seine Pflege oder Erziehung zu tun.« Gena räumt ein, dass diese Situation extrem ist, aber sie führt auch an, dass es schließlich jede Menge allein erziehende Mütter gibt, die mit ihren Kindern gut zurechtkommen. Ihre Frage: »Sollte ich mich auf diese Vereinbarung einlassen?«

Als ich Genas Situation einigen Freundinnen gegenüber erwähnte, war ich überrascht, sie sagen zu hören, Gena hätte schon vor Jahren Löcher in ihr Diaphragma bohren und es darauf ankommen lassen sollen, ob ihr Mann in seiner Position nicht etwas nachgiebiger werden würde, wenn so ein süßes kleines Persönchen an seinem Ärmel zupfte. Ich bin die Erste, die zugeben würde, dass eine solche Wendung der Dinge möglich ist. Am Ende wäre der Ehemann vielleicht regelrecht vernarrt in das Kind und würde eine entscheidende Wandlung durchmachen. Alle vorherigen Vereinbarungen des Paares wären damit null und nichtig. Aber das ist ein Glücksspiel mit hohem Einsatz. Von der Art her, wie Gena die Intensität und Rigidität der Weigerung ihres Mannes, die Vaterrolle anzunehmen, beschrieb (sie unterschied sich im Ton ziemlich stark von der üblichen Ambivalenz, die bei einem Paar zwischen beiden Seiten hin und her gehen kann), würde ich sogar sagen, es ist ein Glücksspiel, das drei Menschen in Gefahr bringt.

Ich antwortete Gena, meiner Meinung nach sei dieser Vorschlag nicht annehmbar. Mit einem Haustier, einem Papagei etwa, ließe es sich machen. Sie könnte ihn füttern, seinen Käfig säubern und ihn zum Tierarzt bringen, wenn er krank würde, während ihr Mann einfach die Rechnungen bezahlte. Aber wenn es darum geht, ein Kind aufzuziehen, ist ein solches Arrangement nicht praktikabel. Single-Mütter und -Väter sind in der Tat imstande, Kinder sehr gut allein aufzuziehen, aber diese Situation ist überhaupt nicht mit der eines zusammenlebenden Paares vergleichbar, bei dem nur eine Seite bereit ist, die Elternrolle für ein Kind zu übernehmen.

Außerdem erinnerte ich Gena daran, dass ihr Kind, wenn es denn da wäre, den Kontrakt nicht mit unterzeichnet hätte und sich ganz egoistisch mit seinen permanenten Ansprüchen an beide Eltern wenden würde. Und es würde einen Papa haben wollen, insbesondere wenn es den Mann, der dafür eigentlich infrage käme, direkt vor der Nase hätte. Wenn Gena sagte: »Stör deinen Vater nicht, denn so haben wir es vereinbart, bevor du geboren wurdest«, würde das Kind sich davon kaum beeindrucken lassen. Und falls ein Kind bei einem solchen Arrangement tatsächlich mitspielte – mit immensen emotionalen Kosten –, würde sein oder ihr künftiger Therapeut die Geschichten darüber jahrelang zu hören bekommen. Und schließlich sollte auch nicht übersehen werden, dass Gena sterben könnte oder invalide werden könnte oder einfach mal für eine Woche wegfahren müsste – was dann? Im Licht all dieser Erwägungen legte ich Gena also nahe, die Bedingung nicht zu akzeptieren. Ich riet ihr stattdessen, mit ihrem Mann über die Frage, wie sie in dieser eminent bedeutsamen Differenz der Einstellungen zu einer Lösung kommen könnten, im Gespräch zu bleiben.

Eigentlich sollten Leute, die miteinander leben wollen, die Kinderfrage (und alle anderen Kardinalfragen) diskutieren und zu einer Einigung kommen, bevor sie sich zu einer ernsthaften Bindung entschließen, obwohl es keine Garantie dafür gibt, dass sich die Gefühle einer der beteiligten Personen nicht zu einem späteren Zeitpunkt ändern oder intensivieren. Bei Paaren, ob verheiratet oder unverheiratet, besteht immer die Gefahr, dass die Partner sich auf polarisierte Positionen festlegen – eine Seite total euphorisch und die andere nur noch fähig, das

Negative zu sehen. Gena hat vielleicht mehr Ambivalenzgefühle in Bezug auf die Mutterschaft, als ihr bewusst sind, und ihr Mann trägt vielleicht mehr Potenzial für väterliche Fürsorglichkeit in sich, als er ahnt. Keine Seite kann diese Gefühle entdecken und vollständig erfahren, solange die Partner so eisern an ihren gegensätzlichen Positionen festhalten.

Wenn Genas Mann dabei bleibt, dass er die Verantwortung und Pflichten der Vaterschaft nicht will, sieht Gena sich vielleicht vor das schwierige Problem gestellt, zu entscheiden, was für sie Priorität hat, die Ehe oder die Mutterschaft, und sich für das eine oder das andere zu entscheiden. Das ist ein schmerzliches Dilemma, aber es ist häufig so, dass eine Lebensentscheidung eine andere ausschließt, und dass eines zu haben bedeutet, etwas anderes zu verlieren. Letztendlich muss Gena für sich selbst entscheiden; nur sie kann wissen, was für sie richtig ist und wie sie ihr Leben leben will.

## Frauen, die zu viel denken

Kinder zu haben ist die individuelle Entscheidung einer Frau, die sie gemeinsam mit einem Partner trifft, wenn sie mit einem Partner lebt. Aber wer die Wahl hat, hat die Qual ... Die Schattenseite dieser Entscheidungsfreiheit ist die Art von Grübelei und mentaler Akrobatik, die Sie in Ihrer Fähigkeit, zu einem klaren Entschluss zu kommen, lahm legen kann, bis Sie über die Menopause hinaus sind. Ein Paradebeispiel ist eine Freundin, die sich mit spontaner Begeisterung für ihr erstes Kind entschied, aber in endloser Ambivalenz über der Frage brütet, ob sie ein zweites bekommen sollte oder nicht. Was nun folgt, ist ein Gespräch, das ich kürzlich mit ihr führte – und ich kehrte dabei definitiv nicht die Psychotherapeutin heraus.

»Meine Tochter liegt mir immer noch in den Ohren, dass sie ein Geschwisterchen haben will«, sagte meine Freundin. »Sie ist ganz wild darauf.«

Mit dem Wort »Geschwisterchen« konnte ich mich nie befreunden. Wenn ich es höre, erscheint vor meinem geistigen Auge automatisch eine Art kleines Pelztier, und so drängt sich mir die Vorstellung auf, dass die Kleine ihrer Mutter die Erlaubnis abzuringen versucht, einen Hamster oder eine weiße Ratte als Haustier zu halten. In einer Radiosendung hörte ich einen Kommentator einmal ähnliche Gedanken äußern; also weiß ich, dass ich mit meinen Gefühlen nicht ganz allein dastehe. Der Wunsch ihres Kindes nach einem »Geschwisterchen« beschäftigt meine Freundin jedoch so sehr, dass ich meine Assoziationen für mich behalte.

»Ich weiß, dass es kein vernünftiger Grund ist, noch ein Kind zu bekommen«, fährt meine Freundin fort.

»Was ist kein vernünftiger Grund?« Ich habe den Faden verloren, weil ich vor meinem inneren Auge kleine Pelztiere umherhuschen sah.

»Mir noch ein Kind anzuschaffen, nur weil Jackie unbedingt ein Brüderchen oder Schwesterchen haben will. Ich sollte nicht einmal darüber nachdenken. Aber ich mache mir Sorgen darum, dass sie als Einzelkind aufwächst. Schon das Wort *Einzelkind* impliziert, dass etwas fehlt oder dass etwas nicht in Ordnung ist.«

Wir kommen beide zu dem Schluss, dass der Begriff »Einzelkind« ersatzlos aus unserer Sprache gestrichen werden sollte und dass Jackies Bitten kein guter Grund sind, eine zweite Schwangerschaft in Erwägung zu ziehen. Ich weiß aus früheren Gesprächen, dass meine Freundin sich selbst stark nach einem zweiten Kind sehnt und dass sie gleichzeitig heftige Ambivalenzgefühle in sich trägt, denn sie weiß aus Erfahrung, was ein Kind an Kraft fordert. Sie und ihr Mann sprechen seit zwei Jah-

ren über ein zweites Kind, aber immer wenn eine Seite Bereitschaft signalisiert, ist die andere Seite ein bisschen unsicher.
Zumindest werfen sie sich den Ball gegenseitig zu und wechseln sich in ihrem Widerstand ab.

»Und wenn irgendeine Entscheidung wirklich sehr sorgsam
erwogen werden sollte«, sagt meine Freundin weiter, mehr zu
sich selbst als zu mir, »ist es die, ein zweites Kind zu bekommen.« Nachdem sie das festgestellt hat, fragt sie mich, wie ich
zu der Entscheidung gekommen sei, Ben zur Welt zu bringen,
der drei Jahre und sieben Monate nach Matthew geboren wurde. »Bist du einfach davon ausgegangen, dass du zwei Kinder
haben würdest?«, will sie wissen. Meine Freundin hält mich
für eine kluge, reflektierte Person und erwartet, etwas Intelli-
gentes zu hören.

»Es war nicht von Anfang an klar, dass ich überhaupt Kinder haben wollte«, sage ich, »aber als ich mich entschlossen
hatte, ja, da habe ich mich immer mit zwei Kindern gesehen.
Als Matthew ungefähr zwei Jahre alt war, dachten Steve und
ich lange und gründlich darüber nach, ob wir noch ein Baby
bekommen sollten. Wir sprachen viel darüber und sparten keine Überlegung aus, denn wir wollten uns durch die furchtbaren
Turbulenzen dieser ersten Schwangerschaft nicht in eine negative Richtung drängen lassen. Je mehr wir redeten, desto klarer
wurde uns beiden, dass unsere Familie uns vollständig erschien
und dass wir kein zweites Kind wollten.«

Meine Freundin hört mit gespannter Aufmerksamkeit zu,
denn jetzt wird die Geschichte offensichtlich eine unerwartete
Wendung nehmen. Ich erzähle weiter, wie geschockt Steve und
ich waren, als ein Labortest bestätigte, dass ein einziges zerris-
senes Kondom zu meiner zweiten Schwangerschaft geführt hatte. Und wie völlig verblüfft wir waren, als wir entdeckten, wie
sehr wir uns dieses Baby wünschten und wie euphorisch wir
reagierten, nachdem wir die unerwartete Neuigkeit erfahren

hatten. Alle unsere klugen Überlegungen, warum wir nur ein Kind wollten, flogen zum Fenster hinaus. Wir hießen Ben mit derselben Begeisterung in der Welt willkommen wie zuvor seinen Bruder Matthew.

»Und was willst du nun damit sagen?« Meine Freundin wartet darauf, dass ich zum »Und-die-Moral-von-der-Geschicht« komme, aber ich bin nicht sicher, was man daraus lernen könnte.

»Vielleicht will ich sagen, dass die Logik nicht immer im Vordergrund stehen muss. Was dich angeht: Du kannst die nächsten zwanzig Jahre über der Frage brüten oder dich einfach entschließen, den Sprung zu wagen. Wo ist der Unterschied?« Meine Freundin sieht mich an, als redete ich wirres Zeug. »Schau mal«, sage ich, »wenn du noch ein Kind bekommst, wirst du es wahrscheinlich lieben, ganz gleich, wie schwierig es dein Leben macht. Und wenn du kein zweites Kind bekommst, dann ist das auch in Ordnung. Dein Leben wird viel einfacher sein und dir bleibt jede Menge Stress und Kummer erspart. Du kriegst die guten Sachen immer mit den schlechten gemischt, so oder so, und es gibt keine ›richtige‹ Lösung, denn auch das brillanteste Denken kann dir nicht helfen, die Zukunft vorauszusagen.«

Meine Freundin gibt sich keine Mühe, ihre Enttäuschung zu verbergen. »Du redest Unfug«, erklärt sie. »Du kannst doch nicht im Ernst der Meinung sein, ich sollte die Entscheidung, ein zweites Kind zu bekommen, nicht gründlich durchdenken, egal, wie lange ich dafür brauche.«

»Ich weiß selbst nicht genau, was ich meine«, antworte ich, obwohl ich sehr wohl weiß, dass es grundsätzlich vorzuziehen ist, wenn sie ein zweites Kind will – statt ein »Geschwisterchen« für ihr erstes.

Später denke ich über unser Gespräch nach. Ich hatte nicht die Absicht, die Oberschlaue herauszukehren, wenn meine

Freundin sich über eine so ungemein folgenschwere Entscheidung wie die, ein weiteres Kind zu bekommen, Gedanken machte. Jedes Kind kann eine gestandene Frau aus der Bahn werfen, wenn sie in ihrem Leben keinen Raum dafür hat. Und jedes Kind, das auf die Welt kommt, verdient ohne Frage, geliebt zu werden und zu gedeihen. Aber manchmal gibt es keine richtige oder falsche Lösung, sondern nur zwei unterschiedliche Wege, die man einschlagen kann. Und vielleicht wissen wir nicht einmal, was wir wollen, bis wir es haben, so wie es bei mir mit meiner zweiten Schwangerschaft der Fall war.

Als Postskriptum könnte ich anfügen: Wenn Männer und Frauen das Pro und Kontra der Elternschaft abwägen, legen sie nicht dieselben Faktoren auf die Waagschalen. An diese Tatsache wurde ich kürzlich erinnert, als eine Frau, die bei mir in Therapie ist, unumwunden erklärte: »Ich möchte ein Baby, aber ich will keine Mutter sein.«

»In aller Regel geht das eine mit dem anderen zusammen«, entgegnete ich in meiner unermesslichen Weisheit.

»Das schon«, gab sie zu, »aber ich würde es bei weitem vorziehen, ein Vater zu sein.«

Diese Frau ist durchaus keine unreife Person, die ein Kind haben, aber sich vor der Verantwortung der Elternschaft drücken will, und sie leidet auch keineswegs unter irgendeiner Form der Geschlechtsrollen-Konfusion. Ganz im Gegenteil: Sie leidet unter »Geschlechtsrollen-Klarheit«. Sie weiß, dass ihr Ehemann trotz seiner guten feministischen Seele am Ende wahrscheinlich zu der Auffassung kommen wird, dass sie als der »eigentliche« Elternteil auf der Bildfläche präsent sein sollte. Und sie weiß auch, dass sie ihrer aufrechten feministischen Einstellung zum Trotz am Ende annehmen wird, dass seine Arbeit wichtiger sei. Meine Klientin hatte aus guten Gründen Angst davor, Mutter zu werden. Sie sah, dass sie in der Mutterschaft vielleicht zu viel von sich selbst einbüßen würde und dass ihre egalitäre Ehe sich in die Richtung der »getrennten Sphären« entwickeln könnte, wenn einmal ein Kind da wäre. Wenn eine Frau sich überlegt, ob sie Mutter werden sollte, sagen ihre Freundinnen ihr, dass ihr Leben sich dadurch entscheidend verändern wird. Präziser wäre es, zu sagen: »Das, was du jetzt dein Leben nennst, wird nicht mehr existieren. Du wirst ein völlig anderes Leben führen.«

Manchmal erscheint das Abwägen der Argumente, die für beziehungsweise gegen die Mutterschaft sprechen, so schwierig und so anstrengend, dass es einfacher ist, »Unfälle« passieren zu lassen. Wie die britische Schriftstellerin Margaret Drabble 1978 in einem Interview sagte: »Mir tun die Leute Leid, die heutzutage mit der Entscheidung konfrontiert sind, ob sie Kinder haben wollen oder nicht. Es ist eine Entscheidung, die man aus einem heißblütigen Impuls heraus treffen sollte, sonst wartet man ewig, dass der richtige Job daherkommt oder das Einkommen stimmt.« Generell würde ich zu dieser Methode der Entscheidungsfindung nicht raten, aber ich kann Drabbles Einstellung sehr gut nachvollziehen.

Manche Leute kommen vielleicht wunderbar damit zurecht, wenn sie nach dem Zufallsprinzip vorgehen. Andere geben sich große Mühe, das Ereignis zu planen. Wieder andere finden vielleicht durch eine Mischung von Planung und Zufall zu ihrer Entscheidung. Der entscheidende Punkt ist: Es gibt keinen allein selig machenden, »richtigen« Weg zur Mutterschaft. Bei der Entscheidung, ein Kind zu bekommen, spielen so viele Faktoren mit, dass es schier unmöglich ist, sie alle vorauszuberechnen und zu berücksichtigen.

# 3 Mit dem Baby nach Hause kommen und andere Unwägbarkeiten der Elternschaft

Vor einiger Zeit plante die Zeitschrift *New Woman* eine Sonderausgabe zu ihrem fünfundzwanzigjährigen Bestehen. Eine der Ideen war, die fünfundzwanzig wichtigsten Wendepunkte im Leben einer Frau darzustellen. Es sollte einen Artikel über den ersten Kuss geben, die erste Liebe, die erste erotische Erfahrung, die erste Rebellion, die erste Untreue und so fort. Als Kolumnistin des Blattes wurde auch ich gebeten, einen Beitrag über transformierende Momente und dramatische Wendepunkte im Leben von Frauen, meinem eigenen eingeschlossen, beizusteuern.

Ich war so ratlos, dass ich sogar meine alten Kindheits-Tagebücher – die mit den kleinen Schlössern und Schlüsselchen – hervorholte, um zu sehen, ob ich einen Moment der Veränderung, den Augenblick, in dem »es passierte«, lokalisieren könnte. Sicher, wenn ich das, was ich in der zweiten, der fünften oder der neunten Klasse geschrieben hatte, verglich, war die Veränderung von Tagebuch zu Tagebuch enorm, aber während ich Seite für Seite durchblätterte, konnte ich dennoch keinen »Moment« der Transformation ausmachen. Ganz ähnlich wie körperliche Veränderungen gehen die Wandlungen der Seele, so aufrüttelnd sie auch sein mögen, unmerklich vor sich.

Natürlich wusste ich aus eigener Erfahrung, dass es im Leben erwachsener Menschen dramatische Wendepunkte gibt, aber die einzigen, die mir einfielen, hatten mit Tod und tragischen Ereignissen, Krankheit und Verlust zu tun, und das war nicht gerade der Ton, den die Zeitschrift für ihre Jubiläumsausgabe anklingen lassen wollte. Ich schrieb den Artikel schließlich, aber ich zermarterte mir das Hirn, um mir Momente in

meinem erwachsenen Leben ins Gedächtnis zu rufen, die ich
als Wendepunkte identifizieren konnte. Ganz klar: Das Offensichtliche hatte ich übersehen.

Der Augenblick, der mein Leben *wirklich* transformierte,
war der, in dem ich die Schwelle des Krankenhausportals über-
schritt und mit Matthew in meinen Armen und Steve an meiner
Seite in die Welt hinaustrat, um gemeinsam mit ihnen in unser
kleines Haus in Topeka zurückzukehren. In Wahrheit *über-
schritt* ich die Schwelle nicht, sondern wurde von einem jungen
Pfleger im Rollstuhl darüber geschoben. Das hatte nichts mit
mir zu tun, wurde mir versichert, sondern mit der Haftpflicht
des Krankenhauses. Jede Frau, die das Hospital als Schwangere
betrat und mit einem Baby verließ, wurde auf diese Weise hin-
ausexpediert. Es machte mir nichts aus, in dieser Frage keine
Wahl zu haben, denn im Grunde dachte ich gar nicht nach; ich
war nur unendlich glücklich und erleichtert, mit Matthew sicher in meinem Schoß dahinzurollen. Während meiner eupho-
rischen Post-partum-Tage im Krankenhaus hatte ich noch nicht
vollständig realisiert, dass die Verantwortung, Matthew am Leben zu erhalten – und trocken zu halten –, nun ausschließlich
bei Steve und mir lag. Vielmehr war es so erschienen, als hätte
das Krankenhaus die Vormundschaft, während wir großzügige
Besuchsrechte genossen. Ich hatte dieses Arrangement begrüßt,
denn ich gehörte nicht zu der Art von Müttern, die ihr Neugeborenes nicht hergeben und nicht aus den Augen lassen wollen.
Ganz im Gegenteil: Für mich war klar, dass die Krankenschwestern auf der Säuglingsstation weitaus mehr über Babys und
Kinderpflege wussten als ich, und ich war völlig damit einverstanden, Matthew ihrer Obhut zu überlassen. Ich freute
mich, wenn sie ihn mir zum Stillen brachten, sauber gewaschen
und duftend, sein braunes Haar ordentlich gescheitelt und ge-
kämmt, und wenn er unruhig wurde und Ruhe brauchte, waren
sie sofort wieder zur Stelle und brachten ihn weg. Ich fand es

wunderbar, den Flur hinunterzugehen und ihn durch die Glaswand der Säuglingsstation zu beobachten, wie er friedlich schlief, in einer Reihe mit all den anderen Neugeborenen – ein Bild des seligen Friedens und der Hoffnung. Vielleicht hatte ich immer noch das Gefühl, dass mein Körper eine Landmine war, dass mein Baby gefährlichem, ja feindlichem Territorium um ein Haar entkommen war und dass es sich nun unter den wachsamen Augen dieser reizenden Menschen auf der Säuglingsstation endlich ganz in Sicherheit befand.

Als Steve und ich mit Matthew zu Haus ankamen, hatten wir nicht die mindeste Ahnung, was wir mit ihm anfangen sollten, und es fühlte sich beinahe so an, als hätten die guten Leute im Krankenhaus uns aus unerfindlichen Gründen plötzlich im Stich gelassen. Wir beschlossen, eine Liste über die Frequenz, Farbe und Konsistenz von Matthews Häufchen zu führen (obwohl die Beobachtung von Ausscheidungen nie zu unseren Gewohnheiten gehört hatte). Es war buchstäblich das Einzige, was uns einfiel, und wir fühlten uns gezwungen, irgendetwas zu tun, um unsere Kompetenz als frisch gebackene Eltern unter Beweis zu stellen. Glücklicherweise kam es gar nicht dazu, dass wir unsere unsinnigen skatologischen Forschungspläne in die Tat umsetzten, denn erfahrenere Freunde brachten uns davon ab. Sie hatten sich während meiner Schwangerschaft mit uns gesorgt und füllten nun unser Haus, um sich mit uns zu freuen.

Da Matthew früher als erwartet zur Welt gekommen war, hatten wir noch nicht alle Vorbereitungen getroffen, aber das war kein Problem. Freunde brachten uns alles, was wir brauchten – ein Kinderbettchen, eine Wickelkommode, Windeln, kleine weiße Hemdchen, einen Tragekorb für unterwegs. Das schönste aller Geschenke war die Überraschung, als ich die Tür zum Gästezimmer öffnete, das nun Matthews Kinderzimmer sein sollte. Ein Freund und Kollege, Al Delario, hatte es neu gestaltet, während ich noch im Krankenhaus war. Er hatte ein

wahres Kunstwerk geschaffen, einen riesigen Apfelbaum aus
selbstklebenden farbigen Folien, dessen Stamm am Fußboden
anfing und der seine Äste an der Wand neben Matthews Bett
und bis unter die Zimmerdecke weit und großzügig ausbreite-
te, mit üppigem Blattwerk und einer Unmenge von dicken,
roten Äpfeln.

## Eine Talfahrt

Auch wenn ein Paar fest entschlossen ist, Fragen der Fürsorge
für ein Kind nicht zum Streitpunkt werden zu lassen und die
eigene Beziehung zu pflegen, während man sich darauf einstellt, dass der Familie nun ein neuer Mensch angehört, tauchen immer unvorhergesehene Probleme auf. Das ist menschlich – und ein unvermeidlicher Aspekt des Kinderhabens. Die
Partner finden sich vielleicht plötzlich in einer angespannten,
gereizten Stimmung wieder und sind uneins, ohne dass die eine
oder die andere Seite beabsichtigt hätte, Streit anzufangen.

Ich würde nur allzu gern berichten, dass unsere neue Familie sich glatt und problemlos auf Matthews ersten Geburtstag
zubewegte, aber die Leserinnen und Leser meines Buches *Wohin mit meiner Wut?* wissen, dass es so nicht war.[1] Hier ist
eine kurze Zusammenfassung der eigenartigen Entwicklung,
die Matthew durchlief, und der damit einhergehenden Talfahrt unserer Ehe. Matthew war allem Anschein nach ein auf-
gewecktes und für neue Reize empfängliches Baby, aber er saß
meistens still in seinem kleinen Kindersitz. Bei unseren Freunden hieß er nur »der Philosoph«; sie sagten, wie nachdenklich
er wirke, aber ich glaube, das war nur eine äußerst taktvolle
Art, die Tatsache zu kommentieren, dass er kaum Aktivität
zeigte, während die Monate dahingingen. Ich erlaubte mir
nicht, die Möglichkeit zu erwägen, dass mit ihm irgendetwas

nicht stimmte, bis er sechs Monate alt war und ich in Berkeley in Kalifornien in einem Buchladen herumstöberte. Während ich das Buch eines renommierten Experten für frühkindliche Entwicklung durchblätterte, fuhr mir der Schreck in die Glieder; ich bemerkte, dass Matthew keine der Verhaltensweisen an den Tag legte, die der Meinung des Autors nach für seine Altersstufe angemessen waren. Steve reagierte mit untypischer Schärfe, als ich ihm von meinen Ängsten erzählte, und beharrte darauf, dass Matthew völlig in Ordnung sei, dass Kleinkinder sich in unterschiedlichem Tempo entwickeln und dass ich aus einer Mücke einen Elefanten machte, genau wie meine Mutter. Ich erinnerte ihn an die Komplikationen während meiner Schwangerschaft und beharrte darauf, dass immerhin etwas nicht in Ordnung sein *könnte*. Wir hatten die erste einer langen Reihe von heftigen Auseinandersetzungen, die im Lauf der nächsten sechs Monate immer wieder hochkochten, als Matthew nun noch auffälliger nicht das tat, was er dem Lehrbuch nach hätte tun sollen.

Wir stritten jedes Mal und mit wachsender Intensität, wenn wir Matthew mit anderen, etwa gleichaltrigen Babys zusammen beobachteten. Ich stellte sorgenvolle Vergleiche an, während Steve die Unterschiede nicht zu bemerken schien oder jedenfalls nicht darauf reagierte. Seine emotionale Haltung erinnerte mich an meinen Vater, der immer sehr distanziert und völlig von seinen Gefühlen abgeschnitten war. Ich versuchte, Steve dazu zu zwingen, sich ebenso zu sorgen wie ich, oder ihm zumindest einzureden, dass er sich Sorgen machen *sollte*, um mich selbst davon zu überzeugen, dass ich nicht meinen Vater geheiratet hatte.

Die Psychologin, die Matthew (auf meine Veranlassung) testete, als er neun Monate alt war, sagte, er sei in gewissen Bereichen tatsächlich recht langsam, aber es sei zu früh, eindeutige Schlüsse daraus zu ziehen. Sie schlug uns vor, noch eine Weile abzuwarten und dann, falls wir immer noch besorgt seien, einen pädiatrischen Neurologen zu konsultieren. Ich verstand diesen Kommentar als Bestätigung meiner Befürchtungen, während Steve ihn genau umgekehrt deutete. Wir provozierten einander, unsere konträren Haltungen zu übertreiben und uns auf unsere Positionen zu versteifen, ganz zu schweigen von der Tatsache, dass wir in Gegenwart von Matthew stritten, der zu klein war, um zu verstehen, worum es ging, aber den Ton unserer Auseinandersetzungen zwangsläufig mitbekommen musste.

Worauf beruhte die Disparität in unseren Reaktionen? Steve und ich sind von unseren Temperamenten her zweifellos ziemlich unterschiedlich, und er ist bis heute der weniger Ängstliche von uns beiden. Aber es ist charakteristisch für Mütter, Probleme zuerst wahrzunehmen und ihre Besorgtheit offener zu äußern. Wie das Wechseln von Windeln wurde auch die »Gefühlsarbeit« lange Zeit als Domäne der Frauen definiert, und wir sind gewöhnlich sehr gut darin. Die Besorgtheit, die ich ausdrückte, reichte für zwei, und das machte es für Steve viel schwieriger, mit seinen eigenen sorgenvollen Gefühlen in Kontakt zu kommen. Ohne dass ich es beabsichtigt hätte, half ich Steve, seine emotionsarme Haltung aufrechtzuerhalten, indem ich mehr als meinen Anteil an Emotionalität zum Ausdruck brachte.

Ich nahm auch die Rolle der »emotional Reaktiven« an, denn ich war diejenige, die praktisch den ganzen Tag zu Hause war. Wie so viele Mütter war ich auf eine halbe Stelle gegangen, während Steve fast von Anfang an mit voller Stundenzahl weiterarbeitete. Der Elternteil, der ständig auf der Bildfläche präsent ist, sei es die Frau oder der Mann, stimmt sich in aller Regel emotional mehr auf das Baby ein, im positiven wie im negativen Sinn. Wenn Männer die häusliche Rolle übernehmen, fangen sie oft an, sich so zu verhalten, wie es unserem gesellschaftlichen Stereotyp von einer Hausfrau und Mutter entspricht. Abgesehen davon, dass ich mehr Zeit zu Hause verbrachte, fühlte ich mich irgendwie für Matthews langsame Entwicklung verantwortlich, und das brachte meine Ängste zum Siedepunkt. Auf der rationalen Ebene war mir natürlich klar, dass mich keine Schuld traf, aber schließlich war es *meine* Plazenta, die sich während der Schwangerschaft abgelöst hatte, und es war mein Körper, der sich als unzuverlässig erwiesen hatte. Um es auf den Punkt zu bringen: Mütter neigen dazu, sich für alles und jedes verantwortlich zu fühlen; wir stellen uns immer zuerst selbst unter Verdacht. In einem Gespräch, das viele Jahre später stattfand, erfuhr ich zu meiner größten Verblüffung, dass meine eigene Mutter sich für Matthews langsame Entwicklung verantwortlich gefühlt hatte. Während dieses ersten Jahres hatte *sie* sich im Stillen die Schuld daran zugeschrieben. Wie konnte das sein? Offenbar hatte ich über einen turbulenten Flug geklagt, als ich sie während meiner Schwangerschaft in Phoenix besuchte. Da die Einladung von ihr ausgegangen war, fühlte sie sich schuldig und glaubte, mitverursacht zu haben, was immer mit meinem Kind möglicherweise nicht stimmte, trotz der offensichtlichen Tatsache, dass Turbulenzen einer Plazenta nichts anhaben können und dass die Entscheidung zu fliegen bei mir lag.

Aber wer von uns ist rational, wenn es um das Thema Mütter und Mutterschaft geht? Zu den verwirrendsten Widersprüchen gehört, dass eine Mutter sich völlig machtlos fühlen kann und dennoch als omnipotent betrachtet wird (und auch selbst Omnipotenzansprüche an sich stellt). »Ungeborene begehen tatsächlich Selbstmord im Mutterleib, wenn ihre Mütter sie nicht wollen«, erklärte ein bekannter Psychologe. »Eine Mutter kann ihre Gefühle auf ihr ungeborenes Kind übertragen – was den Fetus in manchen Fällen veranlassen kann, seinen eigenen Abort und Tod auszulösen.« Ich gestehe, dass ich diese hochinteressante Information im *National Enquirer* las, während ich im Supermarkt in der Warteschlange vor der Kasse stand. Nun ist der *National Enquirer* nicht gerade ein Intelligenzblatt, aber die Passage ist beispielhaft für die irrationalen Vorstellungen von weiblicher Macht, die im Unbewussten erwachsener Männer und Frauen lauern. Mütter werden einerseits für die Probleme ihrer Kinder verantwortlich gemacht und andererseits dafür gepriesen, dass sie vernünftige, anständige Staatsbürger hervorbringen. Auf der unbewussten Ebene sind wir gegen die Vorstellung, dass wir Macht über alles haben, was mit unseren Kindern geschieht, vielleicht nicht immun, auch wenn unser bewusster Verstand sehr wohl weiß, wie irrig und unsinnig diese Vorstellung ist.

In ihrem Buch *Macht und Liebe*[2] schildert die Familientherapeutin Betty Carter den Tag im Jahr 1964, an dem bei ihrem dreijährigen Sohn eine autistische Störung diagnostiziert wurde. Der renommierte New Yorker Psychiater, der das Kind untersucht hatte, hob im Gespräch mit der Mutter ausdrücklich hervor: »Er ist autistisch und Sie sind nicht dafür verantwortlich.« Diese Worte, so erklärt Carter, waren für sie »ein Rettungsboot in einem Meer anklagender Literatur«, denn zu jener Zeit galt Autismus als eine psychische Störung, die von den Eltern – sprich: den Müttern – verursacht wurde. Carter beschreibt ihren Sohn zum Zeitpunkt der Diagnose als »so schwer gestört, dass er nicht auf seinen Namen reagierte, sich von niemandem außer seinen Eltern berühren ließ und nicht verbal kommunizierte, obwohl er fähig war, seine Eltern wie ein Papagei nachzuahmen und so komplizierte Lieder wie Gilbert und Sullivans ›I am the very model of a modern major general‹ nachzusingen«.

Carter berichtet weiter, dass sie trotz der beruhigenden und unterstützenden Worte des Psychiaters zu schockiert war, um auch nur weinen zu können, als sie in der New Yorker öffentlichen Bibliothek saß und die vorherrschenden Theorien über Autismus las, in denen von »eiskalten Müttern« oder »Kühlschrank-Müttern« die Rede war. Obwohl sie es besser wusste, wachte sie mitten in der Nacht mit dem Gedanken auf: »Könnten wir das verursacht haben?« Ich finde es großartig, wie sie mit ihrer Selbstanklage umging: »Nun, antwortete ich mir selbst (Richterin, Geschworene und Verteidigerin in einer Person), wenn wir denn wirklich dafür verantwortlich wären, dass er in dieser Verfassung ist, hätten wir ihn für ein Jahr oder zwei im Keller einsperren und anketten müssen, ohne ihn je zu berühren oder mit ihm zu sprechen.« Betty und Sam, ihr Ehemann, schafften es, einander bei der Überwindung ihrer Schuldgefühle zu helfen und ein innovatives und einfallsreiches Behandlungsteam zu bilden; so erreichten sie schließlich, dass ihr Sohn eingeschult werden und die Primarstufe hindurch im öffentlichen Schulsystem bleiben konnte. Aber sie waren ungewöhnlich in ihren Fähigkeiten, kreativ zu denken, statt sich von einem Strudel chronischer Ängste, Streitereien und Schuldzuweisungen fortreißen zu lassen.

Als ich mit Matthew schwanger war, hatte ich – verständlicherweise – mehr Ängste als Steve. Aber in dieser Zeit hatten wir uns nicht auf polarisierte Positionen zurückgezogen, und so konnten wir frei über die Ängste sprechen, was uns einander näher brachte. Nach Matthews Geburt, als wir den Nachhall der mit der Schwangerschaft verbundenen Emotionalität und die Krise, zum ersten Mal Eltern eines Säuglings zu sein, zu bewältigen hatten, traten unsere Ängste zwischen uns. Wir waren auf unsere rigide polarisierten Haltungen programmiert wie Roboter und agierten so voraussagbar wie ein Uhrwerk: Je mehr ich meine Ängste und meine Besorgtheit über Matthews Langsamkeit zum Ausdruck brachte, desto mehr ging Steve auf

Distanz und verharmloste die Situation; je mehr er sich distanzierte und die Dinge herunterspielte, desto mehr steigerte ich mich in meiner Sorge. Die Sequenz eskalierte, bis es unerträglich wurde, und dann warfen wir einander wechselseitig vor, den Streit angefangen zu haben.

Aus dem Abstand der Jahre heraus sehe ich klar, dass Steve oder ich dieses Muster hätten verändern können, statt unseren vollen Einsatz zu bringen, um es in Gang zu halten. Ich hätte mich zum Beispiel ein paar Wochen lang mit meinen Sorgen an Freunde wenden können, statt sie Steve gegenüber auszudrücken; so hätte ich ihm genug emotionalen Spielraum gelassen, seine eigene Besorgtheit, die zweifellos da war, zu erfahren. Oder ich hätte ihn in einem ruhigen Moment ansprechen und bitten können, mich zu unterstützen, was meine Ängste betraf, statt das Thema anzuschneiden, während ich unter Hochspannung stand, und dann durchblicken zu lassen, dass er im Unrecht war, weil er nicht genauso reagierte wie ich. Auch Steve hätte sich etwas Neues einfallen lassen können, um das Muster zu durchbrechen, wie zum Beispiel ein Gespräch zu initiieren, in dem er Sorge um unseren Sohn ausdrückte. Aber trotz all unserer Bildung und unseres Fachwissens saßen wir in der Sackgasse fest.

Ich möchte am liebsten glauben, dass Steve und ich auf jeden Fall zu unserer ruhigen, liebevollen Beziehung als Paar zurückgefunden hätten, unabhängig davon, wie es mit Matthews Entwicklung weitergegangen wäre. So wie die Dinge lagen, brachten wir Matthew kurz vor seinem ersten Geburtstag zu einem pädiatrischen Neurologen in Kansas City, der uns sagte, manche Kleinkinder zeigten nun einmal nicht viel Aktivität, bevor sie anfingen zu laufen. Seiner Prognose nach würde Matthew sich normal entwickeln, wenn auch langsamer in seiner Wahrnehmungsfähigkeit und seiner motorischen Geschicklichkeit als in seinen verbalen Fähigkeiten. (Dieser letzte Teil der Voraussage trat nicht ein.) Matthew fing tatsächlich zum vorgesehenen Zeitpunkt an zu laufen, ohne dass er sich zuvor krabbelnd, rutschend oder in irgendeiner anderen Form umherbewegt hätte. Und damit endeten die permanent wieder aufflammenden Streitereien zwischen Steve und mir.

## Wenn aus zweien drei werden

Das ständige Streiten über unseren Sohn hatte auch seine nutzbringende Seite. Erstens half es uns, ein bisschen weniger ängstlich zu sein, denn es ist schwierig, sich zu streiten und sich gleichzeitig Sorgen zu machen. Die Auseinandersetzungen lenkten unsere Aufmerksamkeit auch von anderen Befürchtungen und Problemen ab, mit denen wir als frisch gebackene Eltern konfrontiert waren. Wir konnten uns der Fantasie hingeben, dass alles wie am Schnürchen laufen würde, wenn Matthews Entwicklung normal verliefe.

Das war eine naive Vorstellung. Wenn das erste Kind da ist, sehen sich alle Mütter und Väter vor immense Herausforderungen gestellt. Jede grundlegende Veränderung ist mit Stress verbunden, selbst unter den günstigsten Umständen, und selbst dann, wenn wir diese Veränderung gesucht und aktiv herbeigeführt haben. In dem magischen Augenblick, in dem eine Tochter Mutter wird, ein Sohn Vater und Eltern Großeltern werden, ist jedes Familienmitglied gefordert, sich auf die neue Situation einzustellen und eine tief greifende Wandlung zu vollziehen. Keine Beziehung bleibt unangetastet, insbesondere die Beziehung zwischen den neuen Eltern. Wäre Matthews Entwicklungsverzögerung nicht der Zankapfel zwischen Steve und mir gewesen, hätten wir zweifellos ein anderes Problemthema gefunden, das uns Anlass geboten hätte, polarisierte Positionen einzunehmen.

Manche Frauen berichten, dass ein neugeborenes Kind das freundschaftliche Element in ihren Ehen verstärkt, besonders wenn der Ehemann sich als aktiver, liebevoller Vater und fürsorglicher, großzügiger Partner erweist. Wahrscheinlicher ist aber, dass ein neugeborenes Kind die Harmonie in der Paarbeziehung nicht gerade fördert. Es gibt kaum Ereignisse, die eine Ehe mehr belasten als die Addition oder Subtraktion von Familienmitgliedern.

Was die »Subtraktion« angeht, liegt das Belastende klar auf der Hand. Wir können alle nachempfinden, wie schwer es für eine Familie ist, den Tod eines ihrer Mitglieder zu bewältigen, vor allem wenn dieser Verlust verfrüht oder unerwartet eintrat. »Additionen« sind dagegen frohe Ereignisse, oder sollen es sein, und so unterschätzen wir leicht die Krise, mit der eine Frau nach der Geburt ihres ersten Kindes konfrontiert ist, wenn – in einem plötzlichen und irreversiblen Moment – aus einem Paar eine Familie mit drei Mitgliedern wird. Dass in einem einzigen Augenblick aus zweien drei werden, ist ein wahrhaft phänomenales Ereignis, ein Ereignis, das Schlagzeilen machen würde, wäre da nicht die Tatsache, dass diese Transformation im Leben von Säugetieren etwas völlig Alltägliches ist. Wenn man den Stress des unterbrochenen Schlafzyklus, die rebellischen Post-partum-Hormone, den vorhersehbaren Libidoverlust der neuen Mutter und das Aufwallen der Gefühle aus der eigenen Vergangenheit hinzunimmt, ist es ein Wunder, dass nicht alle Ehen um die Zeit, wenn das Kind ein Jahr alt wird, auseinander brechen. Aber es ist sicherlich kein Wunder, dass die Intimität in der Paarbeziehung gewöhnlich das Erste ist, das den Bach hinuntergeht.

Während des ersten Jahres der Mutterschaft werden Sie jede Menge Anlässe finden, mit Ihrem Partner zu streiten, wenn Sie mit einem Partner zusammenleben. Streiten und auf Distanz gehen sind natürliche Reaktionen auf Ängste, und diese reflexhaften Formen, eine Beziehung unter Stress zu steuern, sind nicht leicht zu vermeiden. Die häufigsten Streitthemen[3] sind diese:

◆ Geld (das knapper ist als gewohnt)
◆ Fürsorge für das Kind und Hausarbeit (Wer nimmt das Baby hoch, wenn es schreit, wer wechselt die Windeln, wer geht einkaufen, kümmert sich um Betreuung für das Kind und organisiert den zeitaufwändigen alltäglichen Kleinkram?)
◆ Berufstätigkeit (Wer verdient das Geld, wer bleibt zu Hause, wessen Arbeit ist wichtiger, wer lässt Arbeitsstunden ausfallen, wenn das Baby krank wird?)
◆ Beziehungen zur Familie im weiteren Sinn (Wie oft kommen die Großeltern zu Besuch, welche Regeln und Grenzen sollen gesetzt werden?)
◆ Wiederherstellung der Intimität in der Paarbeziehung (nach dem Motto: Sex? Was war das noch mal?)
◆ Entscheidungen darüber, wie man die knappe Zeit nutzt, die man als Paar für sich allein hat.

Wenn Sie nicht über diese speziellen Fragen streiten, werden sich zweifellos andere ergeben – jedes Thema ist geeignet. Aber seien Sie versichert, dass es sich bei der oben genannten Auswahl um zentrale Probleme handelt, die sich nicht von allein auflösen werden, insbesondere wenn Ihr Partner ein Mann ist. Wenn Sie nicht beide bewusste Anstrengungen unternehmen, die tradierten Geschlechtsrollenarrangements zu durchbrechen, wird Ihre Zukunft aller Wahrscheinlichkeit nach etwa so aussehen:

◆ Geld: Sie haben an finanzieller Unabhängigkeit verloren, er hat auf der finanziellen Ebene an Macht gewonnen.

◆ Fürsorge für das Kind und Hausarbeit: Sie sind aufmerksamer und übernehmen einen größeren Teil der anfallenden
  Aufgaben; Sie fühlen sich stärker verantwortlich.

◆ Berufstätigkeit: Sein Job hat Priorität; er fühlt sich stärker
  verantwortlich.

◆ Beziehungen zur Familie im weiteren Sinn: Sie machen sich
  zu viel Gedanken um seine Familie; er macht sich zu wenig
  Gedanken um Ihre Familie.

◆ Intimität in der Paarbeziehung: Die ungleiche Verteilung
  von Kinderpflege und Haushaltsarbeiten fordert ihren Preis;
  Sie verlieren das Interesse an Sex.

◆ Gestaltung Ihrer knappen Freizeit als Paar: Sie gehen abends
  zusammen aus und streiten dann über die oben angeführten
  Themen.

## Frisch gebackene Väter

Wie reagiert ein Mann emotional, wenn er zum ersten Mal Vater wird, abgesehen davon, dass die Frage, wie er den Unterhalt für die neue Familie aufbringen wird, gesteigerte Ängste in
ihm auslöst? Ein Baby bringt es mit sich, dass automatisch ein
Dreiecksverhältnis entsteht. Manchmal verlieben beide Eltern
sich in das Kind – und entlieben sich als Paar. Manchmal verhält der Vater sich so, als drehte seine gesamte emotionale Welt
sich nur noch um das Baby. Häufiger aber fühlt der Vater sich
in der neuen Familie als Außenseiter, vor allem wenn die Mutter stillt.

Negative Reaktionen sind ein normaler Bestandteil der Er-
fahrungswelt eines frisch gebackenen Vaters, auch wenn wir
nicht viel darüber hören. Ein Mann empfindet vielleicht Befrie-
digung und Stolz, wenn er seine Frau und sein Kind beobachtet, aber er kann sich auch überflüssig oder unzulänglich vor-

kommen, neidisch sein, sich ausgeschlossen fühlen. Oft werden solche Reaktionen als albern, abstrus oder pathologisch abqualifiziert, was dazu führt, dass die Frau glaubt, sie sei die Einzige, die einen so unsensiblen und unkooperativen Partner hat, und dass der Mann Schuldgefühle hat und sich einsam fühlt.

Jeder erwachsene Mann lag einmal als Säugling an der Brust seiner Mutter oder empfing in ihren Armen das symbolische Äquivalent, die Flasche. Selbst der liebevollste Ehemann kann sich durch die besondere Nähe, die vielleicht zwischen Mutter und Kind entsteht, herausgefordert fühlen – einer Nähe, die seine eigenen, tiefsten Abhängigkeitsbedürfnisse gerade dann aufwallen lässt, wenn seine Frau am wenigsten fähig ist, diese Bedürfnisse zu erfüllen, und wenn sie und der Säugling eine in sich geschlossene Einheit zu bilden scheinen.

Die wenigsten Väter sind in der Lage, solche Gefühle wahrzunehmen und zu identifizieren, denn Männer durchlaufen eine gründliche Konditionierung, die ihnen verbietet, ihre Verletzlichkeit zu spüren oder zum Ausdruck zu bringen. Der Mann, der Vater geworden ist, nimmt vielleicht eine brüderliche, würdevoll schweigende Haltung ein, oder er geht auf Distanz und ist unwillig, seine Frau zu unterstützen, oder er entscheidet, dass es »ihr Kind« ist, stürzt sich in die Arbeit und konzentriert alle seine Energien auf die Außenwelt. Die Frau, die Mutter geworden ist, kommt vielleicht auch zu dem Schluss, dass ihr Mann bereits genug um die Ohren hat, also wird das Baby in erster Linie ihr Projekt und ihr vorrangiges Fachgebiet.

Väter gehen ein großes Risiko ein, wenn ihre Inkompetenzgefühle sie veranlassen, sich von den alltäglichen, pragmatischen Aspekten und Aufgaben des Elternseins fern zu halten. Denn dies vergrößert ihre Unzulänglichkeitsgefühle und führt, in der

Folge, zu noch mehr Distanz. Obwohl es Leute gibt, die als Eltern »Naturtalente« sind, erwerben die meisten Eltern ihre Kompetenz nach und nach auf dem Weg des Lernens durch Versuch und Irrtum. Was mich selbst angeht, so habe ich mit *In*kompetenz und den Formen, in denen sie sich verfestigen kann, sehr viel persönliche Erfahrung; also kann ich mich gut in Väter einfühlen, die vor den praktischen Details der Fürsorge für kleine Kinder einen wahren Horror haben. Meine Erfahrung (beziehungsweise mein Mangel an Erfahrung) mit dem Autofahren ist eine gute Analogie zu den Erfahrungen mancher Männer mit ihren kleinen Kindern.

Zunächst einmal lernte ich nicht als Jugendliche Auto fahren, denn ich lebte in New York, wo alle Welt öffentliche Verkehrsmittel benutzt, weil es bequemer und unkomplizierter ist. Dann zogen Steve und ich nach Berkeley und mussten täglich nach San Francisco zur Arbeit fahren. Mit dem Auto im dichten Verkehr mehrspuriger *Freeways* zu navigieren ist für keinen ungeübten Autofahrer ein angenehmes Erlebnis. Da es sich so ergeben hatte, dass Steve und ich in derselben psychiatrischen Einrichtung arbeiteten, übernahm er das Fahren und wurde immer geübter und geschickter darin. Ich unternahm keinen Versuch, fahren zu lernen. Ich habe einen lausigen Orientierungssinn, damit fing es schon an, und darüber hinaus wollte ich mein Leben oder das Leben anderer nicht in Gefahr bringen. Damals fanden die meisten unserer Freunde meine Unfähigkeit, mich selbständig in einem Auto umherzubewegen, einfach süß – eine reizende Schwäche, die meine persönliche Note war. Ich war das weibliche Äquivalent eines Bill Cosby, der den Kindern zum Frühstück Schokoladentorte zu essen gibt, oder des typischen Comedy-Vaters, der nicht verhindern kann, dass die Wohnung sich in ein totales Chaos verwandelt, wenn die Mama mal ein paar Tage nicht zu Haus ist.

Die schiere Notwendigkeit zwang mich schließlich, als wir

nach Topeka zogen, im Alter von achtundzwanzig Jahren Auto fahren zu lernen. Und wir sprechen hier von der simpelsten Stufe des Autofahrens – kein Berufsverkehr, keine mehrspurigen Straßen oder Kreisel, durch die man sich im dichten Verkehr einfädeln muss, kein hochkompliziertes Einparken in verstopften Straßen. Um es kurz zu machen: Außerhalb von Topeka fahre ich äußerst selten. Ich habe mich immer darauf verlassen, dass Steve oder sonst jemand mich umherchauffiert, und jetzt bin ich davon überzeugt, dass der Gehirnbereich, der das Autofahren dirigiert – von Anfang an nicht allzu toll ausgeprägt – bei mir mittlerweile total atrophiert ist. Meine Schwester Susan fing mit derselben negativen Einstellung und demselben Mangel an Selbstvertrauen an (das liegt bei uns in der Familie), aber sie heiratete erst spät (mit fünfzig), und sie war so gezwungen, im großstädtischen Verkehrsgewühl Bostons fahren zu lernen, und lernte es auch, was mich ungemein beeindruckt. Wir lernen, was wir lernen müssen, und je länger wir warten, desto schwerer kann dieses Lernen werden.

Das gilt auch für das Vatersein. Sie können Ihrem Mann helfen, indem Sie sicherstellen, dass er jede Menge Zeit allein mit dem Kind verbringen kann ohne Ihre Supervision, Kritik, Sachkenntnis oder Beratung – es sei denn, er bittet ausdrücklich um Rat. Sie tun ihm keinen Gefallen, wenn Sie ihm alles aus der Hand nehmen oder sich so verhalten, als könnten Sie das Haus nicht einmal für ein Wochenende verlassen, weil er allein nicht zurechtkommen würde. Je mehr Sie davon überzeugt sind, dass man ihn ohne eine lange Liste voller detaillierter Anweisungen nicht mit dem Baby allein lassen kann, desto wichtiger ist es vielleicht für Sie selbst, öfter von der Bildfläche zu verschwinden oder mehr Inkompetenz zu entwickeln, weil Ihr Mann dadurch lernen wird, kompetenter zu sein. Denken Sie daran, dass Sie morgen von einem Lastwagen überfahren werden könnten oder in fünf Jahren vielleicht geschieden sind. Wenn

Sie und der Vater Ihres Babys eine Polarität aufbauen – ähnlich
der, die Steve und ich rund um das Autofahren kreierten –, wird
das für Ihr Kind nicht von Vorteil sein.

## Wie sollte eine frisch gebackene Mutter sich fühlen?

Manche Frauen begrüßen die Mutterschaft mit uneinge-
schränktem Enthusiasmus. Meine Freundin Jeffrey Ann Goudie, eine entschiedene Gegnerin des Kinderhabens, bevor sie
ihre Tochter Eleanor zur Welt brachte, gestand später: »Wenn
ich dir sagen würde, wie viel Freude und Glück diese Erfahrung
mir gebracht hat, würde ich mich im Sinne der Anklage schuldig machen – schuldig der Banalität und der Sentimentalität.«
Sie versank tief im »glückseligen Brei des Familienlebens«, wie
sie es nannte, und erfand zusammen mit ihrem Mann Tom
Averill sogar ein kleines Liedchen, das sie zur Leitmelodie einer
bekannten Fernseh-Show sangen, wenn sie ihr Kind stillte.

Vor nicht allzu langer Zeit galten positive Gefühle wie die meiner Freundin Jeffrey Ann als das Normale und Natürliche, und
Frauen, die nicht so empfanden, bewahrten Stillschweigen über
ihre anders gearteten Erfahrungen. Aber heute äußern Mütter
sich frei und offen über das Gute, das Schlechte und das Unaussprechliche.[4] Innerhalb und außerhalb meiner therapeutischen Praxis höre ich Frauen erzählen, dass sie aufhörten, mit
ihren Männern zu schlafen, nachdem das Baby da war, oder
dass ihre Brüste nach einem Kind oder zweien schlaff wurden
und dann fast völlig verschwanden. Ich höre von der Intensität
der Gefühle, die ein Kind auslösen kann, von blinder Wut, Erschöpfung und Langeweile bis hin zu überwältigender Liebe
und Zärtlichkeit. Ich höre Mütter sagen, dass sie den Impuls in
sich fühlten, ihr schreiendes Baby aus dem Fenster zu werfen,

wenn das Schreien nicht aufhören wollte, und dass sie – dieselben Mütter – nicht wüssten, wie sie weiterleben sollten, wenn ihrem Kind je etwas passierte. Ich höre, mit welcher emotionalen Intensität und welcher wilden Entschlossenheit Mütter danach streben, ihre Kinder gesund und in Sicherheit zu halten – und ich höre von dem unsagbaren Schmerz, der sich einstellt, wenn sie lernen, dass sie es nicht können.

Viele Mütter fühlen sich unter Druck, die »richtigen« Gefühle zu haben und helle Begeisterung über ihr Baby an den Tag zu legen, so wie sich jemand unter Druck fühlen kann, am Tag der Hochzeit strahlend glücklich zu erscheinen oder sich im lang ersehnten Urlaub gefälligst zu amüsieren. Frauen, die zum ersten Mal Mutter werden, sind oft überzeugt, dass sie eine unmittelbare, euphorische, allumfassende Leidenschaft für ihr Baby empfinden sollten. Aber Mütter reagieren mit der unermesslichen Vielfalt menschlicher Emotionen auf die Krise, die ein neugeborenes Kind darstellt.

Leslie, eine meiner Klientinnen und eine überaus ambitionierte Frau, wurde eingeladen, auf einem prestigeträchtigen Kongress den Einführungsvortrag zu halten, als ihr Sohn Sam gerade drei Monate alt war. Sie hatte unglaublich hart gearbeitet, um diesen Gipfelpunkt ihrer Karriere zu erreichen, aber sie war während der drei Tage, die sie auf dem Kongress verbrachte, die ganze Zeit todunglücklich. Sie rief in jeder freien Minute zu Haus an, um sich nach dem Kind zu erkundigen und ihrem Mann zu sagen, wie ihre von Muttermilch prallen Brüste schmerzten, wie sie sich in Sehnsucht nach ihrem Baby verzehrte und dass nur die Erinnerung an den Geruch und die Zartheit von Sams Haut sie aufrechterhielte. Sie hatte die außerordentliche Macht der Bindung an ihr Kind nicht vorausgesehen und war tief deprimiert, denn eigentlich hatte sie ihr Baby zu diesem Kongress mitnehmen wollen, sich aber von einem Kollegen gegen ihre innere Stimme davon abbringen lassen.

Die meisten Mütter kämpfen mit dem Problem, wie sie ihr Baby und ihre Arbeit unter einen Hut bringen sollen – ein Kampf, für den der Begriff »Doppelbelastung« zu blutleer und ein Wort wie »jonglieren« viel zu schnittig erscheint. Aber nicht alle Mütter kämpfen auf dieselbe Weise. Einen scharfen Kontrast zu Leslies mütterlicher Sehnsucht bildet die folgende unsentimentale Darstellung einer Künstlerin, wie sie auf die Geburt ihrer Tochter reagierte:

»Laura kam zum ungünstigsten Zeitpunkt, den man sich vorstellen kann. Ich fing gerade an, Erfolg zu haben; ich war mitten in einem großen Projekt, das ich fertig stellen musste, und ich wollte nur, dass sie schlief oder bei der Babysitterin war. Ich genoss es, sie abends zu stillen, und ich erinnere mich an ein paar wundervolle Momente, Mund an der Brust, Auge in Auge. Aber für gewöhnlich liebte ich sie am meisten, wenn sie schlief. Mein Mann und ich waren in ständiger Rivalität, wer Anspruch darauf hatte, sich weniger um das Kind zu kümmern, und so schoben wir sie dauernd zwischen uns hin und her. Nur wenn ich malte, hatte ich nicht das Gefühl, dass ich am liebsten woanders wäre.«

Vielleicht erscheint Ihnen diese Reaktion egoistisch und erschreckend unmütterlich, aber ich kann mich damit identifizieren, ebenso wie ich mich mit einer Klientin identifizieren kann, die sagte, sie hätte einen Körperteil geopfert, wenn sie damit erreicht hätte, nach der Geburt ihres Kindes die Arbeit aufgeben zu können. Die Geschichten von Frauen, wenn sie offen und ehrlich erzählt werden, sind so unterschiedlich wie die Frauen selbst, und so unterschiedlich sind auch die Kinder, die wir aufziehen. Und aus den verschiedensten Gründen sind manche unserer Nachkommen »einfacher zu handhaben« als andere – oder auch anziehender beziehungsweise weniger anziehend.

Diese Frau spricht offen über ihre negative Reaktion auf ihr neugeborenes Kind:

»Ich brauchte eine Weile, um eine liebevolle Bindung an Cara zu entwickeln, weil ich über ihr Aussehen so entsetzt war. Sie hatte keinen Hals und kein Kinn, wie Alex, mein Mann, aber der ließ sich einen Bart stehen, was für Cara nie eine Option wäre – oder zumindest hofften wir das. Sie war ein dürres, mageres Baby, und ihre Augen standen zu nahe beieinander. Ich dachte: Okay, aus Millionen von Spermien, aus unendlich vielen Kombinationsmöglichkeiten, aus einem Gen-Pool, der viele schöne Menschen hervorbrachte, hat ein dummer Zufall diese Form ausgewählt, die das Leben meiner Tochter so viel schwerer machen wird. Um ehrlich zu sein: Es war mir auch peinlich, denn niemand konnte Cara ansehen und aufrichtig sagen: ›Oh, so ein niedliches Baby!‹ Und in diesem Stadium konnte man schwerlich etwas Positives über ihre Persönlichkeit oder ihre Talente sagen. Ich hatte furchtbare Schuldgefühle, weil mir etwas so Oberflächliches wie das Aussehen peinlich war. Aber ich kam über meine Enttäuschung nicht hinweg, bis sie anfing, mich anzulächeln.«

Von Anbeginn an leidenschaftliche Liebe zu Ihrem Kind zu empfinden ist ein Geschenk, aber nicht notwendigerweise ein Voraussagefaktor für künftige Entwicklungen, etwa in welcher Beziehung Sie zu ihm stehen werden, wenn es sieben oder fünfzehn Jahre alt ist. Die Mutter, die so offen über ihre anfängliche Enttäuschung berichtete, ist jetzt von ihrer Tochter, die gerade sechzehn geworden ist, entzückt und hat ein ausgezeichnetes, überaus liebevolles Verhältnis zu ihr. Andere Frauen fallen mir ein, die ihre Kinder, als sie Babys waren, regelrecht anbeteten, und die jetzt mit ihren Teenagern kaum ein Wort wechseln oder ihren erwachsenen Kindern völlig entfremdet sind. Meine Freundin Nancy, eine Jura-Professorin, war ein Jahr lang todunglücklich, nachdem sie ihren Sohn geboren hatte. Sie hing traurigen Gedanken nach, wenn sie Fotos von Paaren betrachtete, die auf den Bahamas Urlaub machten – Möglichkeiten, die ihr nun nicht mehr offen standen. Ihre Erfahrung wurde ihr durch das Romantisieren der Mutterschaft in ihrer gesamten Umgebung und durch ihre Isolation von anderen Frauen, die sich in sie hätten einfühlen oder ihr von ähnlichen Empfindungen berichten können, noch schwerer gemacht. Kürzlich fragte ich sie, ob ihr in dieser schwierigen Zeit irgendetwas geholfen hätte. Ja, sagte sie, als Max etwa acht Monate alt war, habe sie mit Charlene, einer Kollegin, einmal darüber gesprochen, wie unglücklich sie sei und welche Schuldgefühle sie wegen dieses Unglücklichseins habe. »Nancy, das ist doch nur natürlich«, hatte die Kollegin mit Wärme geantwortet. »Du kannst doch unmöglich vierundzwanzig Stunden am Tag eine glückliche Mutter sein.« Diese Worte hatten sie sehr erleichtert.

Wir müssen erkennen, dass es unweigerlich Phasen und Stadien in der Entwicklung unserer Kinder geben wird, durch die wir uns bestenfalls durchwursteln können.

## Baby-Ekstase?

Manche Mütter lieben das Säuglingsstadium. Viele tun es nicht, denken aber, dass sie es sollten. Es ist beruhigend zu wissen, dass andere Frauen auch Schwierigkeiten damit haben und dass es keine unaussprechliche Schmach und Schande ist, *nicht* vor Glückseligkeit dahinzuschmelzen. Carin Rubensteins neues Buch *Wenn Mütter zu sehr lieben*[5] ist eines von vielen, die bestätigen, dass Mütter von kleinen Kindern sich oft verunsichert, verängstigt, frustriert und depressiv fühlen – ein Zustand, der nach der Entbindung nicht selten mindestens ein Jahr lang und in manchen Fällen noch viel länger anhält. Rubenstein zitiert eine neuere Studie, der zufolge Depressionen bei Müttern von ein- bis zweijährigen Kindern doppelt so häufig auftreten wie bei anderen Müttern. Ihre These ist, dass Mütter mehr Opfer bringen als Väter, und dass diese Opfer sowohl für die Mutter als auch für das Kind nachteilige Folgen haben.

Rubenstein vertritt die Auffassung, dass Mütter von Neugeborenen sich zu unglaublichen Akten der Selbstaufopferung aufschwingen, weil sie einen intensiven und leidenschaftlichen Zustand der »Baby-Ekstase« durchleben, der auf einer hormonell und biologisch bedingten Prädisposition, sich zu opfern, beruht. Obwohl die Botschaft ihres Buches emanzipatorisch ist (halten Sie sich in Ihrer Opferbereitschaft zurück), liest sich ihre Beschreibung der »wesentlichen Erkenntnis über die Mutterschaft« doch ein bisschen wie die im 19. Jahrhundert übliche Glorifizierung der Mutter, die als ein Monument engelgleicher Liebe, unermüdlicher Fürsorge und freudiger Aufopferung für ihre Kinder dargestellt wurde.

Rubenstein schreibt, dass »Kinder ihren Müttern das reinste Glück bescheren, das es überhaupt gibt. An die intensive Euphorie, die eine Geburt begleitet, reicht kein anderes Ereignis im Leben einer Frau heran. Sie ist besser als fantastischer Sex, bewegender als die erste Liebe, befriedigender als der Empfang einer akademischen Ehrung oder eines Nobelpreises.« Und weiter: »Mütter sind fast ausnahmslos der Ansicht, dass die Bindung, die sie zu ihren Kindern haben, die aufregendste und erfüllendste ihres Lebens ist, dass sie besser ist als die Ehe, besser als Sex, besser als Freundschaft.« Und (nur für den Fall, dass die Leserin es immer noch nicht begriffen hat): »Wenn sie nackt vor ihrem Schöpfer stehen und den Tag des Gerichts vor sich sehen, gestehen Frauen ein, dass ihre Kinder ihnen mehr bedeuten als alles andere auf der Welt ... Mütter brauchen Kinder mit einer viel größeren Unbedingtheit als sie einen Mann brauchen oder eine beste Freundin oder Schwester oder sogar ihre eigene Mutter.« Zum Thema der mütterlichen Hingabe lässt Rubenstein verlauten: »Es ist, als verströmten ihre Herzen Liebe, wie ein Leuchtturm seinen Lichtstrahl aussendet, Energien von Millionen Watt, die auf dieses kostbare Kind fokussiert sind.«

Ich muss gestehen, dass ich mich all dem nicht vollen Herzens anschließen kann, obwohl viele Mütter es zweifellos tun werden. Und ich habe auch nicht die richtige Form gefunden, die Macht der Bindung zwischen Mutter und Kind – ob es sich nun um ein biologisches oder ein adoptiertes Kind handelt – zum Ausdruck zu bringen. Alle Verallgemeinerungen über mütterliche Gefühle sind problematisch, wenn sie sagen, welche Empfindungen für Frauen, die Kinder haben, normal, richtig oder »fast ausnahmslos« wahr sind. Die Familientherapeutin Rachel Hare-Mustin erzählt, dass sie sich als Kind bei ihrer Mutter beklagte: »Alle hassen mich!«, worauf ihre Mutter antwortete: »Du hast noch nicht alle kennen gelernt.« So haben wir denn auch noch nicht die Meinungen aller Mütter gehört oder auch nur die Meinungen einzelner Repräsentantinnen aller Kategorien von Müttern.

Natürlich ist es praktisch unmöglich, Generalisierungen über »Muttergefühle« zu vermeiden. Wie sonst könnten wir über die Gemeinsamkeiten der Erfahrung, Mutter zu sein, sprechen? Aber wir müssen zumindest im Auge behalten, dass es von jeder Regel vielfältige Ausnahmen gibt. Darüber hinaus gibt es zahllose Mütter und zahllose Kategorien von Müttern, die überhaupt noch nicht die Chance hatten, sich über ihre Erfahrungen zu äußern, oder deren Äußerungen nicht geglaubt, aufgezeichnet oder ernst genommen wurden. Gibt es eine »universelle Wahrheit« über die Bindung zwischen Mutter und Kind, auf die wir uns berufen können? Mit einiger Sicherheit können wir vermutlich sagen, dass diese Bindung gewöhnlich machtvoll und intensiv ist, selbst dann, wenn die Mutter von ihrem Kind getrennt wurde, sei es durch den Tod oder durch unglückliche Umstände. Aber wie diese emotionale Intensität erfahren oder bewältigt oder abgewehrt wird, unterscheidet sich von Frau zu Frau. Mütter, die sich mit wilder Inbrunst in ihre Säuglinge verlieben, sind keine »besseren Mütter« als jene, die mehr Getrenntheit oder Distanz erleben. Distanz ist einfach ein Weg unter anderen, intensive Gefühle zu bewältigen.

## Eine Frage der Angst

Es ist so einfach, wie bis drei zu zählen:

1. Das erste Kind bringt außerordentlich tief greifende Veränderungen mit sich.
2. Veränderungen sind von Angst begleitet.
3. Angst führt zu gesteigerter emotionaler Reaktivität.

Was ist »emotionale Reaktivität«? Reaktivität ist eine automatische, angstgetriebene Reaktion. Wenn Sie in reaktiver Verfassung sind, fühlen Sie sich an Ihr Baby gefesselt, oder Sie fühlen sich abgeschnitten, panisch, wütend, oder Sie durchleben alle diese Gefühle in stürmischem Wechsel. Sie streiten entweder mit Ihrem Mann, oder Sie gehen so sehr auf Distanz, dass es sich anfühlt, als lebten Sie auf einem anderen Planeten. Das heißt nicht notwendigerweise, dass Sie bewusst Angst empfinden, obwohl das durchaus der Fall sein kann. Es ist vielmehr so, dass die unterschwellige Angst oder Emotionalität alles andere intensiviert – unabhängig davon, wie diese Intensität ausgelebt oder bewältigt wird.

Anders ausgedrückt: Der Gesamtkomplex der Ängste, die

sich während Ihrer Schwangerschaft und während des ersten
Jahres oder der ersten zwei Jahre nach der Geburt Ihres Kindes
akkumulieren, bestimmt, wo Sie auf der 10-Punkte-Skala von
»ziemlich gestresst« bis »total ausgeflippt« stehen. Ich werde
Sie nicht dadurch beleidigen, dass ich die Punkte dieser Skala
ausformuliere und Ihnen ein Bewertungssystem an die Hand
gebe, sodass Sie über sich urteilen und sich dann darauf vorbereiten können, vom Dach eines Hochhauses zu springen. Sagen
wir einfach, das Spannungsfeld der Ängste wird am schwächs-
ten ausgeprägt sein, wenn Sie in das folgende hypothetische
Szenarium hineinpassen.

Hier ist das Ideal: Sie schauen auf Ihre eigene Familiengeschichte zurück und können feststellen, dass Ihre Mutter keine
unerwarteten Schwierigkeiten mit der Empfängnis hatte und
dass Schwangerschaft, Niederkunft und alles, was danach
kam, bei ihr wie am Schnürchen lief. Ihre eigenen Babyjahre
verliefen ruhig und ereignislos, und für Sie selbst und Ihre Eltern ging alles glatt. Wenn Sie schwanger werden und Ihr erstes
Kind bekommen, folgen Sie diesem harmonischen Muster. Vom
Zeitpunkt der Empfängnis bis zur Geburt und während der ersten zwei Lebensjahre Ihres Kindes treten keine zusätzlichen
Belastungen in Ihr Leben ein. Ihre Mutter stirbt nicht, Ihr Haus
brennt nicht ab, Ihr Vater fängt nicht wieder an zu trinken, Sie
werden nicht krank, verlieren nicht Ihren Job oder Ihren Partner und so fort. Wenn Sie eine allein erziehende Mutter sind,
verfügen Sie über so viel finanzielle und emotionale Unterstützung, wie Sie brauchen.

Eine Frau, die so viel Glück hat, existiert vielleicht gar nicht;
ich, für meinen Teil, habe sie jedenfalls noch nicht kennen gelernt (was nicht unbedingt ein Beweis sein muss, wenn ich mir
die Worte von Rachel Hare-Mustins Mutter in Erinnerung
rufe). Und selbst eine so sehr vom Glück begünstigte Person
würde sich wahrscheinlich ziemlich gestresst fühlen, denn ein

Baby zu bekommen und mit einem Säugling zu leben ist auch unter den günstigsten Umständen mit enormem Stress verbunden, besonders für die Mutter, von der einfach alles erwartet wird.

Aber wenn Sie so sind wie die meisten Leute, werden Sie aller Voraussicht nach weniger Glück haben. Die familiäre Vorgeschichte von Empfängnis, Schwangerschaft und Muttersein in der vorangegangenen Generation verlief wahrscheinlich nicht ganz so glatt. Ihre eigene Säuglingszeit und Ihre frühe Kindheit waren vermutlich alles andere als perfekt. Vielleicht werden Sie als Schwangere mit einem traumatischen Lebensereignis wie dem Verlust Ihrer eigenen Mutter konfrontiert. Vielleicht ist mit Ihrem Kind etwas nicht in Ordnung, oder Sie geraten in einen finanziellen Engpass, oder Ihr Partner zieht sich von Ihnen zurück. Oder kleinere, unvorhergesehene Alltagsbelastungen kommen zusammen und entwickeln sich zu einem Stresspaket. Ich führe diese Eventualitäten nicht an, um düstere Stimmung zu verbreiten. Aber ich möchte der Sentimentalität, die unser Bild einer frisch gebackenen Mutter immer noch bestimmt, einen realistischen Kontrapunkt entgegensetzen. Selbst in einem relativ ruhigen emotionalen Umfeld – wenn die einzigen Veränderungen, die Sie durchleben, Ihre unkomplizierte Schwangerschaft und Ihr gesundes Baby sind – ist es schon schwer genug, einen Säugling aufzuziehen.

Heutzutage finden Sie in jeder Buchhandlung geeignete Literatur, die Sie durch dieses erste Lebensjahr Ihres Kindes hindurchbegleitet und Ihre spezielle Situation – verheiratet oder allein erziehend – berücksichtigt. Die Literatur und die Hilfsquellen, die uns heute zur Verfügung stehen, sind sehr viel besser als das, was man 1975 vorfand, als ich Matthew zur Welt brachte. Ich lernte schnell, Bücher über Mutterschaft und frühkindliche Entwicklung zu meiden, weil die meisten mich ohnehin nur depressiv stimmten. Damals war das Thema Mutterschaft von süßlicher, falscher Sentimentalität umhüllt. Mütter wurden einerseits idealisiert und andererseits für jedes familiäre Problem verantwortlich gemacht; Babys und Kleinkinder galten als schwer gefährdet, wenn die Mutter ihre neurotischen Konflikte nicht anders lösen konnte als durch die Flucht von Wiege und Herd und die Rückkehr in die Berufstätigkeit. Ich wünschte, ich hätte damals ein Buch wie Anne Lamotts *Operating Instructions*[6] in die Hände bekommen, die ehrlichste und amüsanteste Darstellung der beginnenden Mutterschaft, die ich je gelesen habe. Aber wahrscheinlich hätte mich auch das einfühlsamste Buch nicht auf die Realität vorbereiten können.

Der beste Rat, den ich Ihnen für Ihr erstes Post-partum-Jahr geben kann, ist dieser: Sprechen Sie mit Ihrer eigenen Mutter, wenn Sie die Möglichkeit dazu haben, und mit anderen Frauen in Ihrer Familie. Finden Sie heraus, wie es wirklich für sie war, ihr erstes Kind zu bekommen. Bringen Sie mehr über das emotionale Klima in Erfahrung, in das Sie hineingeboren wurden, und darüber, was um die Zeit Ihrer Geburt mit Ihren Eltern und anderen Familienangehörigen geschah. Es klingt paradox, aber so können Sie am besten vermeiden, sich mit Ihrer Mutter zu identifizieren oder sich selbst zu sehr in Ihrem neugeborenen Kind zu sehen.

Überlegen Sie, ob es Ihnen gut tun würde, Anschluss an eine Mütter-Gruppe zu suchen oder selbst eine solche Gruppe zu gründen – vorausgesetzt, Sie finden die Art von Frauen, die bereit sind, sich offen zu äußern und ihre wahren Gefühle mitzuteilen. Vertrauen Sie Ihren Instinkten in Bezug darauf, was für Sie hilfreich ist und was nicht, insbesondere wenn Ihr Bauch mit Entschiedenheit Nein sagt. Und vor allem: Denken Sie immer daran, dass es so etwas wie eine »normale« oder »richtige« Art zu empfinden überhaupt nicht gibt. Meine Freundin Emiliy Kofron sagt immer: »Wenn die Wehen einsetzen, trittst du in einen veränderten Bewusstseinszustand ein, aus dem du mindestens ein Jahr lang nicht mehr herauskommst« (»– oder zwanzig Jahre lang«, fügt sie je nach Stimmung hinzu). Das kann ich nur voll unterstreichen.

Ganz unabhängig von der Art Ihrer individuellen Erfahrung wird es für Sie auf jeden Fall sehr lehrreich sein, mit einem Kleinkind zu leben. Was mich angeht, so lernte ich vor allem Bescheidenheit. Bevor ich ein Kind hatte, war ich über das blödsinnige Verhalten, das ich an anderen Eltern beobachtete, oft entsetzt. Ich war sicher, dass ich, für meinen Teil, nie solche unsinnigen oder unangemessenen Verhaltensweisen an den Tag legen würde, wie mein Baby mit anderen zu vergleichen, exzessiv besorgt zu sein oder mich in Hörweite des Kindes mit meinem Partner zu streiten. Ich hatte natürlich keine Ahnung. Ich tat alles oben Angeführte, und vieles darüber hinaus. Wir können uns nicht einmal annähernd vorstellen, was unsere Kinder in uns auslösen, bevor wir Kinder haben.

Was meine Ehe angeht, verhielt es sich ähnlich: Ich hätte nie damit gerechnet, dass unsere liebevolle und wechselseitig unterstützende Paarbeziehung sich zeitweilig in eine Konfliktbeziehung verwandeln würde. Und ich hätte es auch nie für möglich gehalten, dass meine gleichberechtigte Partnerschaft mit Steve sich so verschieben würde, dass sie das Egalitäre zu verlieren begann.

# 4 Eine Gabelung auf dem Weg:
# Sein neues Leben und Ihr neues Leben

Steve und ich sind beide von Grund auf feministisch geprägt. Als Matthew geboren wurde, vertraute ich also darauf, dass wir unsere Elternverantwortung nie nach den tradierten Rollenmustern aufteilen würden, außer in Fällen, in denen wir ehrlich davon überzeugt wären, dass es uns so am besten passte. Wie ich erwartet hatte, war Steve wirklich für Matthew da, emotional völlig präsent und in empathischem Kontakt mit dem Kind. Er war auch der Erste, der aufsprang, wenn Matthew schrie oder irgendetwas brauchte. Steve fand sich mit den alltäglichen Details der Fürsorge für das Baby viel leichter zurecht als ich, zum Teil, weil er mit einer älteren Schwester und zwei jüngeren Brüdern aufgewachsen war, während ich nur eine große Schwester und null Erfahrung in Kinderpflege hatte. Und Steve hatte Babys immer gemocht, während ich im Umgang mit Säuglingen immer ein bisschen zimperlich war, bevor ich mein eigenes Kind hatte.

Damals erwartete man an der Elternfront von Vätern so gut wie nichts und alles von den Müttern, also wurde um Steves väterliche Fürsorge ein Riesentrara gemacht. Manchmal saß ich in einer Besprechung und wurde von Kollegen gefragt: »Wer kümmert sich denn um Matthew?« (da ich ja offensichtlich nicht diejenige war), und ich antwortete: »Sein Vater.« Mindestens drei bis vier Personen kommentierten dann mit Ah und Oh, wie fantastisch und wundervoll es sei, dass Steve den »Babysitter« machte und dass er sich so »mütterlich« verhielte.

Einem Mann zu sagen, er sei mütterlich, wenn er ein guter Vater ist, das ist so, als sagte man einer Frau, sie sei männlich

oder denke »wie ein Mann«, wenn sie mathematische Begabung hat. Ich korrigierte die Leute also immer. »Nein«, sagte
ich, »Steve macht nicht den Babysitter – er kümmert sich um
seinen Sohn. Und er ist auch nicht mütterlich – er ist väterlich.«

Es brauchte seine Zeit, bis der Feminismus Kansas und den
Ort Topeka erreichte. Mein Freund Tom Averill erinnerte mich
daran, dass er und ein anderer College-Professor, Ken Cott,
1982 im *Topeka Capital-Journal* Schlagzeilen machten, nachdem eine Reporterin sie dabei beobachtet hatte, wie sie ihre
kleinen Töchter auf der Straße in Babykarren vor sich herscho-
ben. Die Reporterin sprang mit der Kamera in der Hand aus
ihrem Auto und rief: »Davon muss ich ein Foto machen.« Das
Foto erschien auf der ersten Seite. Zwei Väter, die ihre Babys
in Wägelchen spazieren fuhren – das war wirklich eine Sen-
sation.

Wenn ich mich kleinlich anhöre, liegt das zum Teil daran,
dass die Rückmeldungen, die ich bekam, völlig anders ausfie-
len. Wenn ich meine Sorge um Matthews verzögerte Entwicklung zum Ausdruck brachte, wurde mir gesagt, ich sollte vielleicht mehr zu Haus sein und meinem Kind kontinuierliche
interaktive Stimulation zukommen lassen, sodass es aufholen
könne. Steve bekam nie solche Kommentare zu hören, und
selbst wenn das der Fall gewesen wäre, hätte er sie an sich ablaufen lassen. Männer werden keiner Gehirnwäsche unter-
zogen, die sie dazu bringt, sich für familiäre Probleme – von
wirtschaftlichen abgesehen – verantwortlich zu fühlen.

Während Steve jedes Mal Applaus bekam, wenn er mit
Matthew zu Hause blieb, wurde ich mit »Kinder-brauchen-
ihre-Mütter«-Botschaften bombardiert. Ich fühlte mich mise-
rabel, nicht nur weil ich mir um Matthews langsame Entwicklung Sorgen machte, sondern auch weil ich unter Verdacht
stand, die Ursache dafür zu sein. Zwar war ich die Zielscheibe
der Kritik, aber paradoxerweise war ich dennoch diejenige, die

den größten Teil der Zeit zu Haus blieb, denn Steve hatte seine
Arbeitszeit nur für kurze Zeit reduziert und fing danach sofort
wieder an, Vollzeit zu arbeiten.

Wie kamen wir dazu, uns für dieses Arrangement zu entscheiden? Wir waren beide in den Mitarbeiterstab der Menni-
ger-Klinik aufgenommen worden, nachdem wir dort im Anschluss an unsere Promotionen ein Ausbildungsprogramm in
klinischer Psychologie absolviert hatten. Die Ambitioniertere
von uns beiden war ich; Steve war eher familienorientiert. Bevor Matthew geboren wurde, hatten wir geplant, die Fürsorge
für das Kind *fifty-fifty* unter uns aufzuteilen. Aber als die Zeit
gekommen war, hielten sowohl Steve als auch ich es für völlig
undenkbar, dass er – und nicht ich – seine Arbeitszeit reduzieren sollte. Wir hätten beide Stein und Bein geschworen, dass
dies unsere ganz persönliche, freie Entscheidung war – aber
treffen wir unsere Entscheidungen je völlig unabhängig vom
Druck der Rollennormen, die diktieren, wofür Männer und
Frauen sich verantwortlich und wozu sie sich berechtigt fühlen?

Während dieses ersten Jahres als Mutter eines Kleinkinds
ging ich wie eine Schlafwandlerin durch die Welt. Zum Teil
machte ich Matthews atypisch langsame Entwicklung – und
Steves Verleugnung des Problems – dafür verantwortlich, aber
diese Faktoren waren nur ein kleiner Ausschnitt aus einem
sehr viel größeren Bild. Auf der unbewussten Ebene war ich
ängstlich und verunsichert – was geschah eigentlich mit mir
und wohin würde das führen, jetzt, da ich Mutter war? Für
mich fühlte es sich so an, als hätte ein unsichtbares Kraftfeld
Steve in sein früheres, normales Leben zurückgesogen, während ich in die gegenteilige Richtung gedrängt wurde. Dieses
Kraftfeld war überall – in den Strukturen und Verfahrenswei-
sen unserer Berufswelt, in den unausgesprochenen Einstellungen von Kollegen, in den von Generation zu Generation wei-

tergegebenen kulturellen Traditionen, in den Rollenmustern und Regeln unserer Herkunftsfamilien, in Stützpunkten dieser Normen in unseren Köpfen und sogar in der Luft, die wir atmeten.

Weder Steve noch ich waren Anhänger der vorherrschenden Ideologie dieser Ära: Dass eine Mutter stets präsent sein muss, weil sie die eigentliche Umwelt ihres Kindes ist, dass die Mutterschaft ein Beruf ist und nicht eine Beziehung und Verantwortung, dass es der Beruf des Mannes ist, der wirklich zählt, dass der Vater den Lebensunterhalt für die Familie verdient und verdienen sollte, dass Mütter die Opfer bringen sollten, die Kinder nun einmal fordern, dass sowohl Kinder als auch eine Karriere zu haben im Leben eines Mannes eine Gegebenheit ist, bei einer Frau jedoch eine unrealistische Wunschvorstellung, Ausdruck eines unreifen »Ich-will-alles«. Wir waren zu intelligent, um irgendetwas davon zu glauben, aber nicht intelligent genug, um zu erkennen, wie diese Rollenklischees uns dennoch beeinflussten. Wie so viele andere junge Paare waren wir Pioniere, die sich ernsthaft darum bemühten, eine egalitäre Partnerschaft aufzubauen. Wie so vielen anderen jungen Paaren gelang uns das auch, und wir kamen fantastisch damit zurecht – bis das erste Baby kam.

Der wirklich ausschlaggebende Faktor war nicht, dass ich mit halber Stundenzahl arbeitete und Steve mit voller. Ich kehrte tatsächlich nie zu einer Vollzeitbeschäftigung zurück, weil ich herausfand, dass ich eine flexiblere Arbeitszeit bevorzugte – ganz unabhängig von Kindern und Mutterschaft. Das Problem war vielmehr: Als Matthew auf die Welt kam, erschien eine Gabelung auf der Straße, die wir bisher gemeinsam beschritten hatten; eine Richtung war mit dem Schild »ihr Weg« markiert und die andere mit der Aufschrift »sein Weg«. Steve und ich schlugen diese Pfade reflexhaft ein, obwohl wir nicht beabsich-

tigt hatten, uns den konventionellen Rollennormen zu unter-
werfen (beziehungsweise obwohl wir bewusst geplant hatten,
uns diesen Normen *nicht* zu beugen). Aber als wir diese Wege
beschritten, spürte ich, dass ich in Gefahr war.

An der Abzweigung mit der Aufschrift »ihr Weg« konnte ich
mich leicht selbst aus den Augen verlieren. Was würde aus meinen Wünschen werden, meinen Sehnsüchten, Ambitionen,
Prioritäten und aus meinem Elan? (Meine eigene Krankenversicherung, meinen vollen Verdienst und meinen professionellen
Status hatte ich bereits eingebüßt, als ich auf eine halbe Stelle
ging.) Sich selbst aufzugeben war schließlich das, was Frauen
in Familien zu tun pflegen. Zumindest war dies das Rezept seit
der industriellen Revolution, der Ära, in der die Kategorien
»Ernährer der Familie« und »Hausfrau und Mutter« erfunden
und dann in Stein gemeißelt wurden.

Während ich mit Matthew zu Haus blieb, fühlte ich, wie die
kulturelle Strömung an mir zerrte. An manchen Tagen war ich
so gelangweilt und frustriert, dass ich es nicht erwarten konnte, von ihm wegzukommen. An anderen Tagen konnte ich es
nicht ertragen, mir das Leben ohne dieses Baby in meinen Armen vorzustellen. Ich liebte meinen kleinen Sohn mit einer physischen Intensität, die ich nicht für möglich gehalten hätte.
Aber ich spürte, dass die Flutwelle mich mitreißen würde,
wenn ich nicht wachsam und stark genug wäre, ihr zu widerstehen, und dass ich mich schließlich irgendwo wiederfinden
würde, wo ich nicht sein wollte.

Als Fußnote könnte ich hinzufügen, dass ich zwar wieder
anfangen wollte zu arbeiten, als Matthew drei Monate alt war,
aber in keiner Weise vorausgesehen hatte, wie schwierig es werden würde, Betreuung für das Kind zu finden. Das war 1975,
und an der Oberfläche sah die Welt noch heil und unschuldig
aus. Es gab keine Pressemeldungen über Kleinkinder, die von
Babysittern vernachlässigt, misshandelt oder missbraucht wur-

den. Aber als wir eine Anzeige in der Lokalzeitung aufgaben, erhielten wir Anrufe, die uns buchstäblich das Blut in den Adern gefrieren ließen.

Die erste Reaktion auf unsere Kleinanzeige werde ich mein Leben lang nicht vergessen. Steve ging ans Telefon und ich hörte von einem Nebenanschluss aus mit. Ich gebe das Gespräch im Wortlaut wieder, und glauben Sie mir, ich mache keine Witze:

> Steve: Hallo.
> Weibliche Stimme: Sie suchen jemanden, der auf Ihr Baby aufpasst?
> Steve: Ja.
> Weibliche Stimme: Ich rauche nicht. Ich habe nie geraucht.
> Steve: Ja, gut.
> Weibliche Stimme: Ich werde dem Kind also keine heiße Asche in die Augen fallen lassen, verstehen Sie? Sie können sich darauf verlassen: Keine heiße Asche.
> Steve: Wissen Sie, wir haben die Stelle eigentlich schon vergeben. Danke für Ihren Anruf.

Nachdem ich dieser Konversation gelauscht hatte, wollte ich meinen Beruf für die nächsten achtzehn Jahre an den Nagel hängen. Wir erhielten noch eine ganze Reihe ähnlich merkwürdiger Anrufe, von Leuten, die sich so anhörten, als wären sie total bekifft, depressiv, überdreht, diktatorisch oder – psychologisch gesprochen – einfach nicht anwesend. Ich hatte mir Gedanken darüber gemacht, nach welchen Kriterien wir Bewerberinnen oder Bewerber für den Job beurteilen sollten, aber es erwies sich als erstaunlich einfach, Leute nach zehn Sekunden am Telefon auszujurieren. Wir sahen sogar in der Zeitung nach, um sicherzugehen, dass sich beim Druck unserer Anzeige kein gravierender Fehler eingeschlichen hatte – dass sie nicht

durch einen anderen Text ersetzt worden war, etwa in der Art:
»Absolut durchgeknallte Person gesucht, die in unserer Wohnung herumhängen und Kokain schnupfen will. Referenzen
nicht erforderlich.«

Die erste Frau, die wir einstellten, war in Ordnung, aber
nicht hundertprozentig mein Fall. Ich hatte keine Ahnung, wie
herzzerreißend es sich anfühlen würde, kein absolutes, blindes
Zutrauen zu der Person zu haben, der ich mein Baby überließ.
Da ich diejenige war, die auf der Szene präsent war und Matthew in ihre Obhut gab, war ich von der Fürsorge-Angst stärker beeinträchtigt. Selbst wenn beide Eltern voll berufstätig
sind, ist es gewöhnlich die Mutter, die sich mehr um die Kinderbetreuung kümmert und mehr Kontakt mit der Person hat,
die diesen Job übernimmt – weil es so erwartet wird, weil Mütter von vornherein mehr Schuldgefühle haben, wenn sie ihre
Babys aus den Augen lassen, und vielleicht auch, weil sie ihrer
eigenen Menschenkenntnis mehr vertrauen als der ihrer Ehepartner.

Steve und ich fanden schließlich zwei wundervolle Frauen,
Nancy Wilson und Lela Schmidtberger, die beide auch viele
Jahre später den Kontakt zu unseren Jungen aufrechterhielten.
Entscheidungen in Sachen Kinderbetreuung sind von so wesentlicher Bedeutung, dass niemand, der sein Kind liebt, sie auf
die leichte Schulter nehmen kann. Während es normal ist,
Selbstzweifel zu haben, was Ihre Kompetenz als Mutter angeht,
ist es ein Albtraum, an der Kompetenz der Person zu zweifeln,
die Ihr Kind betreut, denn Sie sind nicht da und sehen nicht,
was vorgeht, und Ihr Baby kann es Ihnen nicht sagen. Als Steve
und ich an einem Samstagabend spät von einem Kinobesuch
heimkamen, fanden wir folgende Situation vor: Die Oberstu-
fen-Schülerin, die wir als Babysitter angeheuert hatten, brüllte
Matthew in seinem Kinderbettchen an, weil er weinte und sie
nicht in der Lage war, ihn zu beruhigen. Das Mädchen, Tochter

von Akademiker-Eltern, war uns wärmstens empfohlen worden.

Wenn Sie nach einer Tagesmutter oder Kinderfrau Ausschau halten, werden Sie verstehen, was Anne Lamott meint, wenn sie sagt, dass die Intensität der mütterlichen Fürsorglichkeit der schrecklichste aller Schrecken sein kann. Dass Sie Ihr Kind mehr als alles andere lieben, ist natürlich gut. Die Schattenseite – so Lamott – ist diese: »Sie haben nun so viel zu verlieren, dass Sie am liebsten vor dem Haus im Schaukelstuhl sitzen möchten wie Granny Clampett, das Gewehr quer über die Knie gelegt, allzeit bereit, Ihr Kind zu verteidigen. Aber Sie werden es nicht können, denn was da draußen umherschleicht wie ein hungriger Wolf, ist das Leben, und das wird Sie zum Wahnsinn treiben.«[1]

In jenem ersten Jahr war ich nicht so glücklich, wie ich vorgab. Ich war bei der Arbeit nicht völlig präsent – und zu Haus im Übrigen auch nicht. Die Theorien über frühkindliche Erziehung und das erwünschte Verhalten von Müttern, die ich als junge Psychologin studiert hatte, waren überwiegend Sciencefiction, und mir fehlte emotionale und intellektuelle Unterstützung, denn das Topeka der siebziger Jahre war nicht gerade ein Eldorado des Feminismus. Niemand packte uns beim Kragen, um uns wachzurütteln und zum Nachdenken darüber anzuregen, warum Steve seine Arbeitsstunden nicht reduzierte und warum ich im Nebel umhertappte, was meine eigene berufliche Zukunft anging. Wir waren von feststehenden Vorstellungen – unsere eigenen eingeschlossen – über die Unterschiede zwischen Vaterschaft und Mutterschaft umgeben. Ich begann mir Sorgen zu machen, dass meine eigene Zukunft vielleicht gegen die meines Kindes eingetauscht werden würde. Diese Furcht ist tatsächlich nahezu universell; eine Frau, die sich keine Sorgen um ihre eigene Zukunft macht, wenn sie Mutter wird, schlafwandelt oder befindet sich im Koma.

Mehrere Jahre später, bevor mein zweiter Sohn Ben ein Jahr alt war, unterschrieb ich hocherfreut den Vertrag für mein erstes Buch. Ich erinnere mich, dass ich um diese Zeit auf einer Party von einem Kollegen angesprochen wurde, und ich bin sicher, dass er die Frage, die er mir stellte, rein rhetorisch meinte: »Hast du keine Schuldgefühle dabei, dass du bei all deiner Verantwortung als Mutter an einem Buch arbeitest?« Er sah mir tief in die Augen. »Doch, schon«, murmelte ich automatisch, obwohl ich mich nicht im Mindesten schuldig fühlte. Ich fühlte mich nicht einmal schuldig dafür, keine Schuldgefühle zu haben. Meine kleinlaute Antwort rutschte mir einfach so heraus, und ich hatte nicht den Nerv, sie zurückzunehmen.

Schuldgefühle sind ein Kernproblem der Mutterschaft. Die Familientherapeutin Rachel Hare-Mustin sagt: »Zeig mir eine Frau, die keine Schuldgefühle hat, und ich beweise dir: Es ist ein Mann.« Mich schuldig zu fühlen war zu diesem Zeitpunkt jedoch nicht mein Hauptproblem. Ich wusste, dass ich beruflich wieder Fuß fassen musste, und ich hatte nie daran geglaubt, dass Kleinkinder konstante mütterliche Aufmerksamkeit brauchen, um zu gedeihen. Aber ich war erschüttert zu sehen, dass die alten Rollenklischees so machtvollen Einfluss darauf nehmen konnten, wofür Steve und ich uns jeweils verantwortlich fühlten und welche Rechte wir jeweils für uns in Anspruch nahmen.

Aus meiner jetzigen Perspektive heraus wünschte ich, Steve und ich wären in diesen ersten Jahren mit unseren kleinen Söhnen fähig gewesen, einiges anders zu machen. Warum blieben er und ich zum Beispiel nicht jeweils zwei Tage in der Woche zu Haus bei den Kindern? Dann hätten wir nur noch an einem Tag Betreuung gebraucht. Mit dem entsprechenden Nachdruck hätten wir in der Institution, in der wir arbeiteten, ein solches Arrangement durchsetzen können, aber wir verhielten uns so, als wäre das überhaupt keine Option. Ich wünschte auch, ich hätte mir in jenen frühen Jahren, als ich mit Matthew und Ben zu Hause war, gestatten können, meine Gefühle für meine Kinder tiefer und intensiver zu erfahren. Einen Teil von mir unter Verschluss zu halten war damals meine einzige Verteidigung gegen die vorgeschriebene Mutterrolle – eine Rolle, auf die ich mich nicht einlassen konnte und wollte, weil sie zu unecht war und einen zu hohen Preis forderte. Aber ich kämpfte so erbittert gegen den gesellschaftlichen und psychischen Druck, mich in der Mutterschaft zu verlieren, und ich fühlte mich in diesem Kampf so allein, dass ich wahrscheinlich etwas zu sehr ins andere Extrem fiel.

Manche Frauen würden nichts lieber tun, als ihren Beruf aufzugeben und zu Hause bei ihren Kindern zu bleiben, während andere Frauen in dieser Situation mit den Füßen scharren und es kaum erwarten können, endlich wieder in ihre Arbeitswelt zurückzukehren. Es ist absurd anzunehmen, dass alle Mütter auf dieselbe Weise glücklich sein könnten. Aber wir sind vielleicht gar nicht fähig, unsere »realen Chancen« zu erkennen, denn wir reagieren automatisch auf den Druck der unterschwelligen Erwartungen aus unserer eigenen Vergangenheit und unserem gegenwärtigen Umfeld. Und wie weit unterstützt uns dieses Umfeld schon darin, die egalitäre, familienorientierte Gesellschaft zu werden, die wir vorgeblich sein wollen?

## Gloria

Nehmen wir den Fall meiner Freundin Gloria. Sie war Chefredakteurin eines renommierten Nachrichtenmagazins, das in Chicago erschien, als sie zum ersten Mal schwanger wurde. Wie so viele andere Frauen beschrieb sie ihre Arbeit als die wichtigste Kraftquelle ihres Lebens. Sie hatte ein gutes Einkommen und war immer davon überzeugt, dass sie nach der Geburt ihres Kindes in ihren Beruf zurückkehren würde.

Als ihre Schwangerschaft voranschritt, traf Gloria jedoch auf Widerstand von innen und von außen. Ihr Ehemann erlebte einen ernsten und unvorhergesehenen beruflichen Rückschlag, der sein Selbstwertgefühl ins Wanken brachte. Plötzlich wurde es sehr wichtig für ihn, den »Lebensunterhalt für die Familie« zu verdienen, sodass Gloria zu Haus bleiben konnte, wenn das Baby da war. Glorias Mutter, eine talentierte Musikerin, die keine Gelegenheit gehabt hatte, ihr beachtliches Potenzial zu realisieren, redete ihrer Tochter ebenfalls zu, ihren Beruf aufzugeben. Gloria, für ihren Teil, wurde zunehmend ambivalent und war sich nicht mehr sicher, was sie selbst wollte oder für das Beste hielt.

Beruf *und* Mutterschaft – Beruf *oder* Mutterschaft; das Pendel schwang immer hin und her. Dann, als sie im siebenten Monat schwanger war, ließ ihr Chef nebenbei die Bemerkung fallen, dass sie wahrscheinlich mit voller Stundenzahl weiterarbeiten müsste, wenn sie ihre Position behalten wollte. Gloria kam gar nicht auf den Gedanken, in dieser Frage mit ihrem Vorgesetzten weiter zu verhandeln, sondern reagierte impulsiv: Schon am Nachmittag desselben Tages teilte sie ihren Mitarbeitern mit, dass sie daran denke, sich nach der Geburt ihres Kindes von ihrer Position zurückzuziehen.

Ich vermute, dass diese Ankündigung auf der unbewussten Ebene ein Test war, dass Gloria herausfinden wollte, wie ihre Mitarbeiter reagierten – in der Hoffnung, dass sie in Protestgeheul ausbrechen würden: »Nein, das geht nicht! Sie dürfen uns nicht verlassen. Wir lieben Sie und sind auf Sie angewiesen. Die ganze Redaktion wird zusammenbrechen, wenn Sie gehen!« Tatsächlich stellte jedoch nur eine einzige Kollegin ihre Entscheidung vorsichtig infrage, während alle anderen in der Redaktion ihr mit konventionellen Floskeln gratulierten: »Wie wundervoll, dass Sie sich entschlossen haben, ganz für Ihr Baby da zu sein. Ich wusste es immer. Sie werden bestimmt eine gute Mutter!« oder (bei einer anschließenden Redaktionssitzung): »Gloria wird uns wahrscheinlich verlassen, um die wichtigste Position auszufüllen, die es überhaupt gibt: die einer Mutter!«

Nur ganz nebenbei: Ich muss gestehen, dass solche Kommentare bei mir immer Brechreiz auslösen. Kinder aufzuziehen ist zweifellos eine wichtige und noble Aufgabe, sinnvoller und auch viel inspirierender als, sagen wir, im Vorstand von General Motors zu sitzen. Aber je mehr blumige Lobpreisungen die Mutterschaft umkränzen, desto weniger wahrhaftige Anerkennung wird ihr zuteil. Wenn die Rede von der elementaren Bedeutung des Aufziehens von Kindern denn keine bloße Propaganda, sondern ernst gemeint wäre, dann wären Mütter, die zu Hause arbeiten, wirtschaftlich abgesichert und Männer wären freiwillig bereit, sich in egalitärer Weise an allen Aspekten der Elternverantwortung zu beteiligen. Aber so wie die Dinge liegen, sind Männer, die vor Sentimentalität dahinschmelzen, wenn es um das Thema Mutterschaft geht, selten geneigt, sich krumm zu legen und berufliche Arrangements durchzusetzen, die ihnen erlauben würden, mehr Zeit mit ihren Kleinkindern zu verbringen. Damit will ich den Männern durchaus nicht die Schuld zuweisen, denn in ihrer Sozialisation und in ihrer Berufswelt oder in unserem kulturellen Erbe und unseren Vorstellungen davon, was es heißt, »ein Mann« zu sein, finden sie nichts, das sie ermutigen, unterstützen oder ihnen auch nur erlauben würde, einen solchen Weg einzuschlagen.

Gloria entschied sich letztendlich dafür, ihre Stellung zu kündigen und das Nest auszupolstern. Sie war zu dieser Zeit in Therapie, und ihr Therapeut stellte ihr offenbar einige eindringliche Fragen über ihre Entscheidung, ihre Arbeit und ihre wirtschaftliche Unabhängigkeit aufzugeben. Gloria erzählte mir, sie fände diese Fragen lästig, und zweifellos hatte der Mann seine eigenen Vorurteile, denn auch Therapeuten sind dagegen keinesfalls immun. Aber wenn er von seinen eigenen Überzeugungen ausging, dann standen diese jedenfalls in scharfem Kontrast zu jenen des typischen konventionellen Therapeuten, der Glorias Entscheidung wahrscheinlich mit einem warmen Lächeln und freundlichen Nicken bestätigt und keine herausfordernden Fragen gestellt hätte, in dem beruhigten Gefühl, dass die Schwangerschaftshormone seine Klientin in die richtige Richtung steuerten – nämlich in Richtung Wiege und Herd. Nach der Geburt ihrer Tochter wurde Gloria depressiv. Sie arbeitete nun gelegentlich als freiberufliche Journalistin, aber ihre Lebenseinstellung hatte sich verändert, und ihre Arbeit nahm mehr und mehr den Charakter eines Hobbys an. Drei Jahre später und nach der Geburt eines zweiten Kindes zog sie mit ihrer Familie in eine andere Stadt, weil ihrem Mann dort eine gute Stellung mit einem entsprechend höheren Gehalt angeboten worden war. Ihre Depression verschlimmerte sich. Durch den Umzug hatte sie ihr soziales Netzwerk verloren und sah keine Gelegenheit, beruflich wieder Fuß zu fassen. Da ich die Talfahrt ihrer Ehe im Lauf der Jahre miterlebte, kann ich nur sagen, dass sich in Glorias Leben nichts Außergewöhnliches ereignete und dass man den Mitspielern des Dramas keine individuelle Schuld zuweisen kann. Es ist einfach diese vertrackte Trennung der Wege. Wenn Gloria ihre Arbeit wichtig genommen hätte, unabhängig davon, wie viel Geld sie ihr einbrachte, und wenn sie gleiches Stimmrecht für sich in Anspruch genommen hätte, was Entscheidungen über die Zukunft der gesamten Familie anging, hätte sie dem Umzug vielleicht nicht reflexhaft zugestimmt. Tatsächlich informierte Gloria sich nicht eingehend über den neuen Wohnort, und sie wog auch nicht sorgfältig ab, was sie durch den Wohnortwechsel gewinnen oder verlieren würde. Wenn es ihr und ihrem Mann gelungen wäre, die ebenbürtige Partnerschaft wieder herzustellen, die zwischen ihnen bestand, bevor die Kinder kamen, hätten sie ihre Ehe vielleicht retten können, ganz zu schweigen von Glorias Elan und ihrer wirtschaftlichen Unabhängigkeit – innerhalb der Ehe. Aber sie sahen nie die Möglichkeit, neu zu definieren, wie sie leben wollten, und miteinander zu einem gerechteren Arrangement zu kommen, und in ihrem familiären oder beruflichen Umfeld fanden sie auch keinerlei Unterstützung für einen solchen Schritt. Wie die meisten Paare gaben sie einander wechselseitig die Schuld an den Machtkämpfen und den ungleich verteilten Chancen, was schließlich zu ihrer Scheidung führte.

## Chancengleichheit allzu extrem

Im Unterschied zu Gloria war Mary felsenfest entschlossen, in ihrer Ehe »strikt nach dem Egalitätsprinzip« zu verfahren, nachdem ihr Sohn Thomas geboren war. Hausarbeit und Fürsorge für das Kind sollten zwischen ihr und ihrem Partner genau gleich aufgeteilt werden, darauf bestand sie. Sie hatte einen Mann geheiratet, auf dessen progressiv-feministische Einstellung sie vertrauen konnte, und wählte mich auf derselben Basis als ihre Therapeutin aus. Mary war Rechtsanwältin. Als sie zuerst zu mir kam und meine Beratung suchte, konnte sie ihre Probleme nicht klar benennen, abgesehen davon, dass sie sich ständig angespannt, überfordert und gestresst fühlte. Sie war chronisch wütend auf ihre eigene Mutter, Celia, die offenbar dauernd spitze Bemerkungen über Marys »hektischen Lebensstil« und ihre daraus resultierende Unfähigkeit, »wirklich Mutter zu sein«, fallen ließ. Mary beschrieb Celia als eine Frau, die nichts hatte, worauf sie zurückgreifen konnte – nicht einmal eine eigene Identität –, als ihre Tochter fortging und zu studieren begann.

Celia hatte als Krankenschwester in der Notaufnahme gearbeitet und ihren Beruf nach Marys Geburt aufgegeben. Ihre Kritik an berufstätigen Müttern zog sich durch Marys Kindheit wie ein Refrain. »Ich würde nie eine Arbeit annehmen, die mich zwingen würde, dich allein zu lassen«, sagte sie zu ihrer Tochter. »Kinder gehen vor.« Celia war immer zu Haus, wenn Mary aus der Schule kam. Mary ihrerseits wusste die konstante Verfügbarkeit ihrer Mutter wohl zu schätzen, fühlte sich dadurch aber auch belastet.

In einer der ersten Therapiestunden erzählte sie mir die folgende Geschichte:

> »Einmal, als ich in der fünften Klasse war, musste meine Mutter zum Arzt und hatte Schwierigkeiten, einen Termin zu bekommen. Ich saß mit ihr in der Küche, als das Telefon klingelte. Offenbar hatte ein Patient abgesagt und meiner Mutter wurde ein Termin für den nächsten Tag angeboten. Ich höre heute noch, wie sie sagte: ›Nein, tut mir Leid, aber das ist unmöglich, um diese Zeit kommt mein Kind gerade aus der Schule nach Hause.‹ Aus irgendeinem Grund fühlte ich in diesem Augenblick heiße Wut in mir aufsteigen. Es machte mich wütend, dass sie meinetwegen ihren Arzttermin sausen ließ. Es machte mich wütend, dass sie meinetwegen ihren Beruf aufgab. Es machte mich wütend, dass sie ihr Leben für mich aufgab. Ich hatte sie um nichts dergleichen gebeten.«

Celia erklärte Mary, dass sie ihr Leben als Hausfrau und Mutter frei gewählt habe, dass sie es nicht anders haben wollte. Aber Mary, das einzige Kind, erlebte ihre Mutter als reizbar und frustriert. Die Ehe ihrer Eltern wurde im Lauf der Jahre immer distanzierter; Mary fühlte sich verpflichtet, die Leere im

Leben ihrer Mutter auszufüllen, und war dann wieder wütend über die Opfer, die sie unaufgefordert brachte, um dieser Aufgabe gerecht zu werden. Marys Vater war Dermatologe. Er betete seine Tochter an. Wann immer er konnte, nahm er sie in seine Praxis mit, und als sie in der High School war, stellte er sie in den Sommerferien stundenweise als Sprechstundenhilfe ein. Er zeigte großes Interesse an ihren schulischen Leistungen und ermutigte sie, zu lernen und voranzukommen. Mary fand die Haltung ihres Vaters verwirrend. Warum unterstützte er seine Tochter so aktiv darin, »etwas aus sich zu machen«, obwohl er für seine Frau offensichtlich keine ähnlichen Ambitionen hatte?

Mary war entschlossen, ihrer Mutter so unähnlich zu sein wie nur irgend möglich. Während ihrer Schwangerschaft machte sie minutiöse Pläne für ihre Rückkehr in den Beruf. Zwei Wochen nach der Geburt des Kindes wollte sie ihre volle Beschäftigung wieder aufnehmen. »Als Thomas geboren wurde«, erzählte sie, »baute ich einen Schutzschild um mich auf. Ich wollte keine dieser Mütter werden, die ihr Baby nicht aus den Augen lassen können. Ich hatte Angst davor, mich allzu sehr an ihn zu binden, weil ich fürchtete, dass mir die Trennung von ihm dann viel schwerer fallen würde.« Mary stillte Thomas nach drei Monaten ab, »weil er Greg zurückwies und weil ich nicht wollte, dass er mich seinem Vater vorzog«. Nichts war Mary wichtiger, als eine vollkommen egalitäre Arbeitsteilung in ihrer Ehe aufrechtzuerhalten.

Thomas war in der dritten Klasse, als Mary zum ersten Mal meine Beratung suchte. Als ich sie nach der Betreuung für das Kind und nach dem »Wer-tut-was« in ihrer Ehe fragte, erklärte sie, dass ein College-Student nach der Schule bei Thomas blieb, bis sie und Greg gegen sechs Uhr abends von der Arbeit heimkamen. Die eheliche Vereinbarung sah folgendermaßen aus: Montags, mittwochs und samstags war Mary für Thomas zu-

ständig, während Greg sich um den Haushalt und das Abendessen kümmerte; dienstags, donnerstags und sonntags waren
die Rollen umgekehrt verteilt. Der Freitag war der »gemeinsame Tag«.

Das Paar hielt diesen Kontrakt eisern ein. Wenn Thomas an
einem Dienstag zu Mary kam und sie bat, einen Bleistift für ihn
anzuspitzen oder ihn zu einem Freund zu fahren, sagte sie: »Es
ist Dienstag. Daddy ist dran.« Sie hängten eine mit unterschiedlichen Farben gekennzeichnete Tabelle an den Kühlschrank,
aus der Thomas entnehmen konnte, welcher Elternteil an welchem Tag für ihn zuständig war.

Mary schilderte mir einen speziellen Vorfall, der ihr die Augen öffnete und ihr klarmachte, welchen Preis dieses Arrangement forderte. Es war Dienstagabend, das heißt, Greg war an
der Reihe, sich um Thomas zu kümmern. Thomas musste zu
seiner Klavierstunde gebracht werden, und Greg bat Mary, das
zu übernehmen. Der Wortwechsel zwischen den beiden, der
dann folgte, verlief ungefähr so:

> Mary: Ich fahre ihn nicht. Es ist dein Abend.
> Greg: Ja, das weiß ich. Aber du hattest Thomas am Samstag
> nicht, weil er auf dem Schulausflug war. Und am Sonntag habe
> ich mindestens vier Stunden mit ihm verbracht, also kannst du
> ihn jetzt mal zur Klavierstunde fahren.
> Mary: Das ist nicht unsere Vereinbarung. Ich habe heute das
> Abendessen gemacht, und ich denke nicht daran, mich jetzt ins
> Auto zu setzen. Außerdem war ich gestern fast den ganzen
> Nachmittag mit ihm unterwegs, um ihm Schuhe zu kaufen. Ich
> habe diese Woche viel mehr Zeit mit ihm verbracht als du.

Die Auseinandersetzung eskalierte zu einer Brüllorgie, bevor
Mary bemerkte, dass Thomas in der Küchentür stand und seine Eltern fassungslos anstarrte. Es war nicht das erste Mal,

dass er einen solchen Streit mithörte, aber aus irgendeinem Grund gestattete Mary sich diesmal, offener und verletzlicher zu sein. In der Therapiestunde sagte sie mir: »Vielleicht habe ich Schwielen um mein Herz gelegt. Aber an diesem Abend war mein üblicher Schutzschild nicht eingeschaltet. Ich sah Thomas an, und es brach mir das Herz. Ich dachte: Das ist Wahnsinn; unser Sohn steht da und hört uns darüber streiten, wer ihn nicht haben will.«

Als ich Greg in die nächste Sitzung einbezog, stellte sich heraus, dass er nie darüber nachgedacht hatte, ob das Arrangement zwischen Mary und ihm gut und richtig oder eigentlich »Wahnsinn« war. Wie so viele Männer überließ er seiner Frau die grundlegenden Entscheidungen über alles, was das Kind betraf, und fragte sich gar nicht, welche Werte und Überzeugungen ihm wichtig waren und was er für das Beste hielt, wenn es um das Wohl seines Sohnes ging. Er hatte auch Angst vor Konflikten, also vermied er es, eindeutig Stellung zu beziehen, um nicht mit seiner willensstarken und energischen Frau zusammenzustoßen. Aber als ich ihn herausforderte, zu definieren, was seiner eigenen Meinung nach wirklich das Beste für Thomas wäre, sagte er: »Ich glaube nicht, dass diese Aufteilung nach Tagen gut ist – weder für Thomas noch für Mary und mich. Ich weiß nur keine bessere Lösung.«

Mary und Greg brauchten nicht lange, um zu erkennen, dass sie sich beide aufgrund der immensen Beanspruchung durch ihre volle Berufstätigkeit und ihre Verantwortung und Verpflichtungen zu Hause völlig ausgelaugt fühlten und dass auch die Nähe in ihrer Paarbeziehung auf dem Altar des Egalitätsprinzips geopfert worden war. Mit Zittern und Zagen und auch ein wenig erleichtert verhandelten sie beide über eine Reduzierung ihrer Arbeitszeit bei geringerer Bezahlung und setzten diese Lösung auch durch. Sie waren immer davon ausgegangen, dass ihnen in ihren jeweiligen Arbeitsfeldern eine solche Op-

tion gar nicht offen stünde, denn es gab keine Präzedenzfälle
dafür. Außerdem beschlossen sie, ihre *Fifty-fifty*-Arbeitsteilung
nicht mehr so rigide zu handhaben und als Eltern auf ein Arrangement hinzuarbeiten, das sie »nach Gefühl« flexibel gestalten konnten, statt sich sklavisch an einen in Stein gemeißelten
Gesetzeskodex zu halten.

Mary fiel es verhältnismäßig leicht, ihren Vorgesetzten auf
eine Reduzierung ihrer Arbeitszeit anzusprechen. Für Frauen
gilt das nicht als ungewöhnlich; es entspricht der gesellschaftlichen Erwartungshaltung, dass sie der Fürsorge für ihre Kinder Priorität einräumen. Aber sie sah auch voraus, was dieser
Schritt in einer konservativen Männerdomäne wie dem Rechtswesen für sie bedeuten würde: Man würde sie in der Kanzlei
nie zur gleichberechtigten Partnerin machen, sie würde zur
Außenseiterin werden und als Erste gehen müssen, wenn Kün-
digungen anstanden. Alle ihre Voraussagen erwiesen sich als
korrekt. Kaum zwei Jahre später verließ sie die Kanzlei und
fand eine neue Stellung in einer sozialen Institution.

Greg, der Ingenieur war, hatte Angst davor, mit seinem Chef
über Teilzeitarbeit zu sprechen; er fürchtete, in den Augen seines Vorgesetzten sein Ansehen zu verlieren – und damit auch
jede Aufstiegsmöglichkeit. Als er das Thema schließlich doch
zur Sprache brachte, erfuhr er, dass die Firma durch eine wirtschaftlich schwierige Phase ging und dass die Firmenleitung
unter Druck stand, die Kosten zu senken; so war sein Chef
denn mehr als zugänglich für Verhandlungen über ein neues
Arrangement.

Mary und Greg gingen erhebliche Risiken ein. Sie klärten für
sich, nach welchen Wertvorstellungen sie leben wollten, und
damit entschieden sie zugleich, Einbußen in Bezug auf die Dinge hinzunehmen, die gesellschaftlich die höchste Geltung haben: Status, Macht, Geld, Karriere und all die anderen Ver-
lockungen des Erfolgs. Aber nicht jeder (und es ist wohl

gerechtfertigt, hier die männliche Form als Generalisierung zu gebrauchen) optiert dafür, weniger zu arbeiten und mehr zu Hause bei der Familie zu sein, selbst wenn die Möglichkeit dazu besteht. Wie die Soziologin Arlie Russell Hochschild[2] anmerkt, sagen viele Menschen, dass sie mehr Zeit mit ihren Familien verbringen möchten, obwohl sie in Wahrheit viel lieber im Büro sind, wo sie sich gewöhnlich sicherer, kompetenter und entspannter fühlen. Die Ergebnisse ihrer Studie legen nahe, dass Frauen dabei sind, das Geheimnis der Männer zu entdecken: »Es gibt keinen besseren Ort als den Arbeitsplatz«, wenn es darum geht, sich dem Druck und den Spannungen des Familienlebens zu entziehen. In unserer heutigen Welt – so Hochschild – sind Mütter und Väter oft gleichermaßen geneigt, »sich aus einer Welt der ungelösten Konflikte und der ungewaschenen Wäsche in die Ordnung, Harmonie und unverbindliche Fröhlichkeit der Arbeitswelt zu flüchten«. In unserer arbeits- und erfolgsfixierten Kultur wird niemand dafür belohnt, Arbeitszeit gegen Lebensqualität für die Familie einzutauschen, und darin, dass sie es dennoch taten, waren Mary und Greg echte Pioniere.


## Wie unsere Mütter

Zu Beginn ihrer Therapie war Mary so allergisch gegen die Vorstellung, ihrer eigenen Mutter ähnlich zu sein, und so verzweifelt darauf erpicht, alles ganz anders zu machen, dass sie nicht genug emotionalen Spielraum hatte, um für sich herauszufinden, welche Art von Mutter sie eigentlich sein wollte. Allem Anschein nach brauchte Mary die strikt egalitäre Rollenaufteilung in ihrer Ehe, weil sie sonst befürchtete, die Geschichte ihrer Mutter zu wiederholen. Es war nicht wirklich Marys Wunsch gewesen, Thomas nach drei Monaten abzustillen. Schon damals hatte sie erkannt, dass sie vom Gefühl her

nicht eindeutig und klar hinter dieser Entscheidung stand, sondern dass es sich eher um eine angstgetriebene Reaktion handelte.

Im Lauf unserer therapeutischen Arbeit ermutigte ich Mary,
den Dialog mit ihrer Mutter zu suchen und schließlich das
»heiße Eisen« – die unterschiedliche Wahl, die beide Frauen in
Bezug auf die Mutterschaft getroffen hatten – anzusprechen.
Mary kannte Celia nicht wirklich gut; Mutter und Tochter waren auf ihre polarisierten Positionen fixiert und in einem ober-
flächlichen Interaktionsmuster gefangen. Jedes Mal, wenn sie
das Thema Mutterschaft auch nur flüchtig streiften, verfiel Celia in ihre »Hausfrau-und Mutter-Arie« und fing an zu sticheln
(»Gott sei Dank hast du nicht noch ein Kind bekommen – du
hast ja nicht mal Zeit für das eine«), und Mary wurde daraufhin wütend, distanziert und defensiv. Aber als Mary lernte,
ihren Anteil an diesem festgelegten Muster zu verändern, eröff-
nete sie sich und Celia damit die Möglichkeit, ernsthaftere und
authentischere Gespräche über das Thema Beruf und Mutterschaft zu führen. Als Celia begann, sich offener und differenzierter über ihre Erfahrungen zu äußern, kamen einige interessante Informationen zutage. Sie hatte ihren Beruf nicht nur
aufgegeben, »um ganz Mutter zu sein«, obwohl diese Vorstellung in ihrer damaligen Situation zweifellos eine große Rolle
spielte. Aber sie hatte auch aufgehört, weil sie wütend und empört darüber war, wie herablassend und unprofessionell die
Ärzte des Krankenhauses, in dem sie arbeitete, mit den Krankenschwestern umgingen. »Ich wäre sehr gern Ärztin geworden«, gestand sie Mary in einem Gespräch. »Und glaub mir,
ich hätte die Krankenschwestern nie so behandelt, wie man
mich behandelt hat.«

Jedes dieser Gespräche ebnete Mary den Weg, weitere Fragen zu stellen, und das brachte Celia wiederum dazu, in diffe-
renzierterer Weise über sich und ihre Geschichte zu sprechen.

Mary gewann durch diese Begegnungen schließlich ein komplexeres und ausgewogeneres Bild der Stärken und Schwächen ihrer Mutter. Wenn wir selbst Mütter werden, bekommen wir erneut Gelegenheit, uns mit der Vergangenheit auseinander zu setzen und kreative Wege zu finden, unseren eigenen Müttern authentischere Geschichten darüber zu entlocken, wie sie ihr Muttersein damals *wirklich* erlebten. Unsere Mütter als reale Menschen kennen zu lernen hilft uns auch, uns selbst besser zu verstehen. Außerdem verringert sich dadurch die Gefahr, dass wir familiäre Muster blind übernehmen oder ebenso blind dagegen rebellieren.

## Patentrezepte gibt es nicht

Ich erwarte durchaus nicht, dass Sie, wenn Sie Mutter eines Kleinkinds sind, nun aufspringen und »Heureka!« schreien – das Dilemma Beruf–Mutterschaft–Familie ist natürlich nicht im Handumdrehen gelöst, wenn Sie Ihrem Mann vorschlagen, dass Sie beide Ihre Arbeitszeit reduzieren, die Elternverantwortung teilen und darauf schauen, dass Ausgewogenheit besteht, was sein Leben und Ihr Leben angeht. So einfach ist es offensichtlich nicht, und es gibt auch keine Lösung, die auf alle passt.

Dieser Tage empfehle ich frisch gebackenen Müttern ein Buch der Familientherapeutin Betty Carter: *Macht und Liebe*[3]. Carter erklärt darin, wie Paare in die tradierten Rollenmuster (er der Hauptverdiener, sie die Hauptverantwortliche für Kinder und Haushalt) zurückfallen, sobald Kinder da sind, und sie betont, dass in unserer heutigen Welt beide, Mann und Frau, gefordert sind, den Lebensunterhalt zu verdienen, und dass beide, Mann und Frau, beruflich zurückstecken und Karriereopfer bringen müssen, um Kinder aufzuziehen. Ich bin ganz derselben Meinung.

Eine Frau wie Gloria erscheint vielleicht extrem, in dem Ausmaß, in dem sie sich einem überholten Mutterschafts-Skript anpasste und dann später aufgebracht und verbittert darüber war, dass sie es getan hatte. Aber viele Paare verfallen unwillkürlich in die alte Aufteilung der Geschlechtsrollen, wenn sie Eltern werden, und nehmen erst Jahre später wahr, welchen Preis sie dafür zahlen. Die Frau hat vielleicht einen Lebenstraum, der ihr wichtig war, nicht verfolgt oder keine vermarktbaren Fähigkeiten entwickelt oder sich in der Berufswelt nicht wirklich erprobt. Oder sie hat das alles getan, fühlt sich aber ausgelaugt und verbittert, weil ihr Mann im Haushalt nicht mit anfasst oder gar nicht bemerkt, was getan werden muss. Dadurch, dass er an den alltäglichen, pragmatischen Aufgaben des Familienlebens und der Fürsorge für die Kinder nicht teilnimmt, bleibt er ein Außenseiter in der Familie, obwohl er den Verlust vielleicht nicht empfindet. Wenn ein Mann sich mit Industriemüll befasst, kann er in unserer Gesellschaft Status gewinnen, aber nicht wenn er Babypopos abwischt oder Küchenabfälle hinausträgt. Die akkumulierenden Spannungen und Ressentiments, die durch das Ungleichgewicht in der Partnerschaft entstehen, machen es wahrscheinlicher, dass es irgendwann zur Scheidung kommt, und in den Jahren, die auf die Scheidung folgen, wird der hohe Preis, den die obsoleten Geschlechterrollen fordern, nur allzu klar: Mütter verarmen, Väter verlieren den Kontakt zu ihren Kindern, und die Kinder haben letztendlich die Konsequenzen des ganzen Debakels zu tragen.

## Wer macht die Wäsche?

Die Politik der Arbeit im Haushalt, eine uralte feministische Frage, wird in Ehen, die zuvor auf egalitäre Weise geführt wurden, nach der Geburt eines Kindes zum Problem. Gewöhnlich ist die Frau von der Ungleichheit am meisten betroffen, aber letztendlich leidet die Intimität in der Paarbeziehung. Wie die Familientherapeutin Marianne Ault-Riché hervorhebt, gibt es garantiert Schwierigkeiten im Bett, wenn Männer die zahllosen Aufgaben und gewöhnlichen Arbeiten, die zu erledigen sind, wenn das erste Kind da ist, nicht bemerken oder nicht mit übernehmen. Die Frau ist nicht nur zu müde für Sex – sie ist auch wütend über das Unfaire der Situation, selbst wenn sie sich diese Wut nicht eingesteht, denn schließlich wird von Frauen erwartet, dass sie für den reibungslosen Ablauf des häuslichen und familiären Alltags sorgen. Marianne, selbst eine Feministin der ersten Stunde, hielt 1989 bei einem Frauenkongress, den wir gemeinsam leiteten, einen urkomischen Vortrag darüber, wie sie ihren Mann dazu brachte, »Wäsche-Bewusstsein« zu entwickeln. Später arbeitete sie diesen Vortrag zu einem Essay mit dem Titel *Sex, Money, and Laundry*[4] aus, der in familientherapeutischen Kreisen den Status eines Klassikers gewann.

In ihrer Rede vor den versammelten Frauen schilderte Marianne ihre heroischen, kreativen und unablässigen Bemühungen, in ihrem Mann ein Bewusstsein für Hausarbeiten zu erwecken, »ihn nicht nur zu überreden, dass er den Müll hinausbrachte, sondern ihn dazu zu bringen, dass er den Müll überhaupt *sah* und eventuell selbst auf die Idee kam, ihn hinauszuschaffen – oder die Wäsche nicht nur in den Trockner zu tun, weil ich ihn darum bat, sondern selbst darauf zu achten, ob feuchte Wäsche in der Waschmaschine lagerte und zu modern begann oder ob Hemden aus dem Trockner genommen werden mussten, bevor sie total zerknittert waren«. Ihren eigenen Worten nach hatte sie es keineswegs mit einem »eselhaften Chauvinisten« zu tun. Im Gegenteil: Mariannes Ehepartner ist ein kluger, fairer, vernünftiger Mann mit einer entschieden progressiven Einstellung. Trotzdem stellte sie nach der Geburt ihres Kindes fest, dass ihr der Löwenanteil der häuslichen Pflichten und Verantwortlichkeiten zugemutet wurde und dass es enormer Beharrlichkeit bedurfte, auf ein egalitäres Arrangement hinzuarbeiten.

Einige Studien haben tatsächlich den Nachweis erbracht, dass Männer, die sich für die Rolle des »Hausmanns« entscheiden, länger leben, aber Marianne führt die Langlebigkeit solcher Männer eher darauf zurück, dass sie mehr Freude am Sex haben. Sie erzählt den Witz von dem Mann, der sich seiner Frau zärtlich nähert und ihr ins Ohr flüstert, sie solle ihm die erotischste Vorspiel-Situation schildern, die sie sich vorstellen kann. Nach kurzem Überlegen antwortet sie: »Ich möchte ein einziges Mal in einem Zimmer Liebe machen, in dem keine Spielsachen und keine Wäscheberge herumliegen.«

»Super«, sagt der Mann. »Gehn wir rüber zu den Nachbarn.«

Sie tun gut daran, Ihren Sinn für Humor zu bewahren, wenn Sie mit dem Problem der ungleich verteilten Rollen im Haushalt kämpfen, denn es ist ein ernstes und leidiges Thema, und es hat das Potenzial, alle Beziehungen innerhalb der Familie zu untergraben, wenn es ungelöst bleibt.

## Das Persönliche ist das Politische

Heute sind weitaus mehr Männer bereit, Hausarbeiten und Fürsorge für die Kinder gerecht mit ihren Frauen zu teilen – anders als in den siebziger Jahren, als ich Mutter wurde. Aber von vielen Frauen höre ich noch immer, geteilte Elternschaft und geteilte Verantwortung für den Lebensunterhalt seien unrealistische Ziele. »Mein Verdienst reicht kaum aus, um die Kosten für die Kinderbetreuung zu decken, und für das Baby ist es viel besser, wenn ich da bin«, heißt es oft. »Und dazu kommt, dass Bob unmöglich seine Arbeitszeit reduzieren kann, ohne seine ganze Karriere aufs Spiel zu setzen.« Andere Frauen sagen, dass sie nichts lieber täten, als mehr zu Hause bei ihren Kindern zu sein, aber dass es nicht geht, entweder weil sie das Geld brauchen oder weil ihr berufliches Umfeld so unflexibel ist, dass sie gezwungen wären, zwischen ihrem Job und ihrer Familie zu wählen. Wenn Väter versuchen, zugunsten der Familie beruflich zurückzustecken, treffen sie auf dasselbe unflexible System und werden außerdem schief angesehen, weil sie gegen den tradierten Männlichkeits-Kodex verstoßen.

Betty Carter[5] betont, dass dem Beruf-Familie-Dilemma generelle soziale Probleme zugrunde liegen, die im inneren Kern des Familienlebens ausagiert werden. Mütter und Kinder werden auch weiterhin am meisten zu leiden haben, wenn es uns nicht gelingt, gesellschaftliche Stereotypen aufzubrechen und zu überwinden, die Carter folgendermaßen charakterisiert:

1. Wir tun so, als seien Kindererziehung und Haushalt für Mütter von Natur aus anspruchsvoller und zeitaufwändiger als für Väter – also übernehmen Mütter natürlich auch den größeren Teil dieser Aufgaben.
2. Wir tun so, als sei die berufliche Laufbahn des Mannes ein unberührbares, heiliges Gut – die Karriere des Ehemanns darf also nie gestört werden.
3. Wir tun so, als sei es die selbstverständliche Aufgabe der Frau, Betreuung für die Kinder zu organisieren.
4. Wir tun so, als könnte die Arbeitswelt nicht neu definiert oder auch nur entscheidend umgestaltet werden, in der Weise, dass sie *beide* Eltern darin unterstützt, mehr Zeit zu Hause zu verbringen, solange die Kinder klein sind.
5. Wir tun so, als seien unsere alten Definitionen von Männlichkeit überholt. In Wahrheit ist ihre Herrschaft über das Leben von Männern jedoch ungebrochen. Viele Männer

haben immer noch das Gefühl, dass es einen »Abstieg« bedeutet, zugunsten der Fürsorge für ihre Kinder beruflich zurückzustecken – obwohl sie vielleicht mit Sehnsucht und
Schmerz an ihre eigenen Väter zurückdenken, die ständig
überarbeitet und emotional unzugänglich waren.

6. Wir tun so, als strebten Frauen wirklich die Befreiung von
   den alten Geschlechterrollen an. In Wahrheit wollen wir
   von der unfairen Belastung im Haushalt und in Sachen Fürsorge für die Kinder befreit werden. Aber so manche Frau
   glaubt immer noch, es sei die selbstverständliche Aufgabe
   ihres Mannes, ihren Unterhalt zu sichern, falls es ihr
   Wunsch sein sollte, mit dem Baby zu Haus zu bleiben oder
   ihre Berufstätigkeit ganz aufzugeben – ebenso wie er davon
   ausgeht, dass sie die eigentlich Zuständige für Haushalt und
   Kinder ist, unabhängig davon, ob sie berufstätig ist oder
   nicht.

7. Wir tun so, als könnte man von der modernen Arbeitswelt
   nicht erwarten, dass sie auf die Realität reagiert, nämlich
   auf die Situation der allein erziehenden Mütter und der ge-
   zwungenermaßen doppelverdienenden Paare. Frauen haben
   Angst davor, an ihren Arbeitsplätzen die notwendigen Veränderungen einzufordern (zum Beispiel Kinderbetreuung
   am Arbeitsplatz, flexible Arbeitszeit, keine obligatorischen
   Überstunden, familienfreundliche Urlaubsregelungen), weil
   man sie, wenn sie es tun, als »unrealistisch« etikettiert oder
   als »unfähig, sich in der Männerwelt durchzusetzen«.

Carter gibt nicht vor, dass es einfach sei, diese Hürden zu überwinden. Sie verweist darauf, dass Männer in Führungspositio-
nen das Beruf-Familie-Problem gewöhnlich nicht wahrnehmen
– oder sie nehmen es wahr, glauben aber, es sei zu kosteninten-
siv, es zu lösen, oder sie meinen, die Frauen sollten selbst eine
Lösung finden. Aber sie erinnert uns daran, dass in der ersten

Hälfte des 20. Jahrhunderts Arbeitskämpfe geführt wurden, um den Achtstundentag, feste Regelungen für die Sicherheit am Arbeitsplatz und ähnliche Errungenschaften durchzusetzen, und dass wir die Arbeitswelt wieder verändern können, sodass sie wirklich und wahrhaftig »Familienwerte« reflektiert, in dem Sinn, dass jede Familie – alle die unterschiedlichen Formen von Familie, die heute existieren, eingeschlossen – ihren Wert hat.

Heute höre ich Frauen am häufigsten klagen, dass sie mehr Zeit zu Hause verbringen möchten, es sich aber nicht leisten können. Und ich höre immer noch Klagen über den Stress, Beruf und Kinder unter einen Hut zu bringen, so als wäre dies ein persönliches Problem, das jede Frau individuell lösen muss, indem sie sich eine positivere Einstellung und bessere Organisationsfähigkeiten zulegt. Es sind immer noch die Frauen, die sich zwischen den Bedürfnissen der Familie und ihren persönlichen Ambitionen zerrissen fühlen – zwischen der Liebe und Fürsorge für die Kinder und dem Bedürfnis, Geld zu verdienen und uneingeschränkten Zugang zum gesamten Spektrum der menschlichen Erfahrungen und Chancen zu haben. Aber Frauen können das Beruf-Familie-Dilemma allein nicht lösen, und wir sollten uns auch von niemandem einreden lassen, dass wir es könnten.

Also: Was sollte eine Frau tun, wenn sie Mutter wird?

Lassen Sie sich von niemandem sagen, was Sie tun müssen. Das ist das Entscheidende. Die Herausforderung liegt darin, Ihrem eigenen Herzen und Ihren eigenen Vorstellungen zu folgen, in einer Situation, in der Ihre gesamte Umwelt Sie mit Meinungen und Ratschlägen überschüttet. Es ist nützlich, offen dafür zu sein, was andere denken, andere Perspektiven kennen zu lernen – aber letztlich können Sie nur selbst herausfinden, was sinnvoll für Sie ist und was Ihrer speziellen Situation angemessen ist.

Dem eigenen Herzen zu folgen ist gar nicht einfach. Es ist nicht leicht zu unterscheiden, ob Sie sich wirklich von der Stimme Ihres Herzens leiten lassen oder einfach auf Autopilot geschaltet haben. Wenn Sie auf Autopilot sind, gehen Sie den Weg des geringsten Widerstands. Sie treffen eine emotional reaktive Wahl, die aus dem Schmerz und den Mustern Ihrer persönlichen Geschichte resultiert. Sie fallen reflexhaft in alte Rollenmuster zurück, wenn Sie an die Weggabelung kommen, das heißt, der Vater des Kindes sieht die Elternschaft automatisch als Signal, sich beruflich mehr zu engagieren, um seiner Ernährerrolle gerecht zu werden, und Sie krempeln automatisch die Ärmel auf, um den ganzen stupiden, alltäglichen, zeitraubenden Kram zu erledigen, den Babys und Haushalt mit sich bringen. Oder Sie machen es wie Mary und kämpfen allzu verbissen gegen die alten Geschlechterrollen an; Sie nehmen Ihre Arbeit sehr viel früher wieder auf, als Sie wirklich wollen, oder halten einen Teil Ihres eigenen Selbst aus der Erfahrung der Mutterschaft heraus.

Um wieder selbst das Steuer in die Hand zu nehmen, müssen Sie die familiären und kulturellen Kräfte, die Sie antreiben, klar erkennen. Das gibt Ihnen die Möglichkeit, über diese Kräfte nachzudenken und sich dann selbst zu definieren als Mutter und als menschliches Wesen, das aus einem authentischen Zentrum heraus operieren kann. Ihrem Herzen zu folgen bedeutet nicht, dass Sie tun, was sich im Moment am besten anfühlt. Was kurzfristig das Einfachste ist, bietet Ihnen auf lange Sicht vielleicht nicht den solidesten Boden. Jetzt, im Moment, erscheint es vielleicht als ungemein schwierig, mit Ihrem Chef über flexiblere Arbeitszeiten zu sprechen oder mit Ihrem Mann darüber zu reden, dass er Babysachen wegräumt und wahrnimmt, was im Haushalt zu erledigen ist. Aber auf lange Sicht lohnt es sich, den schwierigen Weg einzuschlagen.

Ich bin davon überzeugt, dass die überwiegende Mehrheit aller Frauen und Männer – wenn sie wirklich die freie Wahl haben – eine sinnerfüllte Arbeit und wirtschaftliche Eigenständigkeit wollen und brauchen – ebenso wie genügend Zeit für ihre Kinder und genügend Zeit, um mit Familienangehörigen, Freunden und dem gesellschaftlichen Leben in Kontakt zu bleiben. Aber das sagt nichts darüber aus, was hier und heute, in Ihrer speziellen Situation richtig für Sie ist oder welches Arrangement für Ihre Familie zu irgendeinem zukünftigen Zeitpunkt das Beste sein wird. Für alles, was Ihre persönliche Situation angeht, kann niemand außer Ihnen selbst die passende Lösung finden.

Für Mütter ist es besonders schwer, gegen die vorherrschende Zeitströmung anzugehen. Welcher Art dieser Zeitgeist ist, hängt davon ab, welcher gesellschaftlichen Gruppe Sie in einem bestimmten historischen Augenblick an einem bestimmten Ort angehören. Es ist schwierig zu stillen, wenn alle Welt Babys mit der Flasche füttert. Es ist schwierig, auf Lebensqualität für die Familie und die Vorrangigkeit des Wohls von Kindern zu pochen, wenn Produktivität und wirtschaftlicher Erfolg die obersten Prinzipien einer Gesellschaft sind. Es ist schwierig, Ihre Energien in berufliche Produktivität zu investieren, wenn die Gesellschaft sagt: »Mütter sollten bei ihren Kindern sein.« Glücklicherweise gibt die Mutterschaft Ihnen jeden Tag Gelegenheit, Ihre gestern gefassten Entschlüsse erneut zu revidieren und Ihre Einstellung erneut zu überdenken.

Der entscheidende Punkt ist dieser: Es werden viele Gabelungen und Abzweigungen auf Ihrem Weg erscheinen, unabhängig davon, welche Konzessionen Sie im Augenblick machen, um Ihrem Säugling oder Kleinkind das adäquate Maß an Fürsorge zukommen zu lassen. In jedem Alter und jedem Stadium des Familienlebens haben Sie die Möglichkeit, in der kritischen Frage der Arbeitsteilung in Haushalt und Familie gemeinsam mit Ihrem Lebenspartner eine Veränderung herbeizuführen und Ihre Prioritäten und Ihren eigenen Lebensplan neu zu überdenken – ebenso wie die Bedürfnisse Ihrer Familie. Die Lösung, mit der Ihre beste Freundin so gut zurechtkommt, ist für Sie vielleicht nicht der richtige Weg. Was dieses Jahr für Sie am besten funktioniert, ist im nächsten Jahr vielleicht nicht mehr angemessen.

Die Erfahrung (laut Oscar Wilde die Sammelbezeichnung für unsere Irrtümer und Fehlentscheidungen) wird Ihre beste Lehrerin sein. Wenn Sie das Glück haben, frei wählen zu können, stellen Sie wahrscheinlich fest, dass Sie erst zu weit in eine Richtung ausschwingen (Sie sind den größten Teil der Zeit mit dem Baby zu Haus und bekommen Klaustrophobie) und dann zu weit in die andere (Sie fangen wieder an zu arbeiten und sehnen sich danach, mehr zu Haus zu sein). Aber letzten Endes werden Sie zu Ihrem eigenen Gleichgewicht finden. Babys werden nicht mit einer Gebrauchsanweisung geliefert, wie Anne Lamott uns in Erinnerung ruft. Aber selbst wenn es so wäre, könnten wir mit den Anweisungen nicht viel anfangen, denn sie wären bald überholt. Auch für die Mutterschaft gibt es keine Bedienungsanleitung. Sie lernen den Job, während Sie ihn tun, und es gibt kaum Ruhepausen auf dieser Reise.

# Teil 2
## Feuerprobe

# 5  Genug Schuldgefühle für den Anfang, besten Dank

Wenn Sie Mutter sind, lernen Sie eines mit Sicherheit: Schuldgefühle zu haben. Sie fühlen sich schuldig, wenn Sie Ihre Kinder allein lassen, um sich Ihrer Arbeit zu widmen, und Sie fühlen sich schuldig, wenn Sie Ihre Arbeit vernachlässigen, um sich Ihren Kindern zu widmen. Und dann werden Sie sich zweifellos auch schuldig fühlen, weil Sie Schuldgefühle haben. Versuchen Sie dennoch, sich daran zu erinnern, dass unsere Gesellschaft Mütter unermüdlich darin bestärkt, Schuldgefühle zu kultivieren, denn nichts blendet das Gewahrsein und den Ausdruck legitimer Wut so effizient aus wie diese überwältigende Emotion. Wenn Sie Schuldgefühle haben, weil Sie an Ihren Fähigkeiten als Mutter zweifeln, ist es unwahrscheinlich, dass Sie die gesellschaftlichen Vorschriften für »Mütterlichkeit« einer kritischen Prüfung unterziehen oder sich fragen, wer diese Vorschriften eigentlich erlässt. Wenn Sie sich schuldig fühlen, weil Sie Ihren Kindern aus purer Erschöpfung nicht die nötige Aufmerksamkeit zukommen lassen, ist es unwahrscheinlich, dass Sie die festgefahrenen Strukturen in Ihrer Ehe oder Ihrem Berufsfeld, die Ihnen alles so viel schwerer machen, infrage stellen und attackieren. Schuldgefühle sorgen dafür, dass Mütter nicht über den Tellerrand hinausschauen und auf die Frage »Was stimmt bloß nicht mit mir?« fixiert bleiben. Schuldgefühle hindern uns daran, zu effizient Handelnden und Urheberinnen persönlicher und sozialer Veränderungen zu werden.

Natürlich sind Schuldgefühle nicht nur schlecht. Wir alle kennen Eltern, bei denen wir uns ein adäquates Maß an Schuldbewusstsein wünschen würden. Das Empfinden von Schuld ist eine essentielle menschliche Emotion, die uns dazu bringen kann zu klären, welche Wertvorstellungen uns in unserem tiefsten Inneren wirklich etwas bedeuten, und unser Verhalten diesen Vorstellungen gemäß auszurichten. Aber manche Mütter empfinden permanent nagende Schuldgefühle, wenn Erschöpfung, Stress oder Anforderungen, die in Widerspruch zueinander stehen, es ihnen unmöglich machen, ständig verfügbar, aufmerksam, einfühlsam und in Hochform zu sein. Und so manche Mutter – wenn nicht wir alle – setzt sich tatsächlich diese von vornherein unerfüllbaren Maßstäbe.

Die typischen Schuldgefühle von Müttern gehören gewöhnlich nicht der konstruktiven Kategorie an. Nehmen wir das folgende Beispiel: Eine Frau schrieb mir aus der Entbindungsklinik, nachdem sie ihr erstes Kind zur Welt gebracht hatte, eine Tochter, die sie Rosalie nannte. Diese Frau wollte nicht stillen, aber ihr Arzt beharrte darauf, mit der Begründung, dass es für die physische und seelische Gesundheit ihres Babys von größter Bedeutung sei. »Er sagt, Säuglinge, die mit der Flasche gefüttert werden, entwickelten sich kümmerlich, und alle Mütter empfänden das Stillen als eine wundervolle Erfahrung«, schrieb sie. »Jede Zelle meines Körpers rebelliert gegen die Vorstellung zu stillen, aber ich sterbe vor Schuldgefühlen. Ist das Stillen wirklich absolut notwendig, und haben alle normalen Mütter den Wunsch, ihre Babys zu stillen?«

Ich antwortete ihr, dass es überhaupt nichts gibt, was *alle* Mütter wollen oder wünschen, ob es sich nun um das Stillen handelt oder irgendeinen anderen Aspekt der Mutterschaft. Und ich versicherte ihr, dass Rosalie durch das Gefüttertwerden mit der Flasche sicherlich keinen Schaden davontragen würde, sondern vielleicht eher davon profitieren würde, mit einer Mutter aufzuwachsen, die Selbstachtung hat und ihre eigenen Gefühle ernst nimmt. Ich ließ dennoch keine Unklarheit darüber aufkommen, welche realen, unbestreitbaren Vorzüge Muttermilch im Vergleich mit Flaschennahrung für Säuglinge hat. Allzu oft werden Mütter von Neugeborenen nicht richtig informiert und bekommen nicht das notwendige Maß an Ermutigung und Unterstützung, um ihre Kinder so lange zu stillen, wie sie es selbst für angemessen halten. Aber ich stellte auch klar, dass Rosalie durch das Füttern mit der Flasche garantiert nicht dazu verurteilt werden würde, später zwangsläufig das Leben eines neurotischen Wracks zu führen. Die Schuldgefühle und die Verunsicherung, die manche Experten jungen Müttern unwissentlich einpflanzen, sind für Babys weitaus schädlicher als die realen diätetischen und medizinischen Nachteile von Instant-Babymilch. Außerdem legte ich der jungen Mutter nahe, den Arzt zu wechseln, wenn der jetzige ihre Entscheidungen nicht respektiere und unterstütze. Die Aufgabe ihres Arztes war, ihr alle Fakten darzulegen, sie zu beraten und Empfehlungen auszusprechen. Es war nicht sein Job, ihr Vorschriften zu machen oder über ihre Entscheidungen zu urteilen. Ich versicherte ihr, dass ihre eigene Selbstachtung und Charakterstärke sehr wertvolle Eigenschaften seien, die sie an ihre Tochter weitergeben könne.

Diese Antwort, die in meiner Ratgeber-Kolumne[1] veröffentlicht wurde, löste einige negative Reaktionen vonseiten meiner Kollegen aus; sie kritisierten, dass ich den Wünschen einer Mutter Priorität vor den Bedürfnissen eines Säuglings eingeräumt hatte. Von Müttern heißt es immer, dass sie »Wünsche« haben, anders als von Säuglingen und Kleinkindern, die »Bedürfnisse« haben. Dass auch eine Mutter Bedürfnisse haben könnte, ist allem Anschein nach eine radikale Idee.

Mütter sind überaus anfällig dafür, ihre eigene starke innere Stimme zu ignorieren, wenn sie der Stimme der Autorität widerspricht. Vielleicht liegt es daran, dass wir die Stimme der Autorität von vornherein allzu ernst nehmen. Vor der zweiten Welle der Frauenbewegung, die uns half, unsere eigenen Erfahrungen höher zu bewerten als die Meinungen von Experten (die

in aller Regel weder Mütter noch Frauen waren), galt das in
ganz besonderem Maße. Den Frauen aus der Generation meiner Mutter wurde der Expertenrat wie von der Kanzel herab
erteilt; es war schwer für sie, Zutrauen zu sich selbst zu haben,
den Expertenmeinungen das zu entnehmen, was sie gebrauchen
konnten, und den Rest zu ignorieren. Aber auch heute fühlen
die meisten Mütter sich schuldig genug, und sie sollten keinen
Experten dafür bezahlen, ihnen noch mehr Schuldgefühle ein-
zuflößen.

## Rettung durch Dr. Spock

Rose, meine Mutter, erzählt die Geschichte, wie sie mit meiner
Schwester Susan während unserer Kindheit in Brooklyn zu
einem renommierten Psychiater ging. Susan, damals sieben
Jahre alt, war in einem Zustand depressiver Verstimmung, den
der Psychiater darauf zurückführte, dass sie seit Jahren eine
strenge Diät einhalten musste. Meine Mutter hatte das Gefühl,
dass ihr die Schuld an Susans Zustand gegeben wurde, obwohl
sie nur versucht hatte, das Richtige zu tun. Ein Spezialist hatte
Jahre zuvor bei meiner Schwester eine »Zöliakieerkrankung«
diagnostiziert, und meine Mutter hatte Susan mit großer Sorgfalt und unter großen Schwierigkeiten strikt nach der Diät ernährt, die der Arzt verordnet hatte.

Der Psychiater lag ganz richtig damit, die Diät infrage zu stellen, denn Susan blühte auf, nachdem meine Mutter die diätetischen Einschränkungen nach und nach fallen ließ. Aber das
Gefühl, Susans Probleme verschuldet zu haben, machte meiner
Mutter schwer zu schaffen, und sie betont bis heute, dass sie
nur die Anordnungen des Spezialisten befolgt habe. Was die
Sache noch verschlimmerte, war, dass derselbe Psychiater meiner Mutter stolz berichtete, Susan habe in der Spieltherapie

»ihre Mutter und ihre kleine Schwester« (mich) umgebracht, und nun würde ihr Zustand sich sicherlich bald bessern. Obwohl diese Botschaft so vermittelt wurde, als sei der Vorgang ein gutes Zeichen und ein therapeutischer Triumph, fand meine Mutter (die von der ödipalen Theorie Freuds nichts wusste) sie unheimlich und unverständlich und nahm sie sich furchtbar zu Herzen. Als sie später anrief und um eine Erklärung bat, wollte der Psychiater nicht mit ihr sprechen und verweigerte jede weitere Kommunikation, solange Susan sich in Therapie befand.

Meine Mutter sagt, sie habe keine Wut auf den Psychiater empfunden und auch nicht erwogen, einen anderen Therapeuten für Susan zu suchen. Aber sie fühlte sich erst von Schuldgefühlen erdrückt und dann von bohrenden Zweifeln über ihre mütterlichen Fähigkeiten erfasst. Einige Monate später, als sie Susan und mich zur Routineuntersuchung zu unserem Kinderarzt brachte, bat sie um ein kurzes Gespräch unter vier Augen und schüttete dem Arzt ihr Herz aus.

Nun kommt der Teil der Geschichte, den meine Mutter am liebsten erzählt. Wie es der Zufall wollte, war unser Kinderarzt nämlich kein Geringerer als Dr. Benjamin Spock, der als Autor des populärsten Buches über Säuglingspflege und Kindererziehung später zu einer amerikanischen Institution werden sollte. Er reagierte auf die offenkundige Verzweiflung meiner Mutter mit dem Angebot, seine Mittagspause mit Susan und mir zu verbringen und sich selbst ein Bild zu machen.

So geschah es denn auch, und gleich im Anschluss an diese Begegnung ließ Dr. Spock meine Mutter wissen, wie seine Diagnose lautete. Er sagte ihr, Susan und ich seien entzückende Kinder, sie mache ihre Sache als Mutter wirklich großartig und sie könne auf sich und ihre beiden kleinen Töchter sehr stolz sein. Er weigerte sich, ein Honorar für diese informelle Einschätzung anzunehmen, und das war ein weiterer Glücksfall, denn meine Mutter hatte kein Geld. Tatsächlich konnten Susan und ich nur deshalb Therapie in Anspruch nehmen, weil meine Mutter eine spezielle Krankenversicherung abgeschlossen hatte, die vorsah, dass für eine wöchentliche Therapiesitzung nur ein Dollar zugezahlt werden musste. Viele andere Eltern jener Tage hatten Vorurteile gegen Psychotherapie; sie betrachteten die Methode als letzte Behandlungsoption für Geistesgestörte. Ganz anders meine progressiv eingestellte jüdische Mutter: Sie sah darin eine Gelegenheit für ihre Töchter, ihre Lernfähigkeit zu erweitern. Ich sagte ihr oft im Scherz, sie würde mich sofort in Therapie schicken, wenn ich mit weniger als einer 2+ nach Hause käme, was übertrieben ist, aber nicht stark übertrieben.

Meine Mutter, achtundachtzig Jahre alt, während ich dies niederschreibe, spricht immer noch darüber, wie gütig und großzügig es von Dr. Spock war, seine Mittagspause zu opfern und ihr nichts dafür zu berechnen. Bevor ich selbst Mutter wurde, konnte ich nicht verstehen, warum meine Mutter sich von den Meinungen beider Experten – den Schuldzuweisungen des Psychiaters einerseits und den beruhigenden Worten Dr. Spocks andererseits – so tief beeindrucken ließ. Was ich an der Geschichte bemerkenswert finde, ist nicht, dass ein bestimmter Psychiater sich so dumm und unprofessionell benehmen konnte (dazu sind wir alle imstande), sondern dass eine Mutter – und gerade meine Mutter – sich als Reaktion darauf so vernichtet fühlen konnte. Sie ist nicht von der leidenden, zimperlichen Art. Meine Mutter war das älteste von vier Geschwisterkindern in einer Familie russisch-jüdischer Immigranten. Ihre eigene Mutter wurde nach der Geburt ihres jüngsten Kindes krank und starb im Alter von vierundvierzig Jahren an Tuberkulose. Rose, eine kompetente und verantwortungsbewusste Erstgeborene, zog ihre jüngste Schwester auf und tat still und klaglos alles, was getan werden musste. Obwohl die blanken Fakten ihres Lebens von Not, Armut und Mangel zeugen, klingt in ihren Geschichten über die Vergangenheit nicht eine Spur von Selbstmitleid oder Märtyrertum an. Sie spricht über ihre Familie vielmehr mit einer solchen Liebe und Wärme, dass man nur stolz sein kann, diesem bemerkenswerten und eng verbundenen Clan anzugehören.

Das also ist meine Mutter, eine Frau, die über Intelligenz, stille Würde, Mut und große Charakterstärke verfügt, liebevoll, unerschütterlich zuverlässig und schwerlich der Typ, der unter Kritik zusammenbricht. Und dennoch war sie nicht in der Lage, den guten Rat des Psychiaters zu nutzen und den Rest – sein Urteil über ihre mütterlichen Qualitäten – an sich ablaufen zu lassen. Sie kam auch nie auf die Idee, die Expertenmeinungen jener Tage, wie die »gute Mutter« empfinden und sich verhalten sollte, infrage zu stellen.

Die Herrschaft der Schuldgefühlskultur war in den vierziger und fünfziger Jahren, als meine Mutter Susan und mich aufzog, noch relativ ungebrochen. Die »gute Mutter« spielte nach den tradierten Regeln: Sie widmete sich in selbstloser Hingabe ihren Kindern und gab sich nur selbst die Schuld an allem, was im Familienleben fehlging – ihre eigenen Gefühle des Unglücklichseins eingeschlossen. Jahrzehnte später, in meiner eigenen Generation, hatten Schuld einflößende Botschaften für Frauen erneut Konjunktur, als die Medien die »Karrierefrau« gegen die traditionelle Ehefrau und Mutter ausspielten, eine falsche und spaltende Polarisierung, für die der Feminismus verantwortlich gemacht wurde.

Zu der Zeit, als Matthew geboren wurde, konnte jede Mutter sich verängstigt und schuldig fühlen, jede auf ihre spezielle Art. Berufstätige Mütter wurden gewarnt, dass ihre Kinder Schäden davontrügen und nicht gedeihen könnten, weil sie der konstanten mütterlichen Zuwendung entbehrten. Hausfrauen fühlten sich zunehmend eingeschüchtert, denn die Medien stellten sie als Idiotinnen dar, die über ihre frisch gewischten Böden

in Entzückensschreie ausbrachen. Und man charakterisierte sie
mit dem Diktum »sie arbeitet nicht«. So in die Defensive gedrängt, fühlte sich eine Frau veranlasst, auf die unterschiedliche Wahl einer anderen mit Kritik zu reagieren, als gälte es,
ein Terrain zu verteidigen und die andere aufgrund dieser Unterschiede persönlich zu verdammen oder zu verurteilen.

Trotz der tief greifenden Veränderungen, die der Feminismus
und der neue Kurs der Wirtschaft mit sich brachten, sind viele
Mütter auch heute noch anfällig für exzessive Schuldgefühle
und Selbstvorwürfe. Mütter nehmen die Probleme und das Un-
glücklichsein ihrer Kinder persönlich, auch wenn sie selbst bis
zur Erschöpfung überarbeitet sind und weder familiäre Unterstützung haben noch soziale Hilfsangebote oder Dienste, auf
die sie zurückgreifen könnten.

## Ist das Verhalten Ihrer Kinder Ihr Befähigungsnachweis?

Der Soziologe Philip Slater[2] weist darauf hin, dass es in einer
produktivitäts- und produktorientierten Gesellschaft nur natürlich ist, wenn eine Mutter ein perfektes Produkt kreieren
will, um sich selbst, ihrer eigenen Mutter und der Welt zu be-
weisen, dass sie ihren Job gut gemacht hat. Wir Mütter werden
nicht nur nach unserem eigenen Verhalten beurteilt, sondern
auch nach dem Verhalten unserer Kinder, das wir zwar beeinflussen können, über das wir aber keine absolute Kontrolle haben. Einerseits wird uns gesagt, dass wir unsere Kinder nicht
als Erweiterung unseres eigenen Selbst betrachten sollten, dass
sie eigenständige kleine Persönlichkeiten sind. Wir sollten es
nie brauchen, nie explizit oder implizit verlangen, dass sie um
unsertwillen etwas Bestimmtes sind, repräsentieren oder leisten. Andererseits werden wir als Mütter dennoch danach ein-
geschätzt, wie unsere Kinder sich benehmen, so als reflektierte

ihr Verhalten die gute oder schlechte Arbeit, die wir geleistet haben, wie ein Spiegel.

Mütter wissen, wann über ihre mütterlichen Fähigkeiten geurteilt wird, und es ist verständlich, dass sie in dieser Hinsicht paranoid werden können. Wenn ein Kind zum Fokus negativer Aufmerksamkeit wird, durchlebt die Mutter gewöhnlich eine komplexe Mixtur von Gefühlen, die schwer auseinander zu halten sind: Schuldgefühle wegen ihrer tatsächlichen Unzulänglichkeiten als Erziehende (wir sind alle nicht vollkommen), Scham und Verlegenheit darüber, wie sie als Mutter wahrgenommen wird, Wut auf das Kind, weil es die »Ursache« dafür ist, dass sie in ein so schlechtes Licht gerät, Ressentiments gegen die Voreingenommenheit und das Urteil anderer Erwachsener und Sorge um das Kind, das Probleme hat. Dieses verwirrende Geflecht von Emotionen hindert die Mutter daran, sich auf ihre Kraftquellen zu konzentrieren und das Problem in einer ruhigen, lösungsorientierten Weise anzugehen.

Ein Beispiel ist die Erfahrung meiner Freundin und Kollegin Anne, einer Therapeutin, die sich durch ihre Arbeit mit Kindern und Familien an der Ostküste einen Namen gemacht hatte. Vor einigen Jahren wurde sie aus einer Mitarbeiterbesprechung gerufen, weil ein Notruf für sie eingegangen war. Ihre Tochter Amy, damals im zweiten Studienjahr auf dem College, hatte versucht, sich durch eine Überdosis Schlaftabletten das Leben zu nehmen. Man sagte Anne, dass Amy vermutlich durchkommen würde, und so war es auch. Später schilderte meine Freundin mir, wie sie die Situation erlebte:

»Ich war in einem Schockzustand. Das Erste, was mir einfiel, war, dass mein Ruf nun ruiniert wäre, dass ich, die Therapeutin, die Expertin für Familien, nicht gemerkt hatte, dass meine eigene Tochter depressiv und suizidal war. Ich konnte mich nicht von der Vorstellung lösen, was meine Kollegen wohl hinter meinem Rücken sagen würden, etwa ›Na ja, wer weiß, vielleicht war es die Scheidung‹, oder ›Anne war vielleicht nicht genug für die Kinder da, als sie klein waren‹ oder ›Sie hat Amy bestimmt zu sehr angetrieben und auf Leistung getrimmt‹. Dann bekam ich furchtbare Schuldgefühle; Amy hatte gerade einen Selbstmordversuch gemacht, und ich saß da und grübelte, was die Leute über mich sagen würden und ob ich mich in Kollegenkreisen noch sehen lassen könnte. Ich hatte nicht geahnt, dass ich zu einer so narzisstischen Reaktion überhaupt fähig war. Und in einer tieferen Schicht darunter war ich außer mir vor Angst, vor schierer, panischer Angst. Niemand hätte so hart über mich urteilen können, wie ich es selbst tat. Ich ging alles durch, was ich seit ihrer Geburt getan oder unterlassen hatte, um herauszufinden, wodurch ich diese Tragödie verursacht haben könnte oder was ich hätte tun sollen, um sie zu verhindern. Ich gehe immer noch in die Vergangenheit zurück, um zu sehen, wo ich Fehler gemacht habe.«

Wenn es mit einem Kind gravierende Probleme gibt, suchen Familienmitglieder und Außenstehende automatisch nach einem Schuldigen. Manchmal weisen die Eltern einander direkt und explizit die Schuld zu – »Das müssen die Gene aus deiner Familie sein; in unserer Familie hat es so etwas nie gegeben.« –, und in anderen Fällen bleiben die Schuldzuweisungen unausgesprochen in der Luft hängen. Diese Reaktion ist normal; wir geben uns selbst die Schuld oder machen den Vater des Kindes für das Problem verantwortlich, wie Anne es anfangs tat, aber es ist wichtig, über diesen Punkt hinauszugelangen. Wie alle Eltern hatte Anne Fehler gemacht, für die sie sich mit Recht schuldig fühlen konnte, aber für den Selbstmordversuch ihrer Tochter war sie nicht verantwortlich. Und sie hätte ihre Tochter auch nicht im Leben festhalten können, wenn Amy entschlossen gewesen wäre zu sterben.

Für Anne war es ein wichtiger Schritt, sich von Selbstvorwürfen zu einer nachdenklicheren und differenzierteren Sichtweise ihrer Familie hinzubewegen und den Weg für mehr Kommunikation mit Amy und Amys Vater freizumachen. Mit therapeutischer Unterstützung lernte Anne auch, sich dem Gespräch mit ihrer eigenen Mutter zu stellen, die immer Kritik an ihr geübt hatte und sich darin nach Amys Selbstmordversuch noch steigerte. »Dir hat deine Scheidung ja gut in den Kram gepasst«, sagte Annes Mutter zum Beispiel, »aber jetzt musst du wohl zugeben, dass eine Scheidung für Kinder mit Sicherheit eine Tragödie ist.« In der Vergangenheit hätte Anne auf eine solche Bemerkung mit defensivem Schweigen oder Sarkasmus reagiert. Sie machte einen großen Sprung vorwärts, als es ihr gelang, ihre Mutter in reifer Form anzusprechen, von einer erwachsenen Person zur anderen, und ihre eigene Auffassung ruhig und mit Autorität zu vertreten.

Annes erster Schritt war ein Brief an ihre Mutter, der folgenden Wortlaut hatte:

»Mom, ich weiß, dass Amys Selbstmordversuch für uns alle ein furchtbarer Schock war. Ich weiß auch, dass es natürlich ist, nach einem Schuldigen zu suchen, wenn in einer Familie ein Unglück passiert. Was das angeht, habe ich auch meinen Teil geleistet, indem ich Amys Vater die Schuld zuschob. Und ich habe mir natürlich auch selbst die Schuld gegeben. Aber jetzt ist es Zeit für mich, diesen Punkt zu überwinden. Ich muss mich von der Vorstellung lösen, dass jemand anderes die ›Ursache‹ für Amys Handeln war, denn ich halte das nicht für wahr und auch nicht für hilfreich.

Ich habe als Mutter bestimmt meine Fehler gemacht. Ich weiß, dass ich nicht immer das Richtige getan habe. Aber ich habe lange darüber nachgedacht und bin zu dem Schluss gekommen, dass ich für Amys Selbstmordversuch nicht verantwortlich bin.

Und ich kann auch nicht ihre Probleme lösen. Ich kann ihr nur zeigen, wie sehr ich sie liebe. Ich kann auch daran arbeiten, meine Wut auf ihren Vater zu bewältigen und loszulassen, um ihretwillen und auch um meiner selbst willen. Aber ich kann Amy nicht gegen ihren Willen am Leben erhalten oder ihre Probleme zurechtbiegen. Ich kann nur für sie da sein und mein Bestes tun.

Manchmal überfällt mich furchtbare Angst, dass Amy wieder versuchen könnte, sich das Leben zu nehmen. Wenn ich mich verängstigt oder verletzlich fühle, brauche ich deine Liebe und Unterstützung ganz besonders. Es tut mir sehr weh, wenn ich dich als Richterin über meine mütterlichen Fähigkeiten erlebe oder aus deinen Worten heraushöre, dass meine Scheidung die Ursache für Amys Selbstmordversuch war. Es war mir nicht möglich, an einer unglücklichen und in wechselseitiger Verbitterung geführten Ehe festzuhalten. Und ich glaube nicht, dass ich Amy hätte ›retten‹ können, wenn ich es getan hätte.

Das heißt nicht, dass ich dir sagen will, was du fühlen oder denken sollst. Scheidung ist ein Thema, über das wir unterschiedlicher Meinung sind. Ich möchte nur, dass du weißt, wie sehr ich deine Liebe und deine Unterstützung in dieser schwierigen Zeit brauche.«

Wenn wir selbst Mütter werden, eröffnet sich uns ein reiches Feld von Gelegenheiten, uns unseren eigenen Müttern und anderen Familienmitgliedern gegenüber neu zu definieren. Zeigen wir uns dieser Herausforderung gewachsen, entsteht ein Welleneffekt, der alle unsere Familienbeziehungen beeinflusst. Unsere eigene erwachsene Stimme zu finden (das heißt, zu sagen was wir denken, ohne dass wir es nötig haben, unsere Eltern zu ändern, zu überzeugen, zurechtzubiegen oder zu verurteilen) stärkt unser eigenes Selbst und unsere Schlüsselbeziehungen, die zu unseren Kindern eingeschlossen.

## Sie haben weniger Macht, als Sie denken

Eine Mutter kann sich schlecht, ja verabscheuungswürdig verhalten, aber sie kann dennoch nicht die alleinige und ausschließliche Ursache dafür sein, dass ihr Kind suizidal, schizophren, delinquent oder in irgendeiner anderen Form sozio- oder psychopathisch wird. Und sie kann auch nicht *machen*, dass ihr Kind klaut, Migräne bekommt, jemandem einen Kinnhaken verpasst – oder mit lauter Spitzennoten aus der Schule nach Haus kommt. Wir können zwar daran arbeiten, unser eigenes Verhalten zu kontrollieren und zu verändern, aber wir können keine Kontrolle über die individuelle Reaktion eines Kindes auf unser Verhalten ausüben. Und wir haben auch keine Macht über das unmittelbare Umfeld unserer Kinder oder über die Welt, in der sie leben.

Es ist außerdem ein Faktum, dass manche Kinder von sehr jungen Jahren an besondere Verletzlichkeiten und Sensibilitäten haben. Der Psychologe Ron Taffel, Autor des Buches *Parenting by Heart*[3], ist ein Experte für »schwierige Kinder«. Er beschreibt Kinder, die sich nicht anlehnen, kuscheln oder Nähe suchen wollen, die von der Liebe, die sie empfangen, »nichts zurückgeben«, die Probleme mit der Selbstregulierung haben und einfach nicht anders können als schreien, trotzen oder die Kontrolle verlieren, die Übergangssituationen nicht bewältigen können, weil ihre Aufmerksamkeit so rigide fokussiert ist, dass Erwachsene ihnen nicht helfen können, diesen Modus zu durchbrechen und sich weiterzuentwickeln, die Sprache nicht richtig dekodieren können, sodass sie mit visuellen Hilfsmitteln lernen müssen, oder die »sensorisch defensiv« sind, das heißt, sie können starke Stimuli, die auf sie einwirken, nicht regulieren. Es gibt ein weites Spektrum von Aufmerksamkeits- und Lernstörungen, Störungen der sensorischen Integration und generellen Entwicklungsstörungen. Und es ist unmöglich, solche Kinder in

einer normalen Schulklasse zu unterrichten oder in der familiären Umgebung zu ihnen durchzudringen, ohne dass wir uns
selbst Hilfe suchen und herausfinden, wie sie lernen können.

Wie Taffel hervorhebt, sind alle Kinder unterschiedlich und
schwingen nach ihren ureigenen Rhythmen. Sich für ihre Probleme schuldig und verantwortlich zu fühlen ergibt ungefähr
so viel Sinn, wie sich in Selbstvorwürfen zu ergehen, weil Ihre
Tochter die Einzige in der Klasse ist, die ohne Brille nicht lesen
kann, was an der Tafel steht. Aller Wahrscheinlichkeit nach
bleiben Ihnen Schuldgefühle dennoch nicht erspart. Weite Bereiche der Psychologie operieren immer noch im Stil des klassischen Krimis; was dominiert, ist die Tätersuche, und der Finger zeigt in Richtung der Mutter. Mütter sind in aller Regel
stärker präsent, mehr involviert, öfter erschöpft, tiefer besorgt,
eher bereit, die Erziehungsarbeit allein zu leisten (oder »Dop-
pelschichten zu fahren«, wenn sie verheiratet sind), und sie sind
dem Urteil anderer und ihrer eigenen Selbstkritik stärker unter-
worfen.

Hier sind einige Denkanstöße für Sie, wenn Sie sich unter
der Last von Schuldgefühlen winden:

1. Schuldgefühle gehören zum Territorium der Mutterschaft;
   dass Sie solche Gefühle haben, ist ganz natürlich – und Sie
   befinden sich in guter Gesellschaft.
2. Schuldgefühle sind nicht tödlich; es ist sehr unwahrscheinlich, dass Sie daran sterben werden.
3. Ein Vorschlag zur Güte: Wiederholen Sie wie ein Mantra
   »Ich bin für mein eigenes Verhalten verantwortlich; ich bin
   nicht für das Verhalten meines Kindes verantwortlich«. Das
   bedeutet: Sie machen Ihren Job, so gut Sie können, und
   lösen sich von der Omnipotenzfantasie, Sie könnten Macht
   darüber ausüben, wer Ihr Kind ist und wie es denkt, fühlt
   oder handelt.

4. Machen Sie sich bewusst, dass Schuldgefühle manchmal hilfreich sein können und Sie dazu führen können, Ihr Verhalten in konstruktiver Weise zu verändern – zum Beispiel, sich bei Ihrem Kind aufrichtig zu entschuldigen. Die Fähigkeit, um Verzeihung zu bitten, ist ein Geschenk – für uns selbst und für unsere Kinder: »Es tut mir Leid, dass ich nicht besser zugehört habe. Es tut mir Leid, dass du dich nicht sicher genug gefühlt hast, mir die Wahrheit zu sagen. Verzeih mir – ich war gestern völlig fertig und habe es an dir ausgelassen.« Es ist klar, dass ein endloser Strom von Entschuldigungen bedeutungslos wird und vielleicht Ihre Unfähigkeit signalisiert, Ihr eigenes Verhalten in den Griff zu bekommen. Aber die Unfähigkeit, sich zu entschuldigen, wenn es angemessen ist, blockiert die Beziehung zu unseren Kindern, denn Kinder haben ein ausgeprägtes Gefühl für Gerechtigkeit. Nur eine aufrichtige, uneingeschränkte Bitte um Verzeihung ebnet den Weg zur Versöhnung. Müttern fällt es meistens leichter als Vätern, sich bei ihren Kindern zu entschuldigen, denn Frauen haben in aller Regel weniger Schwierigkeiten damit, Schwächen einzugestehen und Fehler zuzugeben. Aber das exzessive Verantwortungsgefühl und die Schuldgefühle, die Mütter empfinden, machen es paradoxerweise manchmal besonders schwer, für den Schmerz eines Kindes völlig präsent zu sein oder etwas scheinbar so Einfaches wie »Es tut mir so Leid, dass das passieren musste« zu sagen oder auch nur einzugestehen, dass »das« (um welches negative oder schmerzliche Erlebnis es sich auch immer handeln mag) überhaupt geschehen ist.

5. Rufen Sie sich ins Bewusstsein, dass andere Leute Ihnen keine Schuldgefühle *machen* können. Sie können es nur versuchen. Hören Sie auf Rückmeldungen über Ihr Verhalten als Mutter, die Ihnen nützen, und lassen Sie negative Urteile an sich ablaufen. Wenn andere über Ihre mütterlichen Fä-

higkeiten urteilen, hat das vielleicht weniger mit Ihnen als mit diesen Leuten selbst zu tun.

6. Verfallen Sie nicht in Selbstvorwürfe. Es ist natürlich gut, richtig und auch notwendig, unseren eigenen Anteil an einem Problem oder Muster, das sich auf unsere Kinder negativ auswirkt, zu beobachten und zu verändern. Aber der Prozess der Reflexion, Selbsteinschätzung und Veränderung ist im Grunde ein Akt der Liebe zu uns selbst, und er kann sich in einer Atmosphäre der Selbstgeißelung und Selbstbeschuldigung nicht frei entfalten.

7. Meiden Sie Perfektionismus wie die Pest. In Anne Lamotts Online-Journal fand ich diese an eine schwangere Rocksängerin gerichtete Notiz: »Vergessen Sie nie: Als Mutter gerade hinreichend gut zu sein, ist das Beste, worauf Sie an den meisten Tagen hoffen können.«[4] Dieses schöne Zitat dürfen Sie sich getrost an die Kühlschranktür heften, denn Perfektionismus – insbesondere unser eigener Perfektionismus – ist der Erzfeind aller Mütter überall auf der Welt.

# 6  Wird Ihr Kind ein Serienmörder?

Sorgen und Schuldgefühle gehen Hand in Hand, bei manchen Müttern zumindest. Wir fühlen uns schuldig, eben das Problem, um das wir uns sorgen, »verursacht« zu haben. Oder wir machen uns Sorgen wegen unserer Schuldgefühle, weil wir wissen, dass Schuldgefühle für Kinder nicht gut sind. Oder wir fühlen uns schuldig dafür, uns um unsere Schuldgefühle Sorgen zu machen. Aber Schuldgefühle und Sorgen werden nicht immer im Doppelpack angeboten. Ich weiß aus persönlicher Erfahrung, dass es möglich ist, dem Haifischrachen der Schuldgefühle zu entkommen und sich dennoch für den Titel der Weltmeisterin im Sorgenmachen zu qualifizieren. Kinder sind großartige Lehrmeister; unter anderem lehren sie uns garantiert, wie man sich sorgt. Meine eigene Mutter machte sich ständig Sorgen um mich, als ich heranwuchs. Mein Vater auch. Er bewältigte diese Gefühle, indem er sich in Schweigen und klassische Musik zurückzog, aber meine Mutter praktizierte das, was ich als »aktives Besorgtsein« bezeichnen möchte.

Die Neigung meiner Mutter, sich um mich zu sorgen, war nicht einfach der Ausdruck ihrer speziellen persönlichen Neurose. Ihre Besorgtheit war eine Bewältigungsstrategie eigener Art, insbesondere zu der Zeit, als ich zwölf Jahre alt wurde und die Ärzte bei ihr eine lebensbedrohende Krankheit diagnostizierten. Um diese Zeit demonstrierte ich jede denkbare Spielart rebellischen und auffälligen Verhaltens, inklusive einer kurzen Phase, in der ich mich auf Ladendiebstähle verlegte. Mr. Datloff, mein Klassenlehrer in der siebten Klasse in Brooklyn, sagte meinen Eltern, ich taugte nicht für die höhere Schulbildung und würde nie (NIE!) »College-Material« abgeben.

Niemand ist nur schlecht. Aber kein Mensch, der mich im Alter von zwölf bis vierzehn Jahren kannte, hätte ahnen können, dass ich mich zu einer gesetzestreuen, verantwortungsbewussten Staatsbürgerin entwickeln würde. Die Moral dieser Geschichte? Sie können die Zukunft Ihrer Kinder nicht voraussagen. Ganz gleich, wie schlimm (oder gut) es derzeit um sie zu stehen scheint – was auf lange Sicht aus ihnen wird, können Sie nicht wissen. Nicht, dass aus Kindern je »etwas wird«, in dem Sinn, wie ein Soufflé oder die Renovierung einer Küche gelingt. Unsere Kinder entwickeln sich ständig weiter. Ihr Leben – wie unser eigenes auch – wird immer wieder plötzliche und unerwartete Wendungen nehmen. Und so rate ich Ihnen denn als Erstes: Sorgen Sie sich nicht! Denken Sie nicht darüber nach, wie verantwortungslos Ihr Sohn sein wird, wenn er erwachsen ist, oder dass er wahrscheinlich nie einen Job behalten wird, weil er alles verschlampt und sein Fahrrad grundsätzlich auf dem Bürgersteig vor dem Haus stehen lässt. Oder dass Ihre Tochter nie erfolgreich sein wird, weil sie schüchtern ist, Angst hat, sich in irgendeiner Form zu exponieren, und alles nachmacht, was die Mädchen in ihrer Clique tun. Sorgen Sie sich nicht darum, was aus ihnen wird, wenn sie erwachsen werden, denn Sie können es weder voraussehen noch steuern.

Natürlich ist es einfach lachhaft, Eltern zu sagen, dass sie sich keine Sorgen machen sollen. Sorgen gehören zum Elternsein. Wir können sie ebenso wenig abstellen, wie wir uns befehlen können, spontan zu sein oder *nicht* an den sprichwörtlichen rosa Elefanten zu denken.

Ich gebe zu, dass ich selbst Pokalchancen habe, wenn es um das Besorgtsein geht. Jede Mutter ist auf ihre spezielle Form des Sorgenmachens gepolt, und als meine Söhne klein waren, gingen meine Ängste oft in völlig abwegige Richtungen, etwa dass einer von ihnen von einem Tornado erfasst oder von einem betrunkenen Lastwagenfahrer von der Straße gefegt werden könnte. »Reg dich ab, Mom« war ein Refrain, den ich immer wieder hörte, während meine Jungen heranwuchsen (»Wieso habe ich Ausgangssperre, weil *du* Angst hast?«, argumentierte Ben). Aber meine Söhne sind auch verständnisvoll genug anzurufen, wenn sie sich unerwartet verspäten, weil sie wissen, dass ich mich dann beruhige – und weil sie nicht heimkommen und eine total durchgedrehte Mutter vorfinden wollen. Dass sie in dieser Hinsicht so verantwortungsbewusst sind, hat auch eine Schattenseite, denn wenn sie mal vergessen, das Richtige zu tun, mache ich mir nur noch mehr Sorgen. Meine Managerin und liebe Freundin Jo-Lynne sagt mir oft: »Harriet, nun hör schon auf, dir Sorgen zu machen. Es bringt nichts.« Sie sagt das völlig gelassen und im freundlichsten Ton, aber ich weiß nicht, warum sie sich überhaupt die Mühe macht. »Natürlich bringt es nichts!«, fahre ich sie bissig an. »Glaubst du, das weiß ich nicht? Denkst du, ich kann es einfach abschalten, oder was?«

Die Wahrheit ist: Meistens habe ich einfach zu viel zu tun, um mir den Kopf über bevorstehendes Unheil zu zerbrechen, und wenn ich es dennoch tue, versuche ich, mich in den Griff zu bekommen. Ich atme tief durch und bemühe mich, mir über den eigentlichen, tieferen Grund meiner Besorgtheit klar zu werden, der gewöhnlich wenig mit meinen Söhnen zu tun hat, und dafür umso mehr mit meinem eigenen Stress-Niveau zu dem fraglichen Zeitpunkt. Aber in meinen schlimmsten Momenten steigere ich mich zu solchen Extremen von Angst und Sorge, dass ich daraus nur schließen kann, ich hätte mir eigentlich nie Kinder anschaffen dürfen. Dann rufe ich eine gute Freundin an, die mir sagt, auch sie sei als Mutter völlig ungeeignet – so wie wir alle. Das finde ich beruhigend und fühle mich gleich viel besser.

Erst kürzlich ereignete sich folgendes: Matthew, mittlerweile einundzwanzig Jahre alt, ruft aus Spanien an. Er ist mit zwei Freundinnen unterwegs, die er in einem Sprachkurs in Salamanca kennen gelernt hat. Er genießt diesen Sommer in Spanien in vollen Zügen, und ich bin froh, von ihm zu hören. Steve ist gerade im Institut, also sagt Matthew, er werde in vier Tagen noch einmal anrufen, um mit seinem Vater zu sprechen. »Ruf doch schon früher an«, sage ich, und Matthew sagt okay – so habe ich das Gespräch zumindest in Erinnerung.

Etwa eine Woche später fällt mir siedend heiß ein, dass Matthew nicht angerufen hat. Ich fühle den Adrenalinstoß förmlich durch meine Adern rasen und rufe Steve im Institut an. Steve ist beruhigend liebevoll, aber auch sachlich und nüchtern während unserer Konversation, die etwa folgendermaßen verläuft:

Ich: Es sieht Matt gar nicht ähnlich, nicht anzurufen. Er weiß, dass ich mir Sorgen mache. Das ist einfach nicht seine Art.

Steve: Beruhige dich. Ich bin sicher, dass es ihm gut geht.

Ich: Du machst dir wirklich keine Sorgen?

Steve: Nein, überhaupt nicht.

Ich: Aber Matt ruft doch sonst immer an …

Steve: Wenn irgendetwas Schlimmes passiert wäre, hätte man uns ganz sicher benachrichtigt.

Ich: Ja, vielleicht würden wir benachrichtigt, wenn er irgendwo im Krankenhaus läge, aber wenn nun etwas anderes, wirklich Furchtbares passiert wäre, dann würden wir es nie erfahren.

Steve: Etwa wenn man ihn gekidnappt hätte? (Steve hält das offenbar alles für einen Witz.)

Ich: Na ja, oder wenn er ertrunken wäre oder vermisst oder ermordet. Es gibt eine Menge schlimmer Sachen, von denen wir möglicherweise nie erfahren würden.

Steve: Ich bin sicher, dass alles in Ordnung ist. Er ist auf Reisen, und vielleicht hat er keine Gelegenheit zu telefonieren.

Ich: Aber er weiß, dass ich mir Sorgen mache. Und er ist doch sonst so aufmerksam. Außerdem hat er mir ausdrücklich gesagt, dass er mit dir sprechen wollte.

Steve: Weißt du, ich könnte mich nun auch hineinsteigern und mir Sorgen machen, aber ich sehe darin keinen Sinn.

Ein wenig beruhigt lege ich den Hörer auf. Ich mag es nicht, wenn Steve konkrete Probleme nicht wahrnimmt oder nicht darauf reagiert, aber ich vertraue auch auf seine Reife und seine gute Urteilsfähigkeit, wenn meine versagt. Die Art der Auseinandersetzungen, die wir während Matthews erstem Lebensjahr hatten, kommt zwischen uns nur noch äußerst selten vor. Und im Ernst: Ich würde auch nicht wollen, dass Steve am anderen Ende der Leitung emphatische Grunzlaute oder die hypersensiblen Kommentare von sich gäbe, die Männer aus bestimmten Fernseh-Talkshows lernen, zum Beispiel: »Liebes, du hörst dich so an, als wärst du ganz schön verängstigt. Das muss sehr hart für dich sein.« Ich bin froh, dass er nicht versucht, mich mit flotten Sprüchen aufzumuntern, wenn meine Ängste außer Kontrolle geraten, und vor allem bin ich froh, dass er gegen das Ansteckende solcher Ängste immun ist, denn wozu würden wir schließlich noch taugen, wenn wir wie zwei ängstlich zuckende primitive Nervensysteme ineinander verhakt wären?

Ganze fünf Minuten lang fühle ich mich also besser, aber in der sechsten Minute sortiert mein Gehirn Steves letzte Bemerkung aus: »... ich könnte mich nun auch hineinsteigern ...« Während ich über die feineren Nuancen dieses Satzes nachdenke, kehrt meine Angst zurück wie ein wieder aufflammendes Buschfeuer. Was meint er denn eigentlich damit, er könnte sich auch hineinsteigern, aber es hätte keinen Sinn? Offenbar denkt Steve, dass es vielleicht, möglicherweise, doch etwas gäbe, worum man sich Sorgen machen müsste, aber er gestattet sich nicht, besorgt zu sein, weil es nichts nützt. Ich rufe noch einmal zurück und frage nach. Nein, sagt Steve, er sähe wirklich keinen Anlass, sich zu diesem Zeitpunkt Sorgen zu machen.

„Was meinst du mit ›zu diesem Zeitpunkt‹?«, will ich wissen. »Warum sagst du das, wenn du überzeugt bist, dass mit ihm alles in Ordnung ist?«

Als Antwort darauf bringt Steve mich mit ein paar witzigen Bemerkungen dazu, über mich selbst zu lachen, und das ist eine der Fähigkeiten, die ich an ihm am meisten liebe. Aber als ich aufgelegt habe, bin ich immer noch ängstlich und unruhig, also rufe ich Emily und Jeff an, dann Jo-Lynne, und schließlich schicke ich noch ein Fax an meine Schwester Susan in Cambridge; so habe ich mein Sorgen-Netzwerk mobilisiert, für den Fall, dass jemand sich mir anschließen möchte. Manche Anhänger der New-Age-Philosophie glauben, dass man negative Dinge nur auf sich zieht, wenn man sie sich ausmalt, aber ich bin insgeheim überzeugt, dass meine schlimmsten Ängste, wenn ich sie laut ausspreche und siebenundfünfzigmal vor meinem inneren Auge vorbeiziehen lasse, weniger Chancen haben, tatsächlich einzutreffen.

Als Matthew am nächsten Tag anruft, bin ich viel zu erleichtert, um mich aufzuregen. Und genau wie sein Vater kann er unglaublich witzig sein. Er bringt mich zum Lachen, als er die Angelegenheit als missglückte Kommunikation charakterisiert, mit zusätzlichen unerwarteten Komplikationen, weil ich seit seinem letzten Anruf offenbar nicht bis vier zählen konnte.


## Der Schmerz des Besorgtseins

Ich wurde kürzlich daran erinnert, wie unendlich leidvoll es sein kann, sich um ein Kind Sorgen zu machen, als eine meiner Klientinnen, eine chronisch überbesorgte Mutter, erfuhr, dass ihre sechzehnjährige Tochter in einen Autounfall involviert war, bei dem es Tote gegeben hatte. Es stellte sich heraus, dass ihre Tochter nicht unter den Todesopfern war, aber meine Klientin lebte fast eine Stunde lang in dem Glauben, dass ihre Tochter zu den Opfern gehörte. Ihre erste Reaktion, so erzählte sie mir, war Erleichterung, denn nun würde sie sich nicht mehr um ihre Tochter ängstigen müssen oder sich ständig fragen müssen, wo sie war, mit wem sie zusammen war und was sie tat. Sie wusste, dass dieses Erleichterungsgefühl nur ein winziges Fragment der Emotionen war, die sie durchleben würde, aber dennoch war ihre Erleichterung real. Diese Reaktion mag vielleicht herzlos erscheinen, aber meine Klientin war alles andere als herzlos. Es war nur so, dass sie sich ständig irgendwelche schrecklichen Dinge vorstellte, die ihrer Tochter passieren könnten. Ihre Angstfantasien, ihre Wut und ihre exzessiven Schuld- und Verantwortungsgefühle hatten sie an den Rand der totalen Erschöpfung gebracht. Ich habe viele Mütter ähnliche Empfindungen äußern hören.

Wenn wir Kinder haben, sorgen wir uns nicht nur um ihr Überleben, sondern auch um unser eigenes. In *Fruitful,* ihrem erhellenden Buch über die Mutterschaft, schreibt Anne Roiphe:

»Die Furcht vor dem Tod ist immer präsent. Als meine Kinder klein waren, kam diese Furcht ständig über mich. Ich konnte den Gedanken, dass sie um mich trauern würden, nicht ertragen. Ich konnte die Vorstellung, dass ich ihnen fehlen würde, nicht ertragen. Ich hatte Angst vor dem Fliegen. Vom Start bis zur Landung dachte ich daran, wie es ihnen ergehen würde, wenn sie eine Mutter brauchten und keine hätten, und malte mir ihren Verlust in allen Einzelheiten aus. (...) In jenen Tagen fürchtete ich mich vor Autounfällen, mutierenden Zellen, plötzlichen Infarkten, schleichenden, unberechenbaren Nervenerkrankungen – und all das, weil ich die Vorstellung, meine Kinder in einer Weise verletzt zu sehen, wie mein Tod sie verletzen würde, unerträglich fand.«[1]

Ich kenne zahllose Frauen, die Flugangst entwickelten, nachdem sie Kinder bekommen hatten, und ich muss mich selbst
einschließen. Ich erinnere mich aus der Zeit, in der meine Jungen klein waren, an ein besonders schwieriges Jahr, in dem ich
aus beruflichen Gründen ziemlich viele Flugreisen unternehmen musste. Wellen von Angst überschwemmten mich schon
Tage vor meiner tatsächlichen Abreise, wenn ich mir vorstellte,
wie das Flugzeug, in dem ich saß, in den Wolken in Flammen
aufging und krachend auf dem Boden aufschlug. Ich musste so
häufig fliegen, dass meine Flugangst (oder vielmehr meine
Angst vor dem Abstürzen) sich schließlich legte. Aber ich mache mir bis heute Sorgen, dass ein Flugzeug, in dem mein Mann
und ich gemeinsam sitzen, abstürzen könnte und dass unsere
Kinder dann elternlos wären. Also habe ich in den letzten zwei-
undzwanzig Jahren darauf bestanden, dass Steve und ich nie
dasselbe Flugzeug benutzen. Das ist nicht nur äußerst unprak-
tisch, es ergibt auch keinen logischen Sinn. Das folgende Reise-
Szenario, das sich erst kürzlich abspielte, illustriert diesen
Punkt: Steve und ich fliegen nach New York. Steve muss stundenlang auf dem Flughafen herumhängen, um auf die Ankunft
meines Flugzeugs zu warten. Dann nehmen wir ein Taxi zu unserem Hotel. Der Taxifahrer ist auf Drogen oder hat suizidale
Neigungen. Die Sicherheitsgurte funktionieren nicht, und die
dicke Glasscheibe, die den Fahrer von uns trennt, würde vermutlich schon bei einem kleineren Aufprall eine schwere Schä-
delverletzung verursachen. Wenn ich nur ein kleines bisschen
rational dächte, würde ich mit Steve gemeinsam fliegen und
darauf bestehen, dass wir getrennte Taxis nehmen. Statistisch
gesehen ist Fliegen weitaus sicherer als Autofahren. Aber wer
ist schon rational? Manchmal müssen wir Mütter unsere Sorgen respektieren, auch wenn wir sie nicht logisch begründen
können.

Natürlich sind nicht alle Überlebensängste – um uns selbst

und unsere Kinder – irrational. Es wird im Verlauf unserer Mutterschaft immer wieder Momente geben, in denen uns vor Angst das Herz stehen bleibt, und es geht auch am Ende nicht immer gut aus. Leiden, Härten und Schicksalsschläge haben ihren Anteil am Leben aller Menschen. Aber ich spreche bestimmt nicht von der Kanzel herab, wenn ich Müttern in meiner Funktion als Therapeutin helfe, sich zu beruhigen. Und beruhigen müssen wir uns, nicht indem wir unsere Ängste verdrängen, sondern indem wir so klar denken und innerlich so wach sind, wie wir können. Die schwierigste emotionale Herausforderung der Mutterschaft ist, unsere Ängste – oder jede andere Form emotionaler Hochspannung – in den Griff zu bekommen, sodass wir den bewussten, denkenden Teil unseres Gehirns dazu einsetzen können, unsere konkreten Probleme wahrzunehmen und uns Lösungsmöglichkeiten zu überlegen. Gefühle sind wichtig, aber darin unterzugehen oder auch nur sich blind davon umtreiben zu lassen, hat noch nie geholfen.

## Wie wird die Zukunft Ihres Kindes aussehen?

Meine Freundin Linda, die in Kalifornien lebt, hat eine physisch schwer behinderte siebenjährige Tochter. Die Kleine ist aufgeweckt und fröhlich, und die Kinder in ihrer Klasse lieben sie über alles. Aber manchmal kann Linda einfach nicht anders, als sich darum zu sorgen, was auf das Kind zukommen wird. Dann ruft sie mich an und erzählt mir von ihren schlimmsten Ängsten im Hinblick auf die Adoleszenz ihrer Tochter. Sie spricht über brodelnde Hormone, die Grausamkeit von Teenagern, die sportlichen Ereignisse und Erfolge, an denen ihre Tochter nie teilhaben wird, und darüber, dass ihr Selbstwertgefühl wahrscheinlich furchtbar schwach sein wird, weil ihre ältere Schwester sich schon jetzt im Ballettunterricht und beim Fußball als sportliches Talent hervortut. In solchen Momenten hat Linda das Gefühl, als würde ihr das Herz brechen.

Ich kann sie gut verstehen, aber Linda kann – wie wir anderen Mütter auch – nicht wissen, wie die Zukunft ihrer Tochter aussehen wird, wie ihr Leben sich in den kommenden Jahrzehnten entwickeln oder welche seelischen, geistigen und intellektuellen Qualitäten dieses Kind als Antwort auf die großen Herausforderungen, denen es gegenübersteht, entfalten wird. Natürlich versuche ich nicht, Linda durch oberflächliche Beschwichtigungen oder falsche Munterkeit zu beruhigen. Obwohl ich die Behinderung ihrer Tochter als Resultat eines blinden Zufalls betrachte und nicht als Teil eines kosmischen Plans, weiß ich doch, dass die kosmischen Mächte einem Kind manchmal einen schwierigen Ball zuspielen, und dass daraus etwas Kreatives, Schönes, Erstaunliches entstehen kann, das uns allen zugute kommt. Ich möchte an dieser Stelle betonen, dass wir über große Bereiche der menschlichen Entwicklung immer noch sehr wenig wissen. Manche Kinder erleiden furchtbare Verluste, Deprivationen und Traumen und wachsen dennoch zu ausgeglichenen, innerlich starken, liebevollen Menschen heran, der Art von Mensch, die meine Mutter »das Salz der Erde« nennt. Andere Kinder kommen aus fürsorglichen, liebenden Familien und können ihren Weg in der Welt dennoch nicht finden. Die Familie ist ein wichtiger Faktor, der Einfluss auf das Leben eines Menschen ausübt, aber eben nur ein Faktor unter vielen anderen. Wenn Sie Ihre Kinder also im Alter von drei Jahren oder dreiundzwanzig Jahren anschauen und zu wissen glauben, wie sie in zehn oder zwanzig Jahren sein werden, denken Sie lieber noch einmal genau nach. Und glauben Sie keinem Experten, ganz gleich, wie hervorragend sein Ruf sein mag, wenn er sich mit Gewissheit oder auch nur sehr viel Selbstsicherheit über die zukünftige emotionale Entwicklung Ihres Kindes äußert.

Natürlich haben wir alle berechtigte Gründe, uns über die

Welt, in der unsere Kinder leben, Sorgen zu machen, insbesondere wenn man uns aufgrund unserer Hautfarbe, Kultur, sexuellen Orientierung oder Klassenzugehörigkeit in eine Sonder-
kategorie von Mensch einordnet, die von unserer Gesellschaft
nicht vollständig respektiert und einbezogen wird. Eine renommierte afroamerikanische Psychologin, Dr. Nancy Boyd-Frank-
lin, erzählt, dass sie ihren jugendlichen Sohn und seine Freunde
eines Tages in ihrer Küche dabei antraf, wie sie herumalberten
und sich die Spielzeugpistole ihres jüngeren Sohnes zuwarfen.
Diese Jungen sind groß und kräftig, und als sie später am
Abend das Haus verließen, bemerkte sie zufällig, dass die Spielzeugpistole aus der Hosentasche ihres Sohnes herausschaute.
Diese sonst gelassene und ruhige Mutter, die über Rassismus
alles weiß, was es zu wissen gibt, geriet plötzlich in Panik und
verlor die Fassung. »Was machst du da?«, schrie sie ihn an.
»Bist du nicht mehr ganz dicht? Weißt du nicht, dass du
schwarz bist? Was denkst du dir dabei, mit diesem Ding da in
deiner Tasche aus dem Haus zu gehen?!« Auch wenn ein Kind
selbst uns keinen Anlass zur Sorge gibt, wird die Welt, in der
wir leben, uns diesen Anlass bieten, insbesondere wenn unser
Kind nicht die Privilegien genießt, die mit weißer Haut und
Mittelklassestatus einhergehen. Privilegierte Kinder sind jedoch keineswegs auf magische Weise von den destruktiven Wir-
kungen der sozialen Ungerechtigkeit ausgenommen. Sie vergif-
tet unser aller Seelen. Ein Resultat des Rassismus – so hörte ich
Alice Walker[2] in einem Radio-Interview sagen – ist, dass eine
Mutter vielleicht glaubt, es wäre alles in bester Ordnung, weil
sie ihren Kindern ein gutes Leben und eine gute Schulbildung
ermöglichen kann, während die Kinder anderer Leute, nur
einen Block weiter, weder ein gutes Leben noch Zugang zur Bildung haben. Aber es ist eine Illusion zu glauben, dass die getrennten Welten dieser Kinder lange getrennt bleiben werden.
Die Kinder, die in Entbehrung und Armut aufwachsen, werden

immer wollen, was die anderen Kinder haben. Und die Kinder der Privilegierten werden immer versuchen, ihre Privilegien zu verteidigen und diese Ungleichheit zu rechtfertigen.

Alice Walker führt uns vor Augen, dass man eine Gesellschaft daran messen muss, wie sie ihre Kinder behandelt, und dass wir es uns nicht mehr leisten können, eine Gesellschaft zu sein, die auch nur ein einziges weinendes Kind ignoriert. Wenn Sie fähig sind zu fühlen, können Sie nicht anders, als sich darum zu sorgen, was Armut und Rassismus Kindern in diesem Land antun. Wenn sie die Morgenzeitung liest oder die Abendnachrichten im Fernsehen verfolgt, kann jede Mutter dazu kommen, sich zu fragen, wie sie es nur wagen konnte, Kinder in eine solche Welt zu setzen. Genauso wahr ist jedoch, dass viele der Sorgen, mit denen Eltern sich quälen, Konstruktionen in unseren Köpfen sind, die so in der Realität nie eintreten werden. Was noch wichtiger ist: Die Intensität unserer Besorgtheit steht in einem umgekehrt proportionalen Verhältnis zu unserer Fähigkeit, kreative Problemlösungen zu finden. Das bedeutet, dass gerade jene Mütter, die sich am beharrlichsten und heftigsten sorgen, am wenigsten fähig sind, die Probleme, um die sie sich sorgen, zu lösen. Es ist immer hilfreich, erst einmal zur Ruhe zu kommen.

Was hält die Zukunft für Ihr Kind bereit? »Die Zukunft ist auch nicht mehr das, was sie einmal war«, sagt Lee Hayes, einer meiner Lieblingssänger, »und außerdem war das wahrscheinlich schon immer so.« Halten Sie stets für einen Augenblick der Selbstprüfung inne, wenn Sie »Tod-und-Verderben«-Fantasien über die Zukunft Ihres Kindes haben oder wenn diese Fantasien allzu großspurig ausfallen. Niemand kann in eine magische Kristallkugel blicken und das Kommende erkennen. Ihre totale Unwissenheit im Hinblick auf die Zukunft Ihres Kindes ist Grund genug, optimistisch zu bleiben und die Hoffnung nicht aufzugeben.

Ich will damit nicht sagen, dass man reale Probleme beschönigen oder verleugnen sollte. Ich erinnere mich an eine junge Mutter, deren Tochter als geistig retardiert diagnostiziert wurde, zuerst von ihrer Vorschullehrerin und dann von einem Spezialisten nach dem anderen. Auch nachdem sie die sechste und die siebente Meinung eingeholt hatte, sagte diese Mutter den Ärzten noch, die Diagnose könne einfach nicht stimmen, weil ihr Töchterchen doch so hübsch und so niedlich sei. Sie war lange Zeit einfach unfähig, die Information zu verarbeiten.

Selbst wenn es um weniger gravierende Dinge geht, nützt es nichts, reale Probleme beiseite zu schieben. Wenn wir die berechtigte Sorge um ein Kind ignorieren, werden wir keine Schritte zur Lösung des Problems unternehmen. Es gilt dennoch, dass Besorgtheit (so normal und berechtigt sie auch sein mag) eine angstgetriebene Reaktion ist, die klares Denken blockiert. Zu grübeln und uns zu ängstigen hilft uns nicht, den denkenden Teil unseres Gehirns zu benutzen.

Nehmen wir Janice als Beispiel. Sie konsultierte mich wegen einer Reihe von familiären Problemen, die Tatsache eingeschlossen, dass ihre sechzehnjährige Tochter in letzter Zeit Schwierigkeiten in der Schule hatte. Janice hatte den Verdacht, dass ihre Tochter Drogen nahm, und war außer sich vor Sorge. Wenn ihre Ängste den Höhepunkt erreichten, drang sie in die Privatsphäre ihrer Tochter ein, das heißt, sie ging in ihr Zimmer, durchsuchte den Papierkorb, las das Tagebuch ihrer Tochter und hörte heimlich ihre Telefongespräche mit – all das aus dem verzweifelten Drang heraus, Gewissheit über ihre schlimmsten Befürchtungen zu erlangen. Aber als ich die gesamte Familie zu einer gemeinsamen Sitzung zusammenbrachte, sah dieselbe Mutter ihrer Tochter direkt in die Augen und erklärte: »Wenn du auf Drogen bist, sag es mir nicht. Ich kann nicht damit umgehen.«

Diese Situation erscheint vielleicht extrem, aber jede von uns kann dazu kommen, sich übermäßig einzumischen – oder gerade das Gegenteil zu tun. Vielleicht vermeiden wir es, uns problematischen Fakten mit offenen Augen zu nähern, wenn wir uns nicht in der Lage fühlen, sie zu bewältigen, oder wenn wir nicht sicher sind, ob das schmerzliche Wissen uns letztlich stark machen oder endgültig in den Nervenzusammenbruch treiben wird. Wenn die Sorge uns in der Zange hat, können wir nicht genau hinschauen und uns Klarheit verschaffen oder klare Entscheidungen treffen oder sonst in irgendeiner Weise klar im Kopf sein. Stattdessen verfallen wir in Überreaktionen oder werden unfähig zu reagieren oder flippen wie ein Jo-Jo ständig zwischen diesen beiden Polen hin und her, wie es bei Janice der Fall war. Weder das eine noch das andere bringt den mindesten Nutzen, und beides kann die Situation verschlimmern.

## Was ist der Treibstoff Ihrer »Besorgtheitsenergie«?

Jede Mutter hat ein bestimmtes Maß an »Besorgtheitsenergie«, die sie auf die Welt loslassen kann, und ein Kind ist ein hervorragender, fast unvermeidlicher Blitzableiter für diese Kräfte. Einerseits – alles hat seine gute Seite – kann eine überbesorgte Fokussierung auf Ihr Kind Ihnen helfen, sich um andere Probleme keine Sorgen zu machen, etwa um die zunehmende Gebrechlichkeit Ihrer Mutter oder die Unstimmigkeiten in Ihrer Ehe (obwohl viele Leute genau wie ich die Fähigkeit haben, sich simultan um eine Vielzahl von Dingen zu sorgen). Andererseits – und das ist der Nachteil – ist es schmerzlich, sich um ein Kind zu ängstigen. Dazu kommt, dass Besorgtheit als solche, als Gemütszustand, absolut nicht wohltuend ist. Wenn Sie sich schon Sorgen machen müssen (und die meisten von uns können nicht anders), verteilen Sie Ihre Besorgtheitsenergie wenigstens nach dem Rotationsprinzip auf alle Familienmitglieder, statt das volle Gewicht Ihrer Sorge auf ein einzelnes Kind zu richten und es darin einzuhüllen wie in einen Nebel.

Wir alle verwechseln unsere Kinder mit anderen Familienmitgliedern und mit verleugneten Aspekten unserer selbst, was uns noch unruhiger und ängstlicher macht, solange es uns nicht gelingt, die Fäden auseinander zu sortieren und uns Klarheit zu verschaffen. Manche unter uns beginnen sehr früh mit dem Sorgenmachen, vom ersten Drittel der Schwangerschaft an oder Minuten nach der Geburt des Kindes. Sollte Ihr Sohn Ohren wie Onkel Charlie, der Gauner, haben, finden Sie vielleicht schon vor seinem ersten Geburtstag Hinweise auf asoziale Neigungen.

Nehmen wir Margaret, die nachts vor Sorge, dass ihre siebenjährige Tochter Jo kein glückliches Kind war, nicht schlafen konnte. Margaret war wachsam wie ein Luchs für jede Spur von Traurigkeit, die sie an Jo wahrnehmen konnte, und wenn das Kind auch nur das geringste Anzeichen einer Verstimmung zeigte, trat sie sofort in Aktion, verhörte Jo über das Problem, versuchte, es in Ordnung zu bringen, oder unternahm verzweifelte Versuche, ihre Tochter aufzumuntern. Es fiel Margaret außerordentlich schwer, bei sich zu bleiben und einfach für ihre Tochter da zu sein, ohne etwas *tun* zu müssen. Wenn es Jo juckte, musste Margaret sich kratzen. So extrem im Fokus der mütterlichen Aufmerksamkeit zu stehen, schreckte Jo ab, und sie ging dazu über, sich in ihr Zimmer einzuschließen, wenn sie in schlechter Stimmung war, und überhaupt nicht mit ihrer Mutter zu sprechen. Jos distanzierende Haltung steigerte Margarets Ängste, und sie übte noch mehr Druck auf das Kind aus, sich ihr zu öffnen. Damit war der Teufelskreis etabliert.

Wie sich herausstellte, war »Depression« ein emotional geladenes Thema für Margaret. Zu den vielen Problemen, die in ihrer irischen Familie nie angesprochen werden durften, gehörten der vermutete Selbstmord einer Tante und der Zustand zweier anderer Familienangehöriger, die möglicherweise an einer manisch-depressiven Störung litten. In Margarets Familie war es tabu, über irgendein schwieriges Thema direkte Fragen zu stellen, und es entsprach einer alten, lang gehegten Familientradition, Probleme von Angehörigen zu beschönigen oder zu verschleiern. Während ihrer Jugend war Margaret auf ihre Vermutungen über den »Unfall« ihrer Tante und die kurzen psychiatrischen Einweisungen eines Cousins und einer weiteren Tante zurückgeworfen. Auch jetzt, als Erwachsene, kannte sie die wirklichen Fakten nicht, und anfangs sah sie keine Möglichkeit, mit ihrer Familie ins Gespräch zu kommen und ihre Gefühle zum Ausdruck zu bringen. Margaret hatte immer versucht, ihre eigene Traurigkeit und Verletzlichkeit zu verbergen, sogar vor sich selbst, aber als sie Mutter geworden war, machte sie sich Sorgen, dass sie das »Depressions-Gen« an ihre Tochter weitergegeben haben könnte.

Wir alle tragen die ungelösten Probleme, die über Generationen weitergereicht wurden, in uns und agieren sie an unseren Kindern aus. Wenn uns die Fakten kaum bekannt sind und wichtige Fragen nie vollständig ins Bewusstsein gelangen, leben wir vielleicht mit unterschwelligen Fantasien und Ängsten, die sich in Gestalt von Sorge um ein Kind manifestieren. Margaret ging gelöster mit ihrer Tochter um, als sie Verbindung mit ihren Eltern und anderen Familienangehörigen aufgenommen und begonnen hatte, das Unaussprechliche zu thematisieren. Die Gespräche über den Selbstmord ihrer Tante und andere emotional aufgeladene Fragen, die sie initiierte, forderten ihr einen löwenhaften Mut ab. Beide Eltern reagierten zu Anfang damit, dass sie das Thema wechselten oder in ein Schweigen verfielen, das wie eine dräuende Wolke im Raum hing, aber Margaret blieb beharrlich in ihren Bemühungen, mit ihrer Familie in Kontakt zu bleiben und offen über wichtige Dinge zu sprechen.

Als Margaret allmählich zu einer präziseren Einschätzung ihrer selbst und ihrer Familie kam, begann sie auch, Jo objektiver zu sehen, als eigene, unabhängige Persönlichkeit. Da sie es sich zur Aufgabe gemacht hatte, sich über das Phänomen der Depression gründlich zu informieren, betrachtete sie diese auch nicht mehr als mysteriöse und Furcht erregende Macht. Die Höhen und Tiefen ihres eigenen emotionalen Lebens flößten ihr nicht mehr so viel Angst ein, und sie wurde zuversichtlicher, dass Jo es schaffen würde, Schwierigkeiten irgendeiner Art, die das Leben ihr vielleicht in den Weg legen würde, zu bewältigen.

Besorgtheit ist eine angstgetriebene Reaktion, die typischerweise Höhepunkte erreicht, wenn bestimmte Daten oder Jahrestage nahen. Es gibt Schlüsselzeiten, die das Unbewusste stimulieren, sich an vergangene Ereignisse zu erinnern und zu reagieren, zum Beispiel wenn wir selbst oder unsere Kinder ein emotional besonders belastetes Alter erreichen. So war es auch in Lenores Fall. Als ihre Tochter sechzehn wurde, begann Lenore, sie wie ein Zerberus zu überwachen und sie herumzukommandieren wie ein Feldwebel. Ihre Tochter, empört über den Mangel an Vertrauen und das dominierende Verhalten ihrer Mutter, rebellierte und weigerte sich, die Regeln und Vorschriften einzuhalten. Inmitten dieser abwärts laufenden Spirale kam Lenore als Klientin zu mir, und ich erfuhr, dass sie selbst mit sechzehn schwanger geworden war und das Baby zur Adoption freigegeben hatte.

Lenore hatte ihrer Tochter nie davon erzählt, denn ihre Trauer und ihre Scham waren immer noch wie eine frische Wunde, und sie befürchtete, ihre Tochter könnte in ihre Fußstapfen treten, wenn sie von diesem Teil ihrer Vergangenheit wüsste. Aber das Geheimnis und die emotionale Hochspannung, die es umgab, machten es viel wahrscheinlicher, dass die Muster der Vergangenheit sich wiederholen würden. Als Lenore die mutige Entscheidung traf, ihrer Tochter von diesem leiderfüllten Teil ihrer eigenen Geschichte zu erzählen, kamen beide – Mutter und Tochter – zu einer genaueren und verständnisvolleren Einschätzung ihrer selbst und der anderen. Als Lenore offen um ihren Verlust trauern konnte, lockerte sie die Zügel in der Erziehung ihrer Tochter, während sie die vernünftigen, sinnvollen Regeln, die an die Stelle der strikten Überwachung traten, mit mehr Gelassenheit durchsetzte. Ihre Tochter ging mit der neu gewonnenen Freiheit verantwortungsbewusster um und fühlte sich ihrer Mutter, die sie nun als reale Person wahrnehmen konnte, sehr viel näher.

## Betrachten Sie Ihre Besorgtheit durch ein Weitwinkelobjektiv

Alles, was in Ihrer Vergangenheit ungelöst geblieben ist und was Sie in Ihrem gegenwärtigen Leben belastet, wird Sie dazu bringen, sich intensiver um Ihr Kind zu sorgen. Manche Eltern verfallen in eine überbesorgte Fokussierung auf ihr Kind, wie Lenore. Andere bewältigen die emotionale Spannung vielleicht durch Distanz, was dazu führt, dass sie Probleme herunterspielen oder sich weigern, überhaupt ein Problem wahrzunehmen, sogar wenn es wirklich ernst ist. Sie werden am besten zurechtkommen, wenn Sie Ihre Aufmerksamkeit auf das größere Bild richten und beide Extreme vermeiden.

Sagen wir zum Beispiel, dass Max, Ihr sonst so ordentlicher und gut erzogener Teenager-Sohn, mit Freunden auf Partys geht und an zwei Samstagen spätnachts sturzbetrunken nach Haus kommt. Der Vorfall hat eine Bedeutung, wenn Sie das Trinken als Zeichen sehen, dass Max »eben so ist, wie Jungs nun mal sind«, und eine ganz andere Bedeutung, wenn Sie Alkohol als gefährliches Übel betrachten, das Ihre Familie, Ihre Kultur oder Ihren Stamm systematisch dezimiert hat. Die Episode hat eine Bedeutung, wenn Max Sie an Ihren Lieblingsbruder erinnert, der sich in seinen Teenager-Jahren gelegentlich auch ziemlich wild aufführte, und eine ganz andere, wenn Max Sie an seinen Vater und Ihren Exmann erinnert, von dem Sie sich scheiden ließen, weil er seinen Alkoholkonsum und sein verantwortungsloses Verhalten nicht in den Griff bekommen konnte.

Es ist außerdem auch von Bedeutung, ob Ihre eigenen Teenager-Jahre glatt und unproblematisch verliefen oder ob die High-School-Zeit für Sie eine besonders schwierige Phase war. Es ist von Bedeutung, ob Ihre eigenen Eltern streng, autoritär und auf Disziplin versessen waren oder sich in eine Laisser-faire-Haltung flüchteten. Es ist von Bedeutung, ob Max' Eskapaden sich ereigneten, als Ihr Vater gerade wegen seiner Herzoperation im Krankenhaus war und als Sie Ärger mit Ihrem Chef hatten, oder ob sie in eine ruhige, harmonische Zeit in Ihrem eigenen Leben fielen. Es macht etwas aus, ob Sie Ihre eigenen Ängste durch irgendeine Form von Suchtverhalten bewältigen oder ob Sie keine solchen Neigungen haben.

Das Netz von Beziehungen, in das Sie gegenwärtig eingebunden sind, wird Ihre Reaktion auf Max' Verhalten ebenfalls beeinflussen. Es macht einen großen Unterschied, ob Ihre Mutter oder der Rektor der Schule auf Max' Trinken ruhig und gelassen reagiert oder ob eine der beiden Personen Sie anruft und Ihnen sagt, Max sei definitiv gefährdet, Alkoholiker zu werden, und Sie sollten besser Ihren Job aufgeben und mehr zu Hause sein, sodass solche Dinge nicht wieder vorkämen. Es macht einen Unterschied, ob Sie und Ihr Exmann fähig sind, Probleme, die Sie als Eltern betreffen, ruhig zu diskutieren, oder ob Sie keine drei Minuten zusammen in demselben Raum verbringen können, ohne sich zu streiten und anzuschreien.

Reaktivität erzeugt mehr Reaktivität, also macht es etwas aus, ob Sie in einem angstvoll aufgeladenen emotionalen Umfeld ruhig und präsent sein können. Und wenn Sie einigermaßen gelassen bleiben können, ist es wahrscheinlicher, dass Sie fähig sein werden, mit Ihrem Sohn über sein Trinken zu sprechen und kreativ und angemessen zu reagieren, was die erzieherischen Konsequenzen angeht.

Wenn Sie spüren, dass die Sorge um Ihr Kind Sie in der Zange hat, sollten Sie immer versuchen, über andere – vergangene und gegenwärtige – emotionale Probleme und Beziehungen in Ihrem Leben nachzudenken, die möglicherweise den Treibstoff für Ihre Ängste bilden und Ihre Aufmerksamkeit verlangen. Zugeben, das ist eine große Herausforderung, und wahrscheinlich haben Sie nicht einmal Zeit, die Wäsche zu machen. Aber es kann für Sie selbst sehr hilfreich sein, Ihre Besorgtheitsenergie ein bisschen mehr auf Ihre eigene Person und Ihre erwachsenen Beziehungen zu konzentrieren, und es wird Ihr Kind davor schützen, zu viel von Ihren Ängsten zu absorbieren.

Abgesehen davon (oder zusätzlich) können Sie meditieren, joggen, durch den Park spazieren oder sich in irgendeiner anderen Form selbst zentrieren, das heißt, das tun, was Ihnen hilft, mehr – und sei es auch nur ein wenig mehr – Klarheit und innere Ruhe zu erlangen. Wenn unser Geist von Sorge und Angst umnebelt ist, verlieren wir die Fähigkeit, im gegenwärtigen Augenblick präsent zu sein. Und es ist so gut wie unmöglich, die Ärmel aufzukrempeln und konkrete Pläne zu machen, wenn wir von einem Sturm von Emotionen durchgeschüttelt werden. Selbst unter den günstigsten Umständen ist es schon schwer genug, unsere Hirnwindungen zu lockern und Probleme klar und einfallsreich zu lösen.

Nachdem das alles gesagt ist, darf ich Ihnen den wichtigsten Punkt in Erinnerung rufen: Sie werden sich trotzdem Sorgen machen; das ist unvermeidlich.

# 7 Bens Ohrring und andere Machtkämpfe

Wenn Sie Kinder haben, brauchen Sie einen klaren Kopf und einen wachen Geist, nur um den Alltag zu bewältigen. Für das Aufziehen von Kindern gibt es keine Arbeitsplatzbeschreibung; niemand sagt Ihnen, welche Fähigkeiten, Kenntnisse und Voraussetzungen Sie mitbringen müssen, um den Job ordentlich zu machen, es ist kein Supervisor da, der Ihnen hilft, wenn Sie ein Problem haben, und Sie können nicht kündigen. Bezahlte Jobs haben die erwähnten Vorzüge auch nicht immer, aber die Mutterschaft hat sie nie.

Ich wuchs mit der Vorstellung auf, dass die Mutterschaft keine rationale, denkerische Aufgabe ist, sondern dass der Schlüssel zum Erfolg in den Gefühlen und Instinkten liegt. Das war ein Irrtum. Sie werden sich immer wieder in Situationen vorfinden, in denen Sie keine Ahnung haben, was Sie tun sollen, und Richtlinien oder Instruktionen gibt es nicht. Theorien und Auffassungen über Kindererziehung gibt es im Überfluss, aber oft stehen sie in diametralem Widerspruch zueinander. In letzter Instanz müssen Sie für sich selbst herausfinden, was Sie für das Beste halten. Dann müssen Sie versuchen, Ihre Erziehungsvorstellungen durchzusetzen, und das ist wieder eine ganz andere Geschichte.

Herauszufinden, was Sie für das Beste halten – und was Sie als Nächstes tun werden, wenn Ihr Kind sich auf etwas völlig anderes versteift hat –, ist eine Herausforderung, vor der Sie täglich stehen. Wenn Sie Nein sagen, bedeutet das nun, dass Sie eine kluge, verantwortungsbewusste Mutter sind oder eine ängstliche, überbeschützende, neurotische Glucke, die nicht loslassen kann? Wenn Sie ruhig und zentriert genug sind, um auf Ihre echten inneren Stärken zurückzugreifen, können Sie sich in der Tat von Ihren Gefühlen und Ihrer Intuition leiten lassen, und Sie werden auch fähig sein, klarer zu denken und Probleme einfallsreicher zu lösen.

Anne Lamott[1] berichtet von einem Vorfall, der sich in einem majestätischen Tal im Mittleren Westen während eines Schriftstellerkongresses ereignete. Eines Morgens schwebte ein Paragleitschirm vom Himmel herab, und der Mann, der damit landete, bot an, ihren Sohn Sam zwei Tage später auf einen Tandemflug mitzunehmen. Zufällig war dieser Tag auch Sams siebenter Geburtstag. Der Mann war ein erfahrener Ausbilder in dieser Sportart und ein Tandemflug-Spezialist. Sam war Feuer und Flamme und wollte den Flug unbedingt mitmachen.

Lamott schreibt, dass sie innerlich hin- und hersprang wie ein Pingpongball. In einem Augenblick sagte sie sich »Ja, ich lasse ihn mitfliegen«, und im nächsten Moment: »Nein, das darf ich auf keinen Fall zulassen.« Da sie keine Ahnung hatte, was ein »normaler Mensch« in dieser Situation tun würde, fragte sie ein Ehepaar um Rat, »einen brillanten, abenteuerlustigen Reiseschriftsteller und seine bemerkenswerte Frau«.

Die Frau sagte: »Das ist keine gute Idee. Sie sollten das nicht erlauben, Annie. Sam ist noch zu klein. Er hat noch ein ganzes Leben voller Aufregungen und Abenteuer vor sich.«

»Also, wenn ich dich so reden höre«, sagte ihr Mann, »bin ich sogar noch fester überzeugt, dass Annie über ihren Schatten springen und Sam erlauben sollte, den Tandemflug mitzumachen. Man muss Kindern ihre Freiheit lassen, sogar wenn man es mit Herzklopfen tut.«

Anne Lamott ist ein tief religiöser Mensch. Sie erzählt, wie sie schließlich zu ihrer Entscheidung fand:

»Unter dem Sternenhimmel, im nächtlichen Schatten des Berges, von dessen Gipfel mein Sohn am nächsten Tag heruntersegeln sollte, wurde ich still und betete. Ich spürte nach, wie ich mich fühlen würde, wenn ich Sam von diesem Berg herunterspringen ließe: Ich fühlte mich starr vor Angst. Dann dachte ich daran, wie ich mich fühlen würde, wenn ich den Ausbilder anriefe und den Flug absagte. Ich fühlte mich euphorisch, wie Alexis Zorbas. Ich hatte Lust, alle aufzuwecken, sodass wir Mazurka tanzen und mit Steinkrügen voller Bockbier anstoßen könnten. Fünf Minuten später rief ich den Sportlehrer an und sagte ab.«

Wie sich herausstellen sollte, hatte Sam an seinem Geburtstag viel Spaß dabei, sich in einem Schlauchboot einen kleinen Fluss hinuntertreiben zu lassen; er war völlig zufrieden. Paragliding ist natürlich im Alltag der meisten Mütter nicht das Problem, aber es gibt zahllose andere Gelegenheiten, die Urteilsfähigkeit und eine klare Entscheidung verlangen. Sollten Sie Ihrem achtjährigen Sohn erlauben, mit seinem Fahrrad allein in den Park zu fahren, wenn er verkehrsreiche Straßen überqueren muss? Jeder Tag konfrontiert Sie mit einer unbekannten Situation, und oft wissen Sie nicht, wie Sie reagieren sollen. Es ist sehr hilfreich zu hören, wie andere Mütter, Ihre eigene eingeschlossen, mit vergleichbaren Situationen umgegangen sind. Aber Sie müssen auch Wege finden, einen kühlen Kopf zu bewahren, Ihre Emotionen zur Ruhe zu bringen, sich zu zentrieren, sich darauf zu besinnen, womit Sie sich wohl fühlen, und kreativ zu denken. In letzter Instanz geht es für Sie darum, die Art von Mutter zu sein, die *Sie* wirklich sein wollen – und nicht die Art von Mutter, die andere sind oder die Sie nach der Meinung anderer sein sollten.

Der schwierigste Part der Erziehungsarbeit ist, die Entscheidungen, Regeln und Grenzen, die Sie eingeführt haben, durchzusetzen oder sie im Licht veränderter Umstände neu zu bewerten. Für Anne Lamott war das in der geschilderten Situation kein Problem, denn Sam war noch viel zu klein, um sich heimlich davonzuschleichen und auf eigene Faust vom Berg herunterzusegeln. Er machte nicht einmal Theater, als sie Nein sagte. Aber es ist ein ganz anderes Paar Schuhe, wenn es zu einem Machtkampf oder einem Zusammenprall der Wünsche und Meinungen kommt. In solchen Momenten ist die Fähigkeit, klar zu denken, statt emotional zu reagieren, von besonders großer Bedeutung.

Wie wir sehen werden, ist der Mythos von der omnipotenten Mutter, die das Sagen hat, eben das – ein Mythos. Wenn es zwischen Ihnen und Ihrem Kind zu Spannungen kommt, bleiben Sie in einer Situation vielleicht völlig ruhig und gelassen und in einer anderen rasten Sie total aus. Die Art, in der in unserer Gesellschaft über »gute« und »schlechte« Mütter geurteilt wird, täuscht über die Tatsache hinweg, dass die meisten von uns – über einen längeren Zeitraum beobachtet – als Mütter sowohl sehr gut als auch sehr schlecht sind. Um diesen Punkt zu illustrieren, möchte ich Ihnen von zwei Machtkämpfen mit meinem jüngeren Sohn Ben erzählen, die sich jeweils über ziemlich lange Zeitspannen erstreckten. Der erste, in dem ich mich gelassen und klar verhielt, ist eher lustig. Aber der zweite trieb mich an meine Grenzen, und es tut mir immer noch weh, daran zu denken.

## Bens Ohrring

Als Ben zehn Jahre alt war, verkündete er, dass er sein Ohr durchstechen lassen und einen Ohrring tragen wolle. Ich war sicher, diese dumme Idee würde sich nur eine Woche, höchstens zwei Wochen lang halten. In seinem Freundeskreis und unter den Kindern in seiner Klasse trugen nur einige Mädchen Ohrringe. Steve und ich sagten einmütig: »Kommt nicht infrage.«

Ben war ein Kind, das bei jedem Verbot, jeder Regel, die wir setzten, die logische Begründung wissen wollte. Zu seiner frühesten Lieblingslektüre gehörten Arthur Conan Doyles Sherlock-Holmes-Geschichten, und was ihn daran am meisten reizte, war nicht die Krimi-Spannung, sondern die Logik. Als Steve und ich also sagten »nicht bevor du sechzehn bist«, verlangte er zu wissen, was uns zu dieser Entscheidung veranlasst hätte. Was war denn Besonderes daran, sechzehn zu werden?

Nichts, was wir logisch begründen konnten, natürlich. Also ging Ben dazu über, eine Reihe von Gesprächen und Befragungen zum Thema Ohrdurchstechen zu initiieren, die sich über einen Zeitraum von fast zwei Jahren hinzogen. In kontroversen Fragen sprach er uns immer einzeln und unabhängig voneinander an, nicht nur um Fehler in unserer individuellen Logik aufzudecken, sondern auch um herauszufinden, ob es Punkte gab, in denen wir nicht übereinstimmten. Außerdem hoffte er natürlich, wie die meisten Kinder, einen von uns auf seine Seite zu ziehen, um dem anderen dann sagen zu können, die Sache sei klar, Mom (Dad) habe es erlaubt.

Anfangs argumentierte ich Ben gegenüber, keiner seiner Klassenkameraden oder männlichen Freunde trage einen Ohrring. Das sei einfach nicht üblich. »Kannst du mir nur einen einzigen Namen nennen?«, forderte ich ihn heraus. Ben wies mich auf den moralisch bankrotten Charakter meiner Argumentation hin. Die statistische Anzahl der Leute, die etwas tun (Rauchen zum Beispiel) oder nicht tun (Schach spielen etwa oder sich ein Ohr durchstechen lassen) sage nichts über den Wert der fraglichen Aktion aus. Damit hatte er einen Punkt zu seinen Gunsten gemacht, also änderte ich meine Stoßrichtung ein wenig. »Deine Lehrer sind vielleicht voreingenommen«, sagte ich, »auch wenn es nicht ihre Absicht ist.« Wir seien hier schließlich in Topeka und nicht in San Francisco, strich ich heraus. Für einen Zehnjährigen sei das Leben sicherlich ohnehin schon schwer genug, auch wenn er nichts dazu täte, bei Älteren und Größeren negative Reaktionen zu provozieren, bei üblen Burschen aus der Mittelstufe zum Beispiel, oder Lehrern, die ihn benoteten. Ich ließ eine Andeutung fallen, dass ein Ohrring ihn vielleicht um die Chance bringen könnte, auf das College seiner Wahl zu kommen.

Ben machte mich darauf aufmerksam, dass meine Logik meinen eigenen Wertvorstellungen in eklatanter Form zuwiderliefe. Würde ich es etwa gutheißen, wenn er seine jüdische Herkunft verleugnete, nur weil er das einzige jüdische Kind in seiner Klasse war und andere ihn vielleicht mit ihren Klischeevorstellungen behelligen könnten? Gestand ich ihm nicht das Recht zu, er selbst zu sein? Glaubte ich nicht an seine Fähigkeit, Vorurteilen entgegenzutreten? Und wenn er sich um die Reaktionen anderer Leute keine Sorgen machte – warum sollte ich es tun?

»Sieh mal, Ben«, sagte ich eines Morgens, nachdem er seine Bemühungen, mich zu überzeugen, monatelang fortgesetzt hatte (wenn auch nicht täglich, Gott sei Dank), »ich mag Ohrringe einfach nicht. Nicht bei Jungen. Deshalb erlaube ich nicht, dass du dir das Ohr durchstechen lässt.« Im Stillen klopfte ich mir selbst auf die Schulter, weil ich bei mir geblieben war, in Form von »Ich-Botschaften« gesprochen hatte und einfach meine Gefühle ausgedrückt hatte, ohne »richtig« oder »falsch«, »gut« oder »schlecht«. Ben sagte daraufhin ganz gelassen, vieles an meinem Schmuck und meiner Kleidung gefiele ihm auch nicht, aber es sei doch wichtig, Toleranz für die anders gearteten ästhetischen Vorstellungen und den Geschmack anderer aufzubringen, oder etwa nicht?

Um diese Zeit begann Ben, Verbündete zu sammeln. Jedes Mal, wenn Verwandte anriefen, von der Westküste oder der Ostküste, trug er sein Anliegen vor und warb um Unterstützung.

Familienmitglieder, die in progressiveren Städten wie Berkeley oder Cambridge lebten, so war seine Überlegung, würden sicherlich Partei für ihn ergreifen. Aber Ben hatte Pech; obwohl diese Unterredungen überaus komisch waren, ließen Steve und ich uns von Verwandten, die von der Redegewandtheit unseres Zehnjährigen entzückt waren, nicht umstimmen. Unsere Antwort blieb Nein.

Dann lief Ben zur Hochform auf und begann, eine feministische Problematik zu konstruieren. Sein Schlüsselargument: Mit meiner Integrität sei es nicht weit her, weil ich in der Öffentlichkeit gegen das Beschränkende und Ungerechte der tradierten Geschlechterrollen kämpfte, sie aber zu Hause, im Familienleben zu zementieren versuchte. Mein ganzer Widerstand, so Ben, sei letztlich auf Rollenklischees zurückzuführen. Wenn er ein Mädchen wäre, hätte ich ihm seinen Wunsch zweifellos nicht versagt. Stattdessen kröche ich vor dem Patriarchat zu Kreuze. Das sei wirklich der Höhepunkt der Heuchelei von meiner Seite. Wie könnte er mich je wieder respektieren? Wie könnte ich mich überhaupt selbst noch respektieren?

Diese Wendung brachte mich zum Nachdenken. Würde ich meiner hypothetischen zehnjährigen Tochter die Erlaubnis geben, sich die Ohren durchstechen zu lassen, wenn es ihr so viel bedeutete? War ich durch eben die Rollenstereotypen, die ich zu demontieren versuchte, konditioniert wie der pawlowsche Hund? Vermutlich ja.

»Du hast Recht«, sagte ich schließlich. »Es ist Heuchelei. Ich habe keine logische Begründung.« Der Rest der Unterhaltung verlief etwa so:

»Also kann ich mir das Ohr durchstechen lassen.«
»Nein, kannst du nicht.«
»Wieso nicht?«
»Weil ich deine Mutter bin und es nicht erlaube.«

»Dafür hast du keinen vernünftigen Grund. Und Dad auch
nicht.«

»Richtig. Aber wir sind deine Eltern. Wir sind für dich verantwortlich. Und wir haben das Sagen. Du wartest, bis du sechzehn bist, und damit basta!«

»Ich habe keinen Respekt für willkürliche Regeln.«

»Das verstehe ich.«

Als Ben sechzehn war – und seinen Ohrring trug –, häuften sich
die Preise und Medaillen, die er in Jugend-Debattierwettbewer-
ben gewonnen hatte, in seinem Zimmer, zudem war er Bundes-
Jugendmeister in forensischer Chemie. Die scharfe Beobach-
tungsgabe und die ausgeprägte Artikulationsfähigkeit, die mir
als Mutter oft Kopfzerbrechen bereiteten, waren Ben in der
Außenwelt von großem Nutzen. Ich hörte einmal, wie er zu seiner Tante Marcia sagte, es sei schön, Bestätigung für eben die
Fähigkeiten zu bekommen, die sein Leben zu Haus so schwierig machten.

Nicht, dass er wegen seines Ohrrings je benachteiligt worden wäre, wie ich es mir vorgestellt hatte. Als er das erforder-
liche Alter erreicht hatte, ließ er sich das Ohr durchstechen,
während er Matthew an der Brown University besuchte, und er
wählte eine so ausgefallene Stelle, dass sein Ohrschmuck
manchmal für ein Hörgerät gehalten wurde, wenn er an Wettbewerben in forensischer Chemie teilnahm. Ich bin ziemlich
sicher, dass dieser Irrtum für Ben von Vorteil war oder zumindest half, konservative Richter, die bereits über seinen Pferde-
schwanz und seinen teilweise rasierten Kopf schockiert waren,
nicht völlig aus der Fassung zu bringen.

Ich will mit dieser Geschichte nicht darauf hinaus, dass Arti-
kuliertheit und Hartnäckigkeit einem Kind später in der Welt
zugute kommen können oder dass es die logischen und verbalen Fähigkeiten eines Kindes fördert, wenn man im Familien-

leben genug Spielraum für Auseinandersetzungen über Meinungsunterschiede lässt. Manchmal ist die »Richtigkeit« oder »Falschheit« einer bestimmten Erziehungspolitik weniger wichtig als die Klarheit und ruhige Bestimmtheit, mit der die Eltern diese Politik durchsetzen. Was mir an der Geschichte am besten gefällt, ist die Gelassenheit, mit der ich diesen speziellen Machtkampf bewältigte, und die gute, partnerschaftliche Übereinstimmung zwischen Steve und mir in dieser Situation. Ich wünschte, ich könnte sagen, dass es bei uns immer so zugeht – aber dem ist nicht so.

## Warum kann eine Mutter nicht einfach bestimmen?

Bevor ich den zweiten, weitaus problematischeren Machtkampf beschreibe, den Ben und ich miteinander austrugen, möchte ich noch einige Reflexionen über den Mythos der »guten Mutter« anbringen. Angeblich weiß die gute Mutter nicht nur, was für ihre Kinder das Beste ist – sie hat ihre Kinder auch jederzeit im Griff und unter Kontrolle. Zwei Kategorien von Menschen glauben, dies sei ein vernünftiges, redliches und leicht erreichbares Ziel.

In die erste Kategorie fallen Mütter, die »pflegeleichte« Kinder haben. Diese Kinder räumen ihre Zimmer auf, ohne dass man sie dazu ermahnt. Sie erbieten sich sogar freiwillig, den Tisch zu decken. Manche Kinder kommen so auf die Welt, das heißt, sie haben eine natürliche Disposition, sich in Richtung Willfährigkeit und Verantwortungsbewusstsein zu entwickeln. Nehmen Sie sich vor der Mutter eines solchen Kindes in Acht, insbesondere wenn sie sich das gute Benehmen des Kindes als persönliches Verdienst anrechnet. Diese Mutter glaubt wirklich, Sie könnten Ihrem eigenen wilden, ungehorsamen, rebellischen, schlampigen und rotzfrechen Nachwuchs »Manieren beibringen«, wenn Sie nur konsequent wären und gelegentlich ein Machtwort sprächen.

Die zweite Kategorie setzt sich aus Leuten zusammen, die keine Kinder haben und daher felsenfest überzeugt sind, sie würden Kindern »so was nicht durchgehen lassen«, wenn sie welche hätten. Sie hätten ihre Kinder »im Griff« und würden ihnen nicht erlauben, sich in Einkaufszentren, Kinos, Restaurants oder bei anderen Leuten zu Hause unangenehm oder störend aufzuführen. Bis jetzt ist noch kein Heilmittel für diese Art von Größenwahn bekannt, außer selbst Kinder zu bekommen, vorzugsweise mehrere hyperaktive Kinder, die kurz nacheinander geboren werden, und vielleicht später noch ein paar Stiefkinder im Teenager-Alter dazu, damit die Mischung stimmt.

Ich war Clubmitglied in der zweiten Kategorie, bevor Matthew geboren wurde. Ich erinnere mich zum Beispiel an eine Autofahrt mit einer Nachbarin und ihrer vierjährigen Tochter Jennifer, die neben der Mutter vorn auf dem Beifahrersitz saß. Jennifer wollte einen Hamburger mit Pommes, und ihre Mutter sagte: »Nein, kommt nicht infrage.« Sie würden gleich zu Abend essen, zu Hause hätten sie lauter leckere Sachen, in zehn Minuten wären sie da und so fort. Jennifer ließ sich von keinem dieser Argumente beeindrucken und fing an, eine Szene zu machen. Ihre Mutter sagte ihr zweimal, sie solle aufhören und ruhig sein, sonst würde sie bestraft. Aber Jennifer quengelte und schrie nur noch lauter. Völlig entnervt steuerte meine Nachbarin schließlich das Verkaufsfenster des nächsten McDonald's-Ladens an und bestellte den Hamburger mit Pommes.

Ich hatte Lust, diese Mutter an den Schultern zu packen und zu schütteln. Oder ihr von hinten auf die Schulter zu tippen und etwas Taktvolles zu sagen, etwa in der Art: »Ist Ihnen klar, dass Sie das Leben Ihres Kindes ruinieren?« Ich kannte dieses Mutter-Tochter-Gespann lange genug, um zu wissen, dass dieser Vorfall absolut nichts Außergewöhnliches war, sondern vielmehr ein »dysfunktionales Muster«, wie es später genannt werden sollte. Voller Empörung berichtete ich Steve an jenem Abend von dem Erlebnis und sagte, selbst die dämlichste Mutter müsse doch wissen, dass Kinder klare Linien und Grenzen brauchen, an denen sie sich reiben und ausprobieren können, in der Gewissheit, dass die Erwachsenen in ihrem Leben nicht nachgeben werden. Und vollends blödsinnig sei es nun, Kindern Strafen für aufsässiges Verhalten anzudrohen, nur um sie Minuten später dafür zu belohnen. Es war doch alles so simpel und offensichtlich. Warum tat meine Nachbarin nicht einfach das Richtige? Das würde ihr eigenes Leben wesentlich leichter machen, und auch das ihrer gesamten Umwelt! Warum taten nicht alle Eltern einfach das Richtige? Dann würde es auf diesem Planeten keine kreischenden, aufsässigen, rebellischen Kinder geben.

Ich lag mit meiner Beobachtung, dass diese Art des erzieherischen Verhaltens problematisch war und dass diese Mutter einen anderen Weg finden musste, nicht völlig daneben, aber ich war arrogant. Ich ahnte zu diesem Zeitpunkt nicht, dass ich als Mutter ähnliche Szenen erleben würde. Ben und Matthew zankten sich zum Beispiel beim Abendessen, und ich sagte ihnen mehrmals, sie sollten aufhören. Sie ignorierten mich, und ich fühlte mich plötzlich hilflos und ratlos, so als wäre mein Hirn in dichten Nebel gehüllt und mein Denkzentrum lahm gelegt. Ich saß in solchen Momenten da, fühlte mich völlig paralysiert oder weggetreten und wartete darauf, dass Steve sich einschaltete, was er tat, wenn auch nicht immer mit Erfolg. Dieses »Nebelphänomen« stand in scharfem Kontrast zu der Klarheit und Wachheit, die ich an mir kannte, wenn es mit den erwachsenen Menschen in meinem Leben zu Konflikten kam. Es fühlte sich an wie etwas, das über mich kam, das heißt, ich hatte keine Kontrolle darüber, auch wenn es von außen so aussehen mochte, als wäre ich faul und überließe Steve die ganze Arbeit.

In vielen Situationen wusste ich genau, wo ich stand. Als Ben mit seinem Skateboard stürzte und sich eine Gehirnerschütterung zuzog, die ihn in die Intensivstation des örtlichen Krankenhauses brachte, erlaubte ich ihm nie wieder, ohne Schutzhelm Skateboard zu fahren. Außerdem mussten beide Jungen Schutzhelme tragen, wenn sie mit ihren Fahrrädern unterwegs waren, auch wenn sie nur einmal um den Block fahren wollten. Zu dieser Zeit waren Schutzhelme für Kinder noch nicht allgemein üblich, zumindest nicht in unserer Nachbarschaft, und so hatten Matthew und Ben wahrscheinlich Recht, als sie argumentierten, so etwas mache kein Mensch und ihre Freunde würden sich über sie totlachen. Aber da ich mich so zentriert und fest fühlte in meiner Entscheidung, ihnen das Fahrrad oder Skateboard wegzunehmen, wenn sie den Schutzhelm nicht tragen wollten, verlor ich nie die Fassung und ließ mich nicht in unproduktive Streitereien hineinziehen. Der Schutzhelm war ein Muss und damit basta.

Aber in anderen Situationen, wenn meine Kinder zum Beispiel bei Tisch oder im Auto anfingen, sich gegenseitig zu provozieren und zu schlagen, senkte der lähmende Nebel sich auf mich herab. Zu meiner Ehrenrettung muss ich sagen, dass es zwischen mir und der zuvor beschriebenen Nachbarin, Jennifers Mutter, einen wesentlichen Unterschied gab. Sie war davon überzeugt, dass Jennifer das Problem hatte, ja mehr noch, dass ihre Tochter das Problem *war*. Ich wusste dagegen immer – ob ich nun umnebelt war oder mich echauffierte –, dass ich mit mindestens 50 % selbst an dem Problem beteiligt war, dass auch ich ein Problem hatte. Erwachsene haben mehr Macht und mehr Verantwortung als Kinder, Beziehungen zu beeinflussen, und dieses Faktum verliere ich nie aus den Augen, auch wenn ich meine brillante Einsicht nicht immer in kreatives Handeln umsetzen kann. Sollte ich wirklich einmal vergessen, dass auch ich mich nicht immer vorbildlich verhalte, kann ich mich darauf verlassen, dass mein Sohn Ben mich in der Hitze unserer Gefechte daran erinnert: »Wie kannst du nur Bücher über Beziehungen schreiben?!«, klagt er mich an. »Schau dich doch nur mal selbst an! Schau doch hin, wie du dich aufführst!«

## Der absolute Tiefpunkt

»Ich glaube nicht, dass Sie sich vorstellen können, was ich durchmache«, sagt eine meiner Therapie-Klientinnen. Sie ist am Ende, weil ihr Sohn zum zweiten Mal durch den Mathematik-Test gefallen ist, und ihn dazu zu bringen, seine Hausaufgaben zu machen, ist ein endloser Kampf, der jeden Abend neu entbrennt.

»Sie haben offensichtlich das perfekte Familienleben«, fährt sie fort.

»Wie kommen Sie darauf?«

»Ich sah Sie gestern Abend im Restaurant mit Ihrem Mann und Ihren beiden Söhnen. Sie lachten alle lauthals und hatten so viel Spaß miteinander. Ihre Jungen sind so gut geraten. Ich weiß, dass der Ältere auf einem Elite-College ist. Und über Ihren Jüngsten und seine Leistungen lese ich dauernd in der Zeitung. Wenn mein Sohn mal in die Zeitung kommt, dann höchstens, weil man ihn bei einer Drogen-Razzia verhaftet hat. Ich kann mir überhaupt nicht vorstellen, wie es ist, eine Familie zu haben, in der jeder ein Star ist und in der immer alles harmonisch abläuft.«

»Kann ich auch nicht«, sage ich leichthin.

Hätte meine Klientin uns in einem anderen Moment beobachtet, etwa am Morgen ebendieses Tages, wäre sie vielleicht vor mich hingetreten und hätte mir gesagt: »Wissen Sie, ich glaube nicht, dass Sie mir helfen können. Sie sind als Mutter völlig inkompetent und Ihre Familie ist extrem gestört.« Alle Mütter operieren auf diversen unterschiedlichen Kompetenzniveaus, manchmal sogar im Verlauf eines einzigen Tages, und alle Familien sind dysfunktional, manche mehr und manche weniger.

Hier ist das eklatanteste Beispiel meiner eigenen Dysfunktionalität. Ich war in einen Machtkampf mit Ben verwickelt und brachte nicht einmal einen Funken Kreativität oder Einfallsreichtum auf, um meinen Anteil daran zu verändern. Ich war absolut unfähig, meine eigenen Schritte in diesem Tanz der Konflikte wahrzunehmen oder zu ändern, und das ist besonders pikant, denn schließlich habe ich den größten Teil meines beruflichen Lebens damit verbracht, anderen Leuten beizubringen, genau das zu tun.

Wir befinden uns im Herbst 1995, Bens erstem High-School-Jahr. Seit Matthew auf dem College ist, hacke ich ständig auf Ben herum, der seinen Kram überall herumliegen lässt und nicht aufräumt, und liege Steve ständig in den Ohren, mich in meinen erzieherischen Bemühungen zu unterstützen. An guten Tagen – oder sagen wir besser: relativ guten Tagen – verläuft der Austausch zwischen Ben und mir ungefähr so:

Ich: Ben, wenn du fertig bist mit deiner TV-Show, dann bring das Geschirr in die Küche und sammele deine Klamotten ein und schaff sie hier raus.

Ben: Ja, Ja.

Ich: Hast du gehört, was ich gesagt habe? Hörst du überhaupt zu?

Ben: Ja, okay, okay.

Ich: Also, du bringst deinen ganzen Kram hier raus, wenn die Sendung vorbei ist!

Ben: Ja, klar.

Ich: Vergiss es nicht, lass dieses Zimmer nicht wie eine Müll-
halde zurück. Ich meine es ernst.
Ben: Ja, okay.

Ben hat die Augen keine Sekunde lang vom Fernsehschirm ab-
gewandt. Er hat nicht gehört, was ich gesagt habe. Es ist nicht
zu ihm durchgedrungen. Besonders beachtenswert an meinem
Part der Interaktion ist die Tatsache, dass ich mich unentwegt
wiederhole, in dem vollen Wissen, dass Ben mir kein Quänt-
chen Aufmerksamkeit schenkt. Also fange ich von vorn an:

Ich: Ben! Sieh mich mal an, wenn ich mit dir spreche. (Um das
zu erreichen, stelle ich mich direkt vor den Fernseher.)
Ben: Mom, geh da weg. Ich sehe mir diese Show an.
Ich: Wenn du nicht zuhörst, stelle ich den Fernseher ab. Was
habe ich dir eben gesagt?
Ben: Keine Ahnung.
Ich: Ach, keine Ahnung, ja? (Ich funkele ihn wütend an, aber
das macht keinen Eindruck auf ihn; seine Augen wirken jetzt
völlig leer.) Du hast wirklich nicht gehört, was ich gesagt habe?
Warum passt du nicht auf?!
Ben: Du hast gesagt, ich soll hier aufräumen, wenn die Sendung
zu Ende ist. Und nun geh beiseite. Ich sehe mir diese Show an.
Ich: Also hast du mich doch gehört!
Ben: Nicht wirklich. Du sagst immer dasselbe.

Diese typische Konversation mit einem Teenager kann sich an
bestimmten Tagen in jeder Familie ereignen. Aber zwischen uns
findet dieser Schlagabtausch praktisch jeden Tag statt, und ich
bringe nicht die Klarheit oder die Kreativität auf, das Muster
zu durchbrechen. Ich trage vielmehr dazu bei, dass es eskaliert.
Ben kommt aus der Schule nach Hause, und bevor ich auch nur
hallo sage, falle ich über ihn her: Das Badezimmer sieht aus

wie ein Schweinestall, er hat sein Frühstücksgeschirr nicht weggeräumt, seine Jacke und sein Sweatshirt liegen auf dem Kü-
chenfußboden, er hat die Mayonnaise oder den Apfelsaft nicht
in den Kühlschrank zurückgestellt, und er hat die Rolle Klebe-
band aus meinem Arbeitszimmer genommen. »Ich kann das
einfach nicht ausstehen!«, fauche ich. »Bring es zurück. Räum
deinen Kram weg. Und tu es jetzt gleich.« Ben muss ein drin-
gendes Telefonat erledigen, und danach, sagt er, werde er sich
um alles kümmern. Aber nach seinem Anruf verschwindet er in
die Stadtbibliothek, und ich stehe immer noch vor der Unordnung. Ich bin so wütend, dass ich platzen könnte.

Von diesem Punkt an geht es in den nächsten Monaten immer weiter bergab. Ich verlege mich aufs Jammern und Weh-
klagen, so als wäre ich ein hilfloses Opfer seiner Rücksichts-
losigkeit: »Wie kannst du mir das antun? Wenn du mich liebst,
wenn du mich respektierst, wenn dir irgendwas an mir liegt –
warum tust du dann nicht, was du tun solltest?« Ich merke
selbst, wie erbärmlich ich mich anhöre. »Ich hasse es, wenn du
so redest«, erwidert Ben. »Das hat nichts mit Liebe und Respekt zu tun. Warum reduzierst du unsere Beziehung auf Sau-
bermachen und Aufräumen? Siehst du nicht, wie verrückt das
ist? Ich werde auch bald weggehen und studieren, und dann
hast du unsere ganze Beziehung auf die Unordnung im Fernsehzimmer reduziert. Ist es das, was du willst?«

»Wenn du nicht willst, dass deine Schlamperei im Zentrum
unserer Beziehung steht, dann räum doch auf! Ich höre nur
immer: Ja, ja, ich kümmere mich darum. Warum machst du
nicht das, was du sagst? Wenn du weißt, dass mich etwas so
sehr stört, warum unternimmst du dann nichts dagegen? Das
würde Dad und mir alles so viel leichter machen.«

»Dad ist es egal, ob ich aufräume oder nicht. Das ist *dein*
Ding! Er stellt sich nur auf deine Seite. Das weißt du genau.«

## Das eheliche Drama

Ben hat Recht. Ich fühle mich von Steve im Stich gelassen, in dieser speziellen Problemsituation, die unerklärlicherweise viel zu viel Raum in meinem emotionalen Leben einnimmt. Ich fühle mich furchtbar allein in meinen ineffizienten Bemühungen, Ben zu einem verantwortungsbewussten und kompetenten Menschen zu erziehen, der sich in der Welt zurechtfinden kann, denn das steht zum Teil dahinter, wenn ich ihn unter Druck setze, sein Geschirr abzuwaschen, das Licht auszumachen und seine Socken einzusammeln. Meine Auseinandersetzungen mit Steve sind ein Echo meiner Kämpfe mit Ben, und manchmal reagiere ich auch mit derselben wütenden Intensität: »Wenn du mich liebst, wenn du mich respektierst, wenn dir irgendwas an mir liegt, warum unterstützt du mich dann nicht? Warum gibst du immer wieder nach? Heute Abend hat Ben wieder schmutziges Geschirr im Fernsehzimmer hinterlassen, und du hast ihm trotzdem erlaubt, aus dem Haus zu gehen! Hatten wir darüber nicht gerade eine Vereinbarung getroffen? Warum kannst du dich nicht daran halten?«

Steve beklagt sich darüber, dass ich ihn permanent kritisiere, statt ihn in einer respektvolleren Form anzusprechen, die ihm erlaubt, sich bei der Lösung dieses Problems als mein ebenbürtiger Partner zu betrachten. So wie ich die Dinge sehe, habe ich ihn in jeder vorstellbaren Form angesprochen. »Warum sprichst *du* mich nie auf das Problem an?«, erwidere ich. »Warum hast du nicht ein einziges Mal die Initiative ergriffen, *deine* Gedanken zu dem Thema zum Ausdruck zu bringen? Glaubst du, du wärst ein guter Vater, wenn du immer nur gibst und alles durchgehen lässt und nie etwas von Ben verlangst?«

Auf meine Initiative hin vereinbaren Steve und ich einen festen wöchentlichen Termin, Sonntagmorgen, um miteinander zu reden und das Problem zu klären. Er sagt mir, dass ich bei

diesen Gesprächen von vornherein einen gereizten Ton anschla-
ge, was ich auf die Tatsache zurückführe, dass jedes Gespräch
über Ben von mir ausgeht. Steve findet, das Diskutieren und
Problematisieren, das ich ihm abverlange, sei dem konkreten
Anlass überhaupt nicht angemessen, und es sei absolut unan-
nehmbar, dass ich ihn, Steve, als »das Problem« definiere. Wir
setzen unsere Diskussionen dennoch fort und formulieren Regeln und Konsequenzen für Ben, aber es ist nur eine Frage der
Zeit, bis Steve wieder nachgibt. Ich bin wütend und fühle mich
hilflos.

Die Regeln, die wir für Ben formulieren, füllen eine geradezu lachhaft lange Liste, die kein normales Kind lesen würde.
Gewöhnlich handelt es sich um zwei in einfachem Zeilenab-
stand getippte, voll beschriebene Din-A4-Seiten, die wir an den
Türen von mindestens zwei Räumen anheften und gelegentlich
revidieren, wenn Ben Schlupflöcher und Widersprüche darin
gefunden hat. In unseren Dokumenten ist detailliert aufgeführt,
was Ben in jedem Zimmer des Hauses zu beachten hat, mit
Nachträgen und Fußnoten, die etwa folgendermaßen lauten
(ich zitiere wörtlich):

> »Alles oben Genannte ist grundsätzlich ZUERST zu erledigen,
> bevor irgendetwas anderes getan wird. ZUERST ist hier das
> Schlüsselwort, und es bedeutet, dass du diese Dinge erledigst,
> bevor du telefonierst, Hausaufgaben machst, fernsiehst, aus-
> gehst und so fort. Und wenn wir darauf hinweisen, dass du et-
> was nicht getan oder irgendwo Unordnung hinterlassen hast,
> dann kümmerst du dich SOFORT darum, und nicht gleich oder
> später. Sollte das aus einem im Wortsinn legitimen Grund nicht
> möglich sein, erwarten wir ...«

Wenn ein Mensch, der bei mir in Therapie ist, mir ein so wahn-
witziges erzieherisches Regelwerk präsentierte, würde ich sa-

gen: »Moment, Moment, nichts überstürzen. Versuchen wir es doch für den Anfang mit *einer* Regel, zum Beispiel ›Im Fernsehzimmer wird nicht gegessen‹.« Aber ich fühle mich außerstande, nüchtern über meine eigene Situation nachzudenken. Auf der intellektuellen Ebene weiß ich sehr wohl, dass Ben im Scheitelpunkt einer spannungsgeladenen Dreieckskonstellation steht, dass Steve und ich nicht miteinander auskommen und es einfach nicht schaffen, uns in dieser speziellen Streitfrage zu einigen. In meinen lichteren Momenten weiß ich, dass dieser Konflikt wenig oder gar nichts mit Ben zu tun hat. Trotzdem steigt meine innere Spannung und nähert sich dem kritischen Punkt. Ich stelle mir vor, dass mein Sohn, der intellektuelle Superstar, nie ein gern gesehener Gast sein wird. Wo er geht und steht, wird er eine Spur von Socken, Kugelschreiberkappen und verdrehten Büroklammern hinterlassen. Er wird im Wohnzimmer seiner Gastgeber alle Kissen auf den Boden werfen und vergessen, sie wieder aufzuheben. Er wird nie lernen, Geschirr vernünftig in einer Spülmaschine zu verstauen oder das Licht in Räumen, die er verlässt, auszuschalten. Er wird sich nie in der Welt zurechtfinden. In krassem Kontrast zu meinen Befürchtungen auf dieser Ebene tut Steve so, als mache es gar nichts, wenn Ben sich seine beste Krawatte ausborgt und sie dann, zu einem Knäuel zusammengedreht, im Auto unter dem Fahrersitz liegen lässt. Aber gelegentlich, als Reaktion auf die Spannung in unserer eigenen Beziehung, fährt er aus der Haut, schreit Ben an, schickt ihn auf sein Zimmer und entschuldigt sich dann für seine Überreaktion.

Steve und ich sind extrem polarisiert, beinahe so, wie wir es im ersten Jahr nach Matthews Geburt waren. Jede Seite fühlt sich von der anderen missverstanden und schlecht behandelt. Es ist schwer, bei Konflikten in der eigenen Familie (und übrigens auch in den Familien anderer) einen Schritt zurückzutreten und das breitere, objektivere Bild zu sehen. Ich kann mir ein Gespräch zwischen drei hypothetischen Beobachtern unseres häuslichen Dramas vorstellen:

»Es liegt definitiv an der Mutter«, sagt der erste Beobachter. »Die Intensität ihrer negativen Fokussierung verschärft das Problem. Für Vater und Sohn ist es unter diesen Umständen extrem schwierig, mit ihrer eigenen Kompetenz in Berührung zu kommen. Sehen Sie doch nur, wie sie den beiden zusetzt mit ihrer permanenten Kritik. Kein Wunder, dass der Sohn rebelliert und der Ehemann auf Distanz geht, um ihrem ständigen Nörgeln zu entgehen. Die armen Kerle!«

»Nein«, sagt der zweite Gutachter, »das sehen Sie völlig falsch. Der Ehemann hat den Anfang gemacht, indem er ihr jede Unterstützung verweigerte, und erst dann ging sie mit ihrer Kritik auf ihn los. Es liegt doch ganz klar auf der Hand, dass der Vater eine Koalition mit dem Sohn gebildet hat, um die Mutter in einer machtlosen, ineffizienten Position zu halten. Sie müssen mal auf sein passiv-aggressives Verhalten achten; er gibt vor, mit ihr kooperieren zu wollen, aber er hält sich nie an die Vereinbarungen. Das wirkliche Problem ist er.«

»Sie haben beide Unrecht«, sagt die dritte Person. »Was wir hier vor uns haben, ist ein Kind mit Aufmerksamkeitsproblemen, das jede Mutter auf die Palme bringen würde. Der Junge hört nicht zu. Es ist nicht klar, ob er unfähig oder nicht willens ist, seine Kompetenz in diesem Bereich zu steigern, aber in jedem Fall ist es die Mutter, die zu Hause arbeitet und dauernd mit der Unordnung konfrontiert ist. Natürlich reagiert sie am stärksten auf das Problem. Der Junge prägt die familiären Interaktionen genauso sehr, wie er selbst durch sie geprägt wird.«

Wir alle konzentrieren uns auf das Territorium, das auf unserer persönlichen Landkarte am deutlichsten hervorgehoben ist. Es ist schwierig, die komplexen, zirkulären, stereotypisierten Vernetzungsmuster von Beziehungssystemen zu erkennen. Man kann es auch weniger kompliziert ausdrücken: Steve und ich wetteiferten um die Position des »unschuldig Verfolgten« in diesem familiären Tanz der Konflikte, und weder er noch ich veränderten unsere Schritte auf Dauer. Ben blieb dagegen die Zielscheibe in einem Kampf, der viel größer und ernster war als jede Unordnung, die er hinterließ.

Wenn es so aussieht, als könnte es nicht mehr schlimmer kommen, wird die Schraube gewöhnlich um eine weitere Drehung angezogen. Es ist der 11. Januar 1996; Steve und ich halten in Ohio gemeinsam einen Workshop für Psychologen und Psychotherapeuten ab (über die Arbeit mit Familien, versteht sich), und ich fühle mich besonders angespannt. Ben ist allein zu Hause, und Matthew, der in Colorado im Skiurlaub war, fährt an diesem Abend mit dem Auto nach Kansas zurück. Die Gebirgsstraßen, die er passieren muss, sind befahrbar, aber gefährlich, und er hat keine Erfahrung mit solchen Verkehrssituationen. Ich habe Angst, dass er von der Straße abkommen und abstürzen oder mit dem Auto im Schnee stecken bleiben und erfrieren könnte. Nach dem Workshop will Steve mit Matthew nach Mexiko fliegen (so Gott will), und ich habe mit Trennungsängsten zu kämpfen: Meine Familie, über den halben Globus verstreut, gerade jetzt, wo ich mir so sehnlich wünschte, mit allen unter einem sicheren Dach vereint zu sein.

Durch Spannungen aus verschiedenen Quellen befeuert, streiten Steve und ich in dieser Nacht so erbittert wie fast noch nie in unserer langen gemeinsamen Geschichte. Wir beißen uns an denselben alten Themen fest, steigern uns aber ungemein in der Intensität der wechselseitigen Anwürfe, Beschuldigungen und Feindseligkeiten. Wir schaffen es, uns so weit zu versöhnen, dass wir den Workshop gemeinsam leiten können, aber wir sind beide zutiefst erschüttert, dass wir selbst ein so armseliges Beispiel abgeben.

## Die Feuer der Transformation

Steve und Matthew sind nun in Mexiko; ich bin mit Ben allein und verliere gleich am ersten Tag nach dem Workshop die Nerven. Ich komme vom Einkaufen zurück und gehe wieder einmal auf ihn los, diesmal in ganz besonders schlimmer Form. Ich stelle es so dar, als ruinierte er meine gesamte Lebensqualität durch seine Weigerung, die Augen aufzumachen und wahrzunehmen, was in einem Zimmer aufgesammelt oder weggeräumt werden muss. »Warum machst du das mit mir?!«, schreie ich ihn an. Ich rase vor Wut und vibriere förmlich vor wütender Energie.

Überraschenderweise füllen sich Bens Augen mit Tränen. Er ist sichtbar erschüttert. »Andere Jugendliche in meinem Alter nehmen Drogen oder trinken Alkohol oder schmeißen die Schule«, sagt er. »Das sind berechtigte Gründe für Eltern, sich aufzuregen. Aber ich tue nichts dergleichen. Du weißt überhaupt nicht, was ich in der Schule mache oder was in meinem Leben passiert, weil dich nur eins interessiert: Ob ich aufräume!« Ich fühle plötzlich einen tiefen Schmerz, als Ben anfängt zu weinen. Ich habe ihn nicht weinen sehen, seit er ein kleines Kind war, und nun ist er ein großer, kräftiger Kerl, der mich um Haupteslänge überragt. Als er das Gespräch beendet und die Küche verlässt, sehe ich, vielleicht zum ersten Mal, dass ich ihn wirklich verletze. Wenn jemand erwachsen werden und lernen muss, sich verantwortungsbewusst zu verhalten, dann bin ich es; das wird mir nun klar. Aber ich bin noch nicht so weit.

Nur wenige Minuten später ruft Steve aus Mexiko an und erzählt mir, wie sehr er und Matthew die Reise genießen, wie fantastisch sie sich verstehen und wie viel Spanisch er lernt. Ich bin neidisch, fühle mich total inkompetent und mache Steve eine wütende Szene, die einer Zweijährigen angemessen wäre.

Ich hätte Ben gerade zum Weinen gebracht, platze ich heraus, und ich sei nicht länger bereit, seine – Steves – Gleichgültigkeit hinzunehmen, sein Kneifen vor jeder Konsequenz, die wir für Ben formulierten, und ich hasste ihn dafür, dass ihm alles egal sei, und Ben werde weiterhin leiden, wenn er – Steve – nicht endlich Flagge zeige. Steve hat mich noch nie so kindisch und außer Kontrolle erlebt.

Dann, nachdem ich im Lauf weniger Minuten zweimal ganz unten aufgeschlagen bin, mache ich eine Kehrtwendung. Irgendetwas in mir ist in Bewegung gekommen, direkt in diesem Augenblick, in meiner Küche, und ich bin mir absolut sicher, dass ich mit Ben nie wieder über Unordnung und Aufräumen streiten werde. Und ich tue es auch nicht. Von diesem Augenblick an halte ich mich an meinen Schwur, lieber allzu lässig zu verfahren als überzureagieren, wenn Ben etwas nicht weggeräumt oder aufgesammelt hat. Ich zügele meine Emotionen und mobilisiere alles, was ich an Humor, Einfühlungsvermögen und Kreativität aufbringen kann, wenn es darum geht, Bens Aufmerksamkeit für Ästhetik und Ordnung in den »kollektiven« Bereichen unseres Hauses zu wecken. Mein Versuch, gelassen zu bleiben, statt so zu tun, als *sei* Ben das Chaos, macht den ganzen Unterschied aus; die Spannung verpufft.

Nur für den Fall, dass ich den Eindruck vermittelt habe, ich sei eine Superhausfrau oder zwanghafte Reinlichkeitsfanatikerin, sollte ich die Sache richtig stellen. Ich bin alles andere als das. Wenn ich Ben sehe, wie er das Chaos von Essensresten und auf dem Boden verstreuten Kleidungsstücken königlich ignoriert und nur für seine Arbeit und seine Freunde Aufmerksamkeit aufbringt, dann sehe ich mich selbst. Tatsächlich haben Steve und ich – als Paar und jeder für sich – gerade zu diesem Zeitpunkt mit zentralen Problemen zu kämpfen, die sich auf Kompetenz und auf die Organisation unseres eigenen Lebens beziehen.

Was meine Ehe angeht, erkenne ich, dass ich mehr emotionale Unabhängigkeit von Steve erlangen muss, wenn ich Wert darauf lege, dass wir als Paar besser miteinander auskommen. Ich habe mich so verhalten, als sei ich in meinem Handeln als Erziehende total von ihm abhängig, als sei ich hilflos und unfähig, mich Ben gegenüber kompetent zu verhalten, wenn ich ihn, Steve, nicht zuerst dazu bringen kann, die groben Fehler in seinem eigenen erzieherischen Ansatz einzusehen. Wenn es um Erziehungsfragen geht, agieren Steve und ich oft wie jüngere oder jüngste Geschwister, die in einen »Junioritätskampf«[2] verstrickt sind, wie Betty Carter es nennt (im Unterschied zum typischen »Senioritätskampf« zwischen zwei Erstgeborenen). Wir versuchen, uns wechselseitig die Rolle des Verantwortlichen oder Initiativeergreifenden zuzuschieben, und verhalten uns beide so, als könnten wir aus eigener Kraft nicht einmal einen Strohhalm bewegen. Wie Carter es beschreibt, sind wir wie zwei Ertrinkende mitten in einem See, die einander verzweifelt an der Kehle packen, obwohl jeder für sich durchaus fähig wäre, aus eigener Kraft ans Ufer zu schwimmen, wenn der andere nur ein paar ermutigende Worte sagte oder ein wenig Unterstützung gäbe.

Als Steve aus Mexiko zurückkehrt, weiß er sofort, dass ich durch die Feuer der Transformation gegangen bin, denn das emotionale Klima bei uns zu Hause hat sich radikal gewandelt. Und als er bemerkt, dass es so bleibt, während die Tage dahingehen, sagt er mir, die Veränderungen, die ich mit Ben erreicht hätte, seien wirklich erstaunlich. Da ich die Schaltkreise nun nicht mehr überlaste, ist Steve auch mehr daran interessiert, sich mit mir zu verbünden. Wir sind immer noch nicht sehr gut darin, unseren Söhnen klare und konsequente Botschaften zu vermitteln, wenn es um das Thema Verantwortung im Zusammenleben geht. Aber in jeder Familie gibt es irgendetwas, das verbesserungswürdig ist, und dies ist definitiv unser »Etwas«. Wenn ich unsere Unzulänglichkeiten als Eltern mit wacher

Neugier und mit liebevollem Blick betrachten kann, dann kann ich dasselbe auch für meine Kinder tun.

## Zusammen, aber anders

Ein Teller mit Essensresten im Fernsehzimmer ist jetzt nie das Erste, das mir als Vorwurf über die Lippen geht, wenn Ben aus der Schule heimkommt, obwohl ich den Störfaktor an dritter oder vierter Stelle vielleicht doch erwähne. Dieser Tage kommt er oft in mein Arbeitszimmer und setzt sich zu mir, um mir von einem Essay zu erzählen, den er schreibt, oder mir eines seiner neuen Gedichte vorzulesen. In seinem ersten High-School-Jahr hat er bereits erklärt, dass er einmal ein »armer Poet« sein will (eine ziemlich krasse Abweichung von seinem früheren Plan, ein »reicher Rechtsanwalt« zu werden), und nun beginnt er, literarischen Zeitschriften seine Lyrik zur Veröffentlichung anzubieten. Ich höre heute noch die überschwängliche Begeisterung in seiner Stimme, als er die Treppe hinaufgestürmt kommt und schreit: »Ja, ja!« Er schwenkt einen Brief, in dem ein internationales Literaturjournal ihm mitteilt, dass zwei seiner Gedichte angenommen worden sind. Ben ist außer sich vor Freude; mit siebzehn Jahren ist er ein Schriftsteller, der publiziert. Ich habe ihn noch nie so euphorisch gesehen. Eines der Gedichte, mein Lieblingsgedicht, hat Steves Garten zum Thema, diesen Garten auf dem Land, in dem nach einem anfänglichen, kurzlebigen Ernteerfolg so gut wie gar nichts Essbares wächst:

> My Father Likes Anything That Grows
> By Ben Lerner
>
> Your garden
> the one you call »ours«

is a beautiful failure.
Somewhere between the cucumbers
and the corn you promised mom
the weeds have thickened.

But the peppers are your redemption
deep red and scattered
they twist daringly at the garden's edge
you pick one and snap off the tip in your mouth
»They're perfect!«, you say and mean it
as you walk, mouth burning, to the well.

(Mein Vater liebt alles, was wächst

Dein Garten,
den du »unseren« nennst,
ist ein bezaubernder Fehlschlag.
Irgendwo zwischen den Gurken
und dem Mais, den du Mom versprachst,
ist das Unkraut zu einem Dickicht gewachsen.

Aber die Pfefferschoten sind deine Rettung.
Tiefrot und weit gestreut
ranken sie kühn am Gartenzaun.
Du pflückst eine und beißt die Spitze ab.
»Sie sind fantastisch«, sagst du und meinst es ernst,
und dann gehst du mit brennendem Mund zum Brunnen.)

Ben hat seine poetische Begabung genutzt, um mit Liebe und
Wärme über Steve und seine Gärtnerei zu schreiben, und das
ruft mir in Erinnerung, wie reich wir einander beschenken,
wenn wir unsere Aufmerksamkeit auf die Stärken des anderen
konzentrieren.

Die Lektion, die diese Geschichte enthält, ist nicht, dass wir komplett ausrasten sollten, um dann ein transformierendes »Heureka«-Erlebnis zu haben. Das kann zwar manchmal in dieser Form geschehen, aber es ist offensichtlich vorteilhafter, wenn wir unser Hirn schon vorher gebrauchen, um einen abwärts rotierenden Prozess zu stoppen. Es ist überaus hilfreich, uns an unsere eigenen Schwächen und Unzulänglichkeiten zu erinnern. Für mich ist es eine Lektion in Bescheidenheit – insbesondere dann, wenn ich ungeduldig oder ungehalten auf die schrecklichen Dinge reagiere, die *andere* Mütter tun – aus erster Hand zu wissen, wie es ist, von einer Sturmflut von Emotionen erfasst und hilflos strampelnd mitgerissen zu werden.

Die Geschichte führt mir auch wieder vor Augen, dass Transformationsprozesse manchmal unerklärlich erscheinen. Als eine Freundin mich kürzlich fragte, warum meine drastische innere Kehrtwendung in diesem Augenblick in meiner Küche geschah, und warum sie sich bei einer scheinbar so klugen Frau wie mir nicht schon viel früher ereignete, und wie ich meinen Entschluss, nicht mehr mit Ben zu streiten, eigentlich in die Tat umsetzte, da konnte ich keine wirklich befriedigende Erklärung geben. Ich konnte nur sagen, dass ich an meine Grenzen gestoßen war und den tiefsten Punkt erreicht hatte, dass es einen Ruck gab und irgendetwas in mir in Bewegung kam – ja, und das war's.

Ich weiß allerdings, dass ich während des Zeitraums, in dem sich die geschilderte Episode abspielte, in emotionaler Hinsicht angespannt, unruhig und aufgewühlt war. Steve und ich standen beide unter ungeheurem Arbeitsdruck. Matthew war auf dem College, und Ben war zum ersten Mal wirklich mit uns allein, und ich hatte im Hinterkopf, dass auch er das Haus bald verlassen würde. Die Aussicht auf das »leere Nest« steigerte meine Ängste im Hinblick darauf, wie gut (oder schlecht) ich

Ben auf die erwachsene Welt vorbereitete und wie entsetzlich inkompetent ich als Mutter war. In dieselbe Zeitspanne fiel auch noch die Übersiedlung meiner alten Eltern nach Topeka. Sie wollten näher bei mir, Steve und den Kindern sein. Der Gesundheitszustand meines Vaters verschlechterte sich rapide; er vegetierte im Grunde nur noch dahin. Meine Mutter war verständlicherweise verzweifelt und fühlte sich zeitweilig überfordert.

Es gab in meinem Leben zu dieser Zeit noch mehr Ängste aus anderen Quellen, und ich lud alles auf Ben ab, der allerdings, wie ich hinzufügen muss, nichts unterließ, um sich freiwillig für diesen Job zu melden. Matthew und ich wären uns nie in dieser Form in die Haare geraten, denn solange er zu Haus lebte, war er zurückhaltend, vermied Konflikte, verhielt sich strategisch und respektierte die Machthierarchie in der Familie nach außen hin, obwohl er still und unauffällig seine eigenen Interessen verfolgte. Zwischen Matthew und mir hätte sich wahrscheinlich eher Distanz etabliert, der andere Pol der emotionalen Hochspannung, der auf seine Weise genauso problematisch ist. Wenn ich mich für meine Fehler entschuldigte, waren meine Söhne immer bemerkenswert großzügig. Mehrere Monate später, als ich beruflich in einer anderen Stadt zu tun hatte, rief Steve mich an und las mir die folgende Notiz vor, die Ben an seinen Computer geheftet hatte:

Mom und Dad,
heute Nacht hatte ich einen interessanten Traum. Ich begegnete mir selbst bei einem Wettbewerb in forensischer Chemie, und ich fragte mich: »Was ist deiner Meinung nach das Allerwichtigste, worauf ich achten muss?« Ich antwortete mir: »Sag Mom und Dad, wie sehr du sie liebst, einfach um sicher zu sein, dass sie es wissen.« Es ist jetzt Sonntagnacht, 3.30 Uhr, und ich habe mir gerade selbst geraten, euch zu sagen, dass ich euch

liebe. Was ich hiermit tue: Ihr zwei seid die besten Eltern, die ich mir vorstellen kann. Die besten Leute, die ich je kennen gelernt habe. Ich liebe euch beide aus tiefstem Herzen.

Ben

## Wieder selbst steuern

Der Kampf um das Aufräumen dauerte vielleicht ein halbes Jahr lang, aber er hätte sich auch ewig fortsetzen können. Ich hatte auf Autopilot geschaltet und brachte nicht einmal ein Fünkchen Kreativität in die Situation ein, bevor sie völlig untragbar geworden war. Ich kam auch nicht auf die Idee, mich an eine klar denkende Person zu wenden und mir Hilfe zu holen.

Hier sind fünf Schlüsselaspekte zur Problemlösung, wenn Sie in einem fruchtlosen Dauerkonflikt gefangen sind. Es sind genau die Aspekte, die ich *nicht* beachtete, während ich unter Hochspannung stand und Ben als Blitzableiter benutzte.

1. Richten Sie Ihre Aufmerksamkeit auf das gesamte Bild.

   Wir fixieren uns auf unsere Kinder, wenn wir unsere eigenen Probleme nicht genügend beachten, Ehe- oder Scheidungsprobleme, Probleme mit der Familie eines neuen Lebenspartners oder unserer Herkunftsfamilie, Probleme mit unserem eigenen Lebensplan. Was auch immer an Ungelöstem und Unbeachtetem da ist, wird auf einem Kind abgeladen, gewöhnlich in Form von Wut oder Sorge – oder beidem.

2. Sammeln Sie sich und achten Sie auf sich selbst.

   Wenn die gewohnten Mittel und Wege einfach zu nichts führen, müssen wir unser eigenes Verhalten auf fantasievolle, einfallsreiche Weise verändern. Das bedeutet nicht, dass wir auf unsere Kinder oder Partner nie wütend sind. Es bedeutet aber, dass wir unsere eigene Hochspannung in den Griff bekommen und nicht auf die andere Person fokussiert bleiben. Wenn wir uns nicht darauf konzentrieren, unser eigenes Verhalten in irgendeiner kreativen Form zu verändern, wird sich überhaupt nichts verändern. Es gibt immer einige kleine Drehpunkte, die einen Riesenunterschied ausmachen; manchmal legt sich der Sturm, wenn wir uns in einigen Dingen anders verhalten.

3. Mobilisieren Sie Ihre Kreativität.

Wir alle können eine Menge Kreativität mobilisieren, wenn wir es schaffen, uns zu beruhigen, unsere Gehirnwindungen zu lockern, uns auf unser eigenes Verhalten zu konzentrieren (das ist schließlich das Einzige, was wir wirklich verändern können) und einen neuen Plan zu entwerfen. Um Kreativität freizusetzen, muss man sich manchmal vom Gewohnten lösen und auf das Ungewöhnliche und scheinbar Unvernünftige zurückgreifen. Die folgende bekannte Geschichte[3] bringt das sehr schön zum Ausdruck:

Ein alter Mann fühlte sich durch ein paar Jungen belästigt, die mit großem Lärm vor seinem Haus spielten. Er rief die Jungen zu sich und sagte ihnen, er hörte sie gern spielen, aber er würde allmählich schwerhörig. Wenn sie also täglich herüberkommen und möglichst laut vor seinen Fenstern spielen wollten, würde er jedem von ihnen einen Vierteldollar geben. Am nächsten Tag kamen sie, machten so viel Lärm, wie sie nur konnten, und der alte Mann gab ihnen das Geld. Aber am zweiten Tag gab er jedem Jungen nur fünfzehn Cent; er habe nicht mehr, erklärte er, seine Mittel seien knapp. Am dritten Tag sagte er, es täte ihm sehr Leid, aber er müsste die Bezahlung auf fünf Cent reduzieren. Die Jungen waren verärgert und weigerten sich, am folgenden Tag wiederzukommen,

denn es lohnte sich einfach nicht, für fünf Cent am Tag so viel
Lärm zu machen.

Seien Sie experimentierfreudig und beobachten Sie die Re-
sultate Ihrer Bemühungen mit wachem Blick. Wenn Sie
nicht zu Ihrem Kind durchdringen, hilft es nie, mehr desselben zu tun.

4. Seien Sie geduldig mit sich selbst.

Wenn die Ängste ein Höchstmaß erreichen oder lange genug
anhalten, stößt auch die einfallsreichste und kreativste Mutter an ihre Grenzen. Natürlich werden Sie dann auf die Palme gehen, Ihr Kind anschreien, in eine Sackgasse geraten –
durch zu viel Distanz, Spannungen und Vorwürfe. Sie werden Regeln setzen und Konsequenzen androhen und dann
entweder nicht konsequent bleiben oder allzu rigide und
unflexibel reagieren. Das alles werden Sie tun, nicht, weil Sie
eine schlechte Mutter sind, sondern weil Sie ein Mensch sind.

5. Suchen Sie klugen Rat und lösungsorientierte Hilfe.

Perfektionismus ist der Erzfeind aller Mütter, und dazu gehört der Drang, alles allein, aus eigener Kraft und ohne
fremde Hilfe schaffen zu wollen. Wenn Sie perfektionisti-
sche Neigungen haben, werden Sie anderen gegenüber nicht
gern zugeben wollen, dass Sie Schwierigkeiten haben, ihr
trödelndes Kind morgens rechtzeitig für die Schule fertig zu
machen oder es abends ohne langwierige Machtkämpfe zu
Bett zu bringen. Sie werden annehmen, dass andere, durch
ihre intakten Instinkte geleitete Mütter genau wissen, was
sie unter solchen Umständen tun müssen, oder dass sie von
vornherein nicht Ihre Probleme haben. Sie werden sich einbilden, für solche Mütter sei es eine Kleinigkeit, Regeln und
Konsequenzen durchzusetzen. Und dann werden Sie sich in
der Besenkammer verstecken und Ihre vermeintliche Inkompetenz für sich behalten.

Ein Postskriptum für krasse Individualistinnen

Wenn Sie eine sind, die alles allein machen muss, oder wenn Sie
zu Anfällen von Scham- und Wertlosigkeitsgefühlen neigen,
wird es Ihnen besonders schwer fallen, diesen letzten Tipp ernst
zu nehmen. Ich kann gar nicht genug betonen, wie sehr wir
andere Menschen brauchen, wenn wir Kinder haben. Manchmal brauchen wir eine Freundin, die sofort herkommt – jetzt,
in dieser Minute – und an unserer Stelle das Steuer übernimmt.
Vielleicht sind wir total durchgedreht oder bereit, jemanden zu
erschlagen, oder völlig erschöpft, krank, depressiv ... was auch
immer, jedenfalls in einer Situation, in der wir einfach nicht
anders können, als uns zuerst um uns selbst zu kümmern.

Wir leben in einer Gesellschaft, die ihre Mitglieder für Selbständigkeit und Unabhängigkeit belohnt und die simpelsten
menschlichen Bedürfnisse mit Scham belegt. Lassen Sie sich
nicht einreden, es sei schlecht oder schwächlich, um Hilfe zu
bitten. Tatsächlich ist es eine Stärke. Uns Frauen wird immer
wieder gesagt, wir seien »zu abhängig«, aber in Wahrheit investieren wir weitaus mehr Energie darein, die Abhängigkeitsbedürfnisse anderer zu befriedigen, als unsere eigene Hilfsbedürftigkeit zu erkennen und Unterstützung zu verlangen.

Mütter brauchen emotionale Unterstützung und praktische
Hilfe. Manchmal brauchen wir Freundinnen, die uns sagen,
dass sie genauso empfinden wie wir, und uns daran erinnern,
dass wir nicht verrückt sind oder mit unseren Gefühlen allein
dastehen. Manchmal brauchen wir jemanden, der uns einen
Abend lang bekocht und verwöhnt und uns hilft, uns aus einem
Zustand massiver Desorganisation herauszuwinden. Manchmal brauchen wir selbst eine kreative und klar denkende Mutter, die uns sagen kann, was sie denkt oder was sie an unserer
Stelle tun würde. Manchmal brauchen wir finanzielle und
praktische Hilfe von sozialen Stellen und staatlichen Institutio-

nen. Manchmal brauchen wir professionelle therapeutische Hilfe, um uns Klarheit zu verschaffen, unsere Sichtweise zu korrigieren und zu erweitern und konstruktive neue Wege einzuschlagen.

Kreativ zu sein war eine meiner größten Herausforderungen, als meine Kinder klein waren. Ich hatte das Glück, dass eine meiner besten Freundinnen in jenen Jahren eine sehr einfallsreiche Familientherapeutin war, die ihr Spezialwissen gern und großzügig zur Verfügung stellte. Ich lernte Kay kurz nach Matthews erstem Geburtstag kennen; ihre Tochter Julia war etwa in Matthews Alter. Um die Zeit, als wir unsere zweiten Kinder bekamen, Ben und Parkin, waren unsere Familien eng befreundet.

Ich hielt mich an Kay, wenn es darum ging, gute Einfälle zu haben, denn auch auf die simpelsten ihrer Ideen wäre ich selbst nie gekommen. Als wir zum Beispiel gemeinsam planten, mit unseren Familien nach Michigan in die Sommerferien zu fahren, wusste ich, dass Matthew und Ben nicht mehrere Stunden auf dem Rücksitz des Autos ausharren würden, ohne einander in Stücke zu reißen. Kay schlug vor, dass wir für die lange Fahrt für jede Familie eine »Grabbeltüte« vorbereiten sollten, das heißt, wir gingen ins Kaufhaus und besorgten für jedes Kind acht billige, kleine Spielsachen, die wir einzeln einpackten, mit ihren Namen beschrifteten und in eine Papiertüte legten. Der Clou war, dass Kay die Spielsachen für meine Kinder aussuchte und einpackte und ich die kleinen Überraschungen für ihre Kinder, denn das erhöhte den »Geschenk«-Charakter der Aktion und machte es wahrscheinlicher, dass die Kinder gespannt und interessiert sein würden. Die mit der »Grabbeltüte« verbundene Spielregel lautete, dass jedes Kind immer nach Ablauf einer Stunde ein Geschenk auspacken durfte. Wundersamerweise führte das dazu, dass meine Jungen ganze acht Stunden lang relativ zahm blieben. Obwohl ein bestimmter Gegenstand ihre

Aufmerksamkeit vielleicht nur für drei Minuten fesselte, hielten sie die lange Reise besser durch, weil sie wussten, dass jeder von ihnen in einer Stunde eine neue Überraschung auspacken durfte und etwas Neues zum Spielen vorfinden würde.

Während derselben Sommerreise versammelten wir uns eines Tages auf der Terrasse eines relativ vornehmen Hotels, um dort unser Dessert zu essen, und die drei Jungen begannen, an ihrem Tisch Radau zu machen. »Jetzt gebt aber Ruhe!«, sagte ich mit meiner strengsten Stimme, was den üblichen Effekt hatte, nämlich gar keinen. (Meine Jungen hassten die Redewendung »Gebt Ruhe« genauso wie die Frage »Wie war's in der Schule?«, die voraussehbarerweise die Nicht-Antwort »Schön« hervorrief.) Sie lärmten weiter.

Ohne sich von ihrem Stuhl zu erheben, stellte Kay in freundlichem, aber bestimmtem Ton ein Ultimatum. »Wenn ihr Burschen jetzt nicht aufhört, Krach zu machen«, sagte sie mit todernster Miene, »komme ich zu eurem Tisch herüber und gebe jedem von euch einen dicken, nassen Kuss auf die Wange.« Die Aussicht auf diese öffentliche Demütigung brachte sie nicht nur zum Kichern, sondern auch augenblicklich zur Ruhe.

Meine Jungen liebten Kay und betrachteten sie als zuverlässige Vertraute, die immer da sein und das Richtige tun würde. Das Kontinuierliche und Alltägliche unserer Verbindung über viele Jahre gab Matthew und Ben das Gefühl, dass wir als Familie festeren Boden unter den Füßen hatten, und das war besonders wichtig, da alle unsere Verwandten ziemlich weit von uns entfernt in anderen Teilen der USA lebten. Ich konnte mit Kay ohne Hemmungen über meine Schwächen und Unsicherheiten sprechen, und es fiel mir nicht schwer, sie um Hilfe zu bitten.

Es ist natürlich ein Glücksfall, wenn zwei Familien mit etwa gleichaltrigen Kindern sich als Nachbarn begegnen und sich so freundschaftlich miteinander verbünden. Aber mit ein bisschen

Hilfe von unseren Freunden werden wir in jedem Fall besser über die Runden kommen, auch wenn die Umstände nicht ganz so günstig sind. Bilden Sie zusammen mit anderen Eltern ein Netzwerk oder gründen Sie eine Elterngruppe, die sich einmal im Monat trifft. Scheuen Sie sich nicht, Familienmitglieder oder die Eltern anderer Kinder anzurufen und zu fragen, wie sie mit problematischen Erziehungsfragen umgehen, mit dem Zubettgehen oder mit Trotzanfällen – oder mit Hausaufgaben, Unordnung, Unpünktlichkeit – oder Tätowieren und Piercing.

Ron Taffel gibt Eltern den guten Rat, ihr Unterstützungsnetzwerk zu etablieren, *bevor* es zu einer Krise kommt, und nicht erst, nachdem sie festgestellt haben, dass ihre Paarbeziehung den Bach hinuntergegangen ist, dass ihr Sohn Drogen nimmt oder dass ihre Tochter eine Essstörung entwickelt hat. In seinem Buch *Parenting by Heart*[4] macht Taffel detaillierte Vorschläge, wie Sie vorgehen können, wenn Sie mit anderen besorgten Eltern – den Eltern der Freunde Ihrer Kinder – eine Selbsthilfegruppe gründen wollen. Diese Art von Unterstützung kann besonders wertvoll sein, wenn Ihre Kinder Jugendliche sind und Sie nicht wissen, wo sie sich aufhalten oder was sie treiben. Konsultieren Sie einen guten Familientherapeuten, wenn Sie nicht weiterkommen.

Ob Sie in einen Machtkampf mit einem Kind verwickelt sind oder einfach nicht mehr wissen, was Sie als Nächstes tun sollen – lösen Sie sich von der Vorstellung, Sie müssten alles allein und ohne Hilfe schaffen. Wenn wir uns aussprechen und uns zu unseren Grenzen und Schwächen offen bekennen können, haben wir weitaus bessere Chancen, unseren Alltag als Mütter und unser Leben zu bewältigen.

# 8  Was tun, wenn Ihr Kind sich vor Ihnen verschließt?

Es ist nicht immer leicht, mit Kindern zu reden. Ich denke da nicht nur an heikle Themen, die in allen Familien mit Ängsten und Spannung verbunden sind, wie Krankheit und Tod, Trennung oder Scheidung. Buchstäblich jedes Thema – etwa, ob Ihre Tochter beim Mittagessen noch zwei Bissen Gemüse nimmt – kann zu einem heißen Eisen werden, wenn Geschehnisse aus der Vergangenheit oder gegenwärtige Spannungen es dazu machen.

Die Qualität der Kommunikation in der Familie beeinflusst alles, unter anderem, ob Sie sich darauf freuen, nach der Arbeit nach Hause zu kommen, oder ob Sie es vorziehen würden, im Büro zu übernachten, ob Sie sich selbst und Ihr Kind mögen und wie nahe Sie einander sind. Es gibt überhaupt keine Möglichkeit, *nicht* mit Ihrem Kind zu kommunizieren, denn Schweigen und Distanz sind auf ihre Weise sehr machtvolle Botschaften.

## Zuhören

Fangen wir mit der Kunst des Zuhörens an, denn Kinder reden nicht, wenn sie nicht das Gefühl haben, angehört zu werden. Die Herausforderung liegt darin, mit wachem Geist und offenem Herzen zu lauschen und gute Fragen zu stellen, statt übereilt zu beschwichtigen, Ratschläge oder Anweisungen zu geben, zu kritisieren, zu ermahnen oder was wir sonst gewohnheitsmäßig tun und was dazu führt, dass keine echte Kommunikation mehr stattfindet.

Kein »Wie-erreiche-ich«-Tipp kann die Qualität der Aufmerksamkeit vermitteln, die sich einstellt, wenn wir wirklich zuhören. In Sternstunden ist das Zuhören die hohe Kunst, emotional vollständig präsent zu sein, ohne vorgefasste Meinungen und ohne Ablenkung. Wenn wir völlig präsent sind, schweifen wir in Gedanken nicht zu unserer Arbeit oder anderen Dingen ab, und wir urteilen nicht. Während unser Gegenüber spricht, sind wir auch nicht damit beschäftigt, unsere Antwort zu formulieren oder zu überlegen, wie wir unser eigenes Anliegen am besten präsentieren. Wir sind ganz offen und empfänglich für das, was unser Kind sagt, und stehen nicht unter Druck, etwas korrigieren, ändern, in Ordnung bringen oder Ratschläge geben zu müssen. Wir sind einfach da, bei unserem Kind, und nirgendwo anders.

Wir können nicht gut zuhören, wenn wir uns unsere Meinung schon zurechtgelegt haben oder wenn wir unsere eigenen Tagesordnungspunkte vorbringen wollen. Im letzteren Fall verfahren wir wahrscheinlich nach dem Gesprächs-Modus »Reden-Warten-Reden« (das heißt, wir warten mehr oder minder ungeduldig, bis unser Kind aufhört zu sprechen, um sodann unser eigenes Anliegen vorzubringen). Mit dem Zuhören verhält es sich wie mit allen Dingen: Manche Menschen haben eine größere natürliche Begabung dafür als andere – aber jeder und jede von uns kann es lernen und wir können alle besser darin werden.

Wir können am besten zuhören und uns in unsere Kinder einfühlen, wenn wir entspannt und zentriert sind, wenn wir ein Gefühl innerer Ruhe und Ausgeglichenheit haben. Das freie Fließen einer wechselseitig anregenden, wohltuenden Unterhaltung kommt in einem meditativen, ruhigen Augenblick leichter zustande als zu einer Zeit, in der wir angespannt und hektisch sind. Zuhören und Nachdenken sind untrennbar mit Selbstzentrierung und innerer Sammlung verbunden. Das menschliche

Bewusstsein würde zweifellos einen großen evolutionären Sprung machen, wenn unser Wunsch, unsere Kinder anzuhören und zu verstehen, genauso stark wäre wie unser Wunsch, selbst angehört und verstanden zu werden.

Es ist auch wichtig zu begreifen, dass wir nicht immer – oder sogar ziemlich selten – in dieser offenen, emphatischen Weise zuhören können. Es wäre nicht realistisch und auch nicht sinnvoll, uns das grundsätzlich abzufordern. Kinder kommen auch mit unserer geteilten Aufmerksamkeit aus, wenn wir müde sind, unter Stress stehen, den Kopf voll haben, von starken Emotionen umgetrieben werden oder einfach mit anderen Dingen beschäftigt sind. Ich rede hier natürlich nicht der Gleichgültigkeit oder Vernachlässigung das Wort, aber das andere Extrem ist auch problematisch.

Nehmen wir den Fall einer Mutter, Peggy, die in einer armen Familie als jüngstes von sieben Kindern aufwuchs. Das tägliche Überleben war in ihrem Elternhaus die größte Sorge. Als sie geboren wurde, waren ihre Eltern finanziell und emotional völlig am Ende; sie wurde der Obhut älterer Geschwister überlassen, die es hassten, sich um das kleine Schwesterchen kümmern zu müssen. Als sie heranwuchs, malte Peggy sich aus, dass sie einen reichen, vornehmen Mann heiraten und nur ein Kind bekommen würde, und diesem Kind würde sie dann alles geben. Und genau das tat sie auch. Ihre großzügige Wohnung sah aus wie ein Spielzeuggeschäft, und ihr vierjähriger Sohn Ken lebte wie ein kleiner Prinz. Peggys intensive, bemühte, konzentrierte Fürsorge und Aufmerksamkeit für Ken war einfach zu viel des Guten. Er brauchte ein bisschen *Un*aufmerksamkeit und gutartige Vernachlässigung (alle Kinder brauchen das), aber genau das konnte Peggy nicht geben. Ein zweites Kind hätte ihre Fokussierung auf Ken vielleicht etwas abgeschwächt und ihr erlaubt, sich ein wenig zu lockern. Aber sie sah in dieser Option keine Erweiterung, sondern nur eine Reduzierung der Lebensqualität für ihren Sohn. Kinder profitieren von der Erfahrung, dass ihre Mütter »getrennte andere« – eigenständige Persönlichkeiten – sind, die ihre Aufmerksamkeit auf viele Dinge verteilen müssen, ihr eigenes Selbst eingeschlossen. Ihre Kinder brauchen nicht permanent von morgens bis abends Ihre ungeteilte Aufmerksamkeit. Ich erinnere mich an einen Satz von Dr. Rachel Naomie Remen[1], den ich hier frei wiedergebe: Wenn das Universum gewollt hätte, dass Ihr Kind mit Buddha zusammenlebt, dann würde es auch mit Buddha zusammenleben. Aber es hilft, auf die Qualität unserer Aufmerksamkeit zu achten und die hohe Kunst des Zuhörens zu praktizieren, sodass wir unseren Kindern und uns selbst dieses große Geschenk zumindest hin und wieder machen können.


## Gute Kommunikation

Allem Anschein nach haben »Ich-Botschaften« in den letzten Jahren enorme und wohlverdiente Popularität erlangt. Wenn ich vor einer Gruppe von hundert Frauen sage »Bitte heben Sie die Hand, wenn Sie *nicht* wissen, was ich mit einer *Ich-Botschaft* meine«, melden sich nicht mehr als zwei oder drei tapfere Seelen. Und dann fühlen sie sich furchtbar schuldig, weil ich wertvolle Gruppen-Zeit darauf verwende, ein Konzept zu erklären, das alle anderen Frauen schon verstanden haben – oder glauben, verstanden zu haben.

Für den Fall, dass Sie sich mit den zwei, drei tapferen Seelen identifizieren können, lassen Sie mich erläutern, dass eine Ich-Botschaft eine Aussage über die eigene Person ist, die keine Schuldzuweisungen enthält. Das bedeutet, ich spreche über mich selbst, ohne Vorwurf und ohne den anderen für meine Gedanken und Gefühle verantwortlich zu machen. Das hört sich theoretisch sehr simpel an, aber in der Praxis ist es nur dann einfach, wenn wir es am wenigsten brauchen, das heißt, wenn alles glatt und harmonisch abläuft. Wenn wir wütend sind oder in anderer Weise unter Spannung stehen, verfallen wir reflexhaft in die »Du-Sprache« (Du gönnst deinem Bruder wirklich gar nichts!) oder in eine Pseudo-Ich-Sprache (Ich habe wirklich den Eindruck, dass du deinem Bruder gar nichts gönnst!). Wenn wir einem Urteil ein sprachliches Versatzstück wie »ich finde«, »ich glaube« oder »ich habe den Eindruck« voranstellen, ändert das nicht das Mindeste daran, dass es ein Urteil ist. Ich erzähle gern die Geschichte, wie ich in meiner Familie den ersten bewussten Versuch machte, in Ich-Botschaften zu sprechen. Matthew war gerade drei Jahre alt. Er saß am Küchentisch, während ich den Abwasch machte, und als ich zu ihm hinüberschaute, sah ich, dass er versuchte, einen Apfel mit einem großen, scharfen Messer zu zerschneiden. »Leg das Messer hin, Matthew, du wirst dich schneiden«, rief ich laut aus. »Nein, werde ich nicht«, gab er zurück. »Doch, wirst du wohl«, sagte ich, und diese Wechselrede wiederholte sich einige Male, mit steigender Spannungskurve. Dann, mitten in diesem Machtkampf, erinnerte ich mich plötzlich an die Ich-Sprache. »Du wirst dich schneiden« war definitiv keine Aussage über mich selbst. Also wandte ich mich meinem Sohn zu und sagte in etwas ruhigerem Ton: »Matthew, wenn ich dich mit diesem scharfen Messer sehe, macht mir das Angst; ich mache mir Sorgen, dass du dich schneiden wirst.« Wie Sie sich vorstellen können, war ich sehr zufrieden mit mir und sehr stolz auf diese brillante linguistische Transformation. Matthew, im Alter von drei Jahren schon sehr souverän, schaute von seinem Apfel auf und sagte: »Das ist dein Problem!« Und ich (noch souveräner dank der Tatsache, dass ich dreißig Jahre älter war und bin als er) antwortete ihm: »Ja, ganz recht, das ist mein Problem, und ich werde mein Problem jetzt lösen, indem ich dir das Messer wegnehme.« Das tat ich dann auch. Wie ich in

*Wohin mit meiner Wut*[2] schon geschildert habe, gab Matthew das Messer ohne den üblichen Kampf und Widerstand her, denn da ich mich dazu bekannte, dass die Angelegenheit für *mich* ein Problem darstellte, war sein Stolz nicht verletzt, und er verlor durch sein Nachgeben nicht das Gesicht. Später erfuhr ich, dass er im Kindergarten schon gelernt hatte, wie man Äpfel zerschneidet, aber das war nicht der entscheidende Punkt. Ausschlaggebend war, dass ich meine mütterliche Autorität ausübte, ohne Matthew den Eindruck zu vermitteln, er habe einen Fehler gemacht oder sei an etwas schuld oder müsse die Dinge so sehen, wie ich sie sah.

## Die Grenzen der »guten Kommunikation«

Die Wirksamkeit Ihrer redlichen Bemühungen um gute, direkte, offene Kommunikation hat ihre Grenzen, wenn keiner zuhört. Eines kann ich Ihnen mit absoluter Sicherheit sagen: Wenn Sie die Aufmerksamkeit Ihres Kindes nicht haben, werden Sie auch mit den schönsten ruhigen Ich-Botschaften nichts ausrichten (und übrigens auch nicht dadurch, dass sie die Phonstärke erhöhen). Sie dringen einfach nicht durch.

Der Familientherapeut Ron Taffel[3], mein Lieblings-Experte für das Problem, mit schwierigen Kindern zu kommunizieren, stellt diesen Punkt besonders plastisch dar. Um die Aufmerksamkeit eines Kindes zu erlangen, müssen Sie sich manchmal etwas ziemlich Kreatives (sprich: Unerwartetes) einfallen lassen. Taffel berichtet, wie er einen fruchtlosen Machtkampf mit seiner vierjährigen Tochter plötzlich unterbrach, indem er ausrief: »Hey, sieh mal den Vogel da drüben am Fenster. Ist der nicht ulkig?« Seine Tochter war mitten in einem ausgewachsenen Trotzanfall und hatte die ganze Zeit ein Spielzeug fest umklammert und geschrien: »Nein, das ist meins, meins, meins, ich geb's nicht her!« Seine humorvolle Ablenkung weckte ihre Aufmerksamkeit und half ihr, sich zu fokussieren. Nachdem sie gemeinsam darüber spekuliert hatten, was der Vogel wohl zum Frühstück aß, konnten sie auch darüber sprechen, welche relativen Vorzüge es hatte, Spielzeug mit den Geschwistern zu teilen.

Manchmal werden unsere Bemühungen um »gute Kommunikation« sogar zum Bestandteil kontraproduktiver Kämpfe. Ich denke an Rosa, eine Frau, die an einem meiner Workshops teilnahm und mich um Rat und Anleitung bat, was den Gebrauch von Ich-Botschaften anging. Sie war besorgt über den Mangel an Kommunikation in der Beziehung zu ihrer Tochter Amy, und sie kämpfte verzweifelt darum, Amy zu mehr Offenheit und Gesprächsbereitschaft zu bewegen. Rosa war fest entschlossen, die Art von Mutter zu sein, die sie sich immer vergeblich gewünscht hatte. Sie war mit einer Mutter aufgewachsen, die emotional abwesend war und für das tägliche Leben ihrer Tochter nicht das mindeste Interesse aufbrachte. Rosas Verhalten als Mutter war die Gegenreaktion; sie war förmlich darauf versessen, omnipräsent zu sein, und signalisierte eifriges Interesse für alles, was sich in Amys Leben abspielte – offenbar viel mehr Interesse, als Amy sich wünschte.

Rosa hetzte sich ab, um jeden Nachmittag rechtzeitig zu Hause zu sein, wenn Amy aus der Schule heimkam. Ihre Tochter sollte Gelegenheit haben, über alles zu sprechen, was sich den Tag über ereignet hatte. Und dann war Rosa wütend und frustriert, wenn Amy auf ihre interessierten Fragen einsilbige Antworten gab (»Wie war's in der Schule?« – »Schön.«; »Habt ihr heute irgendwas Besonderes gemacht?« – »Nein.«). Außerdem legte Rosa großen Wert darauf, das Abendessen der Familie zu einem Forum des Austauschs, der Nähe und der Gemeinsamkeit zu machen, aber Amy sagte beim Essen nicht viel und hatte auch keine Lust, lange bei Tisch sitzen zu bleiben. Jeden Abend gab es einen Kampf, wenn Amy versuchte, sich nach dem Essen zu verdrücken, und Rosa darauf bestand, dass sie bei Tisch sitzen blieb und »am Familienleben teilnahm«. Rosas Ehemann, der die erzieherischen Bemühungen seiner Frau unterstützen wollte, sagte dann »Sieh deine Mutter an, wenn sie mit dir spricht« oder »Du bleibst so lange hier sitzen, bis du dich an der Unterhaltung beteiligst und bis wir alle unser Gespräch beendet haben«.

Rosa war überzeugt, dass sich alles ändern würde, wenn es ihr nur gelänge, richtig, ohne Vorwurf und in Ich-Botschaften zu kommunizieren, also machte sie mit mir einen »Probelauf«. Der ging etwa so: »Amy (intensiver Blick in die Augen), ich habe dich sehr lieb und ich möchte, dass wir uns verstehen und uns nahe sind. Es interessiert mich wirklich, wie dein Tag in der Schule war, und es ist mir wichtig, dass du beim Abendessen bei uns bleibst und mit uns sprichst. Wenn du gar nichts von dir erzählst und gleich in dein Zimmer rennst, bin ich traurig und fühle mich verletzt. Und ich möchte auch, dass du mich ansiehst, wenn wir uns unterhalten, denn sonst fühle ich mich irgendwie allein, so als wären wir nicht wirklich eng miteinander verbunden.«

Wie so viele Frauen legte Rosa überaus großen Wert auf Bindung und war bereit und motiviert, etwas dafür zu tun. Die Ich-Sprache beherrschte sie bereits bis zur Perfektion. Aber die Art zu kommunizieren, die sie mir vorgeführt hatte, würde jedes normale Kind veranlassen, sich die Ohren zu verstopfen und die Flucht zu ergreifen. Rosa brauchte ihre Kommunikationsfähigkeiten nicht zu verbessern; das war nicht das Hauptproblem. Sie musste sich vielmehr von ihren fixen Ideen lösen, im Hinblick darauf, wie und wann der erwünschte offene Austausch stattfinden sollte. Die Herausforderung für Rosa lag darin, zu bemerken, wann sie Amys Aufmerksamkeit hatte, und die Gelegenheit zu ergreifen, wenn sie sich präsentierte.

Taffel[4] weist darauf hin, dass die meisten Kinder auf unsere Versuche, sie zu einem konzentrierten Gespräch »Auge in Auge« zu bewegen, nicht gut ansprechen. Gewöhnlich ziehen sie eine Art »Parallel-Kommunikation« vor, ein Gespräch, bei dem ein Teil unserer Aufmerksamkeit auf etwas anderes gerichtet ist. Beispiele für solche Situationen sind Autofahrten, Arbeiten im Haushalt, die man mehr oder minder mechanisch erledigt, Brettspiele oder das Zubettgehen (wenn es heißt »Licht aus«, greifen die meisten Kinder zu recht erfinderischen Hinhaltetaktiken, und dazu gehört oft, dass sie sehr gesprächig werden). Ich fragte Rosa nach den letzten wirklich entspannten, offenen Gesprächssituationen mit Amy, an die sie sich erinnern konnte, und ihre Antworten – es hatten sich zum Beispiel Gespräche ergeben, wenn sie mit Amy allein im Auto unterwegs war – passten genau ins Bild.

Als Rosa begriff, was ich meinte, wich die Spannung von ihr und sie fühlte sich beträchtlich erleichtert. Sie akzeptierte meinen Vorschlag, ihre Erwartungen im Hinblick auf das Wann und Wie ihrer Kommunikation mit Amy für eine Weile auf null zu reduzieren. Als ich sie das letzte Mal sah, teilte sie mir mit, dass sich das Klima bei ihr zu Hause wesentlich gebessert habe und dass sie viel Freude daran habe, abends mit Amy zu schwatzen, wenn sie hinaufging, um ihr Gute Nacht zu sagen.

Kinder reden nicht auf Kommando, auch nicht beim gemeinsamen Abendessen und schon gar nicht, wenn sie gerade aus der Schule kommen. Viele Kinder finden es alles andere als angenehm, gerade in diesem Moment in ein Gespräch verwickelt zu werden. Soweit ich es beurteilen konnte, war an Amys Verhalten absolut nichts Ungewöhnliches, außer dass es in Rosas Bild des idealen Familienlebens (das sie als Kontrastprogramm zu ihrer eigenen Kindheitssituation entworfen hatte) nicht hineinpasste.

Der Misserfolg ist vorprogrammiert, wenn wir uns auf bestimmte Vorstellungen festlegen, wann und in welcher Form Kommunikation stattfinden sollte, und versuchen, unsere Kinder zur Anpassung an diese Vorstellungen zu zwingen. Taffel[5] hat einige hervorragende Ideen und Anregungen für Eltern, die ihre Kommunikationsfähigkeiten verbessern wollen. Er schlägt zum Beispiel vor, Kindern Zeit zum »Abhängen« zu lassen, wenn sie aus der Schule kommen, statt ihnen Fragen zu stellen oder sie an Versäumnisse oder Pflichten zu erinnern, bevor sie sich entspannt haben und wirklich »angekommen« sind. Er weist ausdrücklich darauf hin, dass Kinder es hassen, wenn man sie fragt: »Wie war's in der Schule?« oder »Na, wie war denn dein Tag?« Er rät, stattdessen spezifische Fragen zu stellen: »Hast du Bücher für dein Referat über Kennedy gefunden?«; »Bist du heute im Schulbus besser mit Gretchen ausgekommen?« Außerdem ermutigt er Eltern, zu erzählen, was *sie* den Tag über getan haben, denn dann fühlt das Kind sich nicht mehr so sehr unter Druck gesetzt, etwas »vorweisen« zu müssen. Und schließlich sagt Taffel voraus, dass Sie die meiste Zeit enttäuscht sein werden, wenn Sie bei der gemeinsamen Mahlzeit der Familie Gesprächsbereitschaft von Ihren Kindern erwarten: »Kinder sagen mir immer wieder, dass sie die erzwungene Konversation bei Tisch nicht ausstehen können, und je mehr darauf gedrängt wird, desto weniger sind sie geneigt, zu reden.«

## Matthews Transformation

Seien Sie darauf gefasst, dass die Kommunikation mit einem Kind jederzeit unerwartete Wendungen nehmen kann. Matthew zum Beispiel war extrem introvertiert und zurückhaltend, bis er das Haus verließ und sein Studium begann. Er sagte nicht, was in ihm vorging – zumindest teilte er Steve oder mir nichts davon mit. Er tat auch nie etwas Provozierendes, um unsere Aufmerksamkeit zu erzwingen, sondern war das typische »pflegeleichte« Kind, das Konflikte vermied. Er durchlief die High School ohne Probleme, hatte gute Freunde und eine bezaubernde feste Freundin, benahm sich tadellos (das heißt, soweit wir wissen) und schien mühelos mit dem Heranwachsen fertig zu werden. Steve und ich machten oft Witze darüber, dass Matthew, der *in utero* und während seines atypischen ersten Lebensjahres ein so intensiver Fokus unserer Besorgtheit war, die folgenden Jahre damit verbrachte, Wiedergutmachung zu leisten.

Im Rückblick sehe ich, dass ich zu selbstzufrieden war und nicht angemessen auf die Distanz zwischen uns reagierte. Zugegeben, es war eine liebevolle, warme Distanz, die viele glückliche Familienerlebnisse einschloss, aber ich glaube, ich hatte mich der kulturellen Klischeevorstellung angeschlossen, dass Mütter sich in das Leben ihrer Söhne nicht allzu sehr »einmischen« sollten und dass man Jungen in emotionaler Hinsicht »in Ruhe lassen« muss. Ich hielt mich zurück, was ohnehin meinen natürlichen Neigungen entspricht.

Nur einmal, als ich einen Vortrag der Kolumnistin Ellen Goodman hörte, erschrak ich darüber, wie wenig ich meinen Sohn Matthew eigentlich kannte. Ich kann mich nicht genau an Goodmans Worte erinnern, aber sie ermahnte uns eindringlich, gute Kommunikation mit unseren Kindern zu etablieren, solange sie noch zu Haus lebten, denn wenn sie einmal in ihr eigenes Leben hinausgegangen wären, sei das Versäumte nicht mehr aufzuholen. Das leuchtete mir ein – aber was Matthew anging, war das Gegenteil der Fall.

Als Matthew Topeka verlassen hatte und sein Studium an der Brown University begann, überraschte er uns dadurch, dass er sich jede erdenkliche Mühe gab, mit uns in guter Verbindung zu bleiben. Da ich das Thema Piercing am Beispiel von Ben schon angeschnitten habe, kann ich nicht widerstehen, das erste Fax wiederzugeben, das Matthew uns von seinem Studienort schickte. (Jen ist übrigens seine vielfach durchstochene und heiß geliebte Cousine aus Berkeley, die kurz vor ihrem Studienabschluss stand, als Matthew an der Brown University ankam.)

> »DIE REBELLION HAT BEGONNEN!
> Ich habe mir soeben das Ohr durchstechen lassen und ihr könnt überhaupt nichts dagegen machen!
> Vorerst habe ich nur einen Ring im Ohr, aber ich schätze, es werden noch einige dazukommen. Ich trage ihn am oberen Teil des linken Ohres. Sieht ganz schön cool aus. Wenn ihr zum Elternwochenende hierher kommt, werde ich wahrscheinlich so aussehen wie Jen. Ich muss los. In ein paar Tagen rufe ich an.
> Love – Matt«

Dieses Fax war ganz typisch für Matthews Sinn für Humor, aber ich hätte mir nie vorstellen können, dass er eine so drastische Wendung zur Offenheit uns gegenüber vollziehen und so frei über seine Verletzlichkeiten und Unsicherheiten sprechen würde. Er rief oft an und sprach mit uns über seine Enttäuschungen, seine Sorgen, seine Verwirrung, seine Ambivalenz, sein Gefühl der Verlorenheit. Später berichtete er über sein wechselhaftes Liebesleben, über Dinge, auf die er stolz und nicht so stolz war, über die Schwierigkeit, eine Richtung für sein Leben zu finden, und über seine Unentschlossenheit in Bezug auf die Wahl seines Hauptstudienfachs. Er fragte uns, was wir dachten, wie wir die Dinge sahen, an welchen Werten wir uns orientierten, und bat uns sogar um Rat. Als er sich selbst (und sein Hauptstudienfach) gefunden hatte, ließ er uns das ebenfalls wissen.

Im letzten Sommer, als Matthew eine Sprachenschule in Spanien besuchte, standen wir in konstanter E-Mail-Verbindung, und so blieb ich über seine Abenteuer auf dem Laufenden. In einer meiner Mitteilungen schrieb ich etwas über meinen Vater, zu diesem Zeitpunkt siebenundachtzig Jahre alt, der in der Nähe in einem Pflegeheim lebte. Er vegetierte in einem Dämmerzustand dahin und war unfähig, zu kommunizieren, Leute zu erkennen oder sich zu bewegen. Matthew ließ mich in seiner Antwort wissen, wie wichtig es für ihn war, von einer Freundin der Familie, Liz Hofmeister, Abschied zu nehmen. Liz hatte lange gegen eine tödliche Nierenerkrankung angekämpft, und vor einigen Jahren hatte sie alle Menschen, die ihr nahe standen, ein letztes Mal um sich versammelt, nachdem sie sich entschlossen hatte, nicht mehr an die Dialyse zu gehen. Matthew führte diese Erfahrung an, um mich zu ermutigen, aufrichtig zu meinem Vater zu sprechen, was meine Gefühle über seinen Zustand anging, obwohl er dem rationalen Denken und den Auffassungen der Medizin zufolge als unfähig galt, irgendetwas aufzunehmen. »Du willst doch an seinem Sterbebett keinen Tanz der Täuschung aufführen«, schrieb er und bezog sich damit auf eines meiner Bücher. »Sprich mit ihm. Lass mich wissen, wie du dich entscheidest.«

Kürzlich fragte ich Matthew, wie er sich diese Transformation erklärte, die er selbst als sehr bedeutsam empfand. Er sagte, er habe keine Ahnung, warum er vor seiner College-Zeit nicht in dieser offenen, persönlichen Form mit uns gesprochen habe; es sei absolut nicht seine Art gewesen, nicht einmal mit seinen engsten Freunden, bis seine neue Freundin ihn unter Druck gesetzt und ihn aus sich herausgelockt habe. Einer der befreienden Faktoren in seiner Studienzeit war zweifellos, dass er sich am leichtesten in einer Situation öffnen konnte, die ihm ein gewisses Maß an Distanz ermöglichte. Meilenweit von uns entfernt, am anderen Ende des Landes, musste er nicht befürchten, »allzu abhängig« zu werden.

Ich will Müttern durchaus nicht nahe legen, schweigend dazusitzen und auf den magischen Augenblick zu warten, in dem ein Kind sich plötzlich entscheidet, uns näher zu rücken. Ich bedaure, dass ich nicht früher die Initiative ergriff und mit kreativen Wegen, Matthew näher zu kommen, experimentierte, bevor er das Elternhaus verließ. Wenn er ein Mädchen gewesen wäre, hätte ich die emotionale Distanz als Problem wahrgenommen und wäre nicht hinter dem Steuer eingeschlafen. Darüber dachte ich nach, als ich Olga Silversteins Buch *The Courage to Raise Good Men* las. Sie spricht darin über die gesellschaftlichen Kräfte, die Müttern nahe legen, sich von ihren Söhnen zurückzuziehen und sie »loszulassen«, wenn es in Wahrheit gilt, auf sie zuzugehen. Ich wünschte, Silverstein hätte ihr Buch früher geschrieben, denn es half mir, mich von meinen Bedenken und Befürchtungen im Hinblick auf Matthews »Privatsphäre« zu lösen und ihn viel freier und offener nach seinem Leben und seinen Erfahrungen zu fragen: »Also, ist diese Beziehung eine Freundschaft oder eine Liebesromanze? – Hast du Sex mit ihr? – Welche Droge ist zur Zeit ›in‹? – Hast du eigentlich jemals mit Drogen experimentiert?«

Nicht, dass ich ihn ständig mit Fragen bombardiere. Und ich achte sorgfältig darauf, dass ich ihn nicht dafür strafe, wenn er die Wahrheit sagt, nachdem ich ihn darum gebeten habe. Aber ich folge seinem Beispiel und spreche offener über wichtige Dinge, statt mich zurückzunehmen. Im Rückblick wird mir klar, dass ich Matthews Distanz als Unabhängigkeit und Selbständigkeit interpretierte, gute Eigenschaften für Jungen. So jedenfalls lautet die kulturelle Botschaft. Ich bedaure meine frühere Nachlässigkeit, obwohl das andere Extrem (Druck auf ihn auszuüben, sich zu öffnen) zweifellos schlimmer gewesen wäre.

## Über die heiklen Themen kommunizieren

Die »ideale« Familie bietet einen sicheren Schonraum, der allen ihren Mitgliedern erlaubt, sie selbst zu sein. Alle Familienmitglieder fühlen sich frei, offen und ehrlich über spannungsgeladene Themen zu sprechen, ohne einander Vorschriften zu machen, was sie denken oder fühlen sollten, und ohne allzu nervös zu werden, wenn es Meinungsdifferenzen gibt. Die Eltern setzen Regeln und Grenzen, die ein Kind in seinem Verhalten leiten, aber sie versuchen nicht, die Emotionen und die Vorstellungswelt eines Kindes zu kontrollieren oder zu regulieren. Die Familie vermittelt ein Gefühl der Einheit und Zusammengehörigkeit (das »Wir«) und respektiert dennoch die Getrenntheit und Unterschiedlichkeit ihrer einzelnen Mitglieder (das »Ich«). Kein Familienmitglied muss einen . wichtigen Aspekt seines oder ihres Selbst verleugnen oder unterdrücken, um dazuzugehören oder angehört zu werden. Auch die heikelsten Themen[6] können frei und offen angesprochen werden.

Das ist das Ideal, aber für die meisten Familien nicht die Realität. Es ist leicht, über ein neutrales Thema zu sprechen, die Lieblingssportart Ihrer Tochter zum Beispiel. Aber es ist ein ganz anderes Paar Schuhe, im Gespräch mit einem Kind ein schmerzliches oder emotional spannungsgeladenes Thema anzuschneiden. Sagen wir zu viel oder zu wenig? Haben wir den richtigen Zeitpunkt gewählt? Wie vermitteln wir schmerzliche Informationen auf konstruktive, altersangemessene Weise? Es gibt keine Patentrezepte, nach denen wir vorgehen könnten.

Meine Freundin Kay gab mir den Anstoß, mit den wichtigsten Menschen in meinem Leben, auch meinen Kindern, über die schwierigsten Themen ins Gespräch zu kommen. In einem Sommer, als unsere beiden Familien in Aspen in Colorado Ferien machten, war die emotionale Atmosphäre nicht entspannt. Ben wachte in den frühen Morgenstunden weinend auf und sagte uns dann, er fühle sich traurig und bedrückt. Er war ein offenes, extravertiertes Kind, aber er konnte nicht sagen, was in ihm vorging, und wir wussten es auch nicht. Steve und ich hatten allerdings durchaus unsere Vermutungen, was hinter Bens Unruhe stecken könnte. Unsere Familie hatte mit einem enormen Maß an Ängsten zu kämpfen, seit bei Steve einige Jahre zuvor ein malignes Melanom diagnostiziert worden war. Seine Mutter, Elsie, war kurz vor ihrem fünfzigsten Geburtstag an Krebs gestorben, zehn Jahre nach ihrer anfänglichen Diagnose. Die Erinnerung an diesen vorzeitigen Verlust trug nicht zu Steves Optimismus bei, als er im Alter von einundvierzig Jahren erfuhr, dass seine Chancen, die nächsten fünf Jahre zu überleben, bei etwa 70 % lagen. Ich versuchte, mich auf diese 70 % als Hoffnung erweckende Statistik zu konzentrieren, aber nachts, wenn ich zu grübeln begann, sank mir der Mut. Als wir einen Top-Spezialisten konsultierten, wurde Steves Prognose nach oben hin korrigiert, aber wir waren dennoch von Todesangst erfüllt, auch wenn wir versuchten, sie bei uns zu behalten und sie nicht auf unsere gesamte Umgebung ausstrahlen zu lassen.

Das Gespräch über Steves Diagnose, das wir mit unseren Jungen führten, war das schwierigste in meinem Leben, an das ich mich erinnern kann. Matthew war damals zehn und Ben sechs Jahre alt. Wir taten unser Bestes, gelassen zu erscheinen, wie bei einer ganz normalen Unterhaltung, und hoben das Positive der Prognose hervor. Wir hätten Glück gehabt, sagten wir, dass die Ärzte Dads Krebserkrankung so früh entdeckt hatten. Matthew reagierte wie ein typischer älterer Bruder; so schlimm würde es schon nicht werden, sagte er und gab sich zuversichtlich, dass alles wieder in Ordnung käme. Nach außen hin verhielt er sich ziemlich cool, ließ seinen eigenen Ängsten nie wirklich freien Lauf und vermied es, die Möglichkeit, dass er seinen Vater verlieren könnte, überhaupt in Erwägung zu ziehen. Ben, der dünnhäutiger und weniger fähig war, seine Gefühle zurückzuhalten, war offensichtlicher erschüttert und getroffen. Er war auch derjenige, der später direkt fragte: »Dad, wirst du sterben?«

Etwa ein Jahr später stürzte Ben auf dem Heimweg, als sein Skateboard an einem Spalt im Gehsteig hängen blieb. Er überschlug sich und traf direkt mit dem Kopf auf dem Pflaster auf. Er kam weinend zu Hause an, aber es waren keine äußeren Verletzungen zu erkennen. Also gab ich ihm einen Eisbeutel und dachte nicht weiter über die Sache nach. Zehn Minuten später sagte er mir, das Fernsehbild sähe verschwommen aus, oder er sähe doppelt. Ich sagte, das läge wahrscheinlich daran, dass seine Augen vom Weinen noch etwas verschwollen seien, und das hielt ich auch für den Grund. Ich rief dennoch den Kinderarzt an. »Schauen Sie einfach öfter nach ihm«, riet mir der Arzt. »Ich denke, es geht ihm bald wieder gut.«

Aber es ging ihm nicht gut. Als ich schließlich mit ihm in der Arztpraxis saß, war er völlig verängstigt und desorientiert. Er litt unter einer Reihe von neurologischen Symptomen, die ihm das Gefühl gaben, er glitte von mir fort und müsse sterben. In rasender Eile brachte ich ihn ins nächste Krankenhaus. Zwei Krankenschwestern und ein Pfleger mussten ihn festhalten, um ihm ein Beruhigungsmittel spritzen und ihn zur Computertomographie bringen zu können, denn er war in einem Zustand panischer Erregung. Steve war sofort vom Institut herübergekommen; wir waren beide bei ihm, aber wir konnten ihn nicht beruhigen, weil er uns nicht sehen oder unsere Stimmen erkennen konnte. Ich erinnere mich an seine Todesangst und seine Worte, bevor das Beruhigungsmittel zu wirken begann: »Mom, Dad, wo seid ihr? Wo seid ihr? Ich kann euch nicht sehen! Helft mir! Helft mir!«

Die Untersuchung ließ keine neurologischen Schäden erkennen; Ben erholte sich schnell, noch am selben Tag, und wurde wieder völlig gesund. Aber ich glaube, nur Eltern, die sehr viel Glück haben, kommen ohne solche Ereignisse durchs Leben, bei denen ihnen das Herz stehen bleibt und die sie daran erinnern, dass ihre ganze Welt in einem einzigen Augenblick zusammenbrechen kann. Von einem Moment zum anderen kann der scheinbar solide Boden unter unseren Füßen sich öffnen und uns in unabsehbare Tiefen abstürzen lassen. Ben hatte ein Jahr später noch einmal eine Gehirnerschütterung, als er von einem Schlitten fiel; diesmal war es weniger ernst, aber er musste dennoch eine Nacht im Krankenhaus verbringen. Es fühlte sich nicht so an, als könnten wir je in der Gewissheit leben, dass mit unserer Familie, unseren Kindern, alles gut gehen würde.

In Aspen sprach ich mit Kay über Bens Schlafstörungen. Aus ihrer Sicht hatten Bens Gehirnerschütterungen die Todesängste, die ohnehin da waren, erneut aufgewühlt, und sein gegenwärtiger Unruhezustand ließ sie vermuten, dass wir, als Familie, Steves Krebserkrankung nicht genügend verarbeitet hatten. Ich protestierte. Meiner Meinung nach hatten wir das heikle Thema eher überstrapaziert.

Steve und ich kommen beide aus Familien, in denen die Krebserkrankungen unserer Mütter Tabuthemen waren, die nicht berührt werden durften. Das kulturelle Milieu der Zeit, in der wir aufwuchsen, unterstützte diese Verleugnung; man nannte die Krankheit nicht einmal beim Namen. Das Wort »Krebs« war unaussprechlich. Steve konnte mit seiner Mutter nie über ihre tödliche Krankheit sprechen und nicht von ihr Abschied nehmen. Als bei ihm Krebs diagnostiziert wurde, waren wir fest entschlossen, diese Geschichte der Verleugnung nicht zu wiederholen, und so redeten wir das Thema zu Tode, um eine schlechte Metapher zu gebrauchen.

Matthew und Ben machten sich über unsere Versessenheit auf den ehrlichen Umgang mit Steves Krebserkrankung sogar manchmal lustig. Ich erinnere mich, dass Steve eines Abends beim Essen auf einen geringfügigen Anlass hin aus der Haut fuhr und die Kinder anschrie. Im nächsten Augenblick war er wieder bei sich und begann, sich zu entschuldigen. »O nein, nicht schon wieder«, stöhnte Matthew. »Erspart uns das! Jetzt kriegen wir wieder zu hören, dass Dad sehr reaktiv ist, weil heute der Jahrestag seiner Krebsdiagnose ist oder so was Ähnliches ...«

Kay wies mich darauf hin, dass übertriebene, überängstliche Fokussierung auf ein schwieriges Thema (eine meiner Spezialitäten) nicht dasselbe ist wie konstruktive Verarbeitung. Sie fragte mich nach Bens schlimmsten Ängsten und Fantasien im Hinblick auf Steves Krebserkrankung, und mir wurde klar, dass ich Ben nie direkt auf diese elementaren Fragen angesprochen hatte. Auf Kays Vorschlag hin entschloss ich mich, das Versäumte nachzuholen, obwohl es mir viel leichter gefallen wäre, das nicht zu tun.

Am Nachmittag fand ich Zeit, allein mit Ben zu sprechen, und ich sagte ihm, ich hätte über seine Schlafprobleme nachgedacht. Ich erklärte ihm, dass seine Traurigkeit und sein Weinen mich an die vielen Sorgen und Ängste in unserer Familie während der letzten Jahre erinnerte – an seine Gehirnerschütterungen und Dads vorangegangene Krebsdiagnose. Dann stellte ich die heiklen Fragen, in einem Gespräch, das etwa so verlief:

Ich: Sag mal, Ben, wenn du über Dads Krebs nachdenkst, wovor hast du dann am meisten Angst?
Ben: Ich weiß nicht.
Ich: Was wäre das Schlimmste, das du dir vorstellen kannst?
Ben: Dass Dad sterben würde.
Ich: Also, ich rechne nicht damit, dass er stirbt. Der Arzt rechnet nicht damit. Und Dad glaubt auch nicht, dass er sterben wird. Aber trotzdem: Wenn er nun sterben würde, wie würden

wir deiner Meinung nach zurechtkommen? Was glaubst du, wie es wäre, wenn ich allein für dich und Matt sorgen würde?

Ben: Entsetzlich.

Ich: Warum entsetzlich?

Ben: Dad bringt mich überallhin. Er fährt überall hin. Du kannst nicht gut Auto fahren. Du kannst nicht mal bis Kansas City fahren.

Ich: Glaubst du denn nicht, dass ich einiges von dem, was Dad jetzt macht, lernen könnte? Glaubst du nicht, dass ich noch etwas neu lernen könnte, wenn wir es brauchen?

Ben: Nein.

Ich: Für so schwach hältst du mich also? Du meinst also, ich wäre ein schlapper Waschlappen oder so was?

Ben: Ja.

Ich: Okay. Nehmen wir mal an, Dad würde an Krebs sterben oder beim Bergsteigen abstürzen. Wovor hättest du dann am meisten Angst?

Ben: Dass du sterben würdest.

Ich: Also, wenn ich nun auch tot wäre, was glaubst du, wer würde sich dann um Matt und dich kümmern?

Ben: Ich weiß nicht. Keine Ahnung.

Ich: Hast du schon mal darüber nachgedacht?

Ben: Das Schlimmste wäre, wenn ich in ein Waisenhaus kommen würde. Wenn Matt und ich in ein Waisenhaus müssten. (Später erfuhr ich, dass er durch einen Fernsehfilm auf diese Idee gekommen war.)

Ich: Wenn Dad und ich beide tot wären, dann würdet ihr bei Tante Marcia (Steves Schwester) und Onkel Ricardo in Berkeley leben. Sie würden sich um euch kümmern. Ihr würdet auf gar keinen Fall in ein Waisenhaus kommen.

Ben: Haben sie das gesagt? Sind sie damit einverstanden?

Ich: Ja, das sind sie. Wir haben schon darüber gesprochen und es ist alles geklärt. Nicht, dass Dad und ich vorhätten zu ster-

ben oder irgendwohin zu gehen, Gott bewahre! Viele Eltern
planen voraus, wer sich um ihre Kinder kümmern wird, für den
Fall, dass sie es selbst nicht mehr können.

Ben: Könnte ich jemals in ein Waisenhaus kommen?

Ich: Nein, auf gar keinen Fall. Es ist völlig ausgeschlossen, dass
du und Matt je getrennt werdet oder dass ihr in einem Waisenhaus landen könntet, ganz gleich, was mit Dad und mir passiert.

Es gelang mir in diesem Gespräch, Ben die Angst vor dem Waisenhaus zu nehmen und ein Klima größerer emotionaler Offenheit in unserer Familie zu schaffen. Später forderte ich Ben
noch einmal heraus in Bezug auf das wenig schmeichelhafte
Bild, das er von mir als potenzieller allein erziehender Mutter
hatte – obwohl ich zugeben muss, dass es immer eine meiner
größten Ängste war, in diese Situation kommen zu können. Ich
war froh, dass ich dieses Gespräch mit Ben geführt hatte. Vorher hatte ich mir Sorgen gemacht, dass meine Fragen über die
schlimmste vorstellbare Möglichkeit seine Ängste in die Höhe
treiben und ihm den potenziellen Verlust seines Vaters realer
vor Augen führen könnten. Aber natürlich war diese Vorstellung für ihn bereits real – wie hätte es anders sein können? –,
und trotz all unserer Offenheit in dieser Frage war er mit seinen Fantasien über sein Schicksal als vaterloses oder elternloses
Kind allein gewesen.

Nach unserer Unterhaltung verschwanden Bens Symptome.
Ich meine nicht, für immer und ewig, aber er fand wieder zu
sich und hatte keine Schlafstörungen mehr. Als ich Steve abends
von meinem Gedankenaustausch mit Ben erzählte, lobte er
mich und sagte, das hätte ich gut gemacht; auch er müsse Wege
finden, mit Ben und mit Matthew in einen ähnlichen Dialog
einzutreten. Aber was passierte stattdessen? Als er einige Tage
später im Hochland zum Angeln war, rutschte er auf einem glit-

schigen Felsbrocken aus und verrenkte sich die Schulter, sodass ich das Auto über die Serpentinen steuern musste, um uns nach Kansas zurückzubringen. Das war eine lehrreiche Erfahrung für mich, denn meine übliche Weigerung, mich außerhalb von Topeka ans Steuer zu setzen, war ein ziemlich krasses Beispiel für dysfunktionales Verhalten. Außerdem habe ich immer die Meinung vertreten, dass die Symptomatik in einer gut funktionierenden Familie nach dem Rotationsprinzip verteilt werden sollte (das heißt, es sollte nicht immer nur ein und dasselbe Familienmitglied in der Rolle des Unfähigen oder Schwachen sein), und nun war Steve an der Reihe, den Fahruntüchtigen zu spielen. Ben brauchte eine Pause von seinen Ängsten. Und wir alle brauchten das Wissen, dass ich meine Familie im Auto über Gebirgsstraßen steuern konnte, wenn es sein musste.

## Das emotionale Klima

Die besten Absichten und die ausgefeiltesten Kommunikationsfähigkeiten der Welt sind noch keine Garantie, dass Sie auf konstruktive Weise mit Ihren Kindern reden können. Worauf es in erster Linie ankommt, ist das emotionale Klima in der Familie. Die Herausforderung liegt darin, ein ruhiges emotionales Klima zu schaffen, in dem es möglich ist, schwierige Themen anzuschneiden, und in dem Ihre Kinder sich sicher genug fühlen, Fragen zu stellen und ihre wahren Gefühle offen zu zeigen. Es ist vielleicht schwer, eine heikle Information zu vermitteln (Dad hat seinen Job verloren), aber das ist nur ein erster Schritt. Es erfordert viel mehr Aufmerksamkeit, die Kommunikationskanäle auch weiterhin offen zu halten, sodass Ihre Kinder spüren, dass es ihnen »erlaubt« ist, schwierige Fragen zu stellen, und dass sie ihr Verständnis eines Ereignisses oder Problems im Lauf der Zeit differenzieren können. Je stärker die Ängste, Schamgefühle oder Stigmatisierungsgefühle sind, die ein bestimmtes problematisches Thema umgeben, desto schwerer ist es, dieses Ziel zu erreichen.

Schwierige Wahrheiten kann man nie in einem einzigen Gespräch oder zweien herüberbringen, und sie werden auch nur langsam und allmählich absorbiert. Eine Mutter hat vielleicht das Gefühl, sie habe wirklich ihr Bestes gegeben, um eine heikle Information zu vermitteln, die Tatsache etwa, dass die kleine Suzie ein Adoptivkind ist. Diese Mutter hat sich vielleicht redlich bemüht, Suzie über die Fakten ihrer Geburt und ihres Eintritts in ihre jetzige Familie aufzuklären. Aber wenn Suzie heranwächst, wird sie neue Fragen stellen und ein ganzes Spektrum widersprüchlicher Gefühle in Bezug auf ihre Adoption durchleben. Sie empfindet vielleicht Freude, Dankbarkeit, Zufriedenheit und Loyalität, aber auch Trauer, Scham, Wut und Verwirrung. Sie empfindet die Trennung von der Mutter, die ihr das Leben gab, vielleicht als Verlust und zieht eines Tages die Möglichkeit in Erwägung, nach ihren biologischen Eltern zu suchen. Die Frage »Wer ist meine Mutter?« hat für die vierjährige Suzie, die im Kindergarten spielt, eine ganz andere Bedeutung als für die achtzehnjährige Suzie, die nach dem Abschluss der High School ihre Identität zu finden, die Welt zu verstehen und ihrem Leben eine Richtung zu geben versucht.

Wenn Suzies Mutter das Adoptionsproblem für sich selbst – und in der Beziehung mit ihrem Partner – nicht oder nicht vollständig verarbeitet hat, fühlt Suzie sich wahrscheinlich nicht frei, Fragen zu stellen oder authentischen Gefühlen Ausdruck zu verleihen. Vielleicht hat Suzies Mutter sich mit ihren eigenen Gefühlen in Bezug auf Unfruchtbarkeit und Adoption nicht wirklich auseinander gesetzt. Vielleicht haben sie und ihr Mann nicht wirklich um ihren verlorenen Traum von einem »eigenen«, biologischen Kind getrauert. Vielleicht ist das Paar übermäßig auf das Adoptionsproblem fixiert oder – umgekehrt –

emotional darauf angewiesen, es herunterzuspielen. Ich will damit sagen, dass wir kein ausgeglichenes emotionales Klima für unsere Kinder schaffen können, wenn wir ein Problem selbst nicht verarbeitet haben, unabhängig davon, um welches Problem es sich handelt.

Kinder gedeihen am besten in einem Familienklima, in dem alle Mitglieder der Familie offen über wichtige Dinge sprechen können. Da ist zunächst einmal die Frage des Vertrauens. Unsere Kinder beginnen ihren Weg in der Welt in der Annahme, dass wir sie nicht belügen oder absichtlich wichtige Informationen über Dinge, die auch sie betreffen, zurückhalten werden. Wenn Kinder uns fragen »Wo wurdest du geboren?« oder »Warum besucht Tante Martha uns nicht mehr?«, nehmen sie die Antworten, die wir ihnen geben, in gutem Glauben hin. Kinder erwarten von sich aus direkte, ehrliche Antworten, oder, wenn wir nicht direkt antworten wollen, zumindest eine Erklärung – dass manche Dinge privat und persönlich sind, nur die Eltern angehen und nicht mit ihnen diskutiert werden. Wenn unsere Kinder nicht darauf vertrauen können, dass wir ihnen die Wahrheit sagen, haben sie auch Schwierigkeiten, dem Universum, das sie umgibt – und sogar dem inneren Universum ihrer eigenen Gedanken, Gefühle und Wahrnehmungen –, zu vertrauen.

Außerdem sollten wir nie vergessen, dass Kinder bemerkenswerte Fähigkeiten haben, mit schwierigen Tatsachen umzugehen. Mit Verfälschung, Irreführung oder dem Verleugnen ihrer Realität kommen sie weitaus schlechter zurecht. Bedenken Sie auch, dass Kinder die abhängigsten Familienmitglieder sind und sich als solche mit eiserner Loyalität an unausgesprochene Regeln der familiären Kommunikation halten. Wenn ein bestimmtes Thema mit einer impliziten »Nicht-fragen-nichts-sagen«-Regel verbunden ist, nehmen Kinder das intuitiv auf. Sie wissen auf einer tiefen, instinktiven Ebene sehr genau, wonach sie nicht fragen dürfen und was sie besser nicht erzählen sollten. Wenn es in der Familie tabu ist, Traurigkeit, Angst, Bedürftigkeit oder Wut auszudrücken, wissen sie auch das.

Es hat Folgen, wenn ein wichtiges emotionales Problem nicht offen thematisiert werden kann. Manchmal sacken Kinder in ihren schulischen Leistungen ab, oder sie fangen an, in unangenehmer, provokanter Form zu agieren. Das liegt daran, dass Eltern zwar schmerzliche Fakten vor Kindern verbergen können, nicht aber die Emotionalität, die diese Fakten umgibt. Meine Eltern zum Beispiel hielten die Krebsdiagnose meiner Mutter anfangs vor Susan und mir geheim, aber sie konnten die Todesangst nicht verbergen, die in der Luft lag. Wenn Kinder die unterschwelligen Strömungen im Familienklima mitbekommen, ein Ansteigen der Spannung etwa oder eine Verschiebung in Richtung Distanz oder Feindseligkeit, quälen sie sich mit Angstfantasien (wie Bens Furcht vor dem Waisenhaus) oder legen sich Erklärungen zurecht, in denen sie sich selbst die Schuld an den Ereignissen geben. Diese belastenden Vorstellungen können nicht korrigiert werden, solange die Fakten nicht ans Licht kommen.

Worauf ich hinauswill, ist nicht, dass wir unsere Kinder allabendlich um uns versammeln und das Füllhorn unserer Sorgen, Ängste und Probleme vor ihnen ausschütten sollten. Natürlich behalten wir gewisse Informationen für uns, einmal, um unsere Privatsphäre als Erwachsene zu wahren, und zum anderen, um unsere Kinder vor unnötigen und leidvollen Enthüllungen zu schützen. Alle Mütter treffen Tag für Tag automatisch Entscheidungen darüber, welche Informationen sie ihren Kindern geben und wann und wie sie das am besten tun. Alle Eltern belügen ihre Kinder manchmal (auch wenn das Wort »belügen« uns vielleicht nicht gefällt und wir unser Handeln mit euphemistischeren Begriffen umschreiben).

Auch unsere Kinder lügen und halten routinemäßig gewisse

Informationen vor uns geheim. Sie tun das aus den allseits bekannten Gründen: Um Strafe oder Missbilligung zu vermeiden, um uns vor Sorgen und Ängsten zu schützen, um sich private Freiräume zu schaffen, um Beziehungen mit Geschwistern oder Gleichaltrigen zu konsolidieren, um Eigenständigkeit und Autonomie zu entwickeln, um unerwünschte Aufmerksamkeit und Einmischungen abzuwehren. Das Bewusstsein, dass die Eltern nicht alles über sie wissen, kann Kindern helfen, sich stark und unabhängig zu fühlen. Anders verhält es sich allerdings – und das ist eine wichtige Ausnahme –, wenn Kinder sich die Geheimnisse, die sie hüten, nicht »ausgesucht« haben und nicht wagen, darüber zu sprechen, denn in diesem Fall fühlen sie sich machtlos und zutiefst verängstigt.

Es gibt keine Regeln für das Maß an Offenheit Kindern gegenüber, die auf jede Familie passen. Wir sind durch unser Alter, unsere religiösen oder ethnischen Bindungen, die soziale Schicht, der wir angehören, die Gemeinschaft und die Kultur, in der wir leben, darin geprägt, was für unsere Begriffe für Kinder unpassend und unangemessen ist oder welche Informationen in die Verschlussakten gehören. Generell kann man aber sagen, dass es die Beziehungen innerhalb der Familie stärkt, wenn wir Wege finden, über alle wichtigen, bedeutsamen Dinge offen zu sprechen. Ich war froh, dass ich die Initiative ergriffen hatte, mit Ben darüber zu reden, wie unsere Familie seiner Meinung nach im Fall von Steves Tod zurechtkommen würde. Wie die Kommunikationsexpertin Deborah Tannen einmal sagte, gehen die Probleme nicht einfach weg, wenn man sie unter den Teppich kehrt – alles, was dabei herauskommt, ist ein klumpiger Teppich.

Wir können auch in die andere Richtung fehlgehen und allzu viel Offenheit walten lassen. In allen Beziehungssystemen werden Unterschiede zu Polaritäten, wenn die Ängste überhand nehmen, und wir verfallen in Extreme. Wenn wir unter emotionaler Spannung stehen, teilen wir entweder nicht genug mit, oder wir enthüllen zu viel. Wir gehen einem schwierigen Thema völlig aus dem Weg, oder wir reiten unentwegt darauf herum. Wir enthalten unseren Kindern Fakten vor, die sie unmittelbar betreffen, oder wir schützen sie nicht genug vor Problemen und Ängsten, die nur uns als Erwachsene angehen. Wir reagieren unverhältnismäßig auf Dinge, die unser Kind uns sagt, oder beachten sie nicht genug. Wir deuten zu viel in eine Bemerkung hinein oder merken nicht, was ein Kind uns mitteilen will. Sie können jede x-beliebige Familie unter chronischem Stress beobachten und werden immer auf diese Extreme treffen. Entweder kommt die Kommunikation zum Erliegen, oder die Ängste der Eltern überfluten das Umfeld und überlasten die Schaltkreise.

Um es noch einmal zusammenzufassen: Wir können nicht auf konstruktive Weise mit Kindern über Probleme sprechen, die wir für uns selbst und in der Beziehung zu den relevanten Erwachsenen in unserem Leben nicht verarbeitet haben. Wenn wir unsere eigene Emotionalität nicht im Griff haben, werden wir unsere Wut oder unsere angstgetriebenen Reaktionen mit »Ehrlichkeit« und »Offenheit« verwechseln. Oft ist es besser zu schweigen, zumindest für den Augenblick. Erst *nachdem* wir uns beruhigt haben, können wir vernünftige, klare Entscheidungen darüber treffen, wie und auf welche Art wir wem welche Dinge sagen.

Kinder können schmerzliche Tatsachen wirklich bewältigen. Aber wenn sie zusätzlich mit unseren auf diese Tatsachen bezogenen ungelösten Konflikten und Spannungen umgehen müssen, wird ihnen diese Bewältigung wesentlich schwerer gemacht. Es schadet unseren Kindern natürlich nicht, unsere wahren Gefühle zu sehen, uns zum Beispiel weinen zu sehen, wenn wir von Großmutters Schlaganfall erzählen. Im Gegenteil, sie brauchen es sogar. Aber mit unserer angsterfüllten Reaktivität (»Stell dir mal vor, was dein Vater gerade gemacht hat …!«) kommen sie viel schlechter zurecht, besonders wenn diese emotionale Haltung zu einem Dauerzustand wird.

Es ist unsere Aufgabe, uns zu zentrieren, so gut wir können, und zu innerer Ruhe zu gelangen, was uns zu unserem zentralen Thema zurückbringt. Von der Arbeit, die wir an uns selbst leisten, profitieren unsere Kinder am meisten.

# Teil 3
## Größere Kinder,
## größere Herausforderungen

# 9 Essen und Sex:
## Wie wir unsere Konditionierungen weitergeben

Da wir gerade bei emotional aufgeladenen Themen sind: Wie steht es mit Essen und Sexualität?[1] Diese beiden elementaren Aspekte des Lebens sind von angstvollen Spannungen umgeben, die manchmal über viele Generationen weitergereicht werden. Eltern denken nicht objektiv über diese Fragen nach, wenn sie Kinder betreffen, denn als Gesellschaft haben wir bisher wenig dazu getan, unsere eigenen, erwachsenen Komplexe in diesen Bereichen in den Griff zu bekommen. Fangen wir mit dem Thema Essen an, denn unsere Kinder müssen essen, lange bevor sie dahin kommen, sich über Sex Gedanken zu machen.

Es gehört zur tradierten Rolle der Mutter, die Kinder zu füttern und zu ernähren. Und die Kinder, für ihren Teil, behaupten manchmal ihre Autonomie, indem sie ihre süßen kleinen Mäulchen, die Tore zu ihren Körpern, schließen und das von der Mutter Dargebotene verweigern. Die Mutter, die eine gänzlich positive und konfliktfreie Beziehung zum Essen (oder zu ihrer eigenen Körperform) hat, ist eine Ausnahme. Viele Frauen haben vielmehr die Erinnerung, dass Essen in ihrer eigenen Kindheit ein Schauplatz permanenter Kämpfe war. Kein Wunder also, dass Mütter das Essverhalten ihrer Kinder gewöhnlich mit übertriebener Sorge beobachten.

In unserer diätbesessenen Kultur kann der Übereifer von Müttern, ihr Gewicht zu kontrollieren, tief greifenden Einfluss auf ihre Töchter haben. Eine meiner Freundinnen, eine sehnige, hyperschlanke Frau, alberte gern mit ihrer Tochter herum und machte Witze über ihre eigene »Gefräßigkeit«. »Jetzt habe ich mich so voll gestopft, dass du mich aus dem Esszimmer rol-

len musst«, sagte sie zum Beispiel. Oder sie kniff sich in die
Haut um ihre Taille und erklärte, sie werde fett und müsse sich
endlich aufraffen, in ihren Sportclub zu gehen. Die Tochter, die
einen viel kräftigeren Körperbau hatte als ihre Mutter und auch
mehr Gewicht auf die Waage brachte, lachte immer über diese
Witze. Aber viele Jahre später sagte sie ihrer dünnen, durch-
trainierten Mutter, dass sie alle diese witzigen Bemerkungen
über Essen und Fettsein als sehr verletzend empfunden habe,
dass sie darin die implizite Botschaft vernommen habe, sie sei
so, wie sie war, nicht akzeptabel.

### »Iss deinen Teller leer«

Jede Mutter hat irgendeinen Tick, was das Essen angeht. Da es
schwierig sein wird, Ihren eigenen Tick zu erkennen, schlage
ich vor, dass Sie damit beginnen, die Einstellungen anderer Leute zu den Essgewohnheiten ihrer Kinder – und das Verrückte
daran – zu beobachten. Vielleicht hören Sie Ihren Bruder zum
Beispiel zu seiner kleinen Tochter sagen: »Wenn du dein Gemüse aufisst, kannst du Nachtisch bekommen.« Auf dem Teller Ihrer Nichte befinden sich noch fünf Okraschoten, und sie
schiebt sie sich pflichtschuldig in den Mund, obwohl sie nicht
mehr hungrig ist und Okraschoten nicht mag. Sie finden wahrscheinlich, dass Ihr Bruder sich ziemlich irrational und autoritär verhält – es sei denn, Sie geben Ihren eigenen Kindern beim
Essen ähnliche Anweisungen.

Bei einem Kongress für Frauenstudien[2] erzählte eine jüdische
Teilnehmerin die folgende Geschichte: Als sie ein Teenager war,
setzte ihre Mutter, eine Holocaust-Überlebende, sie permanent
unter Druck, mehr zu essen und zuzunehmen. Warum? »In den
Todeslagern«, erklärte die Mutter, »konnten Leute, die ein paar
Pfunde zu viel hatten, ein paar Tage länger überleben.« Auf

ihre Tochter, die in Amerika geboren war, muss diese Begründung völlig irrational gewirkt haben, aber unsere Eltern sehen
uns immer durch den Filter ihrer eigenen Geschichte, auch
dann, wenn sie keine schweren Traumen erlitten haben. Und
wenn wir selbst Eltern geworden sind, tun wir dasselbe.

Je aufmerksamer wir unser eigenes Familienerbe auf irrationale Gewohnheiten in bestimmten Fragen wie dem Essen überprüfen, desto leichter fällt es uns, für unsere Kinder Entscheidungen zu treffen, die auf klarem Denken basieren statt auf
der unbewussten Wiederholung alter Muster – oder der Rebellion dagegen. Meine Mutter war keine Holocaust-Überlebende, aber als Tochter armer russischer Immigranten hatte
sie eine ängstliche, spannungsgeladene Einstellung zu Nah-
rung und Essen. Die Tatsache, dass meine Schwester und ich
enormen Appetit hatten und alles aßen, was sie uns vorsetzte,
erfüllte sie mit großem Stolz. Wenn meine Jungen weniger
aßen oder Gemüse nicht mochten, war sie besorgt, dass die
Kinder sich als »schlechte Esser« herausstellen könnten. Essen
zu verschwenden war in meiner jüdischen Familie das Einzige,
das einer Sünde gleichkam. Kein Restchen, nicht einmal eine
einzige Erbse, wurde je weggeworfen. Das ist keine Übertrei-
bung. Wenn von einer Mahlzeit etwas übrig blieb (was selten
der Fall war), fand mein Vater den Rest am nächsten Tag in
seinem Lunch-Paket. Und er war ein »guter Esser«. Er hätte
nie geklagt, selbst wenn meine Mutter ihm ein Sandwich mit
grünen Bohnen belegt und ihm als Getränk dazu ein Glas Gur-
kenwasser eingepackt hätte.

Meine Mutter kaufte nie Fertiggerichte und ging nie mit uns
in Restaurants, denn wir waren nicht wohlhabend, und sie hielt
das für Geldverschwendung. Kuchen vom Bäcker oder Süßigkeiten kamen ihr nicht ins Haus, nicht einmal zu unseren Geburtstagen. Sie bereitete zu fast jeder Mahlzeit frische grüne

Bohnen zu, so viel und so oft für mein junges Leben, dass ich grüne Bohnen für ein Grundnahrungsmittel hielt wie Brot, das in jeder Familie regelmäßig auf den Tisch kommt. Die Atmosphäre beim Essen war entspannt und lebhaft. Meine glücklichsten Kindheitserinnerungen und auch die meiner Schwester Susan sind mit den Essenszeiten verbunden, wenn die Familie um den Küchentisch versammelt war. Meine einzige negative Erinnerung im Zusammenhang mit den Essgewohnheiten bei uns zu Hause ist das Glas Milch, das ich täglich zum Frühstück trinken musste. Ich hasste den Geschmack und die Konsistenz von Milch, und sobald meine Mutter den Raum verließ, sprang ich auf, goss die Milch ins Spülbecken und spülte mit Wasser nach, um die Spuren meiner Untat zu verwischen.

Susan und ich waren stolze Mitglieder des »Teller-leer-Clubs«[3], und wenn wir auch nur zögerten, den letzten Bissen Kartoffelbrei aufzuessen, wurden wir daran erinnert, dass in vielen Teilen der Welt Kinder verhungerten. Stellen Sie sich vor, wie schockiert ich war, als eine Freundin mir berichtete, dass sie in ihrer protestantischen Familie dazu angehalten wurde, immer ein Restchen auf ihrem Teller zurückzulassen, um gute Manieren zu zeigen. Den Teller ganz leer zu essen galt nicht nur als unfein, sondern als Mangel an Selbstzucht und Zeichen einer unchristlichen Neigung zur Völlerei. »Meine Mutter würde tot umfallen!«, sagte ich ihr.

Zu meinen frühesten Kindheitserinnerungen gehört das Essen zugunsten anderer Familienmitglieder. Mein Vater hielt mir einen Löffel Gemüsesuppe hin und sagte: »Ein Löffelchen für Onkel Abie, ein Löffelchen für Tante Phyllis …« Und wenn ich zögerte, fügte er hinzu: »Du willst doch nicht, dass Tante Phyllis verhungert …?« Natürlich wollte ich das nicht. Susan und ich erhielten alle unsere Verwandten am Leben und bei guter Gesundheit. Als ich größer wurde, erkannte ich zu meiner Enttäuschung, dass es überhaupt nichts nützte, für andere Leute mitzuessen; ich blieb knochig und mager wie eine Bohnenstange. Meine Klassenkameraden gaben mir den Spitznamen »Boney-Maroney«, und den behielt ich, bis ich die Schule verließ und aufs College ging. Das ist nun nicht mehr mein Problem. Mittlerweile ist es meine größte Herausforderung, mit dem Essen aufzuhören, wenn ich nicht mehr hungrig bin. Ob zu Hause oder im Restaurant: Ich esse reflexhaft alles auf, was sich auf meinem Teller befindet – und was die anderen auf ihren Tellern übrig gelassen haben. Eine Freundin machte mich darauf aufmerksam, dass ich mit diesem Verhalten das Problem des Welthungers zweifellos nicht lösen werde und dass ich mir damit selbst erst recht keinen Gefallen tue, aber Essen wegzuwerfen fühlt sich für mich immer noch wie eine Sünde an. Selbst jetzt, im mittleren Lebensalter, fällt es mir noch schwer, meine Mitgliedschaft im »Teller-leer-Club« aufzukündigen. Andererseits muss ich zugeben, dass in meinem Kühlschrank regelmäßig Nahrungsmittel verrotten, ohne dass ich es rechtzeitig bemerke; vielleicht drückt sich darin meine unbewusste Rebellion gegen die extreme Sparsamkeit meiner Mutter und ihre Aversion gegen Verschwendung aus – eine Einstellung und eine Art zu leben, von der unsere heutige Welt, wie ich sehr wohl weiß, mehr gebrauchen könnte.

## Hast du Hunger?

Mein jüngerer Sohn Ben war von Kindesbeinen an auf Süßigkeiten und Kaugummi versessen. Steve und ich wissen nicht, wer ihm sein erstes Bubble-gum in die Hand drückte, als wir gerade nicht hinschauten, aber wir beschlossen, kein großes Theater darum zu machen – zumindest bis das erste Kariesloch in seinen Zähnen erschien, was aber erst geschah, als er sechzehn wurde. Wir machten uns allerdings Sorgen, als er immer hartnäckiger darauf beharrte, Süßigkeiten essen und Kaugummi kauen zu dürfen, Dinge, an denen sein älterer Bruder nur wenig Interesse gezeigt hatte. Je mehr wir seine Lust auf Süßes als etwas zu Regulierendes oder zu Eliminierendes behandelten, desto mehr war er auf Süßigkeiten aus. Es folgt nun die Geschichte, wie wir Ben von dieser Obsession kurierten, ihn in einen Weintrauben-Freak verwandelten und unser Bestes taten, um zu verhindern, dass er einmal einer dieser Menschen würde, die ein Pfund Pralinen verdrücken, wenn sie gestresst oder deprimiert sind. (Tatsächlich kann man die zukünftigen Essgewohnheiten eines Kindes durch die Art, wie man es ernährt und mit Essen umgeht, beeinflussen, aber sicherstellen oder verhindern kann man natürlich gar nichts.)

Die Therapeutinnen Jane Hirshman und Lela Zaphiropoulos entwickelten einen wahrhaft radikalen Ansatz, Kinder so aufzuziehen, dass sie von Konflikten um Essen und Gewicht frei bleiben, und stellten ihn in ihrem ersten Buch *Are You Hungry?*[4] vor. Als das Buch 1985 erschien, war Ben in der zweiten Klasse und Matthew in der sechsten. Wahrscheinlich hätte ich nur den Klappentext überflogen, wenn ich die Autorinnen nicht gekannt und gemocht hätte. Bei näherer Betrachtung fand ich ihren Ansatz jedoch faszinierend, und es gelang mir, Steve zu überzeugen, dass wir ihn ausprobieren sollten.

Die zentrale Idee des Buches ist täuschend einfach: Kindern wird in Sachen Ernährung vollständige Freiheit gelassen. Das oberste Prinzip ist Selbststeuerung. Eltern geben Kindern aller Altersstufen im Wesentlichen nur folgende Richtlinien vor: »Iss, wenn du hungrig bist, iss, was du magst, und hör auf, wenn du satt bist.« Kinder entscheiden selbst, was sie essen und wann sie essen, immer in Übereinstimmung mit ihrem eigenen Hungergefühl. Wenn wir erwachsen sind, essen wir natürlich aus allen möglichen anderen Gründen als physischem Hunger oder simpler Freude am Essen, aber der entscheidende Punkt ist, Kindern beizubringen, auf die Signale ihres Körpers zu achten.

Das Programm von Hirshman und Zaphiropoulos macht Schluss mit den »verbotenen Früchten«. Schokolade ist nicht »besser« oder »schlechter« als Broccoli und Tofu. »Naturkost« ist nicht besser oder schlechter als Currywurst und Fritten. Alle Nahrungsmittel werden legalisiert und entmystifiziert. Nach dieser Methode wäre die Botschaft: »Suzie, iss erst deine Schokokekse auf, dann kannst du auch deinen Broccoli bekommen« genauso einleuchtend wie die umgekehrte Aussage. Wenn man einem Kind bestimmte Nahrungsmittel wie Schokoriegel und Cola nicht zugänglich macht und den Verzehr verbietet, wird sein Wunsch nach diesen Dingen, wie die Autorinnen betonen, nur umso stärker werden. Die »verbotenen Früchte« sind verführerischer als alles, was erlaubt ist; sie erscheinen in strahlendem Licht. Sobald diese Nahrungsmittel legalisiert und in großen Mengen zugänglich sind, sodass ein Kind sie auch mit größtem Appetit nicht alle auf einmal aufessen kann, wird das Kind zunächst darüber herfallen und später in aller Regel das Interesse daran verlieren. In der Praxis ist dieser Ansatz um drei simple Fragen zentriert, die man einem Kind stellt:

◆ »Hast du Hunger?«
◆ »Was möchtest du essen?« (»Worauf hast du Hunger?«)
◆ »Bist du satt?«[5]

Im Lauf der Zeit lernen die Kinder, von sich aus und von innen heraus zu entscheiden, wann sie essen wollen und wann es genug ist. Wenn Sie dieses Programm erproben wollen, müssen Sie natürlich darauf achten, dass Ihr Kind keine gesundheitlichen Probleme hat, die ein solches Vorgehen verbieten, und Sie müssen genug Geld haben, um dem Kind die Nahrungsmittel seiner Wahl zu kaufen (wobei Sie die Anzahl der Wahlmöglichkeiten Ihrem Budget entsprechend beschränken sollten). Der schwierige Teil liegt darin, die Entscheidungen Ihrer Kinder zu unterstützen, ohne in panische Ängste zu verfallen, dass Ihre Familie von Krankheit und Chaos heimgesucht werden wird, dass die Zähne Ihrer Kinder verrotten und ausfallen werden und, schlimmer noch, dass Sie selbst mitten in der Nacht in die Küche schleichen und über den Kartoffelchips- und Gummibärchen-Vorrat Ihrer Tochter herfallen könnten.

## Die Theorie in die Praxis umsetzen

Zuerst erläuterten Steve und ich unseren Kindern das neue Programm. Sie schauten uns an, als hätten wir gerade verkündet, dass wir unter unserer menschlichen Hülle in Wahrheit Außerirdische seien. Dann bekam jeder der Jungen in einem Regal in der Speisekammer sein eigenes Fach, das für alle anderen tabu war; niemand außer dem »Eigentümer« selbst durfte Nahrungsmittel daraus entnehmen. Als Nächstes ging ich mit Ben und Matt in den Supermarkt, um Vorräte einzukaufen – von allem, was sie wollten. Ich ermutigte sie, was immer sie wünschten, in riesigen Mengen in den Wagen zu packen, denn ein Kind kann besser taxieren, wann es genug hat, wenn es ihm nicht möglich ist, eine bestimmte Lieblingsspeise auf einmal aufzuessen.

Wenn ein Kind zum Beispiel weiß, dass immer eine Kilopackung Schokonüsse im Regal steht, kann es davon essen, wenn es hungrig ist, und aufhören, wenn es satt ist, in der Gewissheit, dass der Vorrat ausreichen wird. Ich wies daher auf schwindende Vorräte hin, lange bevor sie zu Ende gingen, und unsere Jungen merkten, dass es Steve und mir mit dem, was wir über ihre Freiheit in der Wahl ihres Essens gesagt hatten, wirklich ernst war. Außerdem hatten wir immer eine reichliche Auswahl an gesunden Nahrungsmitteln im Haus, unter denen sie wählen konnten. Anfangs fraß Ben sich bis zum Platzen mit Süßigkeiten voll, aber nachdem wir eine Weile bei unserem Programm geblieben waren, änderte sich das allmählich, und Süßigkeiten wurden einfach zu einem Nahrungsmittel unter anderen.

Diesen ersten Einkauf im Supermarkt werde ich allerdings nie vergessen, denn ich hatte das Pech, meinem Supervisor und einer meiner Therapie-Klientinnen in die Arme zu laufen (Topeka ist eine Kleinstadt). Meine Jungen rannten wie die Irren zwischen den Regalen auf und ab und warfen die knallbunten Tüten voller Leckereien, die so lange auf dem Index gestanden hatten, in Mengen in den Einkaufswagen, während ich tief zu atmen und ihre Wahl zu unterstützen versuchte. Der Inhalt meines Einkaufswagens und die Worte, die ich mit meinen Söhnen wechselte (»Bist du sicher, Matt, dass vier Tüten Gummibärchen genug sind?«), hätten auch den unbefangensten Beobachter auf die Idee gebracht, dass eine Zwangseinweisung in die Psychiatrie für mich das Beste wäre. Da Halloween nicht vor der Tür stand und da ich keine Möglichkeit sah, mich zu erklären, ging ich einfach davon aus, dass mein Ruf nun ruiniert wäre, und beließ es dabei.

Einige Jahre später waren wir bei meiner Freundin Ellen Safier zu einem Sedermahl zum Passahfest eingeladen. Als der Abend voranschritt, fiel mir auf, dass viele der Kinder sich um das Dessert-Büfett drängten und – von ihren Eltern unbeobachtet – wie die Heuschrecken über die Süßspeisen herfielen. Aber mein Sohn Ben war nicht dabei. Er hatte sich an den Tafelaufsatz mit dem Obst herangepirscht. Ich sah, wie er sich vorsichtig umschaute und dann, in dem Glauben, unentdeckt zu sein, auf die Weintrauben losging. Er aß davon, so viel er konnte, und stopfte sich den Rest in die Taschen. Steve und ich hatten uns schon vor Bens Geburt einer Boykottaktion der kalifornischen Farmarbeitergewerkschaft angeschlossen und jahrelang keine Weintrauben mehr gekauft. Ben war hinter den »verbotenen Früchten« her.

Hirshman und Zaphiropoulos beantworten auch die nahe liegenden Fragen, die Eltern stellen werden: »Die gemeinsame Mahlzeit ist doch wichtig für das Gemeinschaftsgefühl in der Familie; was soll an die Stelle treten?«; »Was tun, wenn mein Kind Nahrungsmittelallergien hat?«; »Was ist mit Zahnverfall, mit ausgewogener Ernährung?«; »Was geschieht, wenn mein Kind bei Freunden zu Besuch ist? Und wenn es nun nie wieder Gemüse isst?« Auch wenn wir nicht bereit sind, einem so radikalen Ansatz zu folgen, kann es uns nur von Nutzen sein, in Bezug auf die Essgewohnheiten von Kindern neue Wege einzuschlagen und zu einer flexibleren Einstellung zu kommen. Dann können wir uns selbst kreative Lösungen einfallen lassen.

Eine Frau, die bei mir in Therapie war, hatte drei Kinder im Alter von sechs, neun und elf Jahren. Sie kämpfte ständig darum, die Kinder dazu zu bringen, die Gerichte zu essen, die sie mit großer Sorgfalt für die Familie zubereitete. Als die Machtkämpfe und die verletzten Gefühle unerträglich wurden, kochte sie für die Kinder extra, was mehr Arbeit für sie bedeutete – und die Atmosphäre zur Essenszeit noch gespannter machte. Das emotionale Klima entspannte sich beträchtlich, als sie einen neuen Plan fasste. Sie kochte ein Gericht für die ganze Familie, und wenn die Kinder es nicht mochten, konnten sie Obst und Müsli essen oder sich ein Sandwich machen. Sie hatte immer genügend gesunde Nahrungsmittel im Haus, und es blieb den Kindern selbst überlassen, sich ihre alternativen Mahlzeiten herzurichten. Man muss kein Genie sein, um sich einen Plan einfallen zu lassen, mit dem alle leben können, aber von fixen Ideen in Bezug auf das Essverhalten von Kindern muss man sich in der Tat lösen. Wir blieben nicht allzu lange bei dem radikalen Programm, aber wir fanden unsere eigene, modifizierte Version, die wir fortsetzten. Ben und Matthew sagen heute, die Episode sei einfach eine unserer typischen blödsinnigen Ideen gewesen, aber in diesem Punkt bin ich völlig anderer Meinung. Aus meiner Sicht war das Experiment einer der interessantesten Ausflüge in das Reich des kreativen Elternverhaltens. Bens Fixierung auf Süßigkeiten verschwand, und in unserer Familie gab es nie wieder Streit um Essen oder Ernährung.

Ich will nicht darauf hinaus, dass alle Eltern diesem speziellen Ansatz folgen oder ihn auch nur gutheißen sollten. Ellyn Satter[6], eine weitere Expertin für das Essverhalten von Kindern, schlägt ein moderateres, individualisierteres Programm vor, aber auch sie geht von dem Grundsatz aus, dass Eltern ein entspanntes, ruhiges Klima rund um Essen und Ernährung schaffen sollten, das den Kindern erlaubt, selbst zu bestimmen, was sie essen wollen. Die meisten Eltern, mit denen ich therapeutisch arbeite, neigen dazu, das Essverhalten ihrer Kinder exzessiv zu kontrollieren, und wir alle können nur profitieren, wenn wir uns lockern und unsere habituellen, festgefahrenen Vorstellungen zu diesem Thema aufgeben. Wenn Sie befürchten, dass Ihre Tochter eine Essstörung entwickeln könnte, halten Sie sich vor Augen, dass die Intensität der elterlichen Fixierung auf ein Problem ebendieses Problem oft verschlimmert. Wenn Ihr Sohn eine genetische Disposition zur Fettleibigkeit hat, wird er nur umso gieriger essen, wenn Sie versuchen, ihn auf eine strikte Diät zu setzen oder zu kontrollieren, wie viel er isst.

Im 16. Kapitel werde ich mich detailliert mit einem um das Essen zentrierten familiären Problem auseinander setzen, das eskalierte und außer Kontrolle geriet. Aber lassen Sie uns nun vom Thema Essen zum Thema Sexualität übergehen – vom Regen in die Traufe.

## Bringt Sex die Lügner und Heuchler in uns zum Vorschein?

Trotz des emotionalen Gepäcks, das viele Familien in Sachen Ernährung mit sich herumtragen, sagen mir viele junge Menschen, dass sie die familiären Botschaften rund um das Essen im Rückblick als überwiegend positiv in Erinnerung haben. Ein junger College-Student drückte es so aus: »Meine Mutter kochte mit Leidenschaft. Ich lernte, dass Essen eine der größten Freuden im Leben ist, dass es ein Weg ist, anderen zu zeigen, dass man sie liebt und sich für sie interessiert, dass die Geschmäcker unterschiedlich sind, dass es gut ist, neugierig und experimentierfreudig zu sein, und dass Essen dazu da ist, wirklich genossen zu werden.« Im Gegensatz dazu reflektieren die »Sex-Botschaften« von Eltern selten eine so positive, lustorientierte, lebensbejahende Haltung. Ich weiß, das ist nicht neu, aber es lohnt sich, darüber nachzudenken.

Ich las gerade einen Zeitungsartikel mit dem Titel »Wie beantworten Sie die peinlichen Sex-Fragen Ihrer Kinder?« Zahllose Kinder- und Jugendpsychologen haben sich mit diesem Thema beschäftigt. Was allerdings selten angesprochen wird, ist die Frage, warum das Thema Sex Erwachsenen so peinlich ist und wie wir unsere eigenen Komplexe mit klarem Blick betrachten können, sodass wir sie nicht an die nächste Generation weitergeben.

Susie Bright[7], meine Lieblingsautorin auf diesem Feld, erinnert an die puritanische Tradition in den USA und weist darauf hin, dass gerade amerikanische Erwachsene dazu neigen, im Hinblick auf sexuelle Praktiken, die ihnen neu sind, sehr kindische Reaktionen an den Tag zu legen. »Igitt, das ist ekelhaft!« – »Aber Liebling, du hast es doch nicht einmal versucht.« – »Das spielt überhaupt keine Rolle! Es ist widerlich; ich will nichts davon wissen!«

Wenn Erwachsene ängstlich und gehemmt mit ihrer eigenen Sexualität umgehen, sind sie vielleicht darauf versessen, das erotische Leben ihrer Kinder auszuradieren. Ich spreche hier von einer kulturellen – und nicht von einer individuellen – Neurose. Vor nur einer Generation wurde Müttern noch dringend angeraten, ihre Kinder an der Masturbation zu hindern, weil sie sonst in einem Mahlstrom des Lasters und der Unmoral enden würden. Ein Elternratgeber[8], der zu der Zeit veröffentlicht wurde, als meine Mutter eine junge Erwachsene war, behauptet, dass Kinder, die ihre zarten und heiligen Sexualorgane missbrauchen, nicht nur selbst ein schreckliches Schicksal erleiden, sondern auch kränkliche, schwächliche, lebensunfähige Nachkommen hervorbringen würden. Moderne Eltern erzählen ihren Kindern nicht mehr, dass Masturbation zu Blindheit und Wahnsinn führt, aber als Gesellschaft insgesamt sind wir in Fragen der Sexualität immer noch puritanisch und verklemmt, vor allem was unsere Töchter angeht.

## »Schauen Sie sich an, was meine Tochter liest!«

Eine Mutter schrieb mir – als Kolumnistin von *New Woman* – den folgenden besorgten Brief: »Ich fand einen Stapel erotischer Bücher unter dem Bett meiner Tochter. Sie ist im ersten Jahr auf der High School und eine gute Schülerin, aber es hat mich völlig aus der Fassung gebracht, dass sie Pornographie liest. Als Feministin bin ich davon überzeugt, dass jede Form von Pornographie uns Frauen und unsere Körper ausbeutet. Wie kann ich meine Tochter mit diesem Problem konfrontieren?«

Bevor wir unsere Töchter mit irgendeinem die Sexualität betreffenden Problem konfrontieren, sind wir es ihnen schuldig, unsere eigene Einstellung zu diesem Thema zu überprüfen. Manche (nicht alle) Formen der Pornographie beuten Frauen und weibliche Körper aus, aber dasselbe gilt für Werbeplakate, Fernseh-Shows, Pop-Videos und Filme. Die Kultur der Gegenwart ist gesättigt mit Medienbildern, die Gewalt und weibliche Unterwerfung erotisieren und weibliche Körper in einer Weise kommerzialisieren, die es Mädchen schwer macht, ihre eigene, authentische Sexualität für sich zu beanspruchen.

Diese Mutter muss nicht unter das Bett ihrer Tochter kriechen (was hatte sie dort überhaupt zu suchen?), um Beweise für diese störende Realität zu finden. Was, außer ihren feministischen Wertvorstellungen, mag diese Frau dazu getrieben haben, so negativ auf den Stapel pornographischer Bücher unter dem Bett ihrer Tochter zu reagieren? Um es ganz offen zu sagen: Der primäre Zweck von Pornographie ist, zur Masturbation anzuregen, und das ist es, was Eltern so nervös macht. Niemand, ob Jung oder Alt, bewahrt pornographische Bücher im Schlafzimmer auf, um sich zu nächtlicher Stunde an guter Literatur zu erfreuen. Pornographie will erregen und so das Vergnügen des Orgasmus steigern. Aus Gründen, die völlig irrational und in aller Regel unbewusst sind, weigern viele Eltern sich, zu glauben, dass ihre Töchter *so etwas* tun könnten. (Und sie dürfen sicher sein, dass Töchter, für ihren Teil, noch viel weniger darauf erpicht sind, sich vorzustellen, ihre Mütter könnten *so etwas* tun.)

Paradoxerweise ist unsere Kultur ebenso sexbesessen wie puritanisch. Auf der puritanischen Seite geben wir vor, dass Sexualität in der Erfahrung unserer Töchter keinen Raum hat, es sei denn, sie wäre mit Liebe und Ehe oder zumindest mit partnerschaftlicher Verbundenheit, Intimität oder Spiritualität gepaart. Wenn wir selbst solchen Vorstellungen anhängen, ist daran nichts auszusetzen, solange wir anerkennen, dass andere Menschen andere Haltungen vertreten und dass Sexualität für Menschen in verschiedenen Lebensaltern verschiedene Bedeutungen hat. Vielleicht macht Pornographie uns nervös, weil sie uns daran erinnert, dass Sex und Liebe nicht notwendigerweise zusammengehen müssen, dass Sex an sich der reine, ekstatische Genuss sein kann. Susie Bright weist darauf hin, dass in dem Augenblick, in dem die Spannung sich im Orgasmus löst, niemand (unsere Söhne und Töchter eingeschlossen) daran denkt, wie es ist, zu zweit im Mondschein spazieren zu gehen und Händchen zu halten.

Zugegeben, Pornographie ist schlechte Literatur. Manche Formen von Pornographie sind abstoßend, ja Ekel erregend. (Wenn pornographische Bücher geschmackvoll oder »künstlerisch« gestaltet sind, nennen wir sie »Erotika«.) Aber vielen Müttern ist es aus denselben Gründen unangenehm, »schmutzige Bücher« im Zimmer ihrer Tochter zu finden, wie es ihnen unangenehm ist, ihrer kleinen Tochter zu erklären, dass sie eine Klitoris hat (und nicht nur eine Vagina) und wozu dieser Körperteil gut ist. Die amerikanischen Sex-Gurus Susie Bright und Leonore Tiefer[9] erinnern uns daran, dass sexuelle Aktivitäten zum reinen Vergnügen, solo oder in Gesellschaft, nicht die schlechte Presse verdienen, die sie bekommen.

Was würde ich also tun, wenn ich diese Mutter wäre? Ich würde die Situation vielleicht ignorieren oder sie gelassen nebenbei erwähnen. Wenn ich mich von den Büchern abgestoßen fühlte, würde ich meiner Tochter erklären, was mich daran stört. Im Interesse eines offenen, sinnvollen Gedankenaustauschs würde ich jede moralisierende Haltung vermeiden. Wenn ich das Material in den Büchern als Anstoß erregend und beleidigend empfände (und so empfinde ich Pornographie in der Tat), würde ich ihr sagen, dass ich die Bücher nicht im Haus haben möchte, aber ich würde auch klarstellen, dass ich nicht kontrollieren kann, was sie liest, und dass sie sich letztlich von ihren eigenen Wertvorstellungen und Überzeugungen leiten lassen muss. Meinen Söhnen gegenüber würde ich mich genauso verhalten.

Diese Mutter sollte sich auch vor Augen führen, dass ihre Tochter bald auf eigenen Füßen stehen wird. In dem Alter, in dem sie jetzt ist, braucht sie es am meisten, dass ihre Mutter Zutrauen ausdrückt und sie in ihrer Fähigkeit bestätigt, klug zu experimentieren und ihre eigene Wahl zu treffen. Die Herausforderung für diese Mutter liegt darin, offen mit ihrer Tochter zu sprechen und ihre eigenen Wertvorstellungen und Überzeugungen zu vermitteln, während sie gleichzeitig das Recht ihrer Tochter respektiert, die Dinge anders zu sehen. Außerdem sollten wir uns als Eltern immer vor Augen halten, dass die Intensität unserer Missbilligung das Interesse eines Sohnes oder einer Tochter am Verbotenen nur steigert und, was noch wichtiger ist, dazu führen kann, dass die Kommunikation zum Erliegen kommt.

## Stehen Sie zu Ihren Überzeugungen – aber nicht, ohne nachzudenken!

Nehmen wir ein anderes Beispiel: Eine Mutter sucht meinen Rat, weil sie und ihr Mann dem Wunsch ihrer zwölfjährigen Tochter Emily, nackt zu schlafen, mit Unbehagen gegenüberstehen. Sie fürchten, dass die Nacktheit das Kind zur Masturbation verführen wird. Außerdem machen sie sich Sorgen, dass Emily vielleicht unwillkürlich nackt aus ihrem Zimmer herausspazieren könnte. »In welchem Alter ist es für ein Mädchen angemessen, nackt zu schlafen?«, fragt diese Mutter. »Wie antworte ich auf Emilys Argument, dass sie sich ohne Pyjama einfach wohler fühlt? Ich weiß nicht, was ich sagen oder tun soll.«

Aus meiner Sicht ist es in jedem Alter in Ordnung, nackt zu schlafen, wenn die Familienmitglieder entspannt damit umgehen können und wenn die Intimsphäre der Einzelnen respektiert wird. Ich sage meiner Klientin auch, dass Masturbation völlig normal ist und dass sie Emilys Hände an den Bettpfosten festbinden oder andere extreme Maßnahmen ergreifen müsste, um sie daran zu hindern, denn auch mit einem Pyjama bekleidet würde sie zweifellos darauf kommen, wie sie sich selbst berühren kann.

Die Reaktion dieser Eltern reflektiert vermutlich ihre Ängste in Bezug auf die keimende Sexualität ihrer Tochter oder Probleme mit ihrer eigenen Sexualität – denn das Schlafen ohne Pyjama als solches dürfte kaum Anlass zu so viel Sorge und Aufregung geben. Das erotische Leben von Mädchen ist für viele Eltern ein besonders angsteinflößendes Thema, denn insgeheim wünschen sie vielleicht, ihr Töchterchen möge von sexuellen Gelüsten so frei und unberührt sein wie Schneewittchen. Ich riet dieser Frau, mit ihrem Partner über das Thema Sexualität im Gespräch zu bleiben, unabhängig davon, wie das Pyjama-Problem letztendlich gelöst werden würde.

Als Denkanstoß stellte ich ihr einige Fragen, die sie selbst und ihre eigene Erfahrung betrafen: »Welche Botschaften vermittelten Ihre Eltern Ihnen über Ihren Körper und Ihre Sexualität, als Sie heranwuchsen? Wie fühlten Sie sich mit Ihrer erwachenden Sexualität, als Sie in Emilys Alter waren? Wie war das emotionale Klima in Ihrer Herkunftsfamilie: allzu prüde oder allzu freizügig? Kam es je dazu, dass Ihre Intimsphäre verletzt wurde? Wie offen sprechen Sie und Ihr Mann über Sexualität und wie gut kennen Sie einander als sexuelle Wesen?«

Wenn diese Frau und ihr Partner offen darüber sprechen können, was sie beide aus ihrer Kindheitsgeschichte und ihren gegenwärtigen Lebensverhältnissen mitbringen, was das Thema Sexualität angeht, wird es ihnen leichter fallen, ihre emotionalen Reaktionen und ihre bewussten Erwägungen auseinander zu halten. Die Pyjama-Frage ist nur der Anfang einer langen Reihe von Herausforderungen, mit denen eine Tochter im Teenager-Alter sie konfrontieren wird.

So weit, so gut. Der entscheidende Punkt ist aber, dass diese Mutter und dieser Vater für ihre Familie verantwortlich sind und in ihrer Familie das Sagen haben. Es ist ihr gutes Recht, ihr eigenes Wohlbefinden in ihre Überlegungen einzubeziehen, wenn sie Regeln für ihre Kinder setzen. Wenn beide nicht wollen oder wenn eine Seite sich mit dem Gedanken, dass Emily nackt schläft, sehr unwohl fühlt, müssen sie es nicht erlauben. Was das »Wie-sag-ich's-meinem-Kind« angeht, gab ich Emilys Mutter den folgenden Rat:

»Wenn die Antwort Nein ist, bleiben Sie entspannt und gelassen. Argumentieren Sie nicht mit Emily und geben Sie keine langatmigen Rechtfertigungen für Ihre Sichtweise ab. Versuchen Sie es lieber so: ›Weißt du, Emily, dein Dad und ich sind altmodisch. Uns ist es einfach lieber, wenn du einen Pyjama trägst.‹ Wenn es Emily sehr wichtig ist, sich mit ihrem Wunsch durchzusetzen, und wenn sie darauf beharrt, tun Sie Ihr Bestes, ihr aufmerksam zuzuhören. Dann ist es okay, zu sagen: ›Ich verstehe dich, Emily; was du sagst, leuchtet mir ein. Ich behaupte auch nicht, dass ich Recht habe und du Unrecht. Ich sage nur: Du bist nun einmal mit altmodischen Spießer-Eltern geschlagen. Wir schliefen in Pyjamas, als wir in deinem Alter waren, und wir erwarten dasselbe von dir.«[10]

Wenn unter Familienmitgliedern Meinungsunterschiede aufkommen, heißt das nicht, dass eine Person im Recht und die andere im Unrecht ist. Emilys Wunsch, nackt zu schlafen, ist völlig legitim, und das Unbehagen ihrer Mutter ist ebenfalls legitim. Die Herausforderung für diese Mutter liegt darin, das Problem mit ihrem Mann offen zu diskutieren, zu einer klaren Haltung zu kommen, die anders gearteten Gedanken und Gefühle ihrer Tochter (Wut und Enttäuschung eingeschlossen) dennoch zu respektieren und nicht zu versuchen, Emily zu ihrer Sichtweise zu bekehren.

## »Sexualkunde ist Mumpitz«

Ich besuche meine Freundin Miriam, die ich seit unserer gemeinsamen Studienzeit kenne. Ihre siebzehnjährige Tochter Casey platzt mitten in unsere Unterhaltung hinein und verkündet überraschend und ohne Vorwarnung: »Ich werde keinen Sex haben, bevor ich verheiratet bin!«

»Das ist toll, Schatz!«, zirpt Miriam zuckersüß. Ende der Konversation.

Da ich Miriam sehr gut kenne, überrascht mich ihre Reaktion auf die Proklamation ihrer Tochter. Zunächst einmal stellte sie Casey nicht eine einzige Frage, etwa: »Wirklich, warum denn?« oder: »Wie bist du denn zu diesem Entschluss gekommen?« Miriam machte gar nicht den Versuch herauszufinden, ob Caseys Zölibatsgelübde auf Angst beruhte (Angst vor Schwangerschaft, ansteckenden Krankheiten oder dem Verlust ihres guten Rufs) oder auf einer schlechten sexuellen Erfahrung oder auf anderen Erwägungen. Miriam fragte Casey nicht, ob ihre »Sex – nein danke«-Politik sich nur auf den Sexualakt als solchen bezog oder auch Petting einschloss oder etwas völlig anderes bedeutete. Sie machte sich auch keine Gedanken darüber, warum Casey ihre Proklamation gerade an diesem speziellen Nachmittag abgegeben hatte, und nicht letzte Woche oder zu irgendeinem anderen Zeitpunkt. Vielleicht signalisierte diese überraschende Erklärung, dass in Caseys Leben etwas Wichtiges vorgefallen war, etwas, worüber sie vielleicht gern sprechen würde.

»Casey hat in ihrer High School Unterricht in Sexualkunde;

vielleicht ist sie dadurch auf diese Idee gekommen«, spekuliert Miriam als Antwort auf meine neugierigen Fragen.

Es würde mich gar nicht wundern, wenn Miriam damit Recht hätte. »Sexualerziehung« in den USA drehte sich immer und ewig nur um unerwünschte Schwangerschaften, Krankheiten und das »Nein« zur Sexualität in der Adoleszenz. In aller Regel geht es in diesem Unterricht nicht darum, Teenagern zu einem klaren Verständnis von Sexualität zu verhelfen, in einer offenen, entspannten Atmosphäre, die ihnen erlaubt, sich über ihre authentischen Bedürfnisse klar zu werden und zu artikulieren, was ihrer eigenen Meinung nach richtig für sie ist. Wenn das Nein zum Sex von oben diktiert ist und sich auf Furcht und äußeren Druck gründet, ist es keine echte Wahlmöglichkeit. Und es ist auch unwahrscheinlich, dass es aufrechterhalten wird, wenn Mädchen in sich selbst nicht die Vollmacht und die Berechtigung spüren, je uneingeschränkt Ja zur Sexualität zu sagen.

»Willst du damit sagen, dass der Sexualkundeunterricht in der Schule Teenager ermutigen sollte, sexuell aktiv zu werden?«, fragt Miriam ungläubig, als ich ihr meine Gedanken mitteile. »Nein«, antworte ich. »Teenager brauchen keine Ermutigung, um sexuell aktiv zu werden. Sie tun es so oder so. Ich sage nur, dass es genug Raum für eine authentische Auseinandersetzung mit dem Thema und für Meinungsvielfalt geben sollte.«

Das offene, ehrliche Gespräch ist ein rares Gut für unsere Kinder, wenn es um das Thema Sexualität geht. Sie haben keinen sicheren Freiraum, der ihnen erlaubt, wichtige Fragen zu stellen oder auch nur zu entdecken, was sie vielleicht fragen wollen. Als ich das letzte Mal eingeladen war, vor einer Gruppe von High-School-Schülerinnen über »Sex und Intimität« zu sprechen, drückte mir der Veranstalter einen Zettel in die Hand, bevor ich den Klassenraum betrat, mit der Notiz »Wir möchten Sie bitten, das Thema Homosexualität nicht zu erwähnen«. Ich wusste, dass ein homosexueller Schüler erst vor vier Wochen einen Selbstmordversuch unternommen hatte, und beschloss, die Notiz zu ignorieren.

Später versuchte ich zu verstehen, was die Schulleitung zu dieser Botschaft inspiriert hatte. Der Verwaltungsdirektor, von dem diese informelle »Rühret-nicht-daran«-Politik ausging, war sich darüber im Klaren, dass manche Schülerinnen und Schüler dieser großen High School homosexuelle oder lesbische Eltern hatten und dass ein gewisser Prozentsatz der Kinder heterosexueller Eltern an dieser Schule selbst homosexuell oder lesbisch war.

Was, glaubte er, würde dadurch gewonnen werden, wenn ich in meiner Diskussion mit den Schülerinnen so tat, als existierte Homosexualität nicht? Selbst wenn Schwule und Lesben nur einen winzigen Bruchteil der Weltbevölkerung ausmachten (was nicht der Fall ist), was würde dabei herauskommen vorzugeben, dass wir alle heterosexuell sind, außer Scham, Heimlichtuerei, Totschweigen, Stigmatisierung und erzwungener Isolation – und vielleicht sogar einem weiteren Selbstmord unter jenen, die auf so unakzeptable Weise »anders« sind?

Wie sich herausstellte, hatte dieser Verwaltungsdirektor Angst vor Zensur und vor der Missbilligung der Elternschaft, denn erst kürzlich hatte es aus Elternkreisen heftige Proteste gegen den Sexualkundeunterricht für die Mädchen gegeben. Tatsächlich stand der fragliche Unterrichtszyklus unter dem Motto »Leben und Familie«, und nur drei Unterrichtsstunden waren dem Thema »Sexualität und Fortpflanzung« gewidmet.

Mädchen erfahren das höchste Maß an sexueller Verwirrung und Beschränkung und tragen sie oft ungebrochen in ihr erwachsenes Leben hinein. Susie Bright, die vor Jahren in San Francisco in einem Sexshop für Frauen arbeitete, hörte wieder und wieder, wie Frauen sagten: »Ich weiß nicht, wo meine Klitoris ist, und ich bin nicht sicher, ob ich je einen Orgasmus gehabt habe.« Nicht ein einziger Mann, so Bright, sagte ihr je: »Ich weiß nicht, wo mein Penis ist, und ich bin nicht sicher, ob ich schon einmal einen Orgasmus hatte.« Männer haben keine Lokalisierungsprobleme, obwohl auch sie unter vielen sexuellen Ängsten und Unsicherheiten leiden. Teenager werden nicht ermutigt, die Fragen zu stellen, die sie wirklich beschäftigen, und sie finden auch nicht leicht Anleitung, wie sie vernünftig und sinnvoll mit ihrer Sexualität experimentieren können. Der Versuch, Jugendliche durch Abschreckung vom Sex fern zu halten oder gewisse Themen totzuschweigen, erzeugt am Ende nur das Gegenteil des erwünschten Effekts; die Wahl, die Mädchen und Jungen in Sachen Sex treffen, wird unter solchen Bedingungen nur umso angstgetriebener, unbedachter und impulsiver sein.

## Die Jungfräulichkeit unserer Töchter

Warum sagte meine Freundin Miriam »Schatz, das ist toll!«, als Casey ihre »Sex – nein danke«-Proklamation abgab? Ich kenne Miriam seit rund dreißig Jahren; *sie* hatte Sex vor der Ehe, und zwar jede Menge. Als ihre Vertraute war ich in alles eingeweiht, ihre ekstatischen und auch ihre katastrophalen erotischen Abenteuer auf dem College, an der Uni und darüber hinaus. Ich weiß, dass die Gesamtsumme ihrer Liebhaber sich auf eine zweistellige Zahl belief, bevor sie im Alter von zweiunddreißig Jahren den Mann ihres Lebens traf und heiratete. Sie bereut ihre sexuelle Vergangenheit nicht – nicht einmal die unglücklichen Episoden, aus denen sie lernte.

»Ich habe Angst vor Aids«, sagt Miriam reflexhaft, »also ist es mir lieber, wenn Casey in ihrer College-Zeit nur wenige Sexualpartner hat, bevor sie eine feste Bindung eingeht.« Ich verstehe Miriams Ängste, aber wenn man von einer strikt zölibatären Lebensweise einmal absieht, geht es bei der Prävention von Aids in erster Linie um die Selbstdisziplin, *immer* »Safer Sex« zu praktizieren, und nicht vorrangig darum, die Anzahl seiner Sexualpartner zu beschränken. Aids ist keine Strafe für sexuelle Exzesse und keine Krankheit, die nur verantwortungslose Sex-Besessene trifft, auch wenn unsere Gesellschaft uns das glauben machen möchte. Es ist eine weit verbreitete Illusion, dass man sich nicht mit Aids infizieren kann, wenn man nur mit einem Partner oder wenigen Partnern schläft – so als könnte der Fluch nur Leute treffen, die »zu weit gehen« oder sich sexuellen Ausschweifungen hingeben. Eine Studie der Brown University von 1990, an der neunzig HIV-positive Frauen teilnahmen, kam zu dem Ergebnis, dass die Teilnehmerinnen durchschnittlich drei langfristige Sexualpartner hatten. Die Beschränkung auf einen oder zwei Sexualpartner schützt unsere Töchter nicht vor dem Risiko einer HIV/Aids-Infektion, wenn sie uninformiert oder unbedacht sind, Pech haben, zum Beischlaf gezwungen werden oder mit einem untreuen »monogamen« Partner zusammen sind – mit einem Wort: wenn sie es je unterlassen, Safer Sex zu praktizieren.

Sex macht auch die Besten von uns zu Heuchlern. Der Widerspruch zwischen Miriams eigenen sexuellen Experimenten und ihrer Reaktion auf Caseys Erklärung war eklatant. War das wirklich dieselbe Person, die mir einmal sagte, Frauen, die ohne sexuelle Erfahrung in die Ehe gingen, täten ihr Leid? Miriam fand nicht nur, dass ein gewisses Maß an sexueller Vielfalt und Experimentierfreudigkeit vor der Ehe dem Leben erst die rechte Würze gab, sie war auch davon überzeugt, dass sexuelle Erfahrung den unschätzbaren Wert hatte, einer Frau klar unterscheiden zu helfen, ob ein Mann sie nur erotisch reizte oder ob er für die Ehe oder eine langfristige Beziehung geeignet war.

Was diesen Punkt angeht, stimme ich zu. Viele Frauen unterscheiden nicht zwischen einem guten Sexualpartner und dem Mann (oder der Frau), dem sie ihre Liebe schenken. »Im Bett geht's fantastisch mit uns«, sagen sie sich stattdessen, »das muss was Ernstes sein. Vielleicht sollten wir heiraten.« Aber wenn die erotische Intensität und das Verschmelzungsgefühl beim Sexualakt das Einzige ist, was das Paar zusammenhält, ist der Zerfall der Beziehung vorprogrammiert. Sex wird mit Verliebtheit oder Liebe verwechselt, und das führt zu schlechter Urteilsfähigkeit, unerträglicher Sehnsucht oder einem gebrochenen Herzen. Miriam und ich sind uns darin einig, dass es für eine Frau nur von Vorteil sein kann, wenn sie fähig ist, sich zu sagen: »Dieser Typ reizt mich sexuell, aber damit hat sich's auch; weiter will ich die Beziehung nicht gehen lassen.«

Warum also reagierte Miriam mit impulsivem Enthusiasmus auf das Keuschheitsgelübde ihrer Tochter? Manche Mutter wacht vielleicht ängstlich über die Jungfräulichkeit ihrer Tochter, weil ihre religiösen Wertvorstellungen es so verlangen. Oder ihre berechtigte Angst ist durch die Allgegenwart der sexuellen Gewalt gegen Frauen motiviert und durch die unwiderlegbare Tatsache, dass unsere Gesellschaft nur Frauen (und homosexuelle Männer) als promiskuitiv und schlimmer etikettiert. Wenn sie der Auffassung anhängt, dass Abtreibung Mord ist, wird sie Sex vor der Ehe allein aus diesem Grund ablehnen, denn Verhütungsmethoden können versagen, und eine Jugendliche, die gezwungen ist, ein unerwünschtes Kind auszutragen und aufzuziehen oder zur Adoption freizugeben, ist eine Kandidatin für unermessliche Leiden. Darüber hinaus fühlen viele Mädchen im Teenager-Alter sich unter Druck gesetzt, sexuell aktiv zu werden, obwohl sie es eigentlich nicht wollen. Aber das alles war es nicht, was Miriam bewegte. Als wir eingehender über das Thema sprachen, gab sie zu, dass sie gar keine Ahnung hatte, warum sie Caseys Erklärung mit spontanem Applaus bedachte, von der Tatsache abgesehen, dass sie reagiert hatte, ohne nachzudenken. Und natürlich wusste sie aus Erfahrung, dass die Einstellung ihrer adoleszenten Tochter sich am nächsten Tag wieder ändern konnte.

Ich hoffe, dass Miriam das Gespräch mit Casey fortsetzen wird. Nicht, dass sie ihre Tochter ermutigen sollte, sexuelle Abenteuer zu suchen. Teenager brauchen und wünschen von ihren Eltern keinen Anstoß in diese Richtung. Als ich eine Gruppe von sechzehnjährigen Mädchen fragte, welchen Rat sie ihren hypothetischen Teenager-Töchtern in Bezug auf Sex geben würden, lautete die häufigste Antwort (in diesen oder anderen Worten): »Tu nie irgendwas Sexuelles, das du nicht willst – und das Schwierigste daran ist herauszufinden, was du wirklich willst.« Eine Jugendliche schlief mit einem Lehrer, der an ihrer New Yorker Privatschule sehr beliebt war, und anfangs war sie der Meinung, die Initiative sei von ihr ausgegangen und sie habe es so gewollt. Aber später, als sie den Machtunterschied erkannte und die emotionalen und praktischen Komplexitäten des Geschehenen besser verstand, sagte sie, sie habe das Gefühl, vergewaltigt worden zu sein.

Teenager verstehen, dass Sex intensiv, verwirrend und kompliziert sein kann, dass man sich leicht unter Druck gesetzt fühlen kann und verletzlich wird. Sie wollen auch die Anerkennung der Tatsache, dass sie sexuelle Wesen sind, dass Sex eine Kategorie ist, die weitaus mehr umfasst als den Geschlechtsverkehr, und dass viele von ihnen reif genug sind, ihre Sexualität auf ihre Weise zu zelebrieren, das heißt, klug und konstruktiv damit zu experimentieren.

Was Casey angeht, so wird sie letztendlich ihre eigenen Entscheidungen treffen, und vielleicht ganz anders entscheiden, als Miriam für sich entschied, als sie in Caseys Alter war. Vielleicht wird Casey es in kommenden Jahren genießen, verschiedene Sexualpartner zu haben, oder völlige Abstinenz vorziehen. Vielleicht wird sie Männer lieben oder Frauen oder beide Geschlechter. Vielleicht ist es ihr Wunsch, ihr Leben lang nur einen einzigen Sexualpartner zu haben. Das Beste, was Miriam tun kann, ist, die Kommunikationskanäle zwischen ihr und Casey offen zu halten, und auch offen zu sein, was ihre eigenen Wertvorstellungen und Überzeugungen betrifft. Ein solches Klima der Aufrichtigkeit wird Casey helfen, allmählich zu einer klaren Definition ihres eigenen sexuellen Selbst zu finden.

## Die Macht des Unbewussten

Wenn wir es uns gestatten, in die tiefsten Tiefen unserer eigenen Seele hineinzuhorchen, stellen wir vielleicht fest, dass unsere Reaktionen auf die Sexualität unserer Kinder sehr emotional und sehr persönlich sind. Sie reflektieren unsere eigenen Wünsche, Bedürfnisse und Ängste. Nehmen wir zum Beispiel den folgenden Bericht einer Mutter, die selbst Psychologin ist, während einer Therapiesitzung:

»Ellen (achtzehn Jahre alt) kam am letzten Samstag spät nach Hause, und ich wusste, dass sie mit ihrem Freund geschlafen hatte. Ich sprach sie darauf an, und sie gab es zu. Ich sagte in diesem Augenblick nichts dazu, aber in dieser Nacht drehte ich fast durch. Ich war so aufgeregt, dass ich nicht schlafen konnte. Warum war ich so außer mir? Ich war selbst sexuell aktiv, als ich in ihrem Alter war – also was brachte mich derartig aus der Fassung? Dann wurde mir plötzlich klar, dass ich Angst hatte, sie zu verlieren, so als würde die Macht ihrer sexuellen Gefühle sie mir entreißen. Ich stellte sie mir von einer glühenden Leidenschaft erfüllt vor, an der ich nie teilhaben würde. Mir stand die ganze Zeit ein lebhaftes inneres Bild vor Augen, mein Lieblingsfoto von uns beiden, Arm in Arm, und das Foto wurde in der Mitte durchgerissen … Vielleicht liegt es daran, dass ihre Sexualität etwas ist, woran ich nie teilhaben kann. Sie schließt mich aus. Sie löscht mich aus. Sie hält mir Ellens Getrenntheit von mir direkt vor die Nase. Ich weiß, es hört sich lächerlich an, aber Sex ist das Einzige auf der Welt, das sie nicht mit mir teilen kann, die einzige Verbindung, die mächtiger ist als das Band zwischen uns. Ich fühlte mich so furchtbar einsam, so als hätte ich mein kleines Mädchen verloren, als wäre sie in eine Welt hinausgetreten, zu der ich keinen Zugang habe, als könnte ich sie in dem engen kleinen Kreis unserer Familie nicht mehr festhalten. Ich habe nicht so reagiert, als mein älterer Sohn Marc in seiner High-School-Zeit Sex hatte. Wenn überhaupt, war ich insgeheim beruhigt, dass er sich als richtiger Mann erwiesen hatte (sprich: Gott sei Dank, er ist nicht schwul). Ich glaube, was Marc anging, hatte ich eher diese ›So-sind-Jungs-nun-mal‹-Einstellung.«

Es erfordert Selbsterkenntnis und Mut, eine emotionale Reaktion so offen zu ergründen und so frei zu artikulieren wie diese Mutter (ihre Randbemerkung über ihre homophoben Ängste eingeschlossen). Weitaus häufiger neigen wir dazu, unsere Töchter ängstlich zu überwachen, Misstrauen auszudrücken oder uns wie fundamentalistische Puritaner oder Sex-Polizisten aufzuführen. Oder wir schlagen ins andere Extrem und ignorieren sexuelle Verhaltensweisen, die angstgetrieben, selbstdestruktiv oder verletzend sind, Verhaltensweisen, die nach Strukturierung, Intervention und Hilfe schreien.

## Seien Sie prüde – warum nicht?!

In gewissen Dingen bin ich unverhüllt und unerschrocken prüde. Wenn es um die sexuellen Grenzen zwischen den Generationen geht, schwinge ich eher zu weit als zu wenig zur konservativen Seite aus. Ich habe mich vor meinen Jungen zum Beispiel nie nackt gezeigt und in ihrer Gegenwart nie Details aus meinem Sexualleben erwähnt. Ich lege größten Wert auf die Wahrung der sexuellen Privatsphäre zwischen Eltern und Kindern in jeder denkbaren Form. Hier sind einige Beispiele elterlichen Verhaltens, die ich sehr problematisch finde:

◆ Ein Vater von drei Kindern lässt seine Playboy-Hefte im Badezimmer-Regal liegen.

◆ Ein Paar mit einem kleinen Kind hat manchmal Sex, während der Dreijährige in ihrem Bett neben ihnen schläft.

◆ Eine Mutter erlaubt ihrer Tochter nicht, nachts die Tür ihres Zimmers zu schließen (so ist die Luftzirkulation besser, argumentiert sie), obwohl die Tochter sich mit dieser Regelung ausgesprochen unwohl fühlt.

◆ Eine Mutter betritt das Zimmer ihres Sohnes, ohne anzuklopfen.

◆ Ein Vater insistiert immer wieder, dass seine zwölfjährige Tochter sich auf seinen Schoß setzt, trotz des offensichtlichen Unbehagens, das die Tochter dabei empfindet.

◆ Eine Mutter kauft einen Vibrator und bietet ihrer Teenager-Tochter an, ihn ebenfalls zu benutzen.

◆ Eine Mutter fragt ihre Tochter jedes Mal, wenn diese von einem Rendezvous nach Hause kommt, nach den »pikanten Details«.

◆ Ein Vater begutachtet die knospenden Brüste seiner Tochter und sagt ihr, sie solle sich gerade halten, die Schultern zurücknehmen und »zeigen, was sie hat«.

Ich könnte diese Liste von Verhaltensweisen, von denen ich abrate, leicht weiter fortsetzen. Obwohl ich ganz und gar für offene Kommunikation bin, denke ich, dass man Kindern nie mehr sagen oder zeigen sollte, als sie hören oder wissen wollen. Ich halte es für wesentlich besser, zu weit zur altmodischen und zimperlichen Seite auszuschlagen, als zu riskieren, dass man sich aufdringlich oder sexuell stimulierend verhält oder die

Generationengrenzen verwischt und nicht wie ein Elternteil, sondern eher wie ein Gleichaltriger agiert.

Und schließlich: Wenn Jugendliche sexuell in zwanghaften, riskanten, angstgetriebenen Formen agieren oder in einer Weise, die Mangel an Achtung vor der eigenen Person oder vor anderen ausdrückt, ist das ein starkes Signal, das Eltern unbedingt beachten müssen. Solche Verhaltensweisen haben mit Sex an sich gewöhnlich wenig zu tun; sie maskieren in aller Regel tiefer gehende, wichtigere Probleme, die erkannt und thematisiert werden müssen. Wenn Sie besorgt sind und nicht wissen, was da aus dem Ruder gelaufen ist oder wie Sie mit dem Problem umgehen sollen, sprechen Sie mit den Eltern anderer Teenager oder konsultieren Sie einen Familientherapeuten. Sie müssen aber auch verstehen, dass die Sexualität oder erotische Energie Ihres heranwachsenden Kindes so einzigartig ist wie seine oder ihre Fingerabdrücke; diese machtvolle, lebendige Kraft können Sie unmöglich kontrollieren, formen oder gar auslöschen. Sie können sie nicht durch Vorschriften regulieren, und Sie können auch keinen Privatdetektiv engagieren, der die Spur aufnimmt, wenn die Funksignale Ihrer Tochter oder Ihres Sohnes von Ihrem Radarschirm verschwinden. Machen Sie also Ihre eigenen Wertvorstellungen deutlich und drücken Sie Vertrauen in die Fähigkeit Ihres heranwachsenden Kindes aus, eine kluge Wahl zu treffen. Halten Sie sich vor Augen, dass Jugendliche unter anderem durch die Art, wie sie mit Sex umgehen, ihre Unabhängigkeit von den Eltern etablieren. Wenn Sie wie ein Sex-Polizist einzuschreiten versuchen, werden Ihre Kinder nur mit mehr »Gesetzlosigkeit« auf dieser Ebene reagieren. Der wichtigste Punkt ist aber: Erwarten Sie nicht, dass Ihre Kinder Ihre eigenen Überzeugungen und Wertvorstellungen übernehmen oder die Wege beschreiten, die Sie selbst gegangen sind – nicht, was Sex angeht, und übrigens auch in keiner anderen Hinsicht.

# 10 Ihre Tochter beobachtet Sie

Unsere Kinder, insbesondere unsere Töchter, beobachten uns. Sie schauen auf uns, um sich ein Bild davon zu machen, wie ihre Zukunft aussehen könnte und was ihnen möglich sein wird. Was wir ihnen in Worten sagen, wirkt längst nicht so nachhaltig und eindrucksvoll wie das, was wir ihnen vorleben.

Das Vermächtnis einer Mutter an ihre Tochter ist komplex und umfangreich. Die Familientherapeutin Betty Carter drückt es in folgenden Worten aus:

> »Eine Mutter unterrichtet ihre Tochter über die Rolle der Ehefrau, der Geliebten, der Mutter, der Tochter, der Schwester, der Tante.
> Sie unterrichtet sie – oder unterrichtet sie nicht –, wie sie eine Hausfrau, Köchin, Gastgeberin und eine berufstätige Frau sein kann.
> Sie unterrichtet sie im Sexuellsein oder Asexuellsein oder Antisexuellsein, im Jungsein, Älterwerden und Altsein, im Geschieden- oder Verwitwetsein, im Glücklich- oder Unglücklichsein.
> Vor allem aber, ob sie es bewusst plant oder nicht, unterrichtet eine Mutter ihre Tochter darin, wie es ist, ein weiblicher Mensch zu sein, und ob das überhaupt eine lebbare Möglichkeit oder vielmehr ein Widerspruch in sich ist.«[1]

## Die Stimme des Handelns ist lauter

Nehmen wir Wanda, eine meiner Klientinnen, als Beispiel. Sie war verärgert und beunruhigt über ihre fünfzehnjährige Tochter Beth, die sich ihrem Freund gegenüber allzu passiv und unterwürfig verhielt. Wanda wollte, dass ihre Tochter Flagge zeigte, für sich selbst eintrat, sich durchsetzte. Sie geizte daher nicht mit vernünftigen feministischen Ratschlägen und ermutigte Beth, offen zu sagen, was sie dachte und fühlte, selbst auf die Gefahr hin, ihren Freund dadurch zu verprellen. Aber Wandas weise Lehren und das, was sie tatsächlich lebte, stimmten ganz und gar nicht überein.

In ihrer eigenen Ehe hielt Wanda sich zurück und sagte nie ein entschiedenes Wort, obwohl sie gebildeter und finanziell erfolgreicher war als ihr Mann Sam. Nach außen hin wirkte sie wie eine unabhängige Frau, denn sie führte ihr eigenes Kleinunternehmen und ließ sich von niemandem herumkommandieren. Aber sie schwieg zu vielen Verhaltensweisen ihres Mannes, die sie massiv störten, und heiklen Themen, wie Sams leichtfertigem Umgang mit Geld, wich sie mit der Vorsicht einer Bombenexpertin aus, die durch ein Minenfeld geht. Sie hatte keine Ahnung, wie sie es anstellen sollte, Sam die Meinung zu sagen, ihre Gedanken und Gefühle unzensiert und mehr oder minder spontan auszudrücken, oder auch nur auf einer berechtigten Klage oder Forderung so lange ruhig zu beharren, bis das Problem aus der Welt geschafft war. Wandas Vorsicht, ihre Konfliktscheu, ihr Duckmäusertum in ihrer Ehe, die Tatsache, dass sie es vermied, ihre Sorgen zu artikulieren und ihre Interessen offen zu vertreten – das alles waren eindrucksvollere Lektionen für Beth als jeder kluge feministische Rat, den sie zu bieten hatte.

Als Begründung für ihren Wunsch nach therapeutischer Beratung gab Wanda anfangs an, dass sie sich »aus unerfindlichen Gründen« depressiv fühlte. Zu Beginn unserer gemeinsamen Arbeit war Wandas »Besorgtheitsenergie« zu mindestens 80 % auf Beth fokussiert. Wanda war tief beunruhigt darüber, dass Beth sich den Dominanzansprüchen ihres Freundes widerstandslos unterwarf, und fragte sich besorgt, welches Omen für die Zukunft in diesem passiven Verhalten ihrer Tochter liegen mochte. Es kam zu einem Wendepunkt im therapeutischen Prozess, als Wanda fähig wurde, ihre besorgte Aufmerksamkeit auf ihre eigene Person umzulenken und sich mit ihrer eigentlichen Aufgabe auseinander zu setzen: nämlich in ihrer eigenen Ehe selbstbewusst, klar und entschieden aufzutreten. Um auf dieser Ebene Fortschritte zu erzielen, musste Wanda einen unbefangenen, prüfenden Blick auf die Beziehungen in ihrer Herkunftsfamilie werfen.

Wandas Eltern, Mary und Ted, jetzt beide Mitte sechzig, passten zusammen wie Topf und Deckel. Während ihrer gesamten Ehe hatte Mary immer das Sagen gehabt; sie war dominierend, kritisch und herrisch, und Ted war der passive, schweigende, duckmäuserische Teil. Ted setzte sich selten durch, nicht einmal in banalen Dingen, etwa, wie viel Geld er für ein Geschenk für seine eigenen Eltern ausgeben sollte. Er zog es vor, sich seiner Frau, die zu allem und jedem eine fertige Meinung hatte, unterzuordnen. Als Reaktion auf die Muster in seiner eigenen Herkunftsfamilie, in der die Leute wütend aufeinander losgingen, sich zerstritten und dann nie wieder miteinander sprachen, hatte er panische Angst davor, einen offenen Konflikt zu riskieren oder auch nur einen eindeutigen Standpunkt zu beziehen. Das extrem angepasste Verhalten forderte jedoch auch seinen Preis. Bewusst oder unbewusst rächte Ted sich gelegentlich hinterrücks für seine Unterdrückung, zum Beispiel indem er im Alleingang riskante, unkluge geschäftliche Transaktionen unternahm. Wenn Mary ihren Mann wieder einmal bei einer solchen verantwortungslosen Aktion erwischte, war sie fortan noch finsterer entschlossen, ihn zu überwachen und streng zu kontrollieren – und so kam es natürlich dazu, dass ein Circulus vitiosus entstand. Mary, für ihren Teil, war das überverantwortliche erstgeborene Kind von Alkoholiker-Eltern, die sich selbst nicht unter Kontrolle hatten. Überwachen, Kontrollieren, Beziehungen steuern und regulieren – das waren in Marys Jugend angemessene, sinnvolle Überlebensstrategien, die sie in ihre erwachsenen Beziehungen hineintrug – im positiven wie im negativen Sinn.

Als Wanda ihre Therapie bei mir begann, war sie – in emotionaler Hinsicht – die treue Alliierte ihres Vaters; solange sie sich zurückerinnern konnte, hatte sie immer auf seiner Seite gestanden und Partei für ihn ergriffen. Kinder, auch erwachsene Kinder, nehmen die Komplexität des ehelichen Dramas ihrer Eltern selten wahr; sie erkennen nicht, welche Rolle jeder Elternteil dabei spielt, das Verhalten des anderen zu provozieren und aufrechtzuerhalten. Oft empfinden sie vielmehr tiefe Loyalität dem Elternteil gegenüber, den sie als den »Verlierer« oder Unterlegenen, den Schwächeren oder Verletzlicheren wahrnehmen. Als Jugendliche erlebte Wanda ihre Mutter als herrschsüchtig und dominierend und ihren Vater als gepeinigt und unterdrückt. »Schon als ganz kleines Mädchen schwor ich mir, dass ich nie so werden wollte wie meine Mutter«, sagte Wanda. »Lieber wollte ich klein und still sein wie eine Maus.«

Wanda schwang in ihrer Entschlossenheit, nie das Gesicht ihrer Mutter zu erblicken, wenn sie in den Spiegel schaute, allzu weit ins andere Extrem aus. Sie bewältigte emotionale Spannungen durch extreme Distanz, und sie heiratete einen Mann, der dasselbe tat. Sie und Sam lebten in einer konfliktarmen Ehe, die aber an Intimität und Spontaneität ebenso arm war. Ihre Depression hing mit ihrer Einsamkeit und ihrem Selbstverlust in dieser Ehe zusammen. Als Ausgleich versuchte sie nun, die Seele ihrer heranwachsenden Tochter zu retten, in der Hoffnung, dass Beth die starke, selbstbewusste Frau werden würde, die sie, Wanda, selbst nicht war.

In der Therapie kam Wanda zu einem objektiveren und emphatischeren Verständnis des kontrollierenden Verhaltens ihrer Mutter und zu einer ausgewogeneren Sichtweise des elterlichen Tanzes der Konflikte. Solange sie die Stärken und die Kompetenz ihrer Mutter nicht erkennen konnte, war es ihr auch nicht möglich, an ihre eigenen Kräfte und Stärken zu glauben. Und solange sie nicht verstehen konnte, in welcher Weise ihr Vater daran mitbeteiligt war, seine Verliererrolle als Ehemann aufrechtzuerhalten, konnte sie auch in ihrer eigenen Ehe keine anderen Wege gehen. Damit soll nicht gesagt sein, dass Wanda durch die Muster der elterlichen Ehe emotional verwundet war und diese Wunde zwangsläufig an Beth weitergeben würde, wenn es in ihrer eigenen Ehe nicht gelänge, vollkommene Egalität und wechselseitige Achtung und Unterstützung zu etablieren. Im wirklichen Leben kann kein Elternpaar das perfekte emotionale Klima für die volle Entfaltung des Persönlichkeitspotenzials eines Kindes schaffen. Aber Wanda musste den Fokus ihrer Aufmerksamkeit vom Liebesleben ihrer Tochter auf ihr eigenes Liebesleben verlagern, um klarer denken und umsichtiger handeln zu können, was beide Situationen anging.

In dem Maß, in dem Wanda mit ihren eigenen Problemen vorankam, ließ ihre Fixierung auf Beth nach, und sie hörte auf zu grübeln, was das Verhalten ihrer Tochter mit fünfzehn vielleicht für eine ferne Zukunft bedeuten könnte. Diese innere Kehrtwendung erlaubte es Wanda auch, in leichterem und gelassenerem Ton mit Beth über ihre Beobachtungen und Fragen zu sprechen, ohne vorschnelle Urteile oder Kritik an ihrer Tochter und ihrem Freund. Jetzt sagte sie zum Beispiel: »Beth, ich weiß, dass du gestern ins Kino wolltest, aber als Kevin sagte, er wollte auf die Party gehen, war von dem Film überhaupt keine Rede mehr. Vielleicht irre ich mich, aber es kommt mir so vor, als ob du letztendlich immer das tust, was Kevin will. Wie hätte Kevin reagiert, wenn du mehr darauf gedrängt hättest, ins Kino zu gehen?«

In der Vergangenheit hatte Wanda ähnliche Fragen gestellt, aber mit einer Intensität und in einem kritischen Ton, der das Gespräch beendete, bevor es begonnen hatte. Jetzt ging Wanda mit genuinem Interesse auf Beth zu, ohne die Absicht oder das Bedürfnis, ihre Tochter zu ändern, was ohnehin nicht möglich war. Beth reagierte auf dieses veränderte Klima mit mehr Offenheit und gab zu, dass sie Angst hatte, ihren Freund durch ein allzu selbstbewusstes Auftreten abzuschrecken. Der wichtigste Fortschritt war aber, dass Wanda und Beth ihre offene, entspannte Kommunikation langfristig fortsetzen konnten.

Wie können wir unsere Töchter am besten ermutigen, zu sich selbst zu stehen, offen ihre Meinung zu sagen und sich nicht darum zu sorgen, ob ihren Wunschpartnern oder Erwählten dieses Verhalten auch gefällt? Bis zu einem gewissen Grad können unsere klugen Worte helfen. Die Kolumnistin Ellen Goodman zitiert eine Freundin, die ihren drei heranwachsenden Töchtern folgenden Rat gab: »Immer raus mit der Sprache! Sagt eure Meinung! Sagt offen, was ihr denkt! Der einzige Mensch, den ihr dadurch abschrecken werdet, ist euer zukünftiger Exehemann!« Das ist doch mal ein Stück emanzipatorischer Weisheit für unsere Mädchen! Je früher unsere Töchter lernen, Männer, die starke Frauen als abschreckend empfinden, als potenzielle Partner auszujurieren, desto besser.

Wir helfen unseren Kindern am besten, wenn wir uns selbst helfen, wie Wanda es tat, als sie den primären Fokus ihrer Sorge von Beth auf sich selbst verlagerte und daran arbeitete, in ihrer eigenen Ehe eine selbstbewusstere Position zu beziehen. Außerdem profitieren Kinder von einem emotionalen Klima in der Familie, das den offenen Ausdruck von Unterschieden, Differenzen und authentischen Gefühlen erlaubt. Eine solche Atmosphäre wird viel nachhaltiger wirken als alle aufgesetzten klugen Reden über Unabhängigkeit und Durchsetzungsvermögen.

Wie hoch wird Beths »Selbstbehauptungsquotient« in zehn Jahren sein? Wir können es nicht mit Sicherheit wissen. Wie uns die Arbeiten von Carol Gilligan, Mary Pipher und Peggy Orenstein[2] vor Augen führen, sind in der Gesellschaft machtvolle Kräfte am Werk, die den Einfluss von Müttern übersteigen und den Selbstbehauptungsgeist und Elan eines adoleszenten Mädchens leicht ersticken können. Wir Mütter müssen uns immer wieder daran erinnern, wie wichtig wir sind, und wie gering dennoch die Macht ist, über die wir tatsächlich verfügen. Beths Verhalten ihrem Freund gegenüber war ganz normal (das heißt: die Norm) in ihrem gleichaltrigen Umfeld, was nicht bedeutet, dass es gut für sie war. Das Elternhaus ist nur eine unter vielen Einflusssphären, durch die Mädchen lernen, was es heißt, als Frau in der Welt zu sein. Jede Heranwachsende muss sich letzten Endes ihren eigenen Weg zwischen den vielfältigen Kräften und Einflüssen bahnen, die sie an jeder Wegbiegung wieder unter Druck setzen können, ihre eigene authentische Stimme aufzugeben.

## Mutter und Tochter: Die komplexeste aller Bindungen

Töchter verfügen oft über eine besondere, geradezu seismographische Sensibilität für die Lebensqualität ihrer Mütter und die Art, wie ihre Mütter mit ihren Beziehungen umgehen. Die Tochter spürt die Einsamkeit, Enttäuschung oder Resignation ihrer Mutter und versucht, den Mangel zu beheben – auf Kosten ihrer eigenen Entwicklung. Als ich vor Jahren gemeinsam mit einer Kollegin einen Workshop zum Thema Mütter und Töchter abhielt, erzählte eine Teilnehmerin, die selbst Psychotherapeutin war, von einer Kindheitserinnerung, die diesen Punkt treffend illustriert:

Als sie klein war, langweilte sie sich bei Familienausflügen auf dem Rücksitz des elterlichen Autos und unterhielt sich damit, eine Zwillingsschwester oder vielmehr ein exaktes Duplikat ihrer selbst zu imaginieren, das neben ihr saß. Schon als kleines Mädchen wusste sie, warum sie dieses fiktive Double erfand:

> »So kann ich erwachsen werden«, sagte sie sich, »und in ferne Länder reisen und Spaß haben und Abenteuer erleben. Und meine Zwillingsschwester kann zu Haus bleiben, für Mama.«[3]

Ihre Geschichte faszinierte mich, denn obwohl die meisten Mädchen sich ihren Müttern gegenüber in dieser Weise loyal verhalten, ist es äußerst selten, dass diese Loyalität so klar artikuliert werden kann. In aller Regel nimmt das Drama seinen Lauf, ohne dass die Mitspielerinnen sich ihrer jeweiligen Rolle bewusst sind. Die Mutter spricht die Forderung »Sei für mich da, sei auf meiner Seite!« nie wörtlich aus, und die Tochter legt nie den feierlichen Schwur ab: »Ich werde niemals ganz erwachsen werden und dich verlassen. Ich werde immer einen Teil von mir bei dir zurücklassen.« Familiendynamiken werden unbewusst und ohne böse Absicht ausgelebt, und gerade darin liegt ihre Macht.

Wenn ich die Geschichte von der imaginären Zwillingsschwester vor Kolleginnen und Kollegen erzähle, postulieren manche eine »schlechte Mutter«, um diese kindliche Fantasie zu erklären – Sie wissen schon, eine dieser überbeschützenden, besitzergreifenden Mütter, die sich mit eisernem Griff an ihre Kinder klammern, als Kompensation für die Trübsinnigkeit, Öde und Leere ihres eigenen Lebens. Aber das ist durchaus nicht notwendigerweise so, ja, nicht einmal wahrscheinlich.

Manchmal melden Kinder sich freiwillig für eine bestimmte Rolle oder einen Auftrag in der Familie, ohne dass jemand es verlangt. Eine Tochter spürt vielleicht die Hoffnungen, Ängste, Träume, Kompromisse, Verluste und unerfüllten Sehnsüchte ihrer Mutter. Dann will sie helfen und »für Mama« sein, wenn die Mutter nicht für sich selbst einstehen kann. Und das alles geschieht ohne Worte und ohne bewusste Absicht.

Als erwachsene Frau gestattet dieselbe Tochter sich vielleicht nicht, etwas zu haben, zu leben oder zu genießen, was ihre Mutter nicht haben konnte, sei es Ehrgeiz, Erfolg, Elan, Leidenschaft, Abenteuer oder ein Partner, der sie gut behandelt. Oft empfindet sie dann rasende Wut auf ihre Mutter, so als wäre die Mutter persönlich für die Opfer verantwortlich, die sie, die Tochter, unbewusst für sie brachte. Mit anderen Worten: Es kann für eine Tochter besonders schwierig sein, ihre Energien auf ihre eigene Weiterentwicklung zu fokussieren, wenn sie ständig über die Schulter schaut und sich um ihre Mutter sorgt. Und vice versa. Wenn ich Mütter und Töchter zusammen erlebe, mache ich darüber manchmal meine Witze: »Na, wer von euch beiden ist nun mehr um die andere besorgt? Wer gewinnt den Besorgtheits-Pokal?« Die Sorge einer Mutter um ihre Tochter liegt gewöhnlich offen zutage, während die Sorge einer Tochter um ihre Mutter unterschwellig bleibt. Vielleicht hütet sie das Geheimnis dieser Sorge sogar vor sich selbst.

## Ambivalente Botschaften

Keine Frage: Wir Mütter vermitteln unseren Töchtern tatsächlich oft ambivalente Botschaften, wie sie sich in der Welt bewegen sollen. Ein altes Volkslied stellt das anschaulich dar:

»Mother, may I go out to swim?
Yes, my darling daughter.
Hang your clothes on a hickory limb
And don't go near the water.«

(Mutter, darf ich schwimmen gehn?
Ja, meine liebste Tochter.
Häng deine Kleider an den Walnussbaum
und geh nicht zu nah ans Wasser.)

»Sei unabhängig«, sagen wir, aber dann vermitteln wir unterschwellig die gegensätzliche Botschaft »Sei wie ich« oder sogar »Bleib bei mir, sei für mich«. »Sei erfolgreich«, sagen wir, aber dann ignorieren oder unterminieren wir die Erfolge unserer Töchter auf subtile Weise. »Nur zu, geh drauflos«, jubeln wir, aber dann fügen wir leise und in Klammern hinzu: »Aber geh nicht zu weit!« Wenn wir daran gehindert waren, unsere Talente zu entfalten, bringen wir für die Leistungen unserer Töchter vielleicht keine Wertschätzung auf, oder wir verfallen ins andere Extrem und sind derartig in ihre Errungenschaften involviert – »ziehen sie uns an« –, dass die Tochter vielleicht das Gefühl hat, es wären nicht wirklich oder nicht ganz und gar ihre eigenen.

Es ist interessant zu hören, wie erwachsene Frauen die Botschaften ihrer Mütter über »Erfolg« im Rückblick beurteilen. Ich erinnere mich an einen Frauenkongress vor vielen Jahren, der dem Thema Mütter gewidmet war; Schriftstellerinnen und Künstlerinnen diskutierten, welchen Einfluss ihre Mütter auf ihr Leben, ihre Persönlichkeit und ihre Arbeit hatten – im positiven wie im negativen Sinn.

In ihrer Eröffnungsrede sprach eine afroamerikanische Schriftstellerin über den unbedingten, unerschütterlichen Glauben ihrer Mutter an ihre Fähigkeiten. Ich erinnere mich nicht

an den genauen Wortlaut ihrer Rede, aber die zentrale Botschaft lautete etwa so: »Meine Mutter trieb mich immer voran.
Wenn ich Zweite wurde, sagte sie mir, ich hätte das Zeug dazu,
Erste zu werden. Sie machte mir Mut, mich mehr anzustrengen. Wenn ich in der Schule eine B-Note bekam, sagte sie, das
nächste Mal würde es ganz sicher ein A. Weil sie an mich glaubte, weil sie nur das Beste von mir akzeptierte, lernte ich, von
mir selbst nur das Beste zu erwarten.« Aus dem Publikum kam
spontaner Applaus für dieses anrührende Zeugnis der Macht
mütterlicher Liebe.

Später sprach eine Autorin russisch-jüdischer Herkunft darüber, wie der Perfektionismus ihrer Mutter sie fast in den Ruin
trieb: »Ich kam mit einer B-Note nach Haus und meine Mutter
sagte: ›Fein. Das ist sehr gut, mein Schatz.‹ Aber wenig später
ließ sie dann eine Bemerkung fallen, in der Art: ›Weißt du, ich
frage mich, ob es nicht ein A geworden wäre, wenn du dich ein
kleines bisschen mehr angestrengt hättest.‹ Ich lernte, dass ich
nicht okay war, so wie ich war. Meine Mutter erwartete immer
mehr von mir. Ich stehe heute hier, um euch zu sagen, dass ihr
alle okay seid, jede von euch, genau so, wie ihr seid. Und ganz
egal, was eure Mütter auch immer sagen mögen: ein B ist
fantastisch und ihr könnt ruhig stolz darauf sein.« Dasselbe
Publikum applaudierte spontan zu dieser Zurückweisung des
destruktiven Perfektionismus einer Mutter.

Die Erklärung für diesen scheinbaren Widerspruch liegt natürlich auf der Hand: Jede der Sprecherinnen gab eine präzise
Darstellung der emotionalen Haltung ihrer Mutter, unabhängig von den gesprochenen Worten. Die Mutter der ersten
Frau stand wahrscheinlich wirklich auf der Seite ihrer Tochter
und unterstützte ihren Erfolg; die Mutter der zweiten war offenbar ambivalent und verhielt sich subtil unterminierend.
Aber trotz aller Einsicht in diese Zusammenhänge ging mir in

diesem Augenblick unwillkürlich durch den Kopf: Es ist wirklich schwer für eine Mutter, zu wissen, wie sie sich verhalten soll.

## Mütter im Gesamtbild

Wenn alles längst gelaufen ist, kommt Ihre Tochter vielleicht eines Tages zu Ihnen und bittet Sie, ihr Geld zu borgen, damit sie in Therapie gehen und Sie für ihre Probleme verantwortlich machen kann. Sie können nicht steuern, wie Ihre Tochter später auf Ihr Erziehungsverhalten reagieren wird, und Sie können sie nicht daran hindern, ihre eigenen, höchst subjektiven Geschichten über Sie zu erzählen. Keine unter uns kann je wirklich objektiv sein, was unsere Mütter angeht. Die Soziologin Jessie Bernard[4] wies schon vor langer Zeit darauf hin, dass Mütter immer entweder glorifiziert oder verdammt, entweder von einer Aura falscher Sentimentalität umgeben oder als Zielscheibe hemmungsloser Verunglimpfungen hochgehalten wurden. Wir können nur hoffen, dass unsere Töchter nicht eines Tages anklagende Bücher über uns schreiben oder unsere Versäumnisse und Unzulänglichkeiten in populären Fernseh-Talkshows öffentlich enthüllen. Als Erwachsene werden sie vielleicht fähig sein, das Gesamtbild zu sehen und zu erkennen, dass auch wir zuerst Töchter und dann Mütter waren.

Die Beziehung zwischen Mutter und Tochter hat unter allen Eltern-Kind-Beziehungen das höchste Potenzial für emotionale Nähe – und damit zugleich auch das höchste Potenzial für Enttäuschung und Wut. Die Lyrikerin und Essayistin Adrienne Rich sagt: »Wahrscheinlich ist nichts in der menschlichen Natur mit höherer Spannung aufgeladen als der Energiefluss zwischen zwei biologisch gleichen Körpern, von denen einer in amniotischer Seligkeit im anderen gelegen hat und einer sich in Wehen angestrengt hat, den anderen zu gebären. Hier haben wir die Materialien für die tiefste wechselseitige Empathie und die schmerzlichste Entfremdung.«

Vor mehr als zwei Jahrzehnten schrieb Adrienne Rich ihr klassisches Werk *Von Frauen geboren*[5], eine profunde feministische Analyse der Institution der Mutterschaft. Bis heute wird das Buch von manchen Kritikern als Angriff auf Mutterschaft und Familie gewertet, obwohl Rich zwischen den potenziellen Beziehungen zwischen Müttern und Kindern und der Institution der Mutterschaft, wie sie unter dem Patriarchat definiert und restringiert wird, sorgfältig unterscheidet. Ich kann mir nicht vorstellen, wie Mütter und Töchter ohne feministische Perspektive beginnen könnten, sich selbst und einander wirklich zu verstehen.

Solange Ihre Tochter noch ein kleines Kind ist und unter Ihren Fittichen lebt, wird sie Sie nicht als vollständige oder reale Person wahrnehmen. Und sie kann natürlich nicht erkennen, wie die Ungleichheit zwischen den Geschlechtern Ihr Leben geprägt hat. Die kleine Tochter, so schreibt Adrienne Rich, »nimmt das soziale System oder die Institution Mutterschaft nicht wahr, nur eine harsche Stimme, ein stumpfes Augenpaar, eine Mutter, die sie nicht umarmt, ihr nicht sagt, wie wundervoll sie ist«.[6]

Wenn Töchter heranwachsen, lernen sie jedoch oft, über das Unmittelbare hinauszuschauen und die Kräfte zu erkennen, die das Leben ihrer Mütter prägen. »Früher dachte ich immer, meine Mutter interessiert sich nicht für mich«, sagt mir eine Fünfzehnjährige, »aber jetzt sehe ich, dass sie am Abend einfach fix und fertig war, weil sie so hart für unseren Lebensunterhalt arbeiten musste.« Eine andere sagt: »Meine Mutter ist wahnsinnig streng, und ich hasse es, wie sie mir misstraut, wenn es um Jungen geht. Aber sie wurde schwanger, als sie in meinem Alter war, und vielleicht hat sie Angst, dass mir dasselbe passiert.« Eine Siebzehnjährige sagt: »Wenn ich mit guten Noten aus der Schule nach Hause komme, zeigt meine Mutter nie, dass sie sich freut oder dass sie es gut findet. Ich glaube, sie hat Angst, ich würde mich für etwas Besseres halten, falls ich aufs College gehen sollte, und wir würden uns dann voneinander entfernen. Sie tut so, als wäre es ihr egal, ob ich in der Schule gut bin, aber ich denke, im tiefsten Inneren fühlt sie sich bedroht, weil sie diese Bildungschancen selbst nicht hatte.« Und dasselbe Mädchen sagt weiter: »Früher war ich wütend auf meine Mutter, weil sie nicht den Mumm hatte, sich von meinem Vater zu trennen. Aber dann wurde mir klar, dass sie nicht das Geld hatte, ihn zu verlassen, dass Frauen keine Wahl haben, wenn sie ihre Familie nicht ernähren können.«

Auch wir Mütter müssen über die vielfältigen Kräfte nachdenken, die uns prägen. Wie eine Mutter auf ihre Tochter reagiert, hängt von ihrer einzigartigen persönlichen Geschichte ab und von den Filtern, durch die sie die Welt sieht. Zu diesen Filtern gehören – neben der Geschlechtszugehörigkeit – ihre Position in der Geschwisterreihe, die soziale Schicht, aus der sie kommt, die ethnischen, kulturellen und religiösen Traditionen, mit denen sie aufgewachsen ist, und ob sie diese Traditionen übernommen oder sich dagegen aufgelehnt hat.

Nehmen wir Betty Carters[7] Beschreibung einiger typischer Muster in der Mutter-Tochter-Beziehung als Beispiel für den Einfluss der Geburtsordnung: Wenn die Mutter eine älteste Tochter ist, wird sie von ihrer eigenen ältesten Tochter verantwortungsbewusstes Handeln und entschiedenes Auftreten erwarten, und dann stoßen die beiden sich vielleicht aneinander, und jede wirft der anderen »Herrschsucht« vor. Wenn die Mutter das jüngste Kind war, wird ihre älteste Tochter vielleicht automatisch in das Muster verfallen, die Mutter ihrer

Mutter zu sein. Wenn beide, Mutter und Tochter, jüngste Kinder sind, übt die Mutter vielleicht keine Autorität aus, sondern verhält sich der Tochter gegenüber wie eine Gleichaltrige. In diesem Fall sind Mutter und Tochter vielleicht ständig wütend aufeinander, weil jede von der anderen Fürsorge erwartet und jede das Gefühl hat, dass die andere nicht genug gibt.

Was kulturelle und ethnische Traditionen in den USA angeht, gibt die Familientherapeutin Monica McGoldrick[8] eine geraffte Zusammenfassung einiger Ergebnisse soziologischer Studien: WASPs (Weiße Angelsächsische Protestanten) legen großen Wert darauf, keine Abhängigkeit oder Emotionalität zu zeigen; in irischen Familien sind wütende Szenen das heikle Thema; Menschen italienischer Abstammung sorgen sich am meisten um Illoyalität der Familie gegenüber, griechische Familien um die Verletzung ihrer Ehre, jüdische Familien um Kinder, die nicht erfolgreich sind, und puertoricanische Familien um Kinder, die keinen Respekt zeigen ... und so fort.

Diese grobe Skizze wird McGoldricks seriöser, sorgfältiger Forschung über die Komplexität der menschlichen Erfahrung natürlich nicht gerecht. Und natürlich beabsichtige ich auch nicht, Mütter, Familien oder ethnische Gruppen in Stereotypen einzuordnen, denn solche Klischees wurden in der Vergangenheit immer dazu benutzt, Menschen herabzuwürdigen, klein zu halten und zu unterdrücken. Außerdem gibt es innerhalb jeder Gruppe eine enorme Variationsbreite der Verhaltensweisen und Erfahrungen. Ich führe das Beispiel an, um zu verdeutlichen, wie unterschiedlich und vielfältig die Einflüsse sind, die Mütter in ihrem Erziehungsverhalten und in ihren Reaktionen auf ihre Kinder prägen.

In meiner eigenen jüdischen Familie[9] kamen Leistung und Erfolg der Gottähnlichkeit gleich. Der Wunsch meiner Mutter war, dass Susan und ich etwas Wertvolles für die Gesellschaft tun sollten, einen bedeutenden Beitrag leisten sollten, so wie Bo, ihr geliebter jüngerer Bruder. Mein Vater wollte mit seinen Töchtern, vor allem mit Susan, angeben, und wir lieferten ihm das Material. Wenn das Material dem gewünschten Standard nicht entsprach, verhielt er sich wie ein guter jüdischer Vater und übertrieb – ein wenig oder auch ganz gewaltig.

Die Großmutter meines Mannes (ebenfalls eine russisch-jüdische Immigrantin) erwähnte bei jeder Gelegenheit, sogar wenn sie die Telefonauskunft anrief, dass ihr Sohn ein Doktor war. Im Gegensatz dazu ist es in Familien anderer ethnischer Gruppen ganz und gar nicht erwünscht, dass die Kinder glänzen oder Aufmerksamkeit auf sich ziehen. Eine liebe Freundin (aus einer WASP-Familie) erzählte mir, dass man durchaus von ihr erwartete, kompetent und erfolgreich zu sein, aber nur auf eine stille, unauffällige Art. Es war wichtiger, sich gut in ein Team einzufügen, als im Alleingang draufloszustürmen und den Vogel abzuschießen. Und wenn man schon den Pokal gewann, war es unschicklich, darüber zu sprechen oder sich gar damit zu brüsten, denn das würde Teamgefährten mit geringeren Fähigkeiten ein ganz schreckliches Gefühl geben. Aus meiner jüdischen Perspektive stellt meine Freundin bis heute ihr Licht unter den Scheffel.

Zweifellos sind Eltern in Gefahr, zu viel des Guten zu tun, wenn sie auf Leistung und Erfolg fixiert sind, aber ich bin meiner Familie dankbar für ihre hohe Wertschätzung von Bildung, Beruf und Karriere. In der Zeit, in der ich heranwuchs, wurden Frauen ausschließlich über ihre Beziehungen zu Männern und Kindern definiert, und ich hatte Glück, dass meine Erziehung dem kulturellen Hauptstrom zuwiderlief. Die Spielregeln jener Zeit waren klar und simpel: Männer gingen hinaus ins Leben, um ihr Glück zu suchen, und Frauen, um sich einen Mann zu suchen. Die Aufgabe eines Mannes war, etwas aus sich zu machen, und die Aufgabe einer Frau, eine möglichst gute Partie zu machen. Susan und mir wurde in unserem Elternhaus eine andere Botschaft vermittelt.

## Was Töchter über ihre Mütter sagen

Im Verlauf des vergangenen Jahres führte ich ein informelles Forschungsprojekt mit heranwachsenden Mädchen von verschiedenen High Schools durch. Ich kam mit Gruppen von fünfzehn bis zwanzig Schülerinnen zusammen und forderte die Mädchen auf, über ihre Mütter nachzudenken. Was würden sie, die Töchter, anders machen, falls sie selbst Mütter werden sollten? Welche Fehler hatten ihre Mütter ihrer Meinung nach gemacht? Die Beobachtungen und charakteristischen Geschichten, die ich sammelte, belaufen sich auf mehr als hundert, und sie lassen sich alle in die folgende kurze Kategorisierung einordnen:

◆ Die Mutter ist zu beschäftigt – oder, umgekehrt, zu sehr auf die Tochter fokussiert.
◆ Die Mutter ist emotional zu intenisv – oder zu distanziert.
◆ Die Mutter ist zu streng und rigide – oder verhält sich zu sehr wie eine Freundin oder Gleichaltrige.
◆ Die Mutter spricht zu wenig mit der Tochter – oder sie redet zu viel.
◆ Die Mutter belügt die Tochter – oder sagt ihr mehr »Wahrheiten«, als sie hören will.
◆ Die Mutter erwartet nicht genug von der Tochter – oder ihre Liebe ist nicht bedingungslos genug. (»Meine Mutter sagte mir, sie würde mich nicht so sehr lieben, wenn ich lesbisch wäre; das gab mir das Gefühl, dass sie mich überhaupt nicht liebt, denn wenn sie mich wirklich liebte, würde sie mich auch lieben, wenn ich anders wäre.«)

◆ Die Mutter hat nicht genug Einfühlungsvermögen – oder sie identifiziert sich zu sehr mit der Tochter. (»Meine Mom fühlt meine Gefühle, und ich hasse das. Wenn ich schlecht drauf bin, ist sie auch schlecht drauf. Als mein Freund sich letzten Monat von mir trennte, war ich wirklich fertig. Aber dann wurde meine Mutter deprimiert, und ich war doppelt fertig, weil es mich fertig machte, dass meine Mutter so deprimiert war.«)

Die Beobachtungen dieser Teenager führen uns vor Augen, dass extreme Reaktionen, in welche Richtung sie auch immer gehen mögen, nie hilfreich sind. Wir machen immer dann Fehler, wenn wir allzu weit zum einen oder zum anderen Pol ausschwingen. Andererseits ist es für Mütter nicht leicht, einen adäquaten Mittelweg zu finden. Vielleicht hilft Ihnen das Feedback Ihrer Tochter, Ihr Verhalten als Mutter besser einzuschätzen. Machen Sie doch einmal das Experiment und fragen Sie sie: »Wenn du Mutter wärst, was würdest du genauso machen wie ich? Und was würdest du anders machen?« Sie werden sicherlich Aufschlussreiches erfahren – egal, ob Ihre Tochter sieben oder siebzehn ist.

Ich sollte hinzufügen, dass es für Ihre Beziehung zu Ihrer Tochter nur von größtem Vorteil sein kann, wenn Sie die Beziehung zu Ihrer eigenen Mutter durcharbeiten und klären, wenn Sie mehr über die Vergangenheit Ihrer eigenen Mutter erfahren und ihre Geschichten hören. Falls Sie im Verhältnis zu Ihrer Mutter nur fähig sind, Vorwürfe zu machen oder auf strikte Distanz zu gehen, wird Ihre Tochter sich Ihnen gegenüber vielleicht schließlich auch so verhalten. Ähnliches gilt für Ihr Verhältnis zum Vater Ihrer Tochter: Wenn Sie zu nichts anderem fähig sind, als ihn zu verdammen und ihm die Schuld zuzuweisen, wird Ihre Tochter Sie vielleicht eines Tages für ihren Mangel an Nähe und Bindung zu ihm verantwortlich machen.

## Ein Postskriptum über Väter

Ein bekannter Familientherapeut wurde nach dem wichtigsten Rat gefragt, den er Müttern für die Erziehung ihrer Kinder geben könne. »Lieben Sie den Vater des Kindes«, sagte er. Das Wort »lieben« stört mich hier (ganz zu schweigen von der als selbstverständlich gesetzten Annahme, dass die Mutter mit dem Vater des Kindes zusammenlebt). Liebe können wir nicht einschalten wie elektrischen Strom, nur weil es für ein Kind optimal ist, von zwei Leuten aufgezogen zu werden, die einander lieben. Im Namen der Liebe bringen Frauen alle erdenklichen Opfer und machen alle Arten von Kompromissen, die letztlich weder für sie selbst noch für ihre Kinder gut sind.

Kinder *brauchen* es nicht, dass ihre Eltern einander lieben oder zusammenbleiben, so erstrebenswert dieses Ideal auch sein mag und so schön es auch ist, wenn es tatsächlich so geschieht. Aber Kinder brauchen es, dass ihre Eltern einander Achtung entgegenbringen und einander in ihrem Erziehungsverhalten unterstützen, egal, ob sie verheiratet oder geschieden sind. Von der Beziehung und dem emotionalen Klima zwischen ihren Eltern – und anderen Personen, die vielleicht in ihre Erziehung involviert sind – werden Kinder stärker und profunder geprägt als von allen anderen Dingen. Das ist es, worauf es auf lange Sicht ankommt, und nicht darauf, ob die Eltern in einem Haushalt oder zwei getrennten Haushalten leben.

Wenn eine Mutter sich als Opfer versteht, als diejenige, der etwas »angetan« wurde, ist es schwierig für sie, die Beziehung ihrer Tochter zu dem Mann, der sie enttäuscht oder betrogen hat, zu unterstützen. Mütter und Töchter sind oft eisern loyale Verbündete, und vielleicht ist das Register der Untaten des Exehemannes meterlang. Aber keinem Kind geht es je besser damit, zu vergessen, dass es einen Vater hat, oder seine Beziehung zu ihm zu opfern, um der Mutter einen Gefallen zu tun, ihr zu helfen oder sie zu schützen. Ein Kind braucht zumindest die Möglichkeit, mit beiden Eltern in Verbindung zu stehen, ohne befürchten zu müssen, dass die Liebe zu einem Elternteil Illoyalität oder Verrat dem anderen Elternteil gegenüber bedeutet.

Ein sechzehnjähriges Mädchen erzählte mir:

>>Als meine Eltern sich vor vier Jahren scheiden ließen, erzählte meine Mutter mir alles, weil ich ihre beste Freundin war. Wir stehen uns immer noch sehr nahe, und ich möchte ihr gern helfen, aber in mir krampft sich innerlich alles zusammen, wenn ich höre, wie sie über meinen Dad redet. Manchmal schalte ich ab und singe im Kopf eine Melodie, wenn sie von ihm anfängt, und dann habe ich Schuldgefühle, weil ich ihr nicht zuhören will. Einmal habe ich ihr gesagt, dass es schwer für mich ist, wenn sie ihn so heruntermacht. Sie sagte: Ich mache ihn nicht herunter. Ich will nur, dass du die Wahrheit kennst.<<

Bei all den emotionalen und praktischen Komplikationen, die mit Scheidung und Wiederverheiratung einhergehen, ist es wahrlich nicht einfach, Ihre Tochter in der Beziehung zu einem Expartner zu unterstützen, dessen bloße physische Gegenwart Sie nicht mehr ertragen können. Eines sollten Sie sich aber vor Augen halten: Wenn Sie mit Ihrem »Ex« nicht reden können, ohne sich grün und blau zu ärgern oder total zu verkrampfen, haben Sie immer noch eine sehr intensive Beziehung; auf der emotionalen Ebene sind Sie noch nicht geschieden. Wenn es Ihnen gelingt, die negative Intensität loszulassen, machen Sie damit nicht nur sich selbst ein großes Geschenk, sondern auch Ihren Kindern. Glücklicherweise gibt es Quellen, die Ihnen helfen können, Ihre Familie zusammenzuhalten, wenn Ihre Ehe auseinander geht. Besonders empfehlenswert finde ich Constance Ahrons Buch *Die gute Scheidung*[10], das Eltern klug berät, wie sie den Übergang von einer Kleinfamilie zu einer

»binuklearen« Familie, die zwei Haushalte umfasst und den Bedürfnissen von Kindern weiterhin gerecht wird, bewältigen können.

## Einige Denkanstöße

Wenn Sie eine Tochter haben, führen Sie sich folgende Erwägungen immer wieder vor Augen:

Fast alle Töchter sind an irgendeinem Punkt von ihren Müttern enttäuscht, denn keine Frau kann den unerfüllbaren Maßstäben und erschöpfenden Erwartungen, die mit der Mutterschaft verbunden sind, gerecht werden. Wahrscheinlich macht Ihre Tochter den Fehler anzunehmen, dass sie alles »richtig« machen wird, wenn sie einmal selbst Kinder bekommt – und ist vorerst noch nicht in der Lage, die herrschenden Rollenklischees zu durchschauen und die Definition des Mutter-»Jobs« infrage zu stellen. Während sie heranwächst, wird Ihre Tochter Sie wahrscheinlich irgendwann heftig unter Beschuss nehmen, insbesondere wenn sie darauf vertraut, dass Sie stark genug sind, dem Sperrfeuer standzuhalten. Mütter neigen weniger als Väter dazu, sich den Kampfhandlungen zu entziehen; es kann also durchaus passieren, dass Sie für das (Fehl-)Verhalten von zwei Leuten verantwortlich gemacht werden. Gehen Sie davon aus, dass Ihre Tochter nicht nur Ihr unvollkommenes Erziehungsverhalten als Mutter kritisiert, sondern auch wütend auf Sie ist, weil Sie keine anderen Wahlmöglichkeiten für Ihr eigenes Leben sahen oder Ihre Beziehungen nicht anders gestalteten. Manche der Beschwerden Ihrer Tochter werden gerechtfertigt sein, denn Sie können unmöglich immer – oder auch nur den größten Teil der Zeit – alles richtig machen. Oft müssen wir erst fähig werden, uns die Wut und die Kritik unserer Töchter anzuhören, und offen dafür werden, uns für die unvermeidlichen Fehler, die jede und jeder Erziehende macht, zu entschuldigen, bevor wir erwarten können, dass eine Tochter uns wirklich hört. Versuchen Sie, eine gute Zuhörerin zu sein.

Vergessen Sie nicht: Was Sie vorleben, wird sehr lange nachwirken. Die Familientherapeutin Peggy Papp[11] weist uns darauf hin, dass die Qualität des Lebens einer Mutter und ihre Courage zu den wichtigsten Vermächtnissen gehören, die sie an ihre Tochter weitergibt: »Eine Frau, die an sich selbst glauben kann, wenn es sonst niemand tut, die für sich selbst eintritt, auch wenn niemand sie unterstützt, und die ihren Kampf fortsetzt, obwohl sie keinen Schutz genießt – eine solche Frau demonstriert ihrer Tochter, dass diese Möglichkeiten existieren.« Wenn eine Mutter ihr eigenes Leben so gut lebt, wie sie nur kann, ist das eines der wertvollsten Geschenke, das sie ihrer Tochter machen kann. Für einen Sohn ist es ein ebenso wertvolles Geschenk – und für sie selbst, natürlich.

# 11 Ein Muttersöhnchen heranziehen? Nur zu!

Etwa 30 % aller Kinder unter achtzehn Jahren in den USA wachsen mit allein erziehenden Eltern auf. Gewöhnlich leben die Kinder, Jungen wie Mädchen, bei der Mutter. Viele allein erziehende Mütter machen sich Sorgen, dass ihre Söhne durch dieses Arrangement Schaden nehmen. »Wer wird ihm beibringen, was es bedeutet, ein Mann zu sein?«, fragen sie sich vielleicht. Oder: »Sollte ich versuchen, einen neuen Partner zu finden, damit mein Sohn ein Rollenvorbild hat?« Und sogar: »Kann ich meinen Sohn zu sehr lieben?« Verheiratete Mütter haben ähnliche Bedenken. »Wird mein Sohn in seiner männlichen Entwicklung beeinträchtigt, wenn ich ihm zu nahe bin? Ich mache mir Sorgen, dass er immer an meinem Rockzipfel hängen wird. Sollte ich Distanz zu meinem Sohn halten, sodass er sich nicht zu sehr mit meinen weiblichen Eigenschaften identifiziert?« Und sogar: »Kann ich ihn durch zu viel Nähe vergiften?«

Die Familientherapeutin Olga Silverstein weist in ihrem Buch *The Courage to Raise Good Men*[1] darauf hin, dass die mütterliche Sorge, sie könnten ihre Söhne in »Muttersöhnchen« verwandeln oder ihre männliche Entwicklung anderweitig behindern, Folge einer seit eh und je bestehenden Gehirnwäsche ist. Silverstein erinnert uns auch daran, dass keine Frau, die klar im Kopf ist, ernsthaft den Wunsch hegen kann, eine weitere Generation von »echten Männern« nach bewährtem kulturellen Rezept hervorzubringen. Schließlich ist allgemein bekannt, dass weitaus mehr Männer als Frauen gewalttätig und aggressiv sind oder, andererseits, gleichgültig und bindungsarm, ganz zu schweigen von den statistischen Fakten, dass die Selbstmordrate von Männern viermal so hoch ist wie die von Frauen, dass

Männer im Durchschnitt acht Jahre früher sterben und mit drei-
mal so hoher Wahrscheinlichkeit einem Mord zum Opfer fallen
(gewöhnlich durch die Hand anderer Männer). Männer begehen auch weltweit die überwiegende Zahl der Verbrechen, innerhalb und außerhalb der Familie. Diese Liste ließe sich ohne
Mühe noch weiter fortsetzen.

Es geht nicht darum, Männern die Schuld an allen Übeln
zuzuweisen oder Männer zu bemitleiden. Schließlich begannen
die meisten ihr Leben als niedliche Babys, die strampelten,
glucksten, schrien und taten, was alle Babys tun. Sie fingen
nicht an der Mutterbrust oder im Kinderwagen an zu planen,
wie sie eines Tages Erfolg, Dominanz und Macht über andere
Männer – oder, falls das nicht gelänge, zumindest über Frauen
– erlangen könnten. Aber es ist eine unhaltbare Situation, dass
ein Junge von einer Frau umhegt, genährt und geliebt wird und
dann, während er heranwächst, gelehrt wird, die Eigenschaften und Qualitäten eben dieser Frau abzulehnen und in seiner
eigenen Persönlichkeit zu verleugnen. Jungen nehmen keinen
Schaden, wenn sie wie ihre Mütter werden. Sie nehmen vielmehr Schaden durch die irrige Vorstellung, dass sie, wenn sie
heranwachsen, ihren Müttern so *unähnlich* werden sollten wie
nur möglich.

Polarisierte Vorstellungen von Männlichkeit und Weiblich-
keit sind Teil des Problems. Ich erinnere mich an die verwitwe-
te Mutter zweier Söhne, die sich Sorgen darum machte, dass es
im Haus kein »männliches Rollenvorbild« gab. »Ich will nicht,
dass meine Söhne sich mit meinen weiblichen Eigenschaften
identifizieren«, sagte sie. Aber ich fragte mich: Warum eigentlich nicht? Zu ihren so genannten weiblichen Eigenschaften
gehörten Zärtlichkeit, Sensibilität und die Fähigkeit, emotional präsent zu sein – und ihre Kraft und Entschlossenheit, für
ihre Söhne zu sorgen, nachdem sie und die Kinder einen ver-
heerenden Verlust erlitten hatten, sowie ihr Talent zur Freund-

schaft und ihr Mut, ihre Verletzlichkeit zu zeigen und Hilfe zu suchen. Ich konnte nur sehr hoffen, dass ihre Söhne sich diese Fähigkeiten eines Tages aneignen würden.

Dennoch war diese Mutter zutiefst beunruhigt, dass ihre Söhne durch allzu viel Nähe zu ihr »weibisch« werden könnten, insbesondere da kein Vater auf der Szene präsent war. Wirklich notwendig war allerdings, dass diese Frau ihrem Herzen folgte und ihren Söhnen alle Nähe und Liebe gab, die sie in dieser schwierigen Zeit sicherlich von ihr brauchten. Natürlich werden die Jungen enorm davon profitieren, wenn die Mutter die Erinnerung an den verstorbenen Vater durch Geschichten, Gedenken und regelmäßige Kontakte mit seiner Familie lebendig erhalten kann. Wir alle brauchen vielfältige Verbindungen zu anderen Familienmitgliedern, Tanten, Onkel, Großeltern, Vettern und Cousinen eingeschlossen. Aber wenn diese Frau nicht in Armut leben muss – die wichtigste, allergrößte Gefahr für allein erziehende Mütter –, gibt es überhaupt keinen Grund zu vermuten, dass sie ihre Söhne nicht weiterhin bestens versorgen und aufziehen könnte.

Damit soll die immense Bedeutung von Vätern oder die offensichtliche Tatsache, dass Kinder von Glück sagen können, wenn zwei liebende Eltern aktiv an ihrer Erziehung beteiligt sind, keinesfalls in Abrede gestellt werden. Und natürlich heißt das auch nicht, dass es für einen Elternteil und ein Kind je vorteilhaft wäre, in einem engen emotionalen Kreis isoliert und von der Verbindung mit anderen Familienmitgliedern abgeschnitten zu sein. Obwohl jede und jeder Erziehende sich erdrückend, dominant, aufdringlich und übermäßig kontrollierend verhalten kann, zum Nachteil eines Kindes, kann eine Mutter ihren Sohn nicht »zu sehr« lieben. Und ein Sohn kann nur davon profitieren, wenn er sich mit den guten Eigenschaften seiner Mutter und all den Qualitäten, die in unserer Kultur als »weiblich« gelten, identifiziert.

Silverstein räumt in ihrem Buch mit dem Mythos auf, nur ein Vater könne einen Jungen zum Mann machen oder »zu viel Nähe« zwischen Müttern und Söhnen sei schädlich. Sie spricht auch von ihrer persönlichen Erfahrung mit ihrem ersten Sohn Michael, der 1945 geboren wurde, als sein Vater, wie die meisten Männer während des Krieges, in der Armee war. Die populäre Vorstellung jener Zeit war, dass eine Mutter Tag und Nacht für ihre Kinder da sein und, wenn notwendig, alle eigenen Interessen für sie aufgeben müsse, aber gleichzeitig hieß es auch, dass die Liebe einer Mutter oder ihre Unfähigkeit, ein Kind loszulassen, für Jungen nachteilig und gefährlich sein könne.

Silverstein tat ihr Bestes, diese kulturelle Warnung, die bis heute nicht ausgestorben ist, zu beherzigen. »Aber zu meiner Schande muss ich gestehen«, schreibt sie, »dass es mir nicht immer gelang, das geforderte Maß an Distanz zwischen uns zu wahren.«[2] Für diese Sünde wurde sie von einer Reihe von Autoritätsfiguren getadelt. Als Michael etwa ein Jahr alt war, ging sie mit ihm zu einem Kinderarzt, weil er verkrampft schien und offenbar unter Muskelverspannungen litt. »Sie sollten den Jungen in Ruhe lassen«, war die strenge Anweisung des Arztes an eine Mutter, die er als überfürsorglich und gluckenhaft betrachtete. Mehrere Monate später brachte sie Michael zu einem Spezialisten, weil er mit einwärts gedrehten Füßen ging und möglicherweise eine orthopädische Korrektur brauchte. »Was dieser Junge braucht«, sagte der Orthopäde, indem er Silverstein mit dem Finger drohte, »ist ein bisschen bewusste Vernachlässigung.« Demütigende Begegnungen wie diese brachten sie dazu, sich über Jahre selbst zu überwachen und zurückzuhalten, um ihren Sohn auf seinem Weg zur Männlichkeit nicht zu beeinträchtigen.

Silversteins Buch ist ein dringend benötigtes Antidot gegen die vergiftenden Botschaften, die Mütter bis heute erhalten: Dass sie ihre Söhne nicht adäquat aufziehen können, wenn sie in die Lage kommen, allein erziehende Mütter zu sein, und des Weiteren, dass sie sich an einem bestimmten Punkt »zurückziehen« müssen, um die Männlichkeit eines Sohnes nicht zu gefährden. Erst nach der Lektüre dieses Buches wurde mir vollständig bewusst, dass – und in welchen subtilen Formen – ich mich von Matthew distanziert hatte, insbesondere in seinen Adoleszenzjahren, und dass ich seine Verschlossenheit allzu passiv als etwas für Jungen »Normales« akzeptiert hatte. Auf der intellektuellen Ebene wusste ich sehr wohl, dass Jungen, die sich nicht ohne Scheu mit ihren Müttern identifizieren, den Kontakt zu zentralen Aspekten ihres eigenen Selbst verlieren, und ich muss auch gespürt haben, dass Matthew und ich dadurch, dass wir nicht offener miteinander umgingen, etwas Wesentliches versäumten. Aber ich redete mir ein, dass er nicht sehr viel Zuwendung von mir brauchte, zumal er so problemlos heranzuwachsen schien.

## Meine eigene »Vergleichsgruppe«

Bei Vorträgen oder Workshops, wenn ich über Familien spreche, höre ich Fragen über die Mutter-Sohn-Beziehung, die vom ganz Persönlichen bis zum Allgemeinen und Theoretischen gehen (»Wie ist es für Sie, Jungen aufzuziehen?« – »Was sind die zentralen Probleme für eine Mutter von Söhnen?«). Wenn ich über Matthew und Ben nachdenke und dem weiten Spektrum von Gefühlen nachspüre, die beide im Lauf der Jahre in mir auslösten, finde ich es schwierig, allgemeine Aussagen über das »Aufziehen von Jungen« zu machen, selbst im Hinblick auf meine winzige Vergleichsgruppe von zweien. Es wird so viel über Geschlechterunterschiede geredet, dass wir vergessen, wie stark Jungen sich individuell voneinander unterscheiden.

Bei oberflächlicher Betrachtung erscheinen meine beiden Jungen als »Gegensätze«, was ihre Temperamente, Persönlichkeiten, Interessen und Talente angeht. Was sie beide gemeinsam haben, ist ihr Witz und ihre Liebenswürdigkeit. Matthew präsentiert sich als der typische ältere Sohn: Ruhig, gelassen, charmant, aber zurückhaltend, und mit ausgeprägter »instrumenteller Kompetenz« ausgestattet. Freunden gegenüber sagte ich oft, dass Matthew der Typ ist, dem man es zutraut, ein Sportflugzeug in einem Sturm notzulanden oder mitten in der afrikanischen Savanne einen Schlangenbiss zu behandeln. Ben, ein wahrer Jüngster, ist emotional expressiv, lebhaft und leicht bereit, seine intensiven Gefühle zu zeigen und seine ausgeprägten Meinungen kundzutun. Er war immer der Typ, der das Haus zur Abendessenszeit betreten, die Witterung aufnehmen und zu Steve und mir sagen konnte: »Okay, ihr beiden habt euch gerade gestritten. Worum ging es denn?« Wenn ich mir vorstelle, Ben wäre kein Junge, sondern ein Mädchen, halte ich es durchaus für möglich, dass ich eine dieser Mütter geworden wäre, die ich so furchtbar enervierend finde – Mütter, die augenzwinkernd und mit einem wissenden Lächeln verkünden: »Seit ich meine eigenen Kinder habe, weiß ich mit Sicherheit, dass Mädchen gaaaanz anders sind als Jungen – egal, was diese Feministinnen sagen!«

Natürlich bin ich eine dieser Feministinnen, und es sind nicht die »Geschlechterunterschiede« – in Wahrheit unbedeutende Gruppenunterschiede mit vielen Überlappungen zwischen den Geschlechtern –, die mich beunruhigen. Das Problem liegt vielmehr darin, was sozial und kulturell aus diesen Geschlechterunterschieden gemacht wird, wie sie verzerrt, hochgespielt und übertrieben werden und wie Unterschiede zu Vorschriften werden, die dazu dienen, Individuen und ganze gesellschaftliche Gruppen klein zu halten. Was ich aus der Erfahrung lernte, Mutter zweier Söhne zu sein, ist vor allem, wie unterschiedlich Jungen sein können. Wir verlieren diese Tatsache leicht aus den Augen, denn in unserer Gesellschaft werden die Unterschiede zwischen den Geschlechtern krass übertrieben und polarisiert, während die profunden Unterschiede innerhalb jeder Geschlechtsgruppe verwischt und verkleinert werden. Wenn ich gefragt werde, wie es ist, die Mutter von Jungen zu sein, bin ich oft ratlos und kann keine generalisierenden Antworten geben.

Aber was mein persönliches Erleben angeht, habe ich in letzter Zeit über meine eigene Tendenz nachgedacht, meine Jungen zu polarisieren, das heißt, sie als »Gegensätze« wahrzunehmen, statt ihre Ähnlichkeit auf tieferen Ebenen zu erkennen. Matthew sagte mir kürzlich, jetzt, im Rückblick, sähe er seine frühere Zurückhaltung und Abgehobenheit innerhalb der Familie als seine Art, sich vor seiner eigenen »Empfindlichkeit« zu schützen. Während er das genauer ausführte, wurde mir plötzlich klar, wie Recht er damit hatte. Matthew war in der Tat ein sensibles und tief empfindendes Kind, aber abgesehen davon, dass er seine Verletzlichkeit nicht zeigen wollte, war ich vielleicht auch nicht bereit, sie zu sehen. Da Ben seine emotionalen Hochs und Tiefs so intensiv auslebte, und da keine Mutter ihre Kinder leiden sehen will, bestärkte ich Matthew vielleicht unbewusst in seiner unerschütterlichen »Mich-bringt-nichts-aus-der-Ruhe«-Fassade. Als Matthew im Teenager-Alter war und mir sagte: »Ach, weißt du, Dads Krebs hat mir nie wirklich Angst gemacht; ich wusste immer, dass er wieder gesund wird«, wollte ich ihm einfach glauben.

Ich hatte nicht etwa vor, einen James Bond oder Rambo heranzuziehen, Gott bewahre! An »Männlichkeit« nach amerikanischer Manier finde ich nicht den mindesten Gefallen; im Gegenteil, es tat mir immer weh zu sehen, wenn Jungen auf die übliche Weise »erzogen« wurden. Ich erinnere mich lebhaft an einen Vorfall aus Matthews Schulzeit. In der fünften Klasse war er Mitglied des Fußball-Teams und wurde während eines Spiels von einem anderen Jungen am Knie verletzt. Matthew lag gekrümmt auf dem Rasen und kämpfte gegen die Tränen an, während der Trainer über ihm stand und unentwegt denselben Satz wiederholte, wie ein Mantra: »Chicks dig guys who bear pain« (Männer kennen keinen Schmerz, und Miezen mögen solche Männer). Vom Rand des Spielfelds aus war diese genuschelte Bandwurm-Botschaft an ein weinendes neunjähriges Kind nicht zu verstehen. Als ich den Trainer später bat, sie für mich zu entschlüsseln, war ich völlig fassungslos – obwohl es allgemein üblich und an der Tagesordnung war, Jungen mit solchen Redensarten anzuspornen, sich zusammenzureißen, Verletzlichkeit zu verleugnen und von anderen Männern keinen Trost oder emotionalen Beistand zu erwarten.

Früher konnte man sagen, dass die unterschiedliche Behandlung von Jungen und Mädchen in der Wiege begann, aber dank der Amniozentese, die es vom vierten Monat an erlaubt, das Geschlecht eines Fetus zu bestimmen, beginnt diese unterschiedliche Behandlung jetzt vielleicht schon viel früher. Silverstein zitiert eine interessante Studie, die zeigte, dass Mütter (sowie auch Väter und andere Familienmitglieder) öfter zu einem weiblichen Fetus sprechen, mehr Kosenamen und Kindersprache gebrauchen und den Bauch der Schwangeren öfter berühren. Ist der Fetus dagegen männlichen Geschlechts, fallen die typischen Reaktionen ziemlich minimalistisch aus, etwa in der Art: »Hey Großer, wie geht's dir da drin?« Nicht, dass diese geschlechtsspezifischen Botschaften den Fetus in irgendeiner Form beeinträchtigten, aber sie signalisieren mit unübersehbarer Deutlichkeit, was die Zukunft bereithält. Es ist kaum vorstellbar, dass ein Trainer über einem weinenden Mädchen steht und ihr einhämmert: »Frauen kennen keinen Schmerz, und Kerle lieben solche Frauen.« Man würde wohl eher erwarten, dass eine erwachsene Person dieses Mädchen in den Arm nimmt und tröstet – eine wesentlich natürlichere, gesündere Reaktion.

Gefühle kommen immer im Knäuel und nicht als einzelner Faden. Man kann nicht Schmerz und Verletzlichkeit verleugnen, ohne die gesamte Sensibilität herabzusetzen; auch Freude, Liebe und Nähe werden dann nicht mehr wirklich gespürt. Außerdem wirkt die Verleugnung von Schwäche und Verletzlichkeit sich auf lange Sicht für die meisten Menschen sehr nachteilig aus. Aber niemand ist gegen Geschlechterstereotypen völlig immun, und ein Teil in mir wollte die Vorstellung aufrechterhalten, dass zumindest einer meiner Jungen vor Verletzlichkeit geschützt war oder Schmerz stoisch ertragen konnte. Vielleicht wollte ich mich unbewusst davon überzeugen, dass meine Jungen besser überleben könnten, wenn sie fähig wären, ihre Gefühle abzuschalten – insbesondere für den Fall, dass sie einmal in den Krieg geschickt würden, um zu töten oder getötet zu werden. Krieg ist ein »Männerding«, und ich glaube, er lauert als Angstvorstellung im Hinterkopf jeder Mutter von Söhnen.

### Wird Ihr kleiner Junge je in den Krieg geschickt werden?

Ich erinnere mich, dass ich vor vielen Jahren in Kansas City an einer Podiumsdiskussion zum Thema »Sollten Frauen Zugang zur militärischen Laufbahn haben?« teilnahm. Ein Sprecher – eine bekannte Persönlichkeit – trug einen leidenschaftlichen Appell vor, Frauen aus dem aktiven Militärdienst herauszuhalten. »Kein menschliches Herz«, so sagte er, »kann die Vorstellung ertragen, unsere Töchter, unsere Schwestern, unsere Frauen in ihrem Blut auf dem Schlachtfeld liegen zu sehen. Ich bin Vater dreier Töchter, und ich werde eine solche Vorstellung nie und nimmer akzeptieren.« Ich konnte ihm nur von ganzen Herzen zustimmen, aber ich fühlte dasselbe, was meine Söhne anging. Also raffte ich meinen ganzen Mut zusammen, hob meine Hand und sprach. Ich habe zwei Söhne, sagte ich, und ich kann die Vorstellung, dass sie tot und in ihrem Blut auf dem

Schlachtfeld liegen, ebenso wenig ertragen. Warum sind meine Söhne entbehrlicher als Ihre Töchter? Wie wollen Sie diese Unterscheidung rechtfertigen? Der Verlust von Söhnen auf dem Schlachtfeld ist kein bisschen weniger tragisch als der Verlust von Töchtern, insistierte ich. Wenn Frauen an der Front kämpften, gab ich zu bedenken, wären wir als Gesellschaft vielleicht weniger bereit, das Grauen und die Unannehmbarkeit von Kriegen für alle Menschen zu verleugnen.

Ein Mann, den ich flüchtig kannte, kam nach der Veranstaltung auf mich zu und sagte mir, die Antwort auf meine Fragen läge in der Evolutionsbiologie. Männer haben Milliarden von Spermien, Frauen aber nur eine begrenzte Anzahl von Ova, erklärte er, und somit seien Frauen für den Fortbestand der Gattung wichtiger – und Männer entbehrlicher. Zufällig wusste ich, dass dieser Mann seinen siebenjährigen Sohn vor einigen Jahren durch einen Traktor-Unfall verloren hatte, aber ich fragte ihn nicht, ob der Tod seines Jungen für ihn irgendwie erträglicher wäre in Anbetracht der Tatsache, dass er nur ein entbehrlicher Spermienproduzent war. Unser evolutionäres Überleben, gab ich ihm stattdessen zu bedenken, hängt jetzt davon ab, dass wir uns in unserer biologischen Reproduktion beschränken – und nicht etwa noch steigern.

Ich glaube nicht, dass Mütter ihre kleinen Söhne ansehen, während sie ihre Frühstücksflocken essen oder ihre Hausaufgaben machen, und darüber nachdenken, dass ältere Männer jüngere Männer zum Töten und Sterben in die Schlacht schicken. In unserem bewussten Denken taucht diese Vorstellung vielleicht nie auf. Ich bin aber überzeugt, dass sie einen wesentlichen Teil unserer Konstruktion von Männlichkeit formt und prägt. Haben Sie je auf einem Flughafen Ihren Blick über ein Meer von erwachsenen Männern schweifen lassen oder eine Runde männlicher Experten oder Politiker bei einer Fernsehdiskussion beobachtet und bemerkt, dass sie alle *Uniform* tragen? Ich bin ziemlich sicher, dass die weibliche Hälfte der Menschheit durch keine Macht der Welt überredet werden könnte, Tag für Tag in dieser langweiligen Anzug-und-Schlips-Uniform zur Arbeit zu gehen. Wenn ein Marsianer unserem Planeten heute einen Besuch abstattete, um die Geschlechterunterschiede in den modernen Industriegesellschaften zu beobachten, würde ihm nichts drastischer ins Auge fallen als der Unterschied in der Art, wie Männer und Frauen sich kleiden. Obwohl wir an die Uniformität der männlichen Kleidung gewöhnt sind und sie als »normal« betrachten, will mir doch scheinen, dass diese Farblosigkeit, diese rigide Unveränderlichkeit des Stils und diese fest um den Hals geknotete Krawatte – dass dies alles dazu dient, die emotionale Empfänglichkeit von Männern abzustumpfen und sie auf eine militärische Mentalität vorzubereiten. Stellen Sie sich folgendes kulturelle Experiment vor: Für ein Jahr werden die »Dress-Codes« für Männer und Frauen total umgekehrt. Warum nicht – schließlich sind wir in jeder anderen Hinsicht ziemlich flexibel, wenn es um Geschlechts-Zuschreibungen geht. Was, glauben Sie, würde sich als Konsequenz eines solchen Experiments für Männer, für Frauen und für die Beziehungen zwischen uns verändern? Und warum rasten die meisten Leute aus, wenn sie Männer in Frauenkleidung sehen? Warum rasten wir nicht öfter aus, wenn wir die Politiker, Experten und Großverdiener der Nation – immer noch fast ausschließlich Männer – in einem Ausmaß von Konformität gekleidet sehen, das sich von militärischer Uniformiertheit kaum unterscheidet?

Eine kurze Abschweifung zum Thema »Dress-Codes«: In *Manhood in America*[3], einem Buch des Soziologen Michael Kimmel, fand ich eine interessante Information. Als die Farbe der Kleidung in den ersten Jahrzehnten unseres Jahrhunderts mit sozialen und Geschlechternormen verknüpft wurde, zog man Rosa für kleine Jungen vor, weil diese Farbe als »kräftiger und dezidierter« galt im Vergleich zu Hellblau, das man als zart und lieblich betrachtete. Noch 1939 brachte die Zeitschrift *Parents* einen Artikel mit dem Titel »Welche Farbe für Ihr Baby?«, in dem es unter anderem hieß: »Rot symbolisiert Kraft und Mut, während Blau für Glauben und Beständigkeit steht …« Wie Kimmel anmerkt, ist nicht klar, wann genau der Farb-Code umgekehrt wurde, aber die frühere Tradition war eindeutig: »Jungen trugen Rosa oder Rot, kräftige, männliche Farben, die Stärke und Entschlossenheit repräsentierten, und Mädchen trugen Himmelblau, eine luftigere Farbe, weil sie so zart und zerbrechlich waren.«

Aber zurück zu meinem Hauptthema: Ich glaube, ich fühlte mich unter anderem deshalb durch Matthews zurückgenommenen, unemotionalen Stil so beruhigt, weil ich nicht wollte, dass er psychotisch oder geistesgestört würde, falls er je mit dem Grauen des Krieges in Berührung käme. Mein bewusstes Denken sagt mir, dass es für junge Menschen eine völlig natürliche, gesunde Reaktion ist, den Verstand zu verlieren und geistesgestört zu werden, wenn sie gezwungen sind, Menschen zu töten oder sich selbst töten zu lassen, in Kriegen, für die sie nicht verantwortlich sind und an die sie vielleicht nicht einmal glauben. Aber es ist verständlich, wenn Mütter wollen, dass ihre Söhne zäh werden und sich eine dicke Haut zulegen, mehr noch, wenn ihre Söhne schwarz sind, denn junge afroamerikanische Männer werden von unserer Gesellschaft als die »entbehrlichste« Gruppe von menschlichen Wesen behandelt. Was mich selbst angeht, so verwechselte ich Matthews coolen Stil mit Zähigkeit und Bens emotionalen Stil mit Verletzlichkeit, und beides war unzutreffend. Matthew hatte es manchmal schwerer als Ben, ein schmerzliches emotionales Ereignis an sich heranzulassen, und mir wird manchmal in einem Moment plötzlich deutlich, in welcher Hinsicht Matthew als der emotional Sensitivere betrachtet werden kann.

## Soldaten und Brotverdiener heranziehen?

Ich glaube nicht, dass Mütter und Väter ihre Söhne absichtlich zu kleinen Soldaten heranziehen. Und von Kriegen einmal abgesehen: Jede Mutter, die ein Kind zur Welt bringt oder adoptiert, lebt in dem Wissen, dass dieses Kind vor ihr sterben könnte, dass sie es vielleicht eines Tages begraben muss. Vor dem Tod kann sie es nicht schützen, aber ebenso wenig kann sie es vor den unvermeidlichen Härten und Leiden bewahren, die das Leben mit sich bringt. Also setzt eine Mutter vielleicht auch ihre Tochter unter Druck, sich »zusammenzureißen« oder Verletzlichkeit zu verleugnen. Mancher Mutter fällt es aus Gründen, die in ihrer persönlichen Geschichte liegen, vielleicht besonders schwer, »bei sich« zu bleiben und zuzulassen, dass ein Kind seine eigenen Gefühle hat und seinen eigenen Schmerz bewältigt. Ob das Kind nun männlich oder weiblich ist – es kann für eine Mutter sehr schwierig sein, ihrem Kind den Ausdruck der vollen Bandbreite der menschlichen Gefühle zu gestatten, ohne sich einzumischen in der wohlmeinenden Absicht, diesen Gefühlen »den Stachel zu nehmen« und sie zu verleugnen oder herunterzuspielen. Besonders schwierig ist es jedoch für eine Mutter von Söhnen, den Ausdruck von Gefühlen, die für Jungen als unangemessen, als »weich« oder »schwach« betrachtet werden, zu unterstützen. Wir wollen, dass unsere Söhne sich in der Männerwelt gut zurechtfinden, ihren Weg machen, ihren Platz behaupten und Erfolg, Erfolg, Erfolg haben. Für unsere Töchter wollen wir vielleicht dasselbe, aber wenn es um unsere Söhne geht, sind wir besonders ängstlich, dass sie es nicht schaffen werden, wenn sie »zu weich«, zu sensibel, zu empfindlich sind.

Mädchen und Frauen werden darin bestärkt, Ehrgeiz und wirtschaftliche Eigenständigkeit zu opfern, um Beziehungen zu pflegen und die Entwicklung anderer zu fördern. Jungen und Männern wird die gegenteilige Botschaft vermittelt. Dr. Rachel Naomi Remen[4] zitiert eine Inschrift auf einem Grabstein, die ihr beim Besuch eines alten Friedhofs ins Auge fiel: »Hier ruht George Brown, geboren als Mann, gestorben als Gastroenterologe.« Wir alle wissen, dass die Balance in unseren Lebensverhältnissen fehlt und dass wir mehr davon etablieren müssen, sodass unsere Kinder, Mädchen wie Jungen, Fürsorge für Menschen ebenso wertschätzen wie die Macht, Geld zu verdienen – sodass unsere Söhne, wenn sie heranwachsen, vor anderen Männern nicht unentwegt ihre Männlichkeit unter Beweis stellen müssen, unter anderem in Form von Statusgewinn, Dominanz und finanziellem Erfolg.

Ich sehe meine beiden Söhne mit dem Problem kämpfen, wie sie ihren Platz in der Welt finden sollen. Ich möchte sie darin unterstützen, gelassen zu sein und ihrem Herzen zu folgen, aber es fällt mir nicht immer leicht. Wenn Ben die ernsthafte Absicht äußert, seine Leidenschaft der letzten zwei Jahre, die Lyrik, nach dem Abschluss seines literaturwissenschaftlichen Studiums zu seinem Hauptberuf zu machen, bin ich beunruhigt. Wird er davon leben können? Wird er von seiner männlichen Umwelt respektiert werden, wenn er auf die Frage »Was machen Sie denn beruflich?« antwortet »Ich bin Dichter«? Es gibt auch keine Stellen für Englischlehrer, rufe ich ihm in Erinnerung. Sein großer Bruder, der diplomierte Informatiker, werde ihn schon nicht hängen lassen, witzelt er, oder er werde eine reiche Frau heiraten. Ich möchte ihm gern nahe legen ... nun ja, etwas anderes zu werden. Ich bin geneigt, ihn daran zu erinnern, dass er Preise über Preise in forensischen Untersuchungen gewonnen hat und dass er diese Begabung doch zweifellos in eine sichere Berufslaufbahn ummünzen könnte, im Rechtswesen vielleicht oder in der Regierung ...

Dann besinne ich mich und schaue auf mich selbst. Ich frage mich, warum ich so reagiere. Bens Cousine Jen ist Lyrikerin, und ich habe den tiefsten Respekt vor ihrer Wahl und Vertrauen in ihre Fähigkeiten. Und viele der Rechtsanwälte, die ich kenne, sind todunglücklich, weil sie so hart konkurrieren und arbeiten müssen. Ich weiß sehr genau, wie viel Unzufriedenheit und Leiden die alten Rollenklischees verursachen, aber ein Teil von mir ist immer noch darin gefangen.

## Halten Sie Ihre Söhne fest!

Es ist von größter Bedeutung, dass wir versuchen, unseren Söhnen nahe zu bleiben. Wir Mütter werden gewarnt, dass Jungen »effeminiert« werden könnten, wenn wir uns nicht aus ihrem Leben heraushalten, insbesondere in den Adoleszenzjahren. Man sagt uns, sie müssten sich von uns trennen und hart und unabhängig werden, um sich in der Männerwelt zu behaupten. Man sagt uns, Jungen dürften nicht wie Mädchen sein oder Söhne dürften nicht wie ihre Mütter sein. Später heißt es dann: »Moment mal, was ist denn bloß mit diesen Kerlen los? Sie sind überhaupt nicht bindungsfähig!«

Silverstein zitiert ein Gedicht von Rudyard Kipling, ein charakteristisches Beispiel für die »Männlichkeits«-Vision, die bis heute in unseren Gesellschaften dominiert:

> »If neither foes nor friends can hurt you
> If all men count with you, but none too much
> If you can fill the unforgiving minute
> With sixty seconds worth of distance run

Yours is the Earth and everything that's in it
And – which is more – you'll be a Man, my son.«

(Wenn weder Feind noch Freund dich treffen kann,
Wenn alle Menschen für dich zählen, aber nicht zu sehr,
Wenn du die unnachsichtige Minute füllen kannst
Mit sechzig wertvollen Sekunden, eines Läufers würdig,
Dann ist die Erde dein und alles, was sie trägt,
Und – mehr noch – dann bist du ein Mann, mein Sohn.)

In Wahrheit liegen die Dinge natürlich völlig anders. Wenn nicht einmal Ihre engsten Freunde Sie berühren oder verletzen können, wenn niemand allzu sehr zählt, dann haben Sie schlicht und einfach den Kontakt zu sich selbst und zu anderen verloren. Und wenn Sie jede Sekunde mit Aktivität füllen müssen wie ein olympischer Langstreckenläufer, dann sitzen Sie nie lange genug still, um diese Entfremdung zu bemerken, und Sie halten nie inne, um sich auf Ihren authentischen inneren Kern zu besinnen und herauszufinden, was wirklich von Bedeutung ist. Wenn wir Mütter echte Stärke in unseren Söhnen fördern wollen, müssen wir das tun, indem wir uns um eine kontinuierliche Verbindung mit ihnen bemühen – und nicht, indem wir uns von ihnen zurückziehen oder sie darin bestärken, ganz anders zu sein als wir. Allein erziehende Mütter, lesbische Paare oder andere weibliche Haushaltsvorstände brauchen auch kein »männliches Rollenmodell« für ihre Söhne; vielmehr sollten wir hoffen, dass es im Leben aller Kinder viele gute und inspirierende *menschliche* Vorbilder gibt, Männer und Frauen.

Wie Silverstein betont, ist das, was Mütter in bester Absicht tun, um die »männliche« Entwicklung ihrer Söhne zu fördern, oft nichts anderes als eine Form von Abwendung und Alleinlassen. Wenn Sie also glauben, Sie ziehen ein Muttersöhnchen heran – nur zu!

# 12  Glanz und Elend der Geschwisterbeziehung

Als ich 1978 mein zweites Kind erwartete, war ich ziemlich sicher, dass es ein Mädchen werden würde. Als es dann anders kam und Ben geboren wurde, nahmen meine engsten Freundinnen an, dass ich enttäuscht wäre, vielleicht ganz furchtbar enttäuscht, aber das war nicht der Fall. Ich war total zufrieden, sogar erleichtert, zwei Söhne zu haben. Jungen waren ganz offensichtlich »Nicht-Ich«, und der Geschlechtsunterschied gab mir das Gefühl einer gewissen beruhigenden Getrenntheit und Andersartigkeit. Ich dachte, es würde in den Beziehungen zwischen uns wahrscheinlich weniger emotionale Komplikationen geben und ich wäre weniger gefährdet, die Kämpfe, die ich mit meinen Eltern und meiner Schwester ausgefochten hatte, zu wiederholen. Also sagte ich mir: »Jungs! – Wie toll! Es wird Steves Sache sein, ihnen alles beizubringen, was sie im Leben wissen müssen, etwa wie man einen Schlips bindet oder einen Reifen wechselt.« Damals hatte ich mehr Vertrauen in Steves Fähigkeiten als in meine eigenen, und so boten diese Klischeevorstellungen mir vorübergehend Trost.

In der Konfrontation mit meinen wieder erwachten Ängsten in Bezug auf das Muttersein regredierte ich auf die simpelste Ebene polarisierten, sexistischen Denkens. Ich war mir immer noch nicht sicher, ob ich wirklich fähig war, ein Baby – gleich welchen Geschlechts – am Leben zu erhalten und zum Gedeihen zu bringen, denn das war mir nicht einmal mit einer Topfpflanze gelungen. Aus meiner Sicht hatte ich mit *einem* Kind bereits mehr als genug um die Ohren. Schon die alltäglichen, pragmatischen Aufgaben der Elternverantwortung erfüllten mich mit Angst und Schrecken, ganz zu schweigen von der

Vorstellung, ein Leben lang Rollenmodell zu sein. Irgendwie fühlte es sich einfacher an, Mutter von Jungen zu sein. Obwohl es auf der rationalen Ebene überhaupt keinen Sinn ergab, verringerte die Tatsache, dass mein zweites Kind ein Junge war, das überwältigende Gefühl der Verantwortung für ein neues Leben – wo doch überwältigende Verantwortung ohnehin nicht mein Bier war. Außerdem, ich konnte mir nicht helfen, ging mir auch durch den Kopf, dass es wirtschaftlicher und sparsamer wäre, zwei Söhne zu haben; Ben konnte zum Beispiel die Kleidungsstücke auftragen, aus denen Matthew herausgewachsen war …

Dann war da natürlich noch das Faktum, dass meine Jungen Geschwister waren. In dem magischen Augenblick, als Ben zur Welt kam, hatte ich plötzlich doppelt so viele Kinder wie zuvor, und auf genauso wunderbare Weise hatte jedes dieser Kinder nun einen Bruder. Ich stellte sie mir als Spielkameraden, Weggefährten und Seelenfreunde fürs Leben vor, jeder mit dem tiefen und differenzierten Verständnis für den anderen ausgestattet, das nur gleichgeschlechtliche Geschwister miteinander teilen können. Als ich Matthew, damals drei Jahre und neun Monate alt, beobachtete, wie er voller Staunen auf seinen pausbackigen, fast zehn Pfund schweren neugeborenen Bruder herabschaute, hatte ich das Gefühl, dass in meinem Leben alles stimmte.

Wenn mein zweites Kind ein Mädchen geworden wäre, hätte meine Logik eine andere, aber ebenso rosige Wendung genommen. Ich hätte gedacht, dass *dies* zweifellos das perfekte Arrangement wäre, dass ich großes Glück hätte, einen Jungen und ein Mädchen zu haben. Ich hätte mir die Mutter-Tochter-Beziehung vorgestellt, reich an Möglichkeiten für besondere Nähe und Verbundenheit, und mir die Vorzüge der Bruder-Schwester-Konstellation ausgemalt. Es gibt in der Tat kein besseres Übungsfeld für Jungen und Mädchen, einen unverklemmten, authentischen und flexiblen Umgang miteinander zu lernen, als das Aufwachsen mit andersgeschlechtlichen Geschwistern.

Auch wenn ich Mutter zweier Töchter geworden wäre, hätte ich zweifellos angenommen, dass ich in der besten aller möglichen Welten lebte, zumal die Bindung zwischen Schwestern gewöhnlich besonders eng ist und das höchste Maß an wechselseitiger Fürsorge beinhaltet, nicht selten bis ins hohe Alter hinein. In Wahrheit gibt es aber keine »richtige« oder auch nur »bessere« Geschwisterkonstellation, auch wenn manche Eltern ihre ganz persönlichen starken Vorlieben haben.

Trotz meiner wundervollen Visionen vom Walten brüderlicher Liebe zwischen meinen beiden kleinen Engelchen wurde ich schließlich daran erinnert, dass es zwischen gleichgeschlechtlichen Geschwistern auch viele und heftige Konflikte geben kann. Natürlich kommt es auch zwischen Bruder und Schwester oft zu Kämpfen und Gekabbel, aber gewöhnlich spielt Rivalität dabei eine geringere Rolle, weil jedes Kind sozusagen seine eigene Sphäre hat. Manche Eltern entscheiden sich bewusst, einen relativ großen Altersabstand zwischen ihre Kinder zu legen, um sich selbst das Leben leichter zu machen und um den Kindern die Qualen des Geschwisterneids und anderer stichliger Gefühle zu ersparen. Aber mit dem Gewinn geht unweigerlich auch ein Verlust einher: Wenn der Altersunterschied zwischen Geschwistern mehr als fünf Jahre beträgt, verhält sich das ältere Kind dem jüngeren gegenüber oft eher wie ein Elternteil und behandelt es weniger wie einen Ebenbürtigen. Mit anderen Worten: So etwas wie den »richtigen« Altersabstand zwischen Geschwistern, der perfekt auf alle Familien passt, gibt es nicht, und die Natur kooperiert auch nicht notwendigerweise mit unseren wohl überlegten Plänen.

## Geschwisterkämpfe

Wenn es um Geschwisterkämpfe geht, neigen die meisten Eltern eher zu Überreaktionen. Wir greifen vielleicht zu rasch und zu energisch ein, um zu schlichten und zu glätten, und lassen unseren Kindern nicht genügend Freiraum, ihre eigenen Erfahrungen mit Konflikten zu machen, ihre Probleme selbst zu lösen und ihren Schmerz selbst zu bewältigen. Oder wir verfallen ins Gegenteil, untertreiben und intervenieren nicht, wenn es eigentlich notwendig wäre. Diese Beobachtung ist nicht als Kritik gemeint und soll keine Schuldgefühle erzeugen, denn alle normalen Menschen übertreiben oder untertreiben, wenn sie unter Stress stehen, oder pendeln wie ein Jo-Jo zwischen den Extremen des Überreagierens und Ignorierens hin und her. Es ist einfach nur ein weiteres Beispiel dafür, dass der Mythos von der »guten Mutter« eben ein Mythos ist und dass Mütter sich vor perfektionistischen Neigungen in Acht nehmen müssen. Gleichzeitig kann es sehr hilfreich sein, unseren eigenen, typischen Reaktionsmodus oder unsere individuelle Fehler-Tendenz zu identifizieren, denn dann können wir versuchen, uns zu beobachten und unsere gewohnten, eingefahrenen Verhaltensmuster unter Stress zu verändern.

Bei Konflikten zwischen meinen Söhnen schlug ich in aller Regel zu weit in Richtung Distanz aus. Das war nicht nur schlecht, denn wenn Eltern sich heraushalten und sich um ihre eigenen, erwachsenen Angelegenheiten kümmern, haben Kinder eine Menge Spielraum, selbständig aufzuwachsen. Aber manchmal hielt ich mich auch aus ihren Konflikten heraus, wenn es sinnvoll gewesen wäre einzugreifen, weil ich einfach ratlos war und nicht wusste, wie ich intervenieren sollte.

Besonders hilflos fühlte ich mich, wenn die Jungen im Auto anfingen zu streiten, weil es dann nicht die Möglichkeit gab, sie zu trennen und auf ihre Zimmer zu schicken. Normalerweise griff Steve als Erster ein, wenn Ben anfing, Matthew zu knuffen, zu boxen oder seinen Sicherheitsgurt aufschnappen zu lassen. Wir sagten beiden, sie sollten ihre Hände bei sich behalten und die imaginäre Trennungslinie in der Mitte des Rücksitzes respektieren. Unweigerlich war Matthew derjenige, der sich beschwerte. »Dad, Ben lässt mich nicht in Ruhe. Sag ihm, er soll aufhören!«

So wie es den Anschein hatte, provozierte Ben in neun von zehn Fällen die Kabbelei. Ganz im Sinn der Familiensystem-Theorie ließ Steve sich nicht auf »Wer-hat-angefangen«-Debatten ein, sondern versuchte, beide Jungen für ihr Teilnehmen an dem eskalierenden Prozess zur Verantwortung zu ziehen. Zuerst blieb er ruhig und sagte etwa: »Jungs, bei dem Lärm, den ihr macht, kann ich mich nicht aufs Autofahren konzentrieren. Hört jetzt bitte auf!« Als Nächstes kam eine Steigerung: »Ich will jetzt Ruhe haben, hört ihr, und zwar absolute Ruhe! Wenn ich von einem von euch beiden nur noch ein einziges Wort höre, dann passiert was!« Schließlich folgte eine Warnung: »Ich fahre jetzt auf den Randstreifen und halte an, wenn ihr nicht sofort aufhört zu streiten.« Und: »Wenn wir nach Hause kommen, bleibt ihr beide für den Rest des Tages auf euren Zimmern.«

Aber Steves Methode funktionierte nicht. Erstens hielt er nicht an, wenn er damit drohte, oder höchstens einmal in fünfzehn Fällen. Zweitens waren die Konsequenzen, die er den Jungen ankündigte, zu vage und von Tatort und Tatzeit so weit entfernt, dass es später keinen wirklichen Sinn mehr ergab, sie durchzusetzen, und so blieben sie leere Drohungen.

Ich war sogar noch ineffektiver. Meistens versuchte ich, die Stimmen der Jungen einfach auszublenden und Steve die Regelung der Angelegenheit zu überlassen. Oder ich sagte Dinge wie: »Jungs, jetzt reicht's aber, jetzt ist Schluss!« Wenn ich das mehrere Male mit wachsender Lautstärke wiederholt hatte, ohne dass es den geringsten Eindruck hinterließ, fühlte ich mich hilflos und am Ende meiner Weisheit. Die Tatsache, dass unsere Söhne weitaus öfter Freunde als Feinde sind, ist wahrscheinlich nicht auf die Kreativität unseres Erziehungsverhaltens zurückzuführen.

Ich brauchte auch lange, um zu erkennen, dass beide Jungen an diesem Tanz der Konflikte beteiligt waren und dass Ben, der Provokateur, nicht der alleinige Auslöser war. Matthews Stil, mit Beziehungen unter Stress umzugehen, war, sich emotional zu distanzieren. Bens Stil war dagegen, die Verfolgung aufzunehmen, in dem Bemühen, die emotionale Distanz zu verringern. Ben war hoch empfänglich für das Gefühl, dass er Matthews Interesse oder Aufmerksamkeit nicht erwecken konnte, und wenn er ihn dann direkt attackierte oder in sein Territorium eindrang, bekam er zumindest eine Reaktion von seinem Bruder. Nicht, dass Matthews Stil, auf Distanz zu gehen, irgendwie »besser« war als Bens aktiver, emotionaler Stil, der oft physische Auseinandersetzungen nach sich zog. Aber ich konnte mit Matthews Stil definitiv besser umgehen – so, wie es einfacher ist, ein Kind zu haben, das seine Ängste durch obsessive Ordentlichkeit und zwanghafte Reinigungsrituale bewältigt, statt durch lautstarke Wutausbrüche in der Öffentlichkeit.

Wie es in Familien immer der Fall ist, hatte natürlich auch ich meinen Anteil an dem Geschwistertanz. Wenn Geschwister nicht miteinander auskommen, ist es immer sinnvoll, einen prüfenden Blick auf die Beziehung der Eltern zu jedem Kind zu werfen. Ben provozierte seinen großen Bruder dann am meisten, wenn er das Gefühl hatte, dass ich Matthew bevorzugte. Gelegentlich sprach er es auch direkt aus: »Du liebst Matthew mehr als mich!« Wenn ich ihn dann um eine Erklärung bat, sagte er, dass Matthew mit allem durchkäme, weil wir, Steve und ich, uns einfach nicht darum kümmerten, was er so tat und trieb. Für meine Begriffe hatte das nichts mit größerer oder geringerer Liebe zu tun, aber Ben hatte dennoch etwas Richtiges erkannt.

Während seiner ersten drei High-School-Jahre bewohnte Matthew ein geräumiges Mansardenzimmer im dritten Stockwerk unseres großen alten Hauses in Kansas. Steve und ich machten uns selten die Mühe, diese Extratreppe hinaufzusteigen, und die Tatsache, dass Matthew nicht nur diplomatisch, sondern auch außer Sicht war, bestärkte mich in meiner Tendenz, nicht allzu sehr darauf zu achten, was er tat. Matthew widersetzte sich uns nicht, oder vielmehr, er machte, was er wollte, aber wir merkten es nicht. Ben war dagegen ein offenes Buch, und im Stil eines wahren »Jüngsten« setzte er sich konstant und lautstark gegen jede Form von Autorität zur Wehr, die er als willkürlich oder unfair betrachtete. Sein Zimmer lag im zweiten Stock, direkt neben unserem Schlafzimmer, Wand an Wand, und so waren schon von den räumlichen Verhältnissen her die Voraussetzungen für zu viel Distanz in der Beziehung zu Matthew und zu viel emotionale Intensität in der Beziehung zu Ben gegeben.

Etwa um die Zeit, als Ben in die Pubertät kam, machte Steve mich darauf aufmerksam, wie polarisiert und unausgewogen meine Wahrnehmung unserer Söhne war. Ich sorgte mich zu viel um Ben und zu wenig um Matthew. Bei Matthew schaute ich nur auf die Stärken und bei Ben überwiegend auf die Schwächen. Ich verhielt mich Ben gegenüber zu emotional und Matthew gegenüber zu distanziert. Wenn mich die Ängste überwältigten, stellte ich mir vor, wie Matthew auf der Welle des Erfolgs durchs Leben segelte und Ben von einer Schwierigkeit in die nächste geriet. Ich tendierte dazu, Fakten zu ignorieren, die dieser Vorstellung widersprachen. Ich ignorierte auch die möglichen Probleme, die Matthews »cooler«, abgehobener Stil mit sich bringen könnte, und die möglichen Vorteile, die Bens lebhaftes Engagement vielleicht in sich barg.

Jedes Familienmitglied beeinflusst jedes andere Familienmitglied, und in gewisser Weise melden sich Kinder freiwillig für ihre Rollen. Jedes Kind kommt mit seiner spezifischen, einzigartigen Genstruktur auf die Welt, die seine Persönlichkeit und sein Temperament formt und die Rollenzuschreibung oder Etikettierung beeinflusst, die es in seiner Familie erhält, die Schüchterne etwa oder die Kreative, der Rebell oder der Friedensstifter. Wichtiger noch: Eltern projizieren vieles auf ihre Kinder, das heißt, wir sehen in unseren Kindern die erwünschten, gefürchteten, ungelebten oder abgelehnten Anteile unserer eigenen Persönlichkeiten. Wir verwechseln unsere Kinder mit uns selbst oder mit anderen Familienmitgliedern. Die Projektion einer Mutter kann zu einer Geschichte werden (»Johnny ist so verantwortungslos, genau wie sein Vater«), dann zu einer Verhaltensvorschrift und schließlich zu einer sich selbst erfüllenden Prophezeiung. Unsere Kinder können zu den Geschichten werden, die wir über sie erzählen.

Die Geschwisterproblematik, die wir aus unserer eigenen Herkunftsfamilie mitbringen, wird ebenfalls auf unsere Kinder übertragen und ausagiert. Als Ben, der in der Geschwisterreihe dieselbe Position hat wie ich, mir vorwarf, dass ich Matthew bevorzugte (Matthew nimmt dieselbe Position ein wie meine Schwester Susan), löste er bei mir sozusagen »roten Alarm« aus, denn genauso hatte ich mich gefühlt, als ich heranwuchs. Auf diesen Auslöser hin begann ich genauer zu beobachten, wie ich auf jeden meiner Söhne reagierte und wie ich vor anderen Leuten über sie sprach. Mir wurde klar, dass ich die Muster aus meiner eigenen Vergangenheit ungewollt wieder in Szene setzen würde, wenn ich mich nicht bewusst bemühte, einen anderen Weg zu gehen. Zum besseren Verständnis gebe ich einige Hintergrundinformationen über das breitere, generationsübergreifende Bild.

## Unser Geschwistererbe[1]

Der Altersunterschied von fünf Jahren zwischen meiner Schwester Susan und mir war von meiner Mutter nicht geplant oder beabsichtigt. (Ich liebe die jiddische Redensart »Wenn du Gott zum Lachen bringen willst, erzähl ihm deine Pläne«.) Rose wurde zum zweiten Mal schwanger, als Susan drei Jahre alt war, aber sie hatte eine Fehlgeburt, und damals wurde Frauen geraten, mindestens sechs Monate zu warten, bevor sie erneut versuchten, ein Kind zu bekommen. Soweit ich mich erinnere, hatten Susan und ich nicht oft Streit, aber aufgrund des großen Altersunterschieds bestand zwischen uns auch nicht die kameradschaftliche Nähe, die meine Jungen miteinander teilten, als sie heranwuchsen.

Susan war die Helferin meiner Mutter, der Stolz und die Freude meines Vaters und überhaupt ein Vorzeigekind. Ich war nichts dergleichen. Susan, eine typische Erstgeborene, bewältigte ihre Ängste durch Überfunktionieren, und ich, eine typische Jüngste, bewältigte meine Ängste durch Unterfunktionieren. Wenn es im Familienleben zu Stress und hohen Belastungen kam, wie zum Beispiel zu der Zeit, als bei meiner Mutter Krebs diagnostiziert wurde (ich war zwölf Jahre alt), verfestigten sich unsere Positionen und wurden krass polarisiert. Wie ich in *Wohin mit meiner Wut* geschildert habe, wurde ich so schlecht, wie Susan gut war, und umgekehrt. Susan, die damals im ersten Jahr auf dem Barnard College war, fuhr zum Beispiel jeden Tag mehrere Stunden mit der U-Bahn, sodass sie abends zu Hause sein, den Platz meiner Mutter einnehmen und alle anfallenden Arbeiten erledigen konnte. Sie kochte, putzte, bügelte und tat, was immer notwendig war, ohne zu klagen. Wenn sie wütend darüber war, dass ihr so viel abgefordert wurde, oder wenn sie sich um meine Mutter ängstigte, verbarg sie diese Gefühle sogar vor sich selbst. Ich dage-

gen drückte so viel Emotionalität aus, dass es für die gesamte
Familie reichte. Ich machte Szenen, indem ich Kleidungsstücke
verlangte, die meine Eltern sich nicht leisten konnten, und so
fleißig Susan auch immer putzen und aufräumen mochte, so
schnell verbreitete ich Unordnung und Chaos. Jede von uns ver-
stärkte und verfestigte durch ihre Haltung die Haltung der anderen. Es ist ein interessanter Nebeneffekt, dass meine Mutter
mein problematisches Verhalten immer mit ihrem Überleben in
Zusammenhang gebracht hat. Jedes Mal, wenn sie gefragt
wird, wie sie ihre Krebserkrankung gegen alle Wahrscheinlichkeit überwinden konnte (zur Zeit ihrer Diagnose hatte man ihr
höchstens noch ein Jahr gegeben), sagt sie: »Oh, ich konnte zu
diesem Zeitpunkt einfach nicht sterben. Harriet brauchte mich.
Sie war das totale Chaos!« Sie trägt diese Antwort so vor, als
wäre sie vollkommen logisch und bedürfe keiner weiteren Er-
läuterung, und mir hat sie oft gesagt, dass sie meinetwegen den
Kampf gegen den Krebs aufgenommen und gewonnen habe.
Ich will damit nicht sagen, dass mein chaotisches Verhalten tatsächlich der Grund dafür war, dass meine Mutter überlebte.
Aus meiner Sicht sind Kampfgeist oder Lebenswille zweifellos
positive, heilungsfördernde Einstellungen, aber durchaus keine
Garantie für das Überleben. Dennoch: Ich war ein zwölfjähri-
ges Kind, und auf irgendeiner unbewussten Ebene hielt ich es
für meinen Job, »das Chaos« in der Familie zu sein und meine
Mutter dadurch im Leben festzuhalten, genauso wie Susan es
für ihren Job hielt, die Integrität der Familie zu bewahren, indem sie die gute, verantwortungsbewusste Tochter war, die niemandem Kummer machte und ihre Verzweiflung nicht sichtbar
werden ließ. Damals war das bloße Wort »Krebs« schon ein
Tabu; man sprach es nur flüsternd aus. Das gesellschaftliche
Umfeld bot keine Hilfsquellen, die meiner Familie ermöglicht
hätten, auszusprechen, was geschah, und das Problem durch
eine offene Auseinandersetzung zu bewältigen. Das schwieri-

ge, aufsässige Verhalten eines Kindes kann den Versuch widerspiegeln, ein Problem in der Familie zu lösen oder einen Elternteil »bei der Stange« zu halten. Ich blieb »das Chaos«, bis ich das Gefühl hatte, dass meine Mutter aus dem Schlimmsten heraus war.

## Familiäre Rollen

Ein wichtiger Teil meines Jobs in der Familie war, die intellektuelle Nachhut zu bilden. Soweit ich mich zurückerinnern kann, war Susan immer der Star, die brillante Begabung, die in den Augen meines Vaters in überirdischem Glanz erstrahlte. Selbst als ich mich fing und in meinen Leistungen aufholte, was in meinem ersten High-School-Jahr geschah, blieb ich in meiner Familie dennoch der intellektuelle *Underdog*. Die Aufkleber der gewöhnlichen Colleges und Universitäten, die ich besuchte, wurden nie an das Heckfenster des Familienautos geklebt – neben Susans Plaketten von Barnard, Yale und Stanford. Susan wurde Naturwissenschaftlerin. Ich wurde »eine gute Zuhörerin« (sprich: klinische Psychologin). Mein Vater versuchte nie zu verhehlen, dass Susan seine Favoritin war, und Takt war ohnehin keine seiner hervorstechenden Eigenschaften.

Geschwisterrollen können so festgelegt sein, als wären sie in Stein gemeißelt. Ich erinnere mich an einen Besuch[2] bei meinen Eltern in Phoenix, etwa um die Zeit, als mein erstes Buch *Wohin mit meiner Wut* Bestseller-Verkaufszahlen zu erreichen begann und in den Medien wieder und wieder besprochen wurde. Ich schickte meinen Eltern wöchentlich Presseausschnitte, die über das ganze Spektrum gingen, vom *National Enquirer* bis hin zur *New York Times*; ich trat sogar in der Phil-Donahue-Show auf. Gerade zu diesem Zeitpunkt hatte Susan mit beruflichen Problemen zu kämpfen und tat sich sehr schwer damit. Als mein Vater vor einem desinteressierten Bekannten mit meinen Errungenschaften angab, fügte er zum Schluss ohne ersichtlichen Grund hinzu: »Harriet ist intelligent – aber Sie sollten meine andere Tochter Susan kennen lernen. Susan ist brillant.«

In der Vergangenheit hatte ich ihm auf solche Bemerkungen bissig geantwortet oder ihn, in meinen ruhigeren, reiferen Momenten, mit seiner Taktlosigkeit aufgezogen. Aber diesmal ging ich am Nachmittag freundlich auf ihn zu und sagte: »Weißt du, Dad, ich habe das Gefühl, selbst wenn mir der Nobelpreis verliehen würde, läge ich in deinen Augen immer noch meilenweit hinter Susan zurück.«

Mein Vater reagierte nüchtern. »Nun ja«, sagte er, »du hast Recht; das ist wohl wahr.«

»Wie erklärst du dir das eigentlich?«, fragte ich nach. In diesem Moment war ich tatsächlich nur von genuiner Neugier erfüllt.

»Also, wenn du den Nobelpreis bekämest«, antwortete er, »dann wäre es, weil du dich auf einem speziellen Gebiet hervorgetan hast. Aber Susan ist auf jedem Gebiet brillant. Ich glaube, ich kenne niemanden, der so brillant ist wie Susan.«

Meine Mutter schloss sich meinem Vater in dieser direkten und unverblümten Lobpreisung Susans als der brillantesten Person auf diesem Planeten nicht an. Aber auch sie hatte ihr Objekt ehrfürchtiger, tiefer Bewunderung, ihre überlebensgroße Heldenfigur, und das war ihr jüngerer Bruder Bo. Ich finde kaum Worte für die Intensität der Liebe, Hingabe und Verehrung meiner Mutter für ihren einzigen Bruder, der 1970 von einem unaufmerksamen Autofahrer getötet wurde, während er am Straßenrand einen Reifen wechselte. Bo war damals siebenundfünfzig Jahre alt und stand kurz davor, Großvater zu werden. Meine Mutter rief mich in Berkeley an, um mir die Unglücksnachricht mitzuteilen. Sie hätte es sein sollen, sagte sie, sie hätte sterben sollen und nicht Bo.

Nicht Bo – weil sie ihn liebte, natürlich, aber auch weil sie ihn als etwas ganz Besonderes sah. Er war der glänzend Begabte in der Familie meiner Mutter, und für ihn wurde das wenige Geld, das für Bildung übrig war, ausgegeben. Er hatte während der McCarthy-Ära nicht klein beigegeben und seine Prinzipien weiter vertreten, wodurch er nicht nur seinen Job riskierte (den er schließlich verlor), sondern auch seine persönliche Sicherheit. Später hatte er als Pionier der Sexualerziehung und anderer liberaler Anliegen durch seine Arbeit und seine Schriften wesentlich zur Veränderung der Gesellschaft beigetragen. Mein Onkel Bo machte so wenig Worte, dass ich ihn durch die gelegentlichen Zusammenkünfte unserer Familien nicht wirklich kennen lernte. Ich sah ihn vielmehr durch die Augen meiner Mutter, als einen Mann von überragender Intelligenz, Integrität und Courage, der immer das Richtige tat und von allen geliebt und verehrt wurde.

Ich wuchs mit der unbewussten Vorstellung heran, dass ich auf irgendeine Weise zu Bo werden sollte oder ihn heiraten sollte oder ihn wiedergebären sollte. Vielleicht habe ich versucht, von allen drei Punkten ein wenig zu erfüllen. Es ist eine interessante Koinzidenz, dass Matthews verfrühtes Erscheinen auf der Welt genau auf Bos Geburtstag fiel. Wir nannten ihn Matthew Rubin Lerner – »Rubin« zum Gedenken an Bo, dessen wirklicher Name Isadore Rubin war. Meine Mutter und meine Schwester sagen mir beide, wie sehr Matthew sie an Bo erinnert, und ich hatte oft denselben Gedanken, obwohl ich meinen Onkel kaum kannte.

Die Bewunderung meiner Mutter für ihren Bruder Bo war komplexer und differenzierter als die Idealisierung, mit der mein Vater Susan umgab, aber ich glaube, dass der Einfluss der mütterlichen Heldenverehrung auf unser Familienleben keines-

falls geringer war. Mein Vater konnte Bo nicht das Wasser reichen – ja, der bloße Versuch, mit ihm zu wetteifern, wäre von
vornherein zum Scheitern verurteilt gewesen. Jetzt, in der
Rückschau, sehe ich eine mögliche Verbindung zwischen zwei
Spannungsdreiecken in meiner Familie, wobei eines der Drei-
ecke von meinem Vater, meiner Mutter und Bo und das andere
von meinem Vater, meiner Schwester und mir gebildet wurde.
In diesen Dreiecken waren mein Vater und ich Gefährten im
Unterlegensein. Susan und Bo waren die Stars.

Als ich meine eigenen Kinder hatte, begann ich an irgendeinem Abschnitt des Weges, Ben mit mir selbst zu verwechseln
und Matthew in die Kategorie des »besonderen« Kindes einzuordnen. Meine Wahrnehmung war selektiv – das heißt, ich
übersah die Probleme, die Matthew in seiner stillen Art durch-
machte; stattdessen fixierte ich mich auf Ben, sein chaotisches
Benehmen, seine Schwachpunkte, und spielte seine ziemlich
auffälligen Begabungen herunter. Was mich davor rettete, mich
auf diese Wahrnehmung festzulegen, war die unvoreingenom-
mene Betrachtung meiner eigenen Herkunftsfamilie, die erwei-
terte Familie eingeschlossen, denn dadurch gewann ich eine
objektivere und ausgewogenere Sichtweise meines eigenen Hin-
tergrunds und meiner Prägungen. Natürlich kam mir manchmal jede Objektivität und Balance abhanden, wie zum Beispiel
zu der Zeit, als ich mit Ben in den erbitterten Machtkampf um
das Aufräumen und Ordnunghalten im Haushalt verwickelt
war. Aber im Allgemeinen half mir diese Betrachtung aus der
Weitwinkelperspektive, objektiver und gelassener zu sein und
mich selbst zu »erwischen«, wenn meine Wahrnehmung meiner Söhne mehr mit meiner eigenen Familiengeschichte zu tun
hatte als mit den Jungen selbst.

## Brüche in den alten Rollen

Selbst die rigidesten Familienrollen können sich manchmal verändern. Als Matthew im Juni 1988 seine Bar-Mizwa feierte, versammelte meine Familie sich zum ersten Mal in einer Synagoge – meine Mutter, mein Vater, Susan und ich. Normalerweise waren meine Eltern allergisch gegen religiöse Rituale, und ich war erstaunt, dass wir die Bedeutung dieses Tages alle so tief empfanden. Vielleicht ist nichts je wirklich in Stein gemeißelt. Alles verändert sich ständig, wenn auch manchmal sehr langsam und unmerklich, und sogar, wenn wir an unseren alten Geschichten festhalten.

Als unsere Familien am Abend vor dem großen Ereignis zusammenkamen, lobte einer von Steves Verwandten meine Arbeit. Wie auf sein Stichwort hin begann mein Vater sofort, sich über die unvergleichliche Brillanz meiner Schwester auszulassen, wobei er durchblicken ließ, dass ich ihr nicht das Wasser reichen könne. Diejenigen unter unseren Gästen, die unsere Familie nicht gut kannten, waren durch diese unverblümte Eloge auf meine Kosten peinlich berührt, aber für mich war es ein alter Hut. Ich wusste, dass mein Vater mich liebte und stolz auf mich war; er zog einfach seine übliche Nummer ab.

Am nächsten Morgen in der Synagoge, wenige Augenblicke bevor die Bar-Mizwa-Zeremonie begann, gab mein Vater mir einen Wink, an seine Seite zu kommen. Obwohl sein Bildungsweg mit dem Abschluss der High School beendet war, hatte mein Vater eine differenzierte, fast professorale Art zu sprechen. Der direkte emotionale Ausdruck war nie seine Sache. »Harriet«, sagte er, »ich habe in der letzten Nacht keinen Schlaf gefunden. Während ich wach lag, zogen so viele Lebensereignisse an mir vorüber, und ich dachte nach ...« Er machte eine Pause und räusperte sich. Ich war gespannt, was als

Nächstes kommen würde. »Eine Sache, über die ich nachdachte, war der Kommentar, den ich gestern über dich und Susan abgab. Ich habe vor mir selbst einen Schwur abgelegt, das nie wieder zu tun.« Plötzlich fing mein Vater an zu zittern und zu weinen. »Es tut mir so Leid«, sagte er schluchzend. »Es tut mir so Leid.« Ich nahm meinen Vater in die Arme und sagte ihm, dass ich ihn liebte. Seine Entschuldigung war mir sehr viel wert, obwohl ich sie zu diesem Zeitpunkt nicht mehr brauchte.

Die Liebe meines Vaters war durch seine bloße Präsenz bei der Bar-Mizwa mehr als offensichtlich. Er war achtzig und sehr gebrechlich und hatte die Reise gegen den Rat seines Arztes unternommen. Alle wussten, dass es zu viel für ihn war, aber er hatte an seinem Entschluss festgehalten, seine verbleibenden Kräfte und Energien zu mobilisieren, um nach Topeka zu kommen und an der Feier teilzunehmen. Kaum eine Woche nach seiner Rückkehr nach Phoenix brach er zusammen und wurde nach einem kurzen Krankenhausaufenthalt in ein Hospiz verlegt. Er kehrte nie in sein Haus zurück – zweifellos wäre dies ohnehin geschehen, wurde aber durch die Anstrengung der Reise beschleunigt. Ich bin dankbar, dass meine Eltern lange genug am Leben blieben – lange genug für mich, um sie besser kennen zu lernen, und für uns alle, um zu erkennen, dass es mehr als einen Weg gibt, etwas Besonderes zu sein, dass es in einer Familie mehr als einen Star geben kann. Das ist das Vermächtnis, das ich meinen Söhnen hinterlassen möchte.

# 13 In zwanzig Jahren:
## Werden Ihre Kinder einander noch nahe sein?

Ich wünsche mir, dass meine Söhne einander für den Rest ihres Lebens mögen. Mehr noch: Ich hoffe, dass sie füreinander da sein werden, wenn es wirklich darauf ankommt, obwohl ich sicher bin, dass es auch Zeiten geben wird, in denen sie sich wechselseitig in Wut versetzen, frustrieren oder enttäuschen werden. Ich möchte, dass sie miteinander verbunden bleiben, Achtung voreinander haben und fähig bleiben, sich einander zu öffnen und miteinander zu reden.

Ich betete meine ältere Schwester an, als wir heranwuchsen. Wenn sie mich aufgefordert hätte, ihr für eine Gunst, die sie mir erwies, die Füße zu küssen, hätte ich es mit Freuden getan. Und wenn sie mir drohte, ich solle mich benehmen – oder ich würde einen Pickel bekommen, erwartete ich, dass einer in meinem Gesicht erschien, und manchmal fand ich ihn dort auch vor, wenn ich am nächsten Morgen in den Spiegel schaute. Erst als wir beide das Elternhaus verlassen hatten, bekam ich allmählich ein differenzierteres Bild von Susan (und von mir selbst). Wir wurden gute Freundinnen, als wir erwachsen wurden und der Altersunterschied keine Rolle mehr spielte. Im Lauf der Zeit wurde unsere Beziehung ausgewogener; Susan zeigte mir mehr von ihrer Verletzlichkeit, und ich zeigte ihr mehr von meiner Kompetenz. Wir genossen es über all die langen Jahre, zusammenzukommen und uns auszutauschen, und wir reden bis heute über unsere gemeinsame Geschichte, wie es nur unter Schwestern möglich ist. Bis 1991 hätte ich unsere Beziehung als »unkompliziert« bezeichnet.

1991 zogen meine Eltern, damals beide vierundachtzig Jahre alt, von Phoenix nach Topeka, um mir und meiner Familie näher zu sein. Mitzuerleben, wie mein Vater langsam in einen vegetativen Dämmerzustand versank und meine Mutter sich mit den Beschwerden des hohen Alters plagte, war eine der schwierigsten Herausforderungen, mit denen ich in meinem erwachsenen Leben konfrontiert war. Vor dem Umzug unserer Eltern konnte ich Susans warme und geistreiche Präsenz und ihre Talente als Gastgeberin in ihrem Heim in Cambridge einfach genießen. Wir konnten beide unsere Eltern in Phoenix besuchen, wann immer es uns gefiel, und sie stellten nie Ansprüche. Es war Susan und mir nie in den Sinn gekommen, dass eine von uns schließlich ihre primäre Unterstützung im hohen Alter sein würde, insbesondere da Rose, unsere Mutter, zwei Schwestern hatte, die in Phoenix in unmittelbarer Nähe ihres Viertels lebten.

Während der ersten paar Jahre nach dem Umzug unserer Eltern nach Topeka gab es Zeiten, in denen ich mich von Susan total im Stich gelassen fühlte. Ich fürchtete, meine Schwester wäre emotional »ausgestiegen« und würde das sinkende Schiff verlassen, wenn ich nicht permanent hinter ihr her wäre und insistierte, dass sie unseren Eltern Aufmerksamkeit zukommen ließ. Zu anderen Zeiten entschied sie über wichtige Dinge, die Rose betrafen, ohne sich zuvor mit mir abzusprechen. In beiden Fällen fühlte es sich für mich so an, als bestände zwischen uns keine wirkliche Partnerschaft. Ich wurde dann unglaublich reaktiv, denn die zunehmende Gebrechlichkeit unserer Eltern und die Frage, wie ich diese Situation bewältigen sollte, erfüllte mich mit tiefen Ängsten. Ich fürchtete, meine Beziehung zu Susan würde gerade in dem Augenblick zerbrechen, in dem mir die Einigkeit zwischen uns und der geschwisterliche Zusammenhalt am wichtigsten waren.

Immer wenn ich mich völlig allein gelassen fühlte oder mich unfähig fühlte, mir Gehör zu verschaffen, ging mir durch den Kopf, dass wir vielleicht die Schatten unserer alten Familienrollen auslebten, die Spiegelung dessen, wie viel von Susan und wie wenig von mir erwartet worden war – aber diesmal in der Umkehrung. Ich fragte mich, ob Susan vielleicht unbewusst – nicht absichtlich und geplant natürlich – den Entschluss gefasst hätte, die alten Schuldkonten auszugleichen. Sie hatte zweifellos mehr als ihren gerechten Anteil geleistet, als wir heranwuchsen. Außerdem hatte sie erst vor kurzem, im Alter von fünfzig Jahren, zum ersten Mal geheiratet, und ich stellte mir vor, dass sie dieses neue Stadium in ihrem Leben verständlicherweise vor Beeinträchtigungen schützen wollte. Mir wiederum machte meine alte Familienrolle als die »verantwortungslose Jüngste« es schwerer, die Verantwortungsposition in der Familie gelassen anzunehmen, wenn ich mich damit allein fühlte. Manchmal empfand ich irrationale Wut auf Susan, einfach weil sie so weit weg war, und ich beneidete sie ebenso sehr um ihre Fähigkeit, Probleme auszublenden, wie ich mich darüber ärgerte. Ich nahm auch nicht wahr, vor welches emotionale Dilemma eine erstgeborene Tochter, die nun in Bezug auf die konkrete Fürsorgesituation die »Außenseiterin« war, sich vielleicht gestellt sehen würde. Und natürlich machte die Tatsache, dass mein Vater Susan sein Leben lang idealisiert hatte, es für mich auch nicht leichter, nun diejenige zu sein, die sich um ihn kümmern musste. Es lief letztlich darauf hinaus, dass ich Susan brauchte. Ich konnte diese neue Phase im Lebenszyklus ohne sie nicht bewältigen, obwohl Steve ganz und gar für mich und meine Eltern da war, emotional und konkret, bei jedem Schritt auf dem Weg.

Ich sagte Susan immer wieder, was ich von ihr brauchte, obwohl ich das Gefühl hatte, mich wie eine nervtötende kaputte Schallplatte anzuhören, wenn ich sie drängte, anzurufen oder ins Flugzeug zu steigen. Ich tat das nicht immer auf die reifste oder kultivierteste Art. Aber sie blieb dran und hielt den Kontakt mit mir, wofür ich ihr enorm dankbar bin. Dieser Tage

kommen wir wesentlich besser miteinander aus. Susan ist wirklich präsent, für mich und für meine Mutter, und ich denke, wir
sind uns durch diese Erfahrung näher gekommen als je zuvor.
Wenn mich die Ängste überwältigen, habe ich auch jetzt noch
manchmal das hilflose Gefühl, dass Steve und ich allein mit allem fertig werden müssen. Aber in ruhigeren Momenten sehe
ich die Situation in ihrer ganzen realen Komplexität und empfinde es als großes Glück, meine Mutter in der Nähe zu haben
und in ihrer letzten Lebensphase für sie da sein zu können.

Während dieser emotional schwierigen Zeit dachte ich unwillkürlich immer wieder über die zentrale Bedeutung von Geschwisterbeziehungen nach. Den Fall eines verfrühten Todes
ausgenommen, haben Geschwister die längste gemeinsame Geschichte in einer Familie, eine Geschichte, die in der frühen
Kindheit beginnt und sich bis ins hohe Alter fortsetzt. Wenn es
gut läuft, können Geschwister ein Rettungsanker füreinander
sein, besonders in Krisenzeiten, wenn ein Elternteil gebrechlich
wird oder stirbt, wenn es zu einer Scheidung kommt, zu einer
schweren Krankheit oder anderen belastenden Situationen.
Wenn es nicht gut läuft, können Geschwisterbeziehungen eine
Menge Leid und Schmerz verursachen. Oft werden die Probleme, die in einer Geschwistergeneration ungelöst geblieben sind,
an die nächste Generation weitervererbt. Nehmen wir zum Beispiel an, Susan und ich hätten nie einen Weg finden können,
uns angesichts der Herausforderung »Wer kümmert sich um
die alten Eltern?« wie verantwortungsbewusste Partnerinnen
zu verhalten. Nehmen wir an, nach dem Tod unserer Eltern
wäre es zwischen uns zu Ressentiments und Bitterkeit gekommen, die in einem Kampf um das »Wer kriegt was?« ihren Kul-
minationspunkt gefunden hätten. Wäre es so geschehen, würde
es nicht überraschen, wenn die Frage der Fürsorge für die alten
Eltern zwischen meinen beiden Söhnen irgendwann in der Zukunft zu einem emotional spannungsgeladenen Thema würde.

## Unparteilichkeit

Wir Mütter können keine Kontrolle darüber ausüben, welche
Gefühle unsere Kinder letztendlich füreinander hegen werden,
und wir können auch Spannungen oder Distanz, die vielleicht
zwischen ihnen entstehen, nicht »reparieren«. Aber wir haben
von Anfang an einen gewissen Einfluss darauf, wie sich die
Zukunft unserer Kinder in ihren Beziehungen zueinander gestaltet. Die vielleicht wichtigste Variable ist unser Verhältnis zu
und unser Umgang mit unseren eigenen Geschwistern, denn
das ist die Grundrisszeichnung, die wir unseren Kindern mitge-
ben. Außerdem agieren wir an und mit unseren Kindern alles
aus, was in unserer eigenen Herkunftsfamilie ungelöst geblieben ist, und daher ist nichts nützlicher als die Arbeit, die wir
auf dieser Ebene leisten. Je ausgewogener und objektiver wir
mit der Familie, aus der wir kommen, umgehen können, je
mehr es uns gelingt, alte Wut und alte Kränkungen zu heilen,
desto unparteilicher werden wir in der Wahrnehmung unserer
eigenen Kinder und im Umgang mit ihnen.

Unparteilichkeit ist ein wesentlicher Faktor der »Grundla-
genarbeit«, die determiniert, wie Geschwister miteinander auskommen werden. Kinder haben einen erstaunlich ausgeprägten Gerechtigkeitssinn in Familienangelegenheiten, und sie
nehmen die subtilsten Unterschiede wahr, etwa die Tatsache,
dass die Eltern über die Witze des Bruders mehr und lauter lachen oder dass sie für die Enttäuschungen der Schwester mehr
Mitgefühl aufzubringen scheinen. Obwohl alle Kinder die natürliche Neigung haben, ihre Eltern in ihre Konflikte hineinzu-
ziehen (»Mama, Ernie hat mir meine Bauklötze weggenommen!«), reagieren sie nicht gut darauf, wenn Eltern in ihren
Kämpfen und Kabbeleien Partei ergreifen, zumal die Mutter
oder der Vater über den relativen (und manchmal unsichtba-
ren) Beitrag jedes Kindes an dem Konflikt nie voll im Bilde ist.

Manche Eltern greifen reflexhaft in Geschwisterkonflikte ein, indem sie immer demselben Kind vorwerfen, »angefangen« zu haben: »Ernie, ich hab's doch gesehen, du hast Johnny eben die Bauklötze weggenommen! Warum machst du das? Marsch, geh auf dein Zimmer!« In aller Regel kommen Geschwister besser miteinander aus, wenn die Eltern nicht zu ermitteln versuchen, wer das Problem verursacht hat, sondern stattdessen beide Parteien dazu anhalten, sich zu beruhigen und eine Lösung zu finden: »Wenn ihr zwei Kampfhähne nicht aufhören könnt zu streiten, nehme ich euch beiden die Bauklötze weg!«

Eines versteht sich von selbst: Wenn Sie nicht dazu beitragen wollen, dass zwischen Ihren Kindern rivalisierende und konfliktgeladene Beziehungen entstehen, ist es klug, flagrante Zurschaustellungen von Favoritentum zu vermeiden. Es dürfte der Harmonie der künftigen Geschwisterbeziehung kaum zuträglich sein, wenn Sie Ihren neuen Nachbarn treffen und sagen: »Oh, hallo – darf ich Ihnen meine Kinder vorstellen: Das hier ist Janey, meine süße, intelligente, talentierte, lebhafte Tochter, meine beste Freundin in der Familie, und – ach ja, das hier ist Don, ihr dummer, tölpelhafter, aufsässiger älterer Bruder, der mich ungemein an seinen Vater erinnert, diesen schlappen, verantwortungslosen Versager, von dem ich vor sechs Jahren geschieden wurde und den ich immer noch mit bloßen Händen erwürgen könnte!« Die meisten Mütter sagen solche Dinge natürlich nicht laut und schon gar nicht in der Öffentlichkeit, obwohl sie vielleicht nicht umhinkönnen, sie zu denken.

Es ist völlig normal, dass Mütter unterschiedlich auf ihre Kinder reagieren, unabhängig davon, wie schwierig oder unkompliziert die Kinder »von Natur aus« sind. Da ist zunächst das Muster der Geburtsordnung: Für eine Mutter in meiner Geschwisterposition (die jüngere von zwei Schwestern), die zwei Söhne hat, ist es zum Beispiel voraussehbar, dass ihre Beziehung zu dem Erstgeborenen relativ unkompliziert und ihre Beziehung zu dem Jüngeren spannungsvoller sein wird. (Ich habe auf Bens Beschwerden oft geantwortet: »Ja, ich finde deinen Bruder unkomplizierter.« und »Nein, ich liebe ihn nicht mehr als dich.«) Es ist auch nicht ungewöhnlich, dass Mütter enthusiastischer sind, wenn ein Kind ersehnte Eigenschaften an den Tag legt, Eigenschaften, die sie, die Mutter, für sich selbst gewünscht hätte, aber als ihr nicht gegeben betrachtet. Catherine zum Beispiel, die ohne Geschwister aufwuchs, kämpfte ihr Leben lang mit Schüchternheit, Hemmungen und sozialer Isolation. Als Mutter fand sie offensichtliche Freude an der überschäumenden Natur ihrer jüngeren Tochter, die gesellig, abenteuerlustig und unbefangen war und nichts mehr liebte, als im Zentrum der Aufmerksamkeit zu stehen. »Ich kann einfach nicht glauben, dass dieses Mädchen wirklich aus *meinem* Körper herausgekommen ist!«, sagte sie wieder und wieder mit Emphase. Sie lobte auch ihre ältere Tochter und sagte, sie sei »wissbegierig und gut organisiert« wie sie, Catherine, selbst. Da Catherine besonderen Wert darauf legte, mit ihren beiden Töchtern »gleichmäßig anzugeben«, war ihr gar nicht bewusst, dass sie die eine favorisierte. Aber ihre ältere Tochter war überzeugt, dass die jüngere Schwester mehr geliebt und bevorzugt wurde, denn »wissbegierig und gut organisiert« zu sein war nicht gerade aufregend für eine Mutter, die diese Qualitäten in ihrer eigenen Person nicht besonders zu würdigen wusste.

Manchmal schützen Kinder die Harmonie in ihrer Beziehung zu den Eltern oder einem Elternteil dadurch, dass sie Wege suchen, Ungleichheit zu rechtfertigen oder dem Favoritentum Sinn zu entnehmen. Bo, der Bruder meiner Mutter, nahm in seiner Familie zum Beispiel allein dadurch eine besondere Stellung ein, dass er der einzige Junge war. In der Familie meiner Mutter – wie in den meisten jüdischen Immigrantenfamilien – hatte die Bildung und Ausbildung der Söhne absoluten Vorrang. Da das Geld knapp war, erhielt nur Bo die Chance, ein College-Studium zu absolvieren und schließlich zu promovieren. Meine Mutter, immer wissbegierig, bildungshungrig und immer Klassenbeste, schlug auf der High School den Wirtschaftszweig ein und suchte sich nach dem Abschluss sofort einen Job, um die Familie versorgen zu helfen. Ihre Eltern nannten sie »die Gute«, »die Süße« oder den »Engel«, weil sie von Jugend an ein Ausmaß an Fürsorge und Verantwortung in ihrer Familie übernahm, das Susan und ich uns nicht einmal annähernd vorstellen konnten. Auch die beiden Schwestern, mit denen Rose aufwuchs, schlossen ihren Bildungsweg mit der High School ab.

Auf den ersten Blick sollte man vermuten, dass meine Mutter Wut und Verbitterung über diese Ungleichbehandlung empfand, aber sie drückte nie solche Gefühle aus. Vielmehr hat sie mir oft erklärt, dass sie in diesem Arrangement die einzige plausible Option sah, die ihrer Familie zu jener Zeit offen stand. Obwohl meine Mutter stark mit feministischen Wertvorstellungen sympathisiert, hat sie ihre Geschlechtszugehörigkeit nie als Faktor gesehen, der die Karten zugunsten ihres Bruders mischte. Ihren eigenen Aussagen nach hat sie nie eine Spur von Neid, Ressentiment oder Rivalität empfunden, was die privilegiertere Situation ihres Bruders Bo anging. Er war der Beste, und es war einfach einleuchtend, dass er den Vorzug erhielt.

Ich glaube, meine Mutter konnte es dadurch, dass sie Bo in den Stand eines außergewöhnlich talentierten, »besonderen« Menschen erhob, vermeiden, sich selbst als berechtigte Mitbewerberin um die schmalen Ressourcen der Familie, die für Bildung zur Verfügung standen, zu betrachten. Idealisierung kann Chancenungleichheit schmackhafter und besser verdaulich machen. Meine Mutter war lange Zeit überzeugt, dass Bo von

Natur aus einer höheren Ordnung angehörte, dass er intellektuell eine Klasse für sich war, an die seine begabten Schwestern niemals heranreichen könnten. Eine solche Perspektive lässt keinen Raum für Wut.

Bei dem Versuch, Rivalität zwischen Geschwistern zu verhindern, können Eltern auch zu weit ins andere Extrem ausschlagen. Ein Beispiel dafür ist Rita, eine fünfunddreißigjährige Mutter, die bei mir in Therapie war. Sie hatte zwei Töchter, von denen die jüngere, Amy, besonders hübsch, graziös und sportlich war. Rita setzte Amy konstant unter Druck, ihre beachtlichen Talente herunterzuspielen oder zu verbergen, sodass Janet, ihre ältere Schwester, sich nicht minderwertig fühlte. Sie sagte Amy zum Beispiel: »Ich möchte nicht, dass du an Janets Schule Ballettstunden nimmst. Du stiehlst ihr immer die Show, und Janet kann diese Art von Stress nicht gebrauchen.«

Wie sich herausstellte, kämpfte Rita selbst mit enormen Schuldgefühlen im Verhältnis zu ihrem behinderten Bruder, dessen Leben sie im Vergleich zu ihrem als sehr leidvoll und schwierig betrachtete. In der Therapie lernte sie, zu beobachten, wie sie sich von ihm distanziert hatte. Als Rita die Initiative ergriff, den Kontakt zu ihrem Bruder wieder zu beleben, als sie mehr über seine Probleme und seine Stärken erfuhr, konnte sie sich, wie sie berichtete, im Umgang mit ihren Töchtern entspannter und gelassener verhalten. Sie setzte einige moderate und vernünftige Regeln, was die Aktivitäten ihrer Töchter betraf, sodass auch die weniger Begabte eine Domäne hatte, die sie als ihre ureigene betrachten konnte. Aber sie versuchte nicht mehr überängstlich und wachsam, Janet vor der Realität der Unterschiede zu beschützen. Vielmehr konnte sie sich nun auf Janets Kompetenz beziehen, selbst mit den zuweilen schmerzlichen Gefühlen fertig zu werden, die durch die Vergleiche, die Schwestern ihr Leben lang untereinander anstellen, unweigerlich hervorgerufen werden.

## Die negative Macht der Etikettierungen

Alle Eltern sehen sich mit der Herausforderung konfrontiert, Unterschiede zwischen ihren Kindern wahrzunehmen, ohne sie zu verleugnen oder zu übertreiben (und natürlich ohne sie durch Etikettierungen festzuschreiben). Eine Etikettierung, wie »das Sonnenscheinchen« zum Beispiel, spiegelt anfangs vielleicht das natürliche Temperament, die Eigenschaften oder Begabungen eines Kindes, aber die Etiketten, die wir unseren Kindern aufkleben, können später in ihrem Leben als Barrieren zwischen sie treten. Je rigider und unbeweglicher solche Zuschreibungen werden (Bob ist grundsätzlich »der Tölpel« – Mary ist »immer fröhlich«), desto mehr und entschiedener werden Fakten und Informationen abgewehrt, die diese Etiketten infrage stellen. Wenn die »immer fröhliche« Mary Traurigkeit zeigt, fällt uns das vielleicht gar nicht auf, oder wir warten einfach darauf, dass die »wirkliche Mary« wiedererscheint. Wir disqualifizieren die genuinen Gefühle des Kindes, indem wir sie nicht wahrhaben wollen.

Die negative Macht einer Etikettierung wird exponentiell verstärkt, wenn sie ein Kind mit einem anderen Familienmitglied in Verbindung bringt, das wir nicht besonders wertschätzen oder um das wir uns sorgen (»Susie ist furchtbar anfällig, genau wie Tante Martha«) – oder auch mit einem Verwandten, den wir glorifizieren. Kinder sind sie selbst und sonst niemand. Sie haben ein enormes ungelebtes Potenzial und eine Vielfalt von Eigenschaften, die sie sich im Lauf der Zeit erschließen können, aber wenn wir sie etikettieren oder festlegen, wird ihr Verhaltensspektrum eingeengt, und Veränderungen werden erschwert. In der Geschwisterbeziehung kommt es unter solchen Umständen viel leichter zu Feindseligkeit und Hass, weil jedes Kind weniger Spielraum hat, sein eigenes, individuelles Selbst zu definieren.

Geschwisterbeziehungen können auch leiden, wenn wir Verantwortung innerhalb der Familie in unausgewogener Form aufteilen. Es ist nicht ungewöhnlich, dass eine ältere Tochter die Rolle der verantwortungsbewussten Helferin übernimmt, während die jüngere zum »verwöhnten Balg« wird, wie es in meiner eigenen Familie geschah. Ein solches Muster zu durchbrechen kostet Kraft, denn es ist natürlich einfacher – und wird immer einfacher –, die »gute Tochter« zum Tischdecken oder Beladen der Geschirrspülmaschine heranzuziehen (sie macht es ohnehin besser und leistet weniger Widerstand), als sich mit der »verzogenen« Jüngeren herumzuärgern. Oder wir erwarten von Söhnen weniger Mitarbeit im Haushalt oder weniger Fürsorge für jüngere Geschwister, weil das generationenlang der tradierte Weg war. Matthew und Ben Aufgaben im Haushalt zu übertragen war ein Aspekt der Erziehung, den Steve und ich nie recht in den Griff bekamen. Zu unserer Verteidigung kann ich nur anführen: Als Eltern waren wir zumindest darin unparteiisch, dass wir beide von beiden Söhnen viel zu wenig Hilfe in häuslichen Angelegenheiten erwarteten. Wir erlebten dieses Problem nie als geschlechtsrollenbezogen, aber mir ist durchaus der Gedanke gekommen, dass wir vielleicht mehr insistiert und unsere Forderungen konsequenter durchgesetzt hätten, wenn unsere Kinder zwei Mädchen wären.

Um ausgewogen mit unseren Kindern umgehen zu können, müssen wir sie ausgewogen wahrnehmen. Geben Sie Acht, wenn Sie merken, dass Sie Ihre Kinder als »total gegensätzlich« oder »völlig konträr« in ihren Persönlichkeiten beschreiben. Wenn ich nach meinen Söhnen gefragt werde, setze ich sie reflexhaft in Kontrast zueinander – »Matthew ist reserviert, Ben ist emotional«–, es sei denn, ich gebe mir bewusst Mühe, mich daran zu erinnern, dass sie eigenständige, getrennte Individuen sind und entsprechend beschrieben werden sollten: »Bens Hauptinteresse ist die Lyrik, aber er ist auch ein streitbarer

Mensch, der seine Überzeugungen mit Verve vertritt; Matthew
hat ein Diplom in Informatik, und außerdem ist er ein begeis-
terter Musikliebhaber.« W. S. Barnes[1] führte eine faszinierende
Studie zu diesem Thema durch. Er fand heraus, dass Eltern mit
zwei Kindern dazu neigen, diese Kinder als Gegensätze zu etikettieren, während Eltern mit drei oder mehr Kindern eher
dazu fähig sind, die Kinder in unabhängigen, nichtpolaren
Termini zu beschreiben.

## Insider und Outsider

Auch auf andere Weise können wir ungewollt eine Kluft zwischen unseren Kindern schaffen. Interessant ist in diesem Zusammenhang der Brief einer Mutter von zwei Töchtern, den
ich in meiner Eigenschaft als Kolumnistin von *New Woman*
erhielt. Diese Mutter verhielt sich selektiv, indem sie nur einer
Tochter bestimmte Informationen gab. Sie schrieb:

> »Liebe Harriet,
> meine vierzehnjährige Tochter Cindy ist nicht imstande, vor
> Meg, ihrer zwölfjährigen Schwester, ein Geheimnis zu bewah-
> ren. Kürzlich teilte ich Cindy mit, dass meiner Mutter eine
> komplizierte Herzoperation bevorsteht. Das sollte unter uns
> bleiben, aber wie gewöhnlich konnte sie es nicht für sich behal-
> ten und sagte es Meg am nächsten Tag. Meg ist sehr sensibel
> und kann mit solchen schwierigen Informationen nicht umge-
> hen. Mir liegt viel daran, offen mit Cindy zu sprechen, aber wie
> kann ich es erreichen, dass sie nicht alles ausplaudert? Sie zu
> bestrafen, hat nichts gebracht ...«

Ich bin sicher, dass diese Mutter[2] nur aus den besten Absichten
heraus handelt, und finde es verständlich, dass sie ihre Jüngste

vor unnötigen Ängsten bewahren will. Aber wenn sie bestimmte Informationen vor einer Tochter zurückhalten will, sollte sie in Erwägung ziehen, mit keiner der beiden Töchter darüber zu sprechen. Das wirkliche Problem hier ist nicht, dass Cindy kein Geheimnis bewahren kann. Das Problem ist, dass die Geheimhaltung Cindy in eine Zwickmühle bringt. Sie steht schließlich auf einer Stufe mit Meg und ist nicht in der Elternrolle. Obwohl sie vielleicht Bestätigung daraus bezieht, »Mutters Vertraute« zu sein, muss sie sich frei fühlen, in der Beziehung zu ihrer Schwester unbefangen und offen zu sein, ohne etwas verbergen zu müssen oder aufpassen zu müssen, was sie sagt.

Geschwister brauchen einander. Wenn Cindy im Geheimhaltungsgeschäft bleibt, wird die Beziehung zwischen ihr und Meg im Lauf der Zeit immer distanzierter werden. Ihre Position als »Mutters Vertraute« oder »Mutters beste Freundin« kann bei Meg Feindseligkeit und Ressentiments erwecken, die bis ins Erwachsenenalter bestehen bleiben, ganz zu schweigen von der Tatsache, dass Cindys eigene Ängste – in diesem Fall um das Überleben der Großmutter – sich immens verstärken werden, wenn sie auf Geheimhaltung eingeschworen wird.

Und wie steht es mit Meg in ihrer Rolle des »sensiblen Kindes«? Megs Ängste werden sich nur steigern, wenn Informationen, die für ihr Leben wichtig sind, vor ihr geheim gehalten oder verschleiert werden, oder wenn sie die angstvolle Spannung ihrer Mutter spürt, sich aber keinen Reim darauf machen kann. Außerdem wird Meg härter darum kämpfen müssen, ihre Kompetenz und ihre Stärke zu bekunden, wenn ihre Familie sie als empfindlich und zerbrechlich behandelt und sie in wichtige Fragen nicht einbezieht. Was noch bedeutsamer ist: Alle Mitglieder der Familie werden davon profitieren, wenn wichtige emotionale Probleme – wie die Sorge um das Überleben der Großmutter – frei und offen ausgesprochen und diskutiert werden können. Kinder kommen mit Fakten, selbst schmerzlichen Fakten, wesentlich besser zurecht als mit Geheimnissen oder unerklärlicher Spannung.

Eine weitere Form, Geschwister in Eingeweihte und Außenseiter aufzuspalten, ist Vertraulichkeit mit einem Kind in Angelegenheiten, die das andere betreffen. *Über* ein Familienmitglied zu sprechen (»Ich mache mir solche Sorgen um deinen Bruder«), statt direkt und offen auf den Betroffenen selbst zuzugehen, ist etwas, das wir reflexhaft tun, vor allem, wenn wir uns durch das Kind, über das diskutiert wird, frustriert fühlen. Aber Kinder aller Altersstufen fühlen sich belastet und gefährdet, wenn sie in die konflikthafte Beziehung eines Elternteils mit einem Geschwisterkind oder anderen Familienmitglied hineingezogen werden. Es ist eine Sache, problematische Tatbestände nüchtern und offen auszusprechen: »Ich erlaube nicht, dass du dich zu deiner Schwester ins Auto setzt, solange ich nicht darauf vertrauen kann, dass sie keinen Alkohol trinkt und sicher fährt. Mit deiner Schwester habe ich auch darüber gesprochen.« Aber es ist etwas ganz anderes, wenn man sagt: »Es gefällt mir nicht, wenn du mit deiner Schwester oder ihren Freunden herumhängst. Sie hat einen schlechten Einfluss auf dich, und ich will nicht, dass du auch so wirst wie sie.« Die erste Botschaft beschränkt sich auf die Fakten. Die zweite ist eine angstgetriebene Reaktion, die nichts zur Lösung der familiären Probleme beträgt.

Selbst wenn Ihre Kinder das Elternhaus längst verlassen haben, gibt es immer noch einige todsichere Methoden, ihnen die Bewältigung ihrer eigenen Probleme zu erschweren. Da Geld in unserer Gesellschaft einen so enormen Symbolwert hat, eignet es sich als besonders machtvolles Vehikel, einen Keil zwischen Geschwister zu treiben. Sie können Ihrem jüngeren Sohn zum Beispiel finanziell unter die Arme greifen und diesen Akt der Liebe mit der Auflage verbinden: »Sag deiner Schwester nichts davon!« Oder Sie können in Ihrem Testament ein Kind begünstigen und das andere benachteiligen, ohne jedem jemals klar zu sagen, welche Absichten Sie damit verfolgen oder wie Sie zu Ihrer Entscheidung gekommen sind. Damit werden Sie sicherstellen, dass Ihre Kinder nach Ihrem Tod allen Zorn und alle Wut, die eigentlich Ihnen gilt, gegeneinander richten.

Ist es am Ende also doch Ihre Schuld, wenn Ihre Kinder in zwanzig Jahren nicht mehr miteinander sprechen? Sie können nicht *verursachen*, dass Ihre Kinder eine problematische Beziehung zueinander haben, ebenso wenig wie Sie *bewirken* können, dass sie einander nahe sind. Ihre erwachsenen Kinder sind letztlich selbst dafür verantwortlich, sich mit ihrer Vergangenheit und ihrer Gegenwart auseinander zu setzen und für sich zu entscheiden, wie sie mit Familie und familiären Beziehungen umgehen wollen. Sie können alles »richtig« machen, und dennoch sagen Ihre Kinder Ihnen vielleicht eines Tages, sie hätten nichts miteinander gemein und wollten – von Familienzusammenkünften bei Ihnen abgesehen – nichts miteinander zu tun haben. Oder Sie tun alles, wovon ich Ihnen abgeraten habe, und Ihre Kinder sind eines Tages dennoch die besten Freunde.

Aber die bewussten Anstrengungen, die Sie unternehmen, werden die Beziehung zwischen Ihren Kindern sehr wohl beeinflussen, wobei »beeinflussen« das entscheidende Wort ist – nicht »steuern« oder »lenken«. Es ist wichtig, sich von der Vorstellung zu lösen, man könnte Kontrolle über solche Entwicklungen ausüben. Es gibt neben Ihrer Erziehung immer zahllose andere Einflüsse, die auf Ihre Kinder einwirken – Gene, unglückliche Umstände, dumme Zufälle oder sogar die Mondknoten, Sternkonstellationen und die Fügungen des Schicksals. Tun Sie dennoch, was Sie können, um die Wahrscheinlichkeit einer erwünschten, konstruktiven Entwicklung zu erhöhen.

Ein toter Häher, ein Apfelkern und dressierte Affen

Zum Thema Geschwisterbeziehungen fallen mir drei kurze Geschichten ein, die ich Ihnen gern erzählen möchte. Es sind keine Lehrstücke, aus denen man nutzbringende Hinweise ableiten könnte. Sie schließen nicht einmal mit einer »Moral«, obwohl sie sich alle um Lügen drehen (eine Verhaltensweise, die jedem Kind vertraut ist). Aber sie illustrieren, wie komplex und differenziert die Beziehungen unserer Kinder untereinander sind und wie viel hinter den Kulissen vorgeht, von dem wir Mütter nichts ahnen.

Ich habe meine Jungen so viele Jahre lang in ihrem Zusammensein erlebt und beobachtet, dass ich oft wusste, wann sie einig und wann sie zerstritten waren, wann sie einander nahe oder voneinander entfernt waren – alles Dinge, die sich von einem Augenblick auf den anderen ändern konnten. Aber in viele, wesentliche Aspekte des Dramas und der Struktur der Beziehung zwischen ihnen war ich nicht eingeweiht. Obwohl wir als Mütter, als Eltern, zentrale Figuren in der Familie sind, spielt sich ein großer Teil des emotionalen Lebens unserer Kinder, und was zwischen ihnen vorgeht, außerhalb unseres Gesichtsfeldes ab. An diese Tatsache wurde ich erinnert, als ich das folgende Prosastück las, das Ben in seinem letzten Jahr auf der High School schrieb. Ich glaube, es vermittelt eindringlicher als jede Theorie über Geburtsordnung oder Geschwisterinteraktionen, was es heißt, ein ältestes oder jüngstes Kind zu sein.

»Als ich vier Jahre alt war, erklärte mein Bruder mir, wie man einen toten Vogel wieder zum Leben erwecken kann. Felix, unsere Hauskatze, hatte unter den Treppenstufen, die zur Gartenveranda hinaufführten, einen dick aufgeplusterten leblosen jungen Eichelhäher abgelegt. Als mein Bruder und ich den Vogel fanden, mit völlig intaktem Körper und Federkleid, waren wir beide erstaunt und berührt, wie friedlich und ungestört er aussah nach dem gewaltsamen Ende, das er erlitten haben musste.

Wie die meisten Vierjährigen hatte ich nur ein begrenztes Verständnis der Schwelle zwischen Leben und Tod. Als mein Großonkel im vorangegangenen Sommer gestorben war, hatte man mir gesagt, er würde ›in unseren Erinnerungen weiterleben‹ und sei ›nicht wirklich von uns gegangen‹. Also glaubte ich meinem großen Bruder, als er mir sagte, der Häher könnte wieder zum Leben erweckt werden. Schließlich kannte er sich mit so mysteriösen Sachverhalten wie dem Tod sehr viel besser aus als ich. Und der Häher, der beinahe vergnügt aussah, schien wirklich eher für ein sommerliches Mittagschläfchen gedacht als für den ewigen Schlaf.

Der Plan für die Wiederbelebung des Hähers war simpel, eine Schocktherapie: Eine Nähnadel, in sein Herz gestochen, sollte den reglosen Vogel schlagartig ins Leben zurückbringen. Obwohl die Vorgehensweise brutal erschien, vertraute ich auf das überlegene Verständnis meines Bruders für komplizierte Angelegenheiten. Ich fühlte mich geehrt, mit einer so schweren Verantwortung betraut zu werden; also stimmte ich zu. Ich würde den toten Vogel wieder lebendig machen.

Als mein Bruder, sein grinsender Freund und ich über den Häher gebeugt am Boden kauerten, fühlte ich mich stark, weil ich in ihren Augen plötzlich in einer Respektsposition war. Ich fühlte mich auf neue Weise geborgen in einer Welt, in der Felix' unschuldige, aber zerstörerische Tat wieder gutgemacht werden konnte; ich fühlte mich sicher in einem Universum, das die Notwendigkeit einer zweiten Chance für alle Wesen verstand. Und so stach ich mit sicherer Hand die Nadel in die weiche Brust des Vogels.

Kinder haben einen erstaunlich festen Glauben an die Vorstellung, dass die Welt nach den Prinzipien des Guten und Richtigen operiert. Aber meine Unschuld, mein Glaube an die unbezweifelbare Richtigkeit der Ordnung der Dinge, endete mit dem unechten Lachen meines Bruders in meinen Ohren und mit einem dünnen Rinnsal Häherblut auf meiner Hand ...«

Ben beendet seinen Essay, indem er zusammenfasst, was er aus dem üblen Streich seines Bruders lernte: Dass sogar ältere Brüder in großen Dingen wie Leben und Tod machtlos sind, dass Heranwachsen und Erwachsenwerden für ihn bedeutet, mit einer Welt zurechtzukommen, die weit weniger verständlich ist, als er ursprünglich glaubte, und dass seine Position in dieser Welt mit weit weniger Macht verbunden ist, als es ihm vielleicht gefällt. Er schließt mit dem Satz: »Die Erfahrung selbst war wie ein Nadelstich in mein Herz, das Ende der Unschuld und der Beginn der Wachheit für die Mysterien meines eigenen Lebens.«

Im Alter von siebzehn Jahren reflektiert Ben über die existentielle Bedeutung, die diese Kindheitserfahrung in der Rückschau für ihn enthält. Mit vier, als das Ereignis tatsächlich stattfand, fühlte er sich – so stelle ich mir vor – jedoch aller Wahrscheinlichkeit nach einfach unterlegen und dumm; wahrscheinlich war er wütend und wünschte sich nichts mehr, als seinem Bruder diese Demütigung in Gegenwart eines anderen »Großen« heimzuzahlen. Ich nehme aber auch an, dass er an der Erfahrung gewachsen ist.

Wie Ben glaubte auch ich alles, was meine große Schwester mir sagte, und das bringt mich zu meiner zweiten Geschichte:

Als ich etwa vier Jahre alt war, verschluckte ich einen Apfelkern, und meine Schwester sagte mir, in meinem Bauch würde nun ein Apfelbaum wachsen. Nein, beharrte ich, das sei überhaupt nicht möglich, denn Bäume brauchten doch Sonnenlicht, um wachsen zu können. Aber Susan, die später Biologin wurde, hatte auf alles eine Antwort. Sie führte mir vor Augen, dass es dort, wo die Samen ihr Wachstum begannen, in der Erde, dunkel und feucht war; eines Tages würden die Zweige meines Apfelbaums aus meinen Ohren herauswachsen und all das Sonnenlicht bekommen, das sie brauchten. »Sag Mom und Dad besser nichts davon!«, warnte sie mich, und ich hielt mich daran. Susan erklärte, unsere Eltern würden sich nur Sorgen machen und sie könnten ohnehin nichts dagegen tun. Sie sagte mir, ich sollte kein Wasser trinken, um den Wachstumsprozess nicht zu beschleunigen, und sie versicherte mir, wenn die Zweige aus meinen Ohren herauszuwachsen begännen, würde sie mir helfen, sie mit einer Nagelschere abzuschneiden. In der Nacht, wenn ich sehr still dalag, konnte ich fühlen, wie der Apfelbaum in meinem Bauch zu wachsen begann.

Nun, aus dem Baum wurde nichts, aber Jahrzehnte später verwendeten Susan und ich die Geschichte für unser erstes Kinderbuch, das den Titel trägt: *What's so Terrible About Swallowing an Apple Seed?*[3] Wir schmückten das Erlebnis aus und verwoben es mit Reflexionen über das Vergnügen und die Gefahren des Abweichens von der Wahrheit und über die Macht der Suggestion, der Fantasie und der Vergebung zwischen Schwestern. Ich kann mich jedoch nicht erinnern, dass der Vorfall zu der Zeit, als er geschah, irgendeine entwicklungsfördernde Lektion enthielt. Ich war nur panisch vor Angst, weil ich alles glaubte, was Susan sagte, und die Kindheit ist ohnehin schon schwierig genug, auch wenn man nicht befürchten muss, dass einem ein Apfelbaum aus den Ohren wächst.

Meine Schwester schrieb die dritte Geschwistergeschichte als Aufsatz für den Englischunterricht, und für mich ist diese die aufschlussreichste von allen. Ich fand sie, als ich einmal in den Semesterferien zu Haus in Brooklyn war und alte Papiere aussortierte, oder vielleicht schnüffelte ich auch nur in Susans Sachen herum. Ich erinnerte mich zwar an den Vorfall, den sie beschrieb, aber ich erfuhr etwas Überraschendes aus ihrer Schilderung dessen, was sich tatsächlich ereignet hatte.

Susans Geschichte spielt zu der Zeit, als sie zwölf und ich sieben Jahre alt war. Unsere Familie war kurz zuvor aus einer kleinen, beengten Wohnung in ein großes altes Haus in Brooklyn umgezogen. Meine Eltern hatten es mit Mühe geschafft, die Anzahlung für das Haus aufzubringen, aber nachdem wir eingezogen waren, funktionierte gar nichts mehr. Das heiße Wasser wurde kalt, der Kühlschrank lief heiß, und all die Reparaturen kosteten unsere Eltern den letzten Pfennig. Während meine Mutter angesichts der finanziellen Lage in panische Ängste geriet, erschien Susan und mir die ganze Situation wie ein endloser Witz, denn wir konnten uns einfach nicht vorstellen, dass wir wirklich so arm waren. Als der Winter kam und die Feiertage nahten, wünschte Susan sich eine Enzyklopädie und ich wünschte mir ein Fahrrad. Meine Eltern sagten uns, sie könnten sich solche Geschenke nicht leisten, aber wir wussten, sie taten nur so, um uns gespannter zu machen.

Als der magische Augenblick gekommen war, fanden Susan und ich auf dem Küchentisch zwei kleine Päckchen vor. Ich war bei ihrem bloßen Anblick sofort enttäuscht, denn ein Fahrrad passte in eine so kleine Schachtel nicht hinein, das war klar. Aber wir rissen das Papier auf, denn wir waren beide gespannt, was die Päckchen wohl enthalten mochten. Susan schreibt: »Ihr werdet es nie erraten. Wir bekamen beide genau dasselbe Geschenk, und es waren diese wirklich billig aussehenden, kitschigen, mit roten Rosen bemalten Metallbehälter für Papier-Kosmetiktücher. Und dann fiel mir ein, dass mein Vater einen Freund hatte, der sie herstellte.«

Hier ist der Rest der Geschichte, so wie Susan sie damals niederschrieb:

»Harriet fing an zu weinen, und ich war nahe daran, auch einzustimmen, obwohl ich dafür eigentlich schon zu alt war. Aber dann sah ich das Gesicht meiner Mutter, und sie sah so aus, als würde sie gleich in Tränen ausbrechen. Ich hasse es, Erwachsene weinen zu sehen, und ich wusste, dass unsere Mutter noch unglücklicher sein musste als wir, weil sie uns keine schönen Geschenke kaufen konnte und weil sie nie Almosen annehmen mochte, wie diese Kästchen, die der Freund meines Vaters ihr gegeben haben muss, und wie alle die Kleider, die wir jetzt trugen. Also weinte ich nicht, sondern lächelte, so breit ich konnte, und umarmte meine Eltern und sagte, das Kästchen wäre entzückend und ich würde es auf meinen Frisiertisch stellen, sobald ich einen Frisiertisch hätte, und es würde mir wahrscheinlich Glück bringen und ich würde jede Menge Verehrer haben, obwohl ich Gott weiß nicht mal einen einzigen wollte, aber meine Mutter fühlte sich jedenfalls besser. Dann lächelte auch mein Vater wieder und sagte mir, ich würde bestimmt Ballkönigin, wenn ich das Kästchen benutzte. Aber ehrlich gesagt, ich bin nicht gerade eine Schönheit, und ich bezweifle, dass dieses Kästchen mir bei irgendeinem Ball helfen würde, es sei denn, ich würde es als Maske über meinem Gesicht tragen. Aber so sind Väter nun mal und sie glauben immer, ihre Töchter wären die schönsten und beliebtesten. Und Harriet war so überrascht, als sie sah, wie mir das Kästchen gefiel, dass sie aufhörte zu weinen und mit offenem Mund dastánd, wie sie es manchmal tut, und da kam mir diese Idee.

Ihr könnt wahrscheinlich nicht erraten, was ich tat, aber ich erzählte Harriet, dass diese Kästchen von dressierten Affen bemalt werden! Zuerst wollte sie es nicht glauben, aber ich redete immer weiter (ich kann stundenlang reden, wenn es sein muss), und nach einer Weile glaubte ich es beinahe selbst. Also, ich erzählte Harriet von den Affen und was sie am liebsten aßen, und dass sie mit Bananen und Erdnüssen bezahlt würden, und dass manche die Kästchen schwarz malten, und andere malten die Stängel, und die Intelligentesten die Rosen, weil die am schwersten waren. Und sie wurde so aufgeregt (ihr glaubt es vielleicht nicht, aber es ist alles wahr), dass sie meinen Eltern um den Hals fiel und anfing zu kichern und sich entschloss, ihr Kästchen auch wunderschön zu finden. Und sie tut es wirklich, denn es steht immer auf ihrem Schreibtisch, auch jetzt noch. Also, meine Eltern fühlten sich wirklich viel besser, und ich sah, dass meine Mutter mir einen Kuss geben und mir danken wollte, aber das Komische ist, dass ich einfach nach oben rannte und in mein Kissen weinte und gar nicht mehr aufhören konnte. Und ich war nicht wirklich traurig über das Geschenk. Ich war mir nicht einmal sicher, worüber ich eigentlich weinte, außer dass es sich so anfühlte, als hätte ich es aufgegeben, andere etwas für mich tun zu lassen, und als hätte ich mich freiwillig gemeldet, erwachsen zu sein, bevor es Zeit dafür war.«

Als ich auf dem Fußboden des alten Zimmers meiner Schwester saß und diese Geschichte zum ersten Mal las, fing ich selbst fast an zu weinen. Die Geschichte berührte mich tief, denn als das »Baby« der Familie hatte ich über die emotionale Position der Erstgeborenen nie nachgedacht. Der eigentliche Schock kam jedoch, als mir nun im Alter von neunzehn Jahren schlagartig klar wurde, dass mein Kosmetikkästchen nicht wirklich von dressierten Affen bemalt worden war. Bis zu diesem Augenblick war es mir nie in den Sinn gekommen, die Geschichte meiner Schwester infrage zu stellen oder sie einer Überprüfung durch das erwachsene, rationale Denken zu unterziehen. Ich nahm ihre Geschichte in gutem Glauben an – ein bemerkenswertes Zeugnis für die Macht älterer Schwestern und die Leichtgläubigkeit jüngerer Schwestern. Ein bemerkenswertes Zeugnis auch für den Wert eines Geschenks von wahrhaft einzigartiger Hässlichkeit; jeder, denke ich, hätte davon überzeugt werden können, dass dressierte Affen die Arbeit gemacht hatten. Das Kästchen wurde zu einem meiner am treuesten gehegten, am höchsten geschätzten Besitztümer.

Ich habe diese drei Geschichten ausgewählt, weil sie etwas von der Struktur der Beziehung zwischen älteren und jüngeren Geschwistern vermitteln und etwas von dem Gefühl einfangen, die große Schwester oder der große Bruder beziehungsweise die Kleine oder der Jüngste zu sein. Geschwister werden nicht nur durch das Verhalten der Eltern jedem Geschwisterkind gegenüber geprägt, obwohl das ein Hauptfaktor ist, der determiniert, wie sie miteinander auskommen werden. Sie beeinflussen sich auch wechselseitig durch eine Dynamik, die emotional komplex und unserer Wahrnehmung entzogen ist. Vor allem aber führen die Geschichten uns vor Augen, dass schwierige, leidvolle Geschwisterinteraktionen Teil des Heranwachsens und Reifens sind und dass sogar schlechte Erfahrungen Lernprozesse und Kreativität fördern können. Damit will ich keinesfalls andeuten, dass wir leidvollen Situationen den Boden bereiten sollten, um die künftige Kreativität und den Einfallsreichtum unserer Kinder zu fördern, aber es ist beruhigend, diese Verbindung zu erkennen und zu würdigen.

# Teil 4
## Was Ihre Mutter Ihnen nie erzählt hat

# 14 Welche Mutter könnte ihre Kinder je hassen?

Ich nehme das Telefon ab und eine Freundin sagt: »Harriet, ich bin kurz davor, meinen Sohn umzubringen. Was soll ich machen?« Sie hat sich an die richtige Person gewandt. Schließlich bin ich Expertin für Familienbeziehungen.

»Sperr ihn im Keller ein«, sage ich. Ihr Keller sieht aus wie ein mittelalterliches Verlies, und niemand geht freiwillig dort hinein, es sei denn, es gäbe eine Hurrikan-Warnung. »Leg ihm Daumenschrauben an«, fahre ich fort, »oder häng ihn an den Füßen auf. Gib ihm Wasser und Brot und lass ihn einen Monat lang nicht hinaus.«

»Brot ist zu gut für ihn«, sagt sie. »Brot hat er nicht verdient.«

»Dann gib ihm Brotrinde – verschimmelte Brotrinde.«

»Nein«, sagt meine Freundin, »ich will ihn doch lieber ermorden. Ich habe dir noch nicht erzählt, was er gemacht hat.«

»Damit kommst du nie durch«, sage ich. »Du kommst in den Knast. Und dann können wir nächsten Mittwoch nicht zusammen essen.«

Wir setzen unser Geplänkel noch ein Weilchen fort, und meine Freundin ist in besserer Stimmung, als sie auflegt. Ich kann mich in ihre Gefühle bestens hineinversetzen, und ich bin froh, dass sie mir solche Regungen anvertraut. Natürlich plant sie nicht wirklich, ihren Sohn zu ermorden, aber sie fühlt sich mir nahe genug, um über ein Ausmaß an Wut zu sprechen, das nur sarkastische Witze über Mord und Totschlag angemessen vermitteln können. Ich hätte das nicht völlig verstanden, bevor ich selbst Kinder hatte. Die Schriftstellerin Fay Weldon merkt dazu an: »... der größte Vorteil, keine Kinder zu haben, muss darin liegen, dass man sich weiterhin einbilden kann, ein netter

Mensch zu sein; sobald Sie Kinder haben, wird Ihnen klar, wie Kriege ausbrechen.«[1]

Humor hilft uns durch die harten Zeiten hindurch. Er lässt auch Wahrhaftigkeit zu. Roszika Parker, die Autorin von *Mother Love – Mother Hate*[2], bemerkt, dass Humor und Ironie die schmerzlichen Wahrheiten über die Mutterschaft besser ausdrücken können und dass diese Leichtigkeit die Gefühle erträglich macht. Sie schreibt überzeugend über die spannungsvolle Koexistenz positiver und negativer Gefühle in der Mutterschaft, über das Nebeneinander von Liebe und Hass in der Beziehung zu den Kindern. Aber noch vor nicht allzu langer Zeit hätte ein Gespräch wie das zwischen mir und meiner Freundin als unmöglich, unvorstellbar, ja monströs gegolten, unabhängig von der Tatsache, dass es im Scherz geführt wurde.

## Haben Sie Gefühle, die man nicht aussprechen kann?

Als Matthew ein paar Wochen alt war[3], stand eines Morgens eine etwa sechzigjährige Nachbarin vor der Tür, um Spenden für eine Wohltätigkeitsveranstaltung zu sammeln. Ich war erschöpft, weil ich kaum geschlafen hatte; Matthew hatte den größten Teil der Nacht geschrien, und es war mir nicht gelungen, ihn zu beruhigen. Nun schlief er, und als die Nachbarin sich über sein Bettchen beugte, sagte sie etwas darüber, wie gut er roch. »Ja«, sagte ich, »Gott gibt allen Babys ihren ganz speziellen Wohlgeruch, damit ihre Mütter sie nicht mitten in der Nacht aus dem Fenster werfen.« Erst das abrupte Verstummen und der hastige Aufbruch der älteren Dame sagten mir, dass ich mich offenbar im Ton vergriffen hatte, indem ich, wenn auch nur im Scherz, auf Gefühle von Wut und Gewalttätigkeit im Zusammenhang mit dem Muttersein anspielte. Während offe-

ne Gespräche über solche Gefühle für mich etwas Selbstver-
ständliches sind, hatten Frauen aus der Generation meiner
Nachbarin überhaupt nicht die Möglichkeit, sich so frei zu
äußern.

Mütter sind aber auch heute noch von tiefer Scham erfüllt
oder fühlen sich hoffnungslos unfähig und schuldig, wenn ihre
Gefühle ihren Kindern gegenüber mit ihren Vorstellungen davon, was eine gute Mutter empfinden sollte, nicht übereinstim-
men. Wie oft vergleichen wir uns mit irgendeiner anderen Mutter und kommen zu dem Schluss, dass wir bei dem Vergleich
schlecht abschneiden, dass wir »es ganz falsch angehen«, dass
diese andere Mutter immer ruhig bleiben oder »nie solche Gefühle haben« würde.

Natürlich haben Mütter alle nur vorstellbaren Gefühle. Innerhalb eines einzigen gewöhnlichen Tages oder auch nur
einer Stunde können sie das ganze Spektrum von rasender Wut
über schlichten Frust und Angeödetsein bis hin zu reinem
Entzücken und wieder zurück zu blanker Wut durchlaufen.
Eine Mutter sagte mir: »Was mich rettet, ist das schnelle Fluktuieren meiner Gefühle meinen Jungen gegenüber. Wenn ich
auf eine Freundin oder auf meinen Chef wütend bin, bleibt
der Ärger und setzt sich in mir fest, bis ich Gelegenheit habe,
mit der betreffenden Person zu sprechen, oder bis ich einen
Weg finde, die Wut loszulassen. Mit meinen Kindern ist es anders; ich kann platzen vor Wut, aber zehn Minuten später sitzen wir alle um den Küchentisch und lachen, und der Wutaus-
bruch ist vergessen.«

Wenn dieses Fluktuieren fehlt, fühlen Mütter sich oft mise-
rabel, sobald sie Wut, Hass, Langeweile, Enttäuschung oder
andere schmerzliche Gefühle, die unweigerlich mit der Elternschaft einhergehen, verspüren. (Schuldgefühle und Erschöpfung, unbezweifelbar unangenehme Empfindungen, sind gewis-
sermaßen zum Rangabzeichen der »guten Mutter« geworden

und können somit ohne weiteres zugegeben werden.) Hier ist eine Auswahl allgemein verbreiteter Gefühle, die Müttern ein beträchtliches Maß an Angst verursachen und die sie nur mit großer Überwindung zu äußern wagen:

Georgia: »Ich war mit Dee (sieben Jahre alt) auf dem Schulfest, und eine Klassenkameradin an ihrem Verkaufsstand beleidigte sie. Dee verteidigte sich nicht; sie kam einfach zu mir herübergerannt und klammerte sich an meine Jacke. Sie ist so dünnhäutig, so empfindlich, und ich hatte überhaupt kein Mitgefühl. Am liebsten hätte ich sie gepackt und geschüttelt und sie angeschrien: ›Reiß dich zusammen, Mädchen! Das hier ist weiß Gott nicht das Schlimmste, was dir je passieren wird!‹ Ich hasste sie dafür, dass sie so schwach und sensibel war und sich nicht zur Wehr setzte. Ich weiß, dass sie mich an mich selbst erinnert, wie ich als Kind war, und meine eigenen Eltern konnten mit Schwäche, in welcher Form auch immer, überhaupt nicht umgehen. Aber es hilft mir nicht, das zu wissen. Ich wünschte, Dee wäre wie ihre Schwester, die ein dickeres Fell hat und solche Dinge an sich abprallen lassen kann.«

Ellen: »Gestern beobachtete ich Laura (vierzehn Jahre alt) beim Essen mit ihren Freundinnen. Seit sie ein Teenager ist, habe ich manchmal das Gefühl, dass ich sie einfach nicht mag. Ich mag ihre Art nicht, ich mag ihre Freundinnen nicht, ich mag nicht, wie sie sich anzieht und wie sie ihr Essen kaut. Wenn sie nicht meine Tochter wäre, würde ich nicht mit ihr zusammen sein wollen. Es ist eine Sache, wenn du wütend auf dein Kind bist, denn Wut kann so schnell vorübergehen, wie sie entsteht. Aber es ist etwas ganz anderes, das eigene Kind nicht zu mögen – das ist etwas ganz Furchtbares. Ich versuche natürlich, das zu verbergen, aber Gott weiß, was ich ihrem Selbstwertgefühl antue.«

Lois: »Ich schaue Syd (drei Monate alt) an, wie er in seinem Bettchen schläft, und manchmal schießen mir diese Horrorbilder durch den Kopf, etwa dass ich ihn gegen die Wand werfe oder ihn am Straßenrand zurücklasse. Er ist mir so total ausgeliefert, auf Gedeih und Verderb, so völlig abhängig und hilflos. Ich habe keine Angst, ich könnte diese wahnsinnigen Dinge tatsächlich tun; ich neige in keiner Weise dazu, die Kontrolle zu verlieren. Aber ich fühle mich manchmal wie eine Geisteskranke, weil mir überhaupt solche sadistischen Gedanken durch den Kopf gehen.«

Monica: »Während unseres Familien-Picknicks beobachtete ich Cara (sechzehn Jahre alt), und sie sah so fett und schlampig aus. Es ist hart, das zuzugeben, aber ich schämte mich für sie. Mir ging durch den Kopf, wenn sie meine eigene, biologische Tochter wäre, würde sie nicht so aussehen. Dann machte meine Schwester auch noch eine kritische Bemerkung, eine Andeutung, dass ich besser auf Caras Ernährung achten müsste, und ich hätte sie erwürgen können. Am Abend wurde ich wieder total depressiv wegen der Hysterektomie und fragte mich, ob die Entscheidung, als allein stehende Frau ein Kind zu adoptieren, wirklich richtig gewesen war. Cara und ich fingen an, über Nichtigkeiten zu streiten, und ich schrie sie an: ›Ich hasse dich!‹ Später entschuldigte ich mich und sagte ihr, dass ich sie liebe. Ich kann nicht glauben, dass ich ihr das wirklich gesagt habe. Ich fand mich selbst so entsetzlich und fühlte mich so elend.«

Jess: »Ich war mit Josh (drei Jahre alt) auf dem Spielplatz und sah die anderen Mütter, und sie hatten so viel Spaß mit ihren Kindern. Ich langweile mich zu Tode, wenn ich ihn beim Schaukeln anstoße oder ihm beim Spielen zuschaue. Meine Arbeit ist meine einzige Rettung. Wenn ich den ganzen Tag mit ihm verbringe, werde ich irre.«

Das sind Worte aus dem Mund ganz normaler Mütter, die alles andere sind als Teufelinnen. Mutter zu sein heißt, zutiefst ambivalente Gefühle zu haben – verständlicherweise, wenn man in Betracht zieht, wie unrealistisch die mit der Mutterrolle verbundenen Erwartungen sind, wie immens die Verantwortung ist (die selten gleichmäßig mit einem anderen Erwachsenen geteilt wird), und wenn man bedenkt, was Kinder im Hier und Jetzt von uns fordern und was sie aus der Vergangenheit in uns wachrufen. Aber statt diese Ambivalenz als normal und gerechtfertigt anzuerkennen, polarisiert die Gesellschaft Mütter, kategorisiert sie als »gut« oder »schlecht« oder teilt sie, etwas großzügiger, in »hinreichend gute Mütter« und jene, die es nicht bringen, ein.

Das soll nicht heißen, dass alle Mütter ihre emotionalen Spannungen in den Griff bekämen oder sich grundsätzlich untadelig verhielten. Das häufige Vorkommen von Kindesmisshandlung – physischer und seelischer Misshandlung – sagt uns, dass es sich nicht so verhält. Es ist klar, dass Mütter sich wesentlich voneinander unterscheiden, was ihr Niveau an Reife, Kompetenz und Selbstbeherrschung betrifft. Ich will auf etwas anderes hinaus, nämlich darauf, dass auch die »unaussprechlichsten« Gefühle normal sind, dass Sie damit nicht allein sind. Die meisten Mütter sind nicht in Kontakt mit allen Gefühlen, die zu empfinden sie fähig sind, denn die Macht der Verleugnung oder Verdrängung ist groß, wenn Impulse und Empfindungen kulturell tabuiert sind. Außerdem blendet ein Gefühl andere Gefühle aus. Wenn wir Liebe verspüren, sind wir nicht imstande, gleichzeitig Hass zu empfinden oder Hass überhaupt für möglich zu halten. Wenn wir Wut oder auch nur Abneigung empfinden, scheint es uns vielleicht so, als wäre Liebe nie mehr möglich, was Mütter – und Kinder – mit den schrecklichsten Ängsten erfüllt.

## Mutterliebe, Mutterhass

Parkers gleichnamiges Buch liegt mit seinem fett gedruckten Titel offen sichtbar auf meiner Küchenanrichte. (Eine Freundin verwahrt ihr Exemplar in ihrem Aktenköfferchen; »wie ein Trinker seine Flasche in einer braunen Papiertüte versteckt«, sagt sie, »sodass meine Kinder es nicht sehen«.) Ich stelle fest: Die meisten Leute, die auf das Cover schauen, gehen automatisch davon aus, dass es in dem Buch um die Liebe und die Hassgefühle geht, die man für seine Mutter empfindet. Die Mutter als *Objekt* – nicht als *Subjekt* – von Hassgefühlen, das ist offensichtlich durchaus denkbar. Und warum nicht auch umgekehrt? Ich stelle diese Frage beim Abendessen zur Diskussion. Steve reagiert mit dem Vorschlag, ich sollte das Wort »Hass« in diesem Zusammenhang aus meinem Text streichen. »Ich bin schon so lange Therapeut«, sagt er, »und ich habe noch nie eine Mutter darüber reden hören, dass sie ihre Kinder hasst.« Ich argumentiere dagegen, aber Ben stimmt seinem Vater zu. »Hass ist das falsche Wort«, sagt er. »Schmeiß dein ganzes Buch weg.«

Ein paar Tage später nehme ich das Thema »Mutterhass« im Gespräch mit Ben noch einmal auf. Er ist nun im letzten Jahr auf der High School und mehrfacher Preisträger von landesweiten Wettbewerben in forensischen Untersuchungen. Ich darf mich auf eine scharfe Diskussion gefasst machen. Er ist sich völlig sicher: Mütter hassen ihre Kinder nicht. »Aber Kinder hassen ihre Mütter«, argumentiere ich, »zumindest in gewissen Momenten.«

»Nein«, behauptet er schlicht. »Kinder hassen ihre Mütter *nicht*.«

Ich bin überrascht, wie definitiv er sich ausdrückt. Hat er die schlimmsten Zeiten zwischen uns vergessen?

»Es ist so«, erklärt Ben, »wenn ein Kind intensive negative

Gefühle hat, sucht es einfach nach dem stärksten Wort, um sie auszudrücken. ›Ich hasse dich‹ ist das Schlimmste, was man sagen kann. Aber kein Kind hasst seine Mutter! Niemals!«

Kein Kind? Niemals? Ich kapiere es nicht. Ben ist nicht naiv. Er weiß von den grauenhaften Dingen, die manchmal in Familien passieren. Vielleicht definieren wir das Wort »Hass« unterschiedlich. Ben selbst benutzt das Verb »hassen« dieser Tage mit voraussehbarer Häufigkeit: »Ich hasse fettfreie Salatcreme«, sagt er mit Emphase, oder: »Ich hasse diesen Typ in meinem Geschichtskurs. Er hat's nicht verdient, am Leben zu sein.«

»Hass ist festgelegt, starr«, erklärt Ben. Ist es das, was an dem Wort so furchterregend ist? Natürlich ist Hass überhaupt nicht starr oder festgelegt. Wir können jemanden hassen und uns dann davon lösen. Wir können jemanden lieben und dann nicht mehr lieben. Es gibt nichts ein für alle Mal Festgelegtes in Angelegenheiten des Herzens und des Geistes. »Wir können jemanden für dreißig Sekunden hassen«, sage ich.

Während wir unsere Unterhaltung fortsetzen, fällt mir plötzlich ein: Vielleicht geht es für Ben hier um die Furcht, dass der Hass endgültig den Sieg über die Liebe davontragen könnte. Kinder wollen glauben, dass ihre Mütter sie immer lieben werden, was auch geschieht. Und Mütter wollen dasselbe glauben. Der bloße Impuls, ihrem Kind entgegenzuschreien »Ich hasse dich«, kann in einer Mutter die Furcht erwecken, dass sie ein verabscheuungswürdiger Mensch ist, lieblos, unmöglich zu lieben, sündig, von allen guten Geistern verlassen. Dann nimmt das Gespräch eine überraschende Wendung. »Würdest du mich noch lieben, wenn ich jemanden ermordet hätte?«, fordert Ben mich heraus. (Eine typische Ben-Frage nenne ich das.) Er legt eine Kunstpause ein und setzt noch eins drauf: »Was wäre, wenn ich Matt umgebracht hätte? Oder Matt und Dad? Würdest du mich dann immer noch lieben?«

Die Frage sprengt mein Vorstellungsvermögen. »Wenn du zu solchen Dingen fähig wärst, dann wärst du nicht du«, sage ich. Aber Ben drängt auf eine klare Antwort. Meine Antwort ist Ja. Ja, ich würde ihn immer noch lieben. Die Fragen gehen weiter. Ja, ich würde ihn lieben. Ja, ich würde ihn im Gefängnis besuchen. Ja, ich würde mich schuldig fühlen und es nicht fassen können. Ja, ich würde ihn hassen. Nein, ich würde nicht für ihn lügen. Ja, ich würde ihn lieben, und er würde immer Teil von mir sein. Ben ist zufrieden.

## Der Mythos von der bedingungslosen Liebe

Vielleicht ist Liebe das Wort, das wir näher betrachten sollten. Ich glaube nicht an »bedingungslose Liebe«; ich halte diese Redewendung für ein konventionelles Klischee, das Müttern angehängt und verordnet wird wie all der andere sentimentale Unfug. Nur Zen-Meisterinnen, die zur Erleuchtung gelangt sind, schauen auf ihre schwierigen, außer Kontrolle geratenen Kinder und fühlen nichts anderes als immense Achtung, Offenheit und Neugier – und waches Interesse an der Frage, warum das Universum diese kleinen Menschen in ihr Leben gebracht hat und was sie von ihnen lernen sollen. Um den transzendentalen Zustand der bedingungslosen Liebe zu erreichen, ist es am besten, sich eine Katze anzuschaffen – obwohl Sie auch hier an Ihre Grenzen geraten können.

Viele unter uns lieben ihre Kinder tatsächlich ohne Bedingungen, aber vielleicht deuten wir »bedingungslose Liebe« irrtümlich so, als müssten wir die ganze Zeit Liebesgefühle empfinden, was auch immer geschieht. Erich Fromm lässt sich in seinem klassischen Buch *Die Kunst des Liebens*[4] über die bedingungslose Natur der Mutterliebe aus, als sei sie ein wissenschaftlich erwiesenes Faktum. »Die Liebe der Mutter bedeutet

Seligkeit«, schreibt er, »sie bedeutet Frieden, man braucht sie
nicht erst zu erwerben, man braucht sie sich nicht zu verdienen.« Eine Mutter liebt ihr Kind, einfach weil es ihr Kind ist.
Mütterliche Liebe, die diesem Standard nicht entspricht, hin-
terlässt das bittere Gefühl, dass man nicht um seiner selbst willen geliebt wird, dass man nur geliebt wird, wenn man gefällt,
dass man in letzter Instanz nicht eigentlich geliebt, sondern nur
benutzt wird.

In krassem Kontrast dazu ist die Liebe des Vaters, wie Fromm
sie darstellt, von Natur aus »an Bedingungen geknüpft«. Man
muss sie sich verdienen, und sie kann einem entzogen werden,
wenn man Ungehorsam zeigt oder die väterlichen Erwartungen
nicht erfüllt. Aus Fromms Sicht gibt die bedingungslose mütterliche Liebe dem Kind emotionale Sicherheit, während die be-
dingte väterliche Liebe anleitet und lehrt und dem Kind hilft,
seinen Weg in der Welt zu finden.

Fromms berühmtes Werk, das ich als Psychologiestudentin
in den sechziger Jahren kennen lernte, spiegelt das extrem polarisierte Denken jener Zeit. Aber es ist für Frauen auch heute
noch schwierig, das Offensichtliche zu akzeptieren: Dass nämlich, wenn es um Liebe geht, das Verhalten der anderen Person
immer eine Rolle spielt, selbst wenn diese Person ein Säugling
oder ein Kleinkind ist. Damit soll die dauerhafte Bindung, die
uns mit den Menschen, die wir lieben, auch durch Krankheit,
Elend und Unglück hindurch zusammenhält, keineswegs ne-
giert oder verkleinert werden. Und es soll damit auch nicht gesagt sein, dass unsere Kinder so fühlen, denken und sich verhalten sollten, wie wir es wünschen oder erwarten, um voll
akzeptiert oder geliebt zu werden. Ich will nur deutlich machen, dass unsere Kinder unsere Gefühle beeinflussen, genauso
wie sie durch unsere Gefühle beeinflusst werden.

Dennoch: Auch wenn wir negative Gefühle oder Distanz
empfinden, ist der mächtige Unterstrom der Bindung zwischen

Mutter und Kind immer da; er ist so geheimnisvoll und so tief, dass selbst Hass dieses Band nicht permanent zerstören kann. Ich glaube, dass Mutter und Kind durch ein machtvolles Band miteinander verbunden bleiben, selbst wenn sie durch den Tod oder unglückliche Umstände voneinander getrennt werden. Ich glaube, dass dieses Band immer da ist, selbst wenn Mütter ihren Kindern schreckliche Dinge antun. Ich glaube, dass es sogar da ist, wenn wir die Liebe in unserem eigenen Inneren aufzuspüren versuchen, sie aber nicht fühlen können.

## Zwei kurze Porträts: Myrna und Lisa

Nicht jede Frau wird bereit sein, die negative Seite der mütterlichen Ambivalenz zu sehen oder gar als ihre eigene Realität anzunehmen. Meine Freundin Myrna ruft aus Chicago an, und wir unterhalten uns über unsere jeweiligen Arbeitsprojekte. »Ich kann mir nicht vorstellen, dass irgendeine Mutter ihr Kind länger als fünf Minuten ablehnen oder verabscheuen kann«, sagt sie, als ich ihr erzähle, worüber ich schreibe. »Damit kann ich mich nicht identifizieren.« Ich werde daran erinnert, dass manche Frauen mit ihrem Muttersein tatsächlich kaum Probleme haben.

Myrna hat bisher großes Glück gehabt. Sie ist eine der kontaktfreudigsten Personen, die ich kenne, und sie lebt in einem Netzwerk lebendiger, harmonischer Bindungen: zu ihrem Mann, ihrer Herkunftsfamilie, ihrer Umgebung, ihrer Arbeit, ihrem eigenen Selbst. Myrnas Eltern und ihre mütterliche Großmutter wohnen in der Nähe, ebenso wie eine ihrer Schwestern, die eine großartige, engagierte Tante ist. Myrna hat in der Nachbarschaft zwei gute Freundinnen, deren Kinder etwa in demselben Alter sind wie ihre eigenen Töchter (sieben und drei Jahre alt). Sie kann diese Frauen beim Wort nehmen,

wenn sie sagen: »Schick deine Mädchen jederzeit zu mir herüber, wenn du mal eine Ruhepause brauchst.« Myrnas Ehemann, ein College-Professor, hat die Möglichkeit, seine Arbeitszeit flexibel zu gestalten; er übernimmt mehr als die Hälfte
der anfallenden Alltagsaufgaben, und er tut es gern. Alles läuft
wie am Schnürchen und alle fühlen sich wohl.

Wenn wir Myrnas Familie in zehn Jahren betrachten, wer-
den wir ein anderes Bild erblicken, denn Veränderung ist das
Einzige, worauf wir uns fest verlassen können. Aber jetzt, in
diesem Augenblick, ist Myrna als Mutter eine abweichende
Erscheinung, ein regelrechter »Freak«, wie eine gemeinsame
Freundin witzelt.

Die meisten Mütter sind *nicht* in eine stabile Gemeinschaft
integriert und haben keine fürsorglichen Geschwister, Eltern
oder Großeltern, die in der Nähe wohnen. Die meisten Mütter
haben *keine* Ehemänner oder Partner, die ihre primäre elterliche Verantwortung als selbstverständlich betrachten oder
freiwillig und gern mehr als ihren gerechten Anteil an den anfallenden Alltagsaufgaben übernehmen. Die meisten von uns
können sich glücklich preisen, wenn sie zeitweilig einige dieser
Vorteile genießen.

Aber unabhängig davon, wie ihre persönlichen Umstände
sind, hat fast jede Frau eine Idealvorstellung im Kopf, wie eine
Mutter sich fühlen sollte. Da der Mythos der »guten Mutter«
das Vorhandensein der realen Ambivalenzgefühle – der Präsenz
von Liebe *und* Hass – leugnet, schämen Mütter sich, ihre »unak-
zeptablen« Gefühle und ihre Grenzen einzugestehen. (»Kannst
du nicht ›Liebe und Wut‹ sagen?«, insistiert eine Freundin.
»Hass hört sich so grauenhaft an.«) Wenn tabuierte Gefühle
nicht eingestanden werden können, wenn wir uns nicht einmal
erlauben, sie bis in unser waches Bewusstsein vordringen zu lassen, ist unsere Selbstachtung in Gefahr. Dann verhält eine Mutter sich in der Beziehung zu ihrem Kind vielleicht überbesorgt

und überbeschützend, um sich selbst zu versichern, dass der Gewaltimpuls oder der Wunsch, das Kind loszuwerden, gar nicht vorhanden ist. Die Macht der Verleugnung kann aber auch dazu führen, dass eine Mutter die Fähigkeit einbüßt, ihr Kind, falls notwendig, vor sich selbst zu schützen.

Lisa zum Beispiel verletzte ihren zehnjährigen Sohn, bevor sie zugeben konnte, dass sie Abstand brauchte und dass es besser wäre, wenn er bei seinem Vater oder bei einer Pflegefamilie lebte. Als sie zu mir in Therapie kam, fragte ich sie, warum sie ein solches Arrangement nicht schon früher in Erwägung gezogen habe, denn sie hatte die Anzeichen dafür, dass sie sich nicht mehr unter Kontrolle hatte, klar erkannt. »Welche Art von Mutter könnte ihr Kind einfach wegschicken?«, rief sie als Antwort auf meine Frage aus. »Wie hätte ich mir jemals selbst eingestehen können, dass ich ein solches Monster bin und nicht in der Lage bin, für meinen eigenen Sohn zu sorgen?«

Ich habe mit Müttern gearbeitet, die ihre Kinder physisch verletzten und in die Obhut anderer gaben, und die ihre Kinder dennoch liebten. Auch wenn die Medien uns immer wieder ein Bild der Mutterschaft vorsetzen, das heroische Mütter krass mit dämonischen Müttern kontrastiert, sind reale Frauen, reale Mütter doch weitaus komplexer, als die schlichten Kategorien »gut« und »schlecht« nahe legen. Lisa war kein Monster, aber sie hatte wenig Kontrolle über ihre Aggressionen, und sie war überfordert. Eine flüchtige Skizze ihrer Lebensumstände würde sich wie das negative Spiegelbild von Myrnas Situation ausnehmen. Aber dieselbe Gesellschaft, die Mütter und Kinder benachteiligt und ihnen die Mittel, die sie benötigen, vorenthält, behauptet auch, nur eine schlechte, eine schreckliche Mutter könnte sagen: »Ich schaffe das einfach nicht.« Also müßte Lisa sich ab, die Rolle der allein Erziehenden und allein Verantwortlichen weiterhin auszufüllen, obwohl sie am Ende ihrer Kräfte war.

Im Gegensatz dazu hatte der Vater des Kindes überhaupt kein Problem damit, den Jungen zwei Jahre zuvor zu Lisa zurückzuschicken. Er fühlte sich nicht wie ein Monster, nicht einmal wie ein Versager. Er hatte sich wieder verheiratet, mit einer Frau, die mit Stiefkindern nichts zu tun haben wollte, also setzte er seinen Sohn ins Flugzeug und expedierte ihn zu Lisa zurück. In seinem Inneren hatte sich keine tadelnde Stimme mit der Frage gemeldet: »Welche Art von Vater schickt seinen Sohn einfach weg?« Wie ich später erfuhr, hatte er über diese Entscheidung kaum nachgedacht – und das ist ein Problem für sich. Aber er war kein schlechter Mensch – ebenso wenig wie Lisa –, und beide liebten ihren Sohn. Die gesellschaftlichen Kräfte und die Rollenstereotypen, die unser Leben prägen, machen es Vätern schwer, nach einer Scheidung mit ihren Kindern in Verbindung zu bleiben, und sie machen es Müttern ebenso schwer zu sagen »Ich schaffe es nicht«, wenn sie es wirklich nicht schaffen können.

## Mutterinstinkt?

Warum wird von Müttern so viel erwartet und warum wird so harsch über sie geurteilt? Der Begriff »Mutterinstinkt« wurde in meiner Jugend als Erklärungsmodell benutzt, und ich glaubte tatsächlich, dass ein solches Phänomen in allen »richtigen« Frauen existieren müsse, obwohl ich schon früh erkannte, dass es mir daran gebrach. Diese »Anatomie-ist-Schicksal«-Theorie der Mutterschaft besagte: Die Natur hat der Frau die Fähigkeit verliehen, Kinder zu gebären, also leitet die Natur sie auch dazu an, Kinder zu versorgen und aufzuziehen. Wie die Familientherapeutin Lois Braverman[5] anmerkt, hat sich das Kernelement dieses Mythos bis heute gehalten: dass Mutterschaft etwas Instinktgesteuertes sei, dass erst die Mutterschaft einer Frau die wahre Erfüllung gäbe, dass die Mutter die beste Pflegeperson für das Kind sei und dass sie folglich die primäre Verantwortung für seine Gesundheit und sein Wohlbefinden tragen müsse.

Natürlich sind gewisse Aspekte der Elternschaft geschlechtsgebunden und geschlechtsspezifisch. Als Samenspender kommen Frauen bis jetzt nicht infrage, und Männer sind als Ammen nicht geeignet. Empfängnis, Geburt und das Einschießen der Muttermilch sind so biologisch und natürlich, wie man nur wünschen kann. Aber die Natur (sprich: die Gebärfähigkeit der Frau) hat absolut nichts mit dem Niveau von Geschicklichkeit, Engagement und Kreativität zu tun, das Eltern in die Aufgabe, Kinder aufzuziehen, einbringen. Die Natur entscheidet nicht, wer seiner Arbeit fernbleibt, wenn das Kind krank ist, wer sich um Kinderbetreuung kümmert, wer die Wäsche macht, wer bemerkt, dass Billy Schnürsenkel, Nachhilfe in Mathematik oder einen Termin beim Zahnarzt braucht. Die Natur hat nichts damit zu tun, dass Männer in unserer Gesellschaft nie gefragt werden, wie sie Vaterschaft und Beruf miteinander vereinbaren, obwohl das auch ihr Problem werden muss, ebenso sehr wie das der Frauen, soll es je eine adäquate Lösung geben. Die Vorstellung vom »Mutterinstinkt« als einer universellen Triebkraft in allen Frauen ist nichts anderes als Fantasie. Sie widerspricht nicht nur meiner persönlichen Erfahrung – Steve fiel die Elternrolle von Anfang an »natürlicher« zu als mir –, sie ist auch wissenschaftlich unhaltbar. Vielmehr können mütterliche Instinkte, wenn sie der Reglementierung durch die Vernunft gänzlich entzogen bleiben, in der Tat das Problem des Bevölkerungswachstums lösen helfen.

Braverman bezieht sich auf die Arbeit der französischen Historikerin Elisabeth Badinter[6], die Mutterschaftspraktiken im Paris des späten 18. Jahrhunderts studierte, einer Zeit, in der das Ammenwesen unter Reichen und Armen gleichermaßen verbreitet war. Im Jahr 1780 wurden in Paris 21 000 Kinder geboren. Nur 1000 dieser Kinder wurden von ihren Müttern gestillt und nur weitere 1000 wurden in Paris von Ammen genährt. Die überwältigende Mehrheit, 19 000 Säuglinge, wurden Ammen außerhalb von Paris übergeben, bäuerlichen Frauen, die manchmal nicht weniger als 125 Kilometer weit von der Hauptstadt entfernt lebten. Es war allgemein üblich, die Kinder drei bis fünf Jahre lang der Obhut dieser Ammen zu überlassen. Viele Kleinkinder starben schon auf der Reise, viele konnten unter den harten Bedingungen auf dem Land nicht überleben, und viele weitere kamen schwächlich, verkrüppelt oder todkrank zu ihren Eltern zurück.

Diese scheinbare Indifferenz war Frauen aller sozialen Schichten eigen und kann nicht durch die Berufung auf wirtschaftliche Notwendigkeiten wegerklärt werden. Mütter waren nicht gezwungen, ihre Kinder wegzugeben, aber die gesellschaftlichen Normen jener Zeit sahen vor, dass sie ihr Leben um ihre Ehegatten herum organisierten – und nicht um ihre Kinder. Vom Stillen wurde Frauen abgeraten, denn man glaubte, diese Praxis würde ihre Schönheit und ihren Anstand gefährden und sie in ihrer Fähigkeit beeinträchtigen, die sexuellen Bedürfnisse ihrer Ehemänner zu erfüllen.

Ich bezweifle nicht, dass viele Frauen, die ihre Kinder weggaben, in Paris und anderswo auf der Welt, tiefe Trauer über diesen Verlust empfanden. Ich führe dieses historische Beispiel nicht an, um zu sagen, dass Mütter herzlos und indifferent seien oder dass die intensive Liebe und Fürsorglichkeit, die wir für unsere Babys empfinden, eigentlich nicht real und authentisch sei. Das Beispiel zeigt jedoch, dass wir bis zu einem gewissen Grad fraglos und widerstandslos übernehmen, was unsere Kultur, Gemeinschaft oder Familie uns lehrt. Wie die »gute

Mutter« denkt, fühlt und handelt, hat offensichtlich weniger mit der »Natur« zu tun als mit dem wirtschaftlichen, politischen und sozialen Klima der Zeit, in der wir leben. Das Aufziehen von Kindern ist für Frauen und für Männer weder von Natur aus wundervoll noch von Natur aus entsetzlich. Es ist fast immer beides.

# 15 Was Stiefmütter erwartet

Als ich kürzlich einen Vortrag zum Thema Mutterschaft hielt, hob eine Frau aus dem Auditorium am Schluss ihre Hand und fragte: »Was ist denn eigentlich mit Stiefmüttern?«

»Was wollen Sie über Stiefmütter wissen?«, fragte ich zurück, nachdem ich mich für den groben Fehler, dieses Thema völlig zu übergehen, entschuldigt hatte. Ich wusste nicht, was sie von mir erwartete.

»Ich bin eine Stiefmutter«, sagte sie. »Alles, was Sie mir zu diesem Thema sagen können, wäre hilfreich. Nennen Sie mir einfach drei Punkte.«

»Erstens«, sagte ich, »ist es sehr hart, Stiefmutter zu sein. (Ich sah viele Frauenköpfe zustimmend nicken.) Zweitens ist es wirklich sehr, sehr schwierig, Stiefmutter zu sein (noch mehr zustimmendes Nicken). Und drittens ist es viel, viel schwieriger, als irgendeine Frau sich in dem Moment vorstellen kann, in dem sie sich entschließt, einen Mann zu heiraten, der zufälligerweise im Doppelpack mit unmündigen Kindern geliefert wird.«

Aus dem Auditorium kam bestätigendes Gelächter, und die Frau, die die Frage gestellt hatte, schien zufrieden damit, dass ich das Offensichtliche ihrer Situation ausgesprochen und doppelt unterstrichen hatte. Wenn es um die schwierige Situation von Stiefmüttern geht, kann man kaum übertreiben. Es gibt keine einfachen Lösungen für das sehr komplexe Dilemma, vor das Stiefmütter sich gestellt sehen, und eine Frau kann einfach nicht vorher wissen, was sie in dieser Situation erwartet.

Wenn Sie zum ersten Mal heiraten, bringen Sie und Ihr Partner das übliche emotionale Gepäck aus Ihren jeweiligen Herkunftsfamilien mit. Aber wenn Sie bei Ihrer Heirat gleich eine vollständige Familie – eine Stieffamilie – bilden, tragen Sie außerdem noch das emotionale Erbe der ersten Ehe und das Vermächtnis des leidvollen Endes dieser Ehe durch Scheidung oder Tod mit sich herum. Für Ihren Partner gilt das in gleicher Weise, wenn er vorher schon einmal verheiratet war. Und wenn er Kinder mitbringt, wird alle Welt von Ihnen erwarten, dass Sie sich um diese Kinder kümmern, zusätzlich zu Ihren eigenen, falls Sie welche haben, weil es das ist, was Frauen »nun einmal tun«. Stieffamilien sind in jeder Hinsicht kompliziert, von ihrer Vorgeschichte her, emotional, logistisch, strukturell, finanziell und praktisch. Das Potenzial für Rivalität, Eifersucht, Loyalitätskonflikte und die Schaffung von Außenseitern und Feinden innerhalb des Haushalts und zwischen den Haushalten ist von vornherein in das System eingebaut. Falls Sie die Vorstellung hegen sollten, dass alle Kinder und Erwachsenen sich mühelos in den Haushalt einfügen und sich in der neuen Familie sicher und geborgen fühlen werden, lassen Sie besser früher als später davon ab.

Der Begriff »Stiefmutter« als solcher ist mit negativen Assoziationen geladen und mit falschen Annahmen verbunden. Die ursprüngliche Bedeutung der Vorsilbe »Stief…« ist »beraubt, verwaist«; das Wort bezog sich auf ein mutterloses oder elternloses Kind. In der Übertragung auf die Frau, die Mutter, ist mit dem Wort von vornherein etwas weniger als Optimales impliziert, wie unsere alten Märchen so plastisch illustrieren. Aber das wirkliche Problem mit dem Begriff Stiefmutter ist der zweite Wortteil, »Mutter«. Keine Frau kann in eine Familie hineinspazieren, der sie zuvor nicht angehörte und die eine eigene Geschichte hat, und augenblicklich Mutter sein. Die Mutterrolle – wie sie auch immer definiert sein mag – kann nicht automatisch auf eine Frau übertragen werden, die einen Mann mit Kindern heiratet. Erkennen Sie die Absurdität einer solchen Erwartung?

## Eine Stieffamilie in Aktion

Amy war dreiunddreißg Jahre alt, als sie von ihrem Mann Joe geschieden wurde. Sie fanden als Eltern zu einem flexiblen Arrangement für ihren achtjährigen Sohn Jake, der etwa gleich viel Zeit bei der Mutter und beim Vater verbrachte. Amy war eine warmherzige, vitale Frau und engagierte Mutter, die verstand, wie wichtig Familienbindungen für das Leben ihres Sohnes waren. Sie verdiente eine Goldmedaille dafür, wie sie Jakes Beziehung zu Joe unterstützt und gefördert hatte, wie sie dafür gesorgt hatte, dass Jake auch mit Joes Familie in Kontakt blieb, obwohl sie sich von ihren Exschwiegereltern, die ihr die Schuld an der Scheidung gaben, provoziert und schlecht behandelt fühlte.

Amy war eine unbekümmerte Mutter, die spontan handelte und selten vorausplante. »Ich bin kein Organisationsgenie«, sagte sie über sich selbst, und das traf in der Tat zu. Wenn sie zum Beispiel mit Jake um die Abendessenszeit nach Hause fuhr, fiel ihr vielleicht urplötzlich ein, dass sie nichts eingekauft hatte. Dann holten sie sich am nächsten Imbiss Hamburger und Colas, aßen vor dem Fernseher und versuchten sich gegenseitig zu übertrumpfen, wer am lautesten rülpsen konnte. Sie liebten sich innig. Amy äußerte oft Zweifel an ihren mütterlichen Fähigkeiten, aber sie und Jake kamen blendend zurecht.

Zwei Jahre nach ihrer Scheidung verliebte Amy sich zu ihrer größten Überraschung in eine Frau, Victoria. Während ihrer College-Zeit hatte Amy einige kurze Flirts mit Frauen gehabt, aber es war ihr nie ernst gewesen. Ihre Beziehung zu Victoria war die tiefste und intimste, die sie je gehabt hatte, und beide Frauen hatten das Gefühl, in der anderen die Partnerin fürs Leben gefunden zu haben. Als Jake zwölf Jahre alt war, bekräftigten Amy und Victoria ihre Bindung durch eine Zeremonie;

sie betrachteten sich als verheiratetes Paar. Durch die Therapie unterstützt, war Amy auch in der Lage, ruhig und ohne Defensivität mit Joe und seiner Familie umzugehen, die im Karree sprangen, als sie erfuhren, dass Jake mit zwei Lesbierinnen zusammenlebte. Was Amy vorher geleistet hatte, um die Kommunikation und die Verbindung zwischen den beiden Haushalten aufrechtzuerhalten, zahlte sich nun in dieser schwierigen Übergangssituation aus.

Als Victoria und Amy in der Anfangsphase ihrer Beziehung waren, lief alles wie am Schnürchen. Victoria hatte ihre eigene Wohnung; mit Jake, der ihr mit Offenheit und Wärme begegnete, kam sie blendend aus. Aber als sie in Amys Haus einzog, fingen die Schwierigkeiten an. Victoria fühlte sich durch Amys Desorganisiertheit gestört, und sie stieß nur auf flüchtigen Widerstand, als sie ihre eigenen Regeln in den Haushalt einführte. Fast Food kam nicht mehr ins Haus. Essen vor dem Fernseher kam nicht infrage. Jake musste jeden Morgen sein Bett machen, bevor er zur Schule ging. Er durfte nicht mehr als sieben Stunden pro Woche fernsehen.

Victoria war fünf Jahre älter als Amy. Sie hatte ihre eigene Tochter Alice vor kurzem ins College-Studium entlassen, und sie hatte ihre festen Vorstellungen davon, wie es in einer Familie zugehen sollte. Ihren eigenen Worten nach war sie ein wenig zwanghaft in ihren Ordnungs- und Kontrollbedürfnissen. Als ich mit dem Paar therapeutisch arbeitete, erfuhr ich, dass Amy sich Victoria aus drei Gründen angepasst hatte:

Erstens hatte es in ihrer ersten Ehe mit Joe so viel Streit gegeben, dass sie mit ihrer neuen Partnerin lieber umging wie mit einem rohen Ei, statt einen offenen Konflikt zu riskieren. Amy lag das Gelingen dieser Beziehung so sehr am Herzen, dass sie ihre Gefühle unter den Teppich kehrte, obwohl sie wusste, dass diese »Lösung« auf lange Sicht nur noch mehr Probleme hervorbringen würde.

Zweitens hatte Amy wenig Zutrauen zu ihren eigenen mütterlichen Fähigkeiten, obwohl sie Jake nach der Scheidung fast vier Jahre lang in eigener Verantwortung aufgezogen hatte, was ihm offenkundig ausgezeichnet bekommen war. »Ich bin nicht gut darin, Regeln zu setzen und konsequent zu sein«, erklärte Amy. »Victoria kann das einfach besser. Sie hat mehr von einer Autoritätsfigur als ich.« Amy kam nicht auf die Idee, dass sie diese Dinge *lernen* könnte, in dem Maß, in dem sie ihr notwendig erschienen. Sie hätte Victorias vernünftige Vorschläge als Anregungen aufnehmen und einiges davon in die Praxis umsetzen können, ohne ihre zentrale Rolle in familiären Entscheidungsprozessen aufzugeben. Stattdessen passte sie sich Victoria widerstandslos an.

Und drittens: In der Gesellschaft, in ihrer Umwelt, fand Amy keine Bestätigung oder auch nur Akzeptanz für ihre neue Familie und ihre tief empfundene Liebe zu Victoria. Sie hatte sich verständlicherweise darauf eingeschworen, gegen homophobe Vorurteile in allen ihren Manifestationen anzukämpfen, und sie fing an der häuslichen Front damit an. In ihrem Eifer, Victorias Status als Elternteil zu unterstützen, sagte sie Jake zum Beispiel: »Du musst auf Victoria hören und dich an ihre Regeln halten. Wir sind eine Familie, und sie ist deine Stiefmutter. Du solltest froh sein, zwei Mütter zu haben.«

Natürlich sah Jake überhaupt keinen Grund, froh zu sein. Die Scheidung seiner Eltern war eine vorübergehende Krise in seinem Leben, wie es Scheidungen immer sind. Seine Mutter und er hatten Zeit gebraucht, neue Lebensgewohnheiten, eine neue Alltagsroutine zu entwickeln. Er hatte Zeit gebraucht, sich in einer Familie zurechtzufinden, die nun aus zwei Haushalten bestand. Neunzehn Monate nach der Scheidung hatte sein Dad sich wieder verheiratet, mit einer Frau, die zwei eigene Kinder hatte, was zu noch mehr Aufruhr und Veränderung in Jakes Leben führte, zumindest eine Zeit lang. Jetzt hatte eine weitere erwachsene Person die Szene betreten, und das hatte seine Beziehung zu seiner Mutter, die er nun nicht mehr für sich allein hatte, drastisch verändert. Und was das Schlimmste war: Diese neue Person führte sich so auf, als wäre sie eine bessere Mutter als seine wirkliche Mom. Seine echte Mutter hatte abgedankt und ihren Job abgetreten, und Jake fühlte sich von ihr total im Stich gelassen. Als wäre das alles nicht genug, machten seine Klassenkameraden auch noch hässliche Witze über Homosexuelle. Dass er über eine solche Situation »froh sein« sollte, war wirklich eine Zumutung.

### »Du bist nicht meine Mutter!«

Je mehr Victoria ins emotionale Zentrum der Familie vorrückte, desto heftiger lehnte Jake sie ab. »Ich will nicht, dass du zum Schulfest mitkommst«, insistierte er. »Du bist nicht meine Mutter!« Amy und Victoria betrachteten das als rüpelhaftes Benehmen und bestraften Jake dafür. Oder sie hörten aus solchen Äußerungen Homophobie heraus und versuchten, mit Jake darüber zu sprechen und ihn über die Diskriminierung von Homosexuellen und Lesbierinnen aufzuklären. Aber Homophobie, obwohl unbestreitbar ein großes Problem in der Welt, in der wir leben, war nicht Jakes Problem. Sein größtes Problem war vielmehr, dass Amy im Alltag der Familie die Verantwortung für seine Erziehung an Victoria abgetreten hatte und dass Victoria versuchte, neue Regeln einzuführen und Disziplin zu erzwingen. Das war ein todsicheres Rezept für Misserfolg, und das Verhältnis zwischen Jake und Victoria wurde von Tag zu Tag gespannter.

Als Amy und Victoria zu mir in Therapie kamen, war Jake in seinen schulischen Leistungen drastisch abgefallen. Er und Victoria lieferten sich zu Haus wütende Szenen. Amy stand hilflos dazwischen und war depressiv, total verspannt und von panischen Ängsten erfüllt, dass Victoria sie am Ende verlassen würde. Victoria war enttäuscht. Sie hatte sich unendliche Mühe gegeben, die neue Situation gut zu meistern. Sie war mit gänzlich anderen Erwartungen bei Amy eingezogen. Jetzt fühlte sie sich gestresst, überfordert, ignoriert und ungeliebt und verstand nicht, was schief gegangen war.

Außerdem gab es noch weitere Probleme. Alice, Victorias Tochter, hatte verkündet, dass sie in den Semesterferien nicht nach Haus kommen würde, weil sie in Victorias neuem Haushalt mit Amy kein eigenes Zimmer hatte und keine Lust verspürte, auf der Wohnzimmercouch zu nächtigen. Der Verlust der gewohnten mütterlichen Umgebung und des eigenen Zimmers hatte dazu beigetragen, dass Alice sich in der neuen Familie als Außenseiterin fühlte, das war Victoria durchaus klar, aber sie sah keine sofortige Lösung für das Problem. Jake beschwerte sich bei seinem Vater darüber, dass Victoria ihn herumkommandierte, und Joes neue Ehefrau fing an, Victoria vor jedem, der zuhören wollte, zu kritisieren. Sie ließ bei solchen Gelegenheiten selten den Hinweis aus, dass man von »diesen Lesben« kaum etwas anderes erwarten könne. Amy und Victoria untersagten Jake daraufhin, im Haus seines Vaters kritische Bemerkungen über Victoria zu machen, was Jake das Gefühl gab, dass ihm ein Maulkorb angelegt worden war und dass er in seinem zweiten Zuhause aufpassen musste, was er sagte.

Darüber hinaus war Victoria zunehmend verärgert, dass sie so wenig Zeit allein mit Amy verbringen konnte, Zeit, die nicht darauf verwendet wurde, über Jakes Verhalten oder andere Familienprobleme zu diskutieren. »Wer ist dir eigentlich wichtiger, Jake oder ich?«, forderte sie Amy heraus. Ihre eigenen Mutterjahre mit einem unmündigen Kind lagen schon weit hinter ihr, und sie war frustriert, dass Amy für sie so wenig verfügbar war. Es ist nicht ungewöhnlich für eine Stiefmutter, auf die Bindung zwischen Elternteil und Kind eifersüchtig zu sein, denn diese geht der Paarbindung voraus und ist anfangs gewöhnlich stärker. Außerdem machen die Bedürfnisse der Kinder und die Beziehungsprobleme, vor denen alle Beteiligten stehen, es dem neuen Paar generell schwer, genug Zeit füreinander zu finden. Victoria erkannte selbst, dass ihre Frage »Wer ist dir wichtiger …?« unfair war, denn die Liebe und Verantwortung, die ein Elternteil einem Kind gegenüber empfindet, kann nie mit dem, was man für den Partner fühlt, verglichen werden. Aber Reife und Souveränität sind gewöhnlich nicht die Eigenschaften, die chronischer Stress in uns zum Vorschein bringt.

Willkommen in einem typischen ersten Jahr im Leben einer Stieffamilie! Wie ich schon sagte: Stiefmutter zu sein ist viel schwieriger, als jede von uns, die noch nicht in dieser Lage war, sich auch nur annähernd vorstellen kann.

## Was tun?

Das Wesentliche war, dass Victoria aus der Rolle der bösen Stiefmutter herauskam und dass Amy sie in diesem Prozess unterstützte. Dazu musste Amy sich ihre mütterliche Autorität wieder aneignen, und das bedeutete, dass sie, gemeinsam mit Joe, die wichtigsten Entscheidungen darüber traf, wie Jake erzogen werden sollte, dass sie das Sagen hatte, wenn es um Regeln, Grenzen und Disziplin ging, und dass sie Jake dazu anhielt, Victoria mit Höflichkeit und Respekt zu behandeln. Als die drei begannen, als Familie zusammenzuleben, verhielt Amy sich sehr reif und klug, indem sie Jake sagte: »Victoria wird nie den Platz deines Vaters einnehmen.« Den anderen wichtigen Teil ließ sie jedoch aus, nämlich Jake zu versichern: »Victoria wird nie *meinen* Platz einnehmen.« Kinder müssen beide Botschaften klar und deutlich hören, um eine neue erwachsene Person in der familiären Landschaft wirklich akzeptieren zu können.

Außerdem versuchten Victoria und Amy viel zu angestrengt, eine kohärente neue Familie zu schaffen. Die Forschung auf diesem Gebiet hat gezeigt, dass es drei bis fünf Jahre dauert, bis eine durch Wiederverheiratung gebildete neue Familie zu einem gewissen Maß an Integration und Stabilität findet. Wie Betty Carter[1] erklärt, braucht es viel Zeit und Geduld, bis eine Stiefmutter von einer völlig Fremden zu Dads (oder in diesem Fall Moms) neuer Lebensgefährtin wird, und dann zur Freundin des Kindes avanciert und schließlich (mit etwas Glück) in die Position einer geliebten erwachsenen Person oder elternähnlichen Figur aufrückt. Wenn der neue Partner oder die neue Partnerin ein Kind im Teenager-Alter hat (Jake war fast vierzehn, als Victoria bei Amy einzog), wird sich vielleicht nie eine starke emotionale Bindung entwickeln, und das ist völlig normal.

Da alle, Amy, Victoria und Jake, so sehr unter der Situation litten, waren beide Frauen bereit, ihren Anteil an dem Problem zu beobachten und zu verändern. Amy nahm es wieder selbst in die Hand, ihren Sohn zu erziehen, und sie lernte, Regeln zu setzen und konsequent zu bleiben. Victoria hatte die schwierigere Aufgabe, sich im Hintergrund zu halten und gelassener damit umzugehen, dass Amys Erziehungsstil sich von dem ihren beträchtlich unterschied. Es fiel ihr furchtbar schwer, sich zurückzunehmen, als sie sah, wie Amy damit kämpfte, ein bisschen mehr Struktur und Ordnung in Jakes Leben hineinzubringen. Auch für Amy war es schwer, ihre Autorität als Jakes Mutter zu behaupten, wenn Victoria unwillkürlich in ihr dominantes und kontrollierendes Verhalten zurückfiel.

Mit der Zeit lernte Amy, Victoria anders entgegenzutreten und ihr zum Beispiel zu sagen: »Ich schätze deine Vorstellungen über Erziehung, und ich bin auch daran interessiert, deine

Meinung zu hören. Aber es hilft mir überhaupt nicht, wenn du mich kritisierst oder mir sagst, was ich tun soll. Und außerdem gibt es einige Dinge, die ich anders sehe als du. Ich muss Jake auf meine Weise erziehen, so wie es mir sinnvoll und vernünftig erscheint, auch wenn ich dabei Fehler mache.«

Beide Frauen profitierten letztendlich von den Veränderungen, die sie vornahmen. Sie waren durch das Wissen motiviert, dass sie auf die alte Art einfach nicht mehr weiterkamen, dass sie sich um die Chance bringen würden, sich zu wandeln und weiterzuentwickeln, wenn sie an den eingefahrenen Strukturen festhielten. »Wenn die Situation sich nicht gebessert hätte«, sagte Victoria, »dann hätte ich ein Buch geschrieben: Stiefmuttergeschichten aus der Gruft.« Ich versicherte ihr, dass es bestimmt ein Bestseller geworden wäre.


## Seine zweite Ehe, ihre zweite Ehe

Ein lesbisches Paar zu sein war für Amy und Victoria bei ihrem Versuch, eine neue Familie aufzubauen, von Vorteil. Ich weiß, das hört sich absurd an, wenn man bedenkt, dass homosexuellen Paaren das Recht zu heiraten verweigert wird, dass sie mit endloser Diskriminierung und erzwungener Unsichtbarkeit konfrontiert sind, dass die Gesellschaft sie entmutigt, sich offen zu ihrer Liebe zu bekennen. Aber da Amy eine Frau war, wusste sie, wovon ich sprach, als ich sie herausforderte, die Erziehung ihres eigenen Kindes wieder selbst in die Hand zu nehmen. Dagegen hätte ein Vater mir wahrscheinlich zweiundfünfzig gute Gründe genannt, warum es ihm schlichtweg unmöglich sei, den alltäglichen, pragmatischen Teil der Erziehungsarbeit selbst zu übernehmen. Seine neue Frau hätte wahrscheinlich zugestimmt und versichert, es sei nur realistisch und ergäbe sich aus der Situation, dass sie ihm die Aufgabe abnähme. Das Denken eines typischen heterosexuellen Paares, das dabei ist, eine zweite Bindung einzugehen und eine neue Familie zu bilden, verläuft Betty Carters Schilderung nach etwa in den folgenden vorprogrammierten Bahnen:

Er sagt sich: »Toll! Ich heirate wieder. Meine Kinder haben eine neue Mutter, und wir sind wieder eine richtige Familie!« (Übersetzt heißt das: Ich verdiene das Geld, sie erzieht meine Kinder, und wir geben wieder das Bild einer traditionellen Kleinfamilie ab.) Oder, schlimmer noch, er denkt: »Fantastisch! Meine Kinder haben jetzt eine gute Mutter, die ihren Job viel besser machen wird als diese egoistische, selbstbezogene Kuh, von der ich endlich geschieden bin!«

Sie sagt sich: »Toll! Ich heirate wieder. Jetzt habe ich endlich jemanden, der für mich und meine Kinder aufkommt, denn die Unterhaltszahlungen, die ich von meinem Ex bekomme, reichen vorn und hinten nicht. Und um die Töchter meines Mannes kümmere ich mich auch, denn er hat so furchtbar viel zu tun, und ich kann meine Arbeitszeit flexibel einrichten. Außerdem hat er offensichtlich keine Ahnung, wie er den Mädchen Benehmen und Ordnung beibringen soll. Die armen kleinen Schätzchen standen bei ihrer eigenen Mutter nie an erster Stelle, und wenn ich mich bemühe, kann ich ihnen vielleicht geben, was sie brauchen, und alles wieder gutmachen, was ihnen bisher gefehlt hat.«

Eine andere Situation entsteht, wenn die künftige Stiefmutter nicht begreift, dass ein Mann mit Kindern grundsätzlich im Set geliefert wird, dass er immer der Vater dieser Kinder bleibt. Sie sagt sich: »Umso besser! Seine Kinder leben bei ihrer Mutter in Alaska, also muss ich mich nicht um sie kümmern und keine Verantwortung übernehmen.« Natürlich kann es ihr passieren, dass seine drei Teenager zwanzig Sekunden nach ihrer Heirat bei ihr auf der Matte stehen. Und wenn die Kinder keinen re-

gelmäßigen Kontakt mit ihrem Vater haben, dann stimmt etwas nicht, denn diesen Kontakt brauchen sie.

Carter zeigt, dass die alten Geschlechtsrollenerwartungen
den eigentlichen Kern des Problems bilden. Vom Mann wird
erwartet, dass er seinen finanziellen Verpflichtungen seiner ersten Familie gegenüber nachkommt und darüber hinaus den
Unterhalt für die neue Familie aufbringt – auch wenn der Exmann seiner neuen Frau eigentlich zahlen müsste, es aber nicht
tut. Von der Frau wird erwartet, dass sie eine *Instant*-Stiefmut-
ter wird (neue Kinder in den Topf hineingeben und gut umrüh-
ren) und dass sie sich um die emotionalen Bedürfnisse der neu-
en Familie kümmert. Niemand hat ihr gesagt, dass man
Elternfunktionen für Kinder, die nicht die eigenen sind, nicht
einfach so, aus dem Stand, übernehmen kann.

So wird die »böse Stiefmutter« geboren. Je eifriger sie versucht, diese Art von Instant-Mutter zu werden, desto mehr
Widerstand hat sie von ihren Stiefkindern und deren natürlicher Mutter zu erwarten. Und dadurch, dass der Mann härter
arbeitet, um zwei Familien zu ernähren, wird seine gewohnte
Neigung, Distanz zum Familienleben zu halten, um ein Viel-
faches verstärkt. Der Boden ist fruchtbar für Konflikte und Rivalität zwischen Mutter und Stiefmutter, die nun vielleicht beginnen, einander wechselseitig Vorhaltungen zu machen und
Schuld zuzuweisen. Das Kind ist dann in der Hochspannung
zwischen zwei Frauen gefangen, deren Erziehungsverhalten
eine feindselige oder rivalisierende Unterströmung hat. Die
Stiefmutter, die auf der Szene präsent ist, wird zur unmittel-
baren Zielscheibe für das Agieren eines verzweifelten Kindes.
Dad hält sich an der Peripherie auf. Und die eigentlich Schuldigen – unsere überholten Geschlechternormen – bleiben dem
Blick entzogen.

Wenn man eingesteht und klar darstellt, wie überaus kompliziert die Situation von Frauen in zweiten, durch Wiederver-

heiratung gebildeten Familien ist, heißt das keineswegs, dass diese Familienform etwa »schlechter« wäre als die tradierte Kleinfamilie oder der ursprünglichen, ersten Familie im Rang nachstünde. Und vor allem soll keinesfalls der Eindruck erweckt werden, Stieffamilien seien für Kinder schädlich. Zahllose Frauen sind Teil von harmonischen Stieffamilien und fühlen sich durch die Erfahrung bereichert. Es ist offensichtlich einfacher, Stiefmutter zu sein, wenn die Kinder noch so klein sind, dass es möglich ist, eine gemeinsame Geschichte mit ihnen zu entwickeln, oder wenn sie die Adoleszenz schon hinter sich haben und aus dem Elternhaus ausgeflogen sind.

Stiefmütter haben oft das Gefühl, dass sie einfach nichts richtig machen können. Und es kann leicht geschehen, dass die Stiefmutter und die natürliche Mutter in der schmerzlichen Spannung, die zwischen ihnen entsteht, stecken bleiben. (Väter und Stiefväter haben weitaus weniger Konflikte, denn die männliche Rollenerziehung hat sie darauf vorbereitet, sich herauszuhalten, an der Peripherie des emotionalen Lebens der Familie zu bleiben oder völlig von der Bildfläche zu verschwinden.) Noch schwieriger wird die Lage dadurch, dass die Gesellschaft die mythische »traditionelle Familie« ungebrochen glorifiziert (ohne Ansehen der Tatsache, dass diese Familienform inzwischen die Minderheit darstellt) und wenig Bestätigung oder Anleitung für die anders gearteten Erfahrungen und Erfordernisse von zweiten Familien offeriert. Carter weist auf die Gefahren hin, die dieser Mangel an praktikablen Modellen für Wiederverheiratete mit sich bringt: Oft versuchen die Paare, eine neue Instant-Kleinfamilie aus dem Boden zu stampfen, was für Kinder katastrophal ist. Die engen Grenzen beeinträchtigen und behindern sie in ihren starken Bindungen an ihre erste Familie, ihre Beziehungen zu den Großeltern, Tanten, Onkeln, Vettern und Cousinen der »anderen Seite« eingeschlossen.

Was sagen die Expertinnen?

Die Familientherapeutinnen Betty Carter und Monica Mc-
Goldrick[2] haben sich 1978 zusammengetan und leisten seither
Pionierarbeit auf dem Gebiet der durch Wiederverheiratung
gebildeten Familien. Ich bin ihnen dankbar für ihren Rat und
ihre Anregungen. Sie empfehlen Stiefeltern, die folgenden drei
Leitlinien im Auge zu behalten:

1. Gehen Sie nicht davon aus, dass Ihre Stiefkinder noch eine
   Mutter haben wollen.
   Carter und McGoldrick fordern Kinder am Ende einer Familientherapie auf, die Art von Beziehung zu beschreiben,
   die sie zu der neuen Frau ihres Vaters oder dem neuen
   Mann ihrer Mutter am liebsten haben wollen. In aller Regel drücken Kinder den Wunsch nach einer freundschaft-
   lichen Beziehung irgendeiner Art aus, wie zu einer Tante
   oder einem Onkel, einem Basketballtrainer oder einem »guten Kumpel«. Dem Wunsch nach einer zweiten Mutter oder
   einem zweiten Vater geben Kinder nur selten Ausdruck. Ihr
   Hauptinteresse gilt der Frage, wie ihre wirklichen Eltern sie
   behandeln und einander behandeln. Niemand kann je einen
   Elternteil ersetzen. Nicht einmal einen verstorbenen oder
   abwesenden Elternteil. Nicht einmal einen Vater, der wegen
   schweren Einbruchs im Gefängnis einsitzt. Betty Carter erzählt die folgende aufschlussreiche Geschichte:
   Ein sechsjähriger Junge wird von seiner Lehrerin aufgefordert, sie mit dem Paar bekannt zu machen, das ihn zur Schule begleitet hat. Er sagt: »Das ist meine Mutter und das ist
   mein ... mein Lloyd.« Sein eigener Vater war ein gewalttäti-
   ger Mann, vor dem seine Mutter flüchten musste, aber der
   Junge war genau. Er hatte einen Vater. Dieser Mann, den er
   liebte, war jemand anderes.

2. Gehen Sie gegen die vorgeschriebenen Geschlechterrollen an.

   Carters und McGoldricks Rezept ist »Erziehen und Bezahlen« in Übereinstimmung mit der biologischen Elternbeziehung, respektive Adoptiv-Elternbeziehung zu Kindern, und nicht in Anlehnung an die tradierten Geschlechterrollen. Das bedeutet, dass Dad seine Tochter diszipliniert und die alltäglichen, pragmatischen Aspekte der Elternverantwortung übernimmt, selbst wenn es als die einfachere Lösung erscheint, seiner Frau diese Aufgaben zu übertragen. Es bedeutet auch, dass die Stiefmutter über ein eigenes Einkommen verfügt, selbst wenn ihr Verdienst wahrscheinlich wesentlich geringer ausfällt als der seine. Natürlich gelten diese guten Ratschläge auch für erste Familien, aber von Stiefmüttern fordern die alten Geschlechterrollen den höchsten Preis. Männer müssen begreifen, dass sie die Kinder nicht einfach der »Frau im Haus« überlassen können, denn das ist der sicherste Weg, die neue Partnerin auf die Rolle der »bösen Stiefmutter« festzulegen. Es gibt jede Menge Aktivitäten, die Stiefmütter und Stiefkinder miteinander teilen können und die nicht beinhalten, dass der Frau die primäre Elternverantwortung in den Schoß gelegt wird.

3. Drängen Sie nicht auf Nähe.

   Vergessen Sie Ihre wohlmeinenden Pläne, eine »große, glückliche Familie« zu bilden mit geselligem Abendessen und allen Schikanen. Alles braucht seine Zeit. Carter merkt an, dass Teenager besonders verwirrt reagieren, wenn man den Anspruch an sie stellt, sich für neue Familienmitglieder zu erwärmen, denn sie versuchen gerade, sich von der Familie, die sie bereits haben, zu lösen. Älteste Töchter fühlen sich oft als Beschützerinnen ihrer Mütter, oder sie nehmen auch dem geschiedenen Vater gegenüber eine Sonderposition ein, als die Fürsorgliche, die sich um ihn kümmert und auf ihn »aufpasst«. Wenn eine Frau in eine Familie eintritt, zu der auch die Teenager-Tochter ihres Mannes gehört, sollte sie ihre Nähe-und-Harmonie-Erwartungen auf null reduzieren. Wie Carter betont, sind älteste Töchter die loyalsten Alliierten ihrer Mütter und werden so im Verhältnis zur Stiefmutter zu den größten Provokateurinnen.

McGoldrick sagt: »Wenn Ihre Stiefkinder noch klein sind oder wenn Sie sehr viel Glück haben, können Sie im Lauf der Zeit vielleicht eine elternähnliche Beziehung zu ihnen entwickeln. Und wenn es Ihnen gelingt, emotionale Vertrautheit und eine tiefe Bindung zu Ihren Stiefkindern aufzubauen, dann ist das wundervoll, aber es ist die Ausnahme und nicht die Regel – nichts, das man voraussetzen oder erwarten könnte.« Alles, was man erwarten kann und erwarten sollte, ist, dass Stiefmutter und Stiefkinder einander mit Höflichkeit, Anstand und Respekt behandeln. Es liegt in der Verantwortung des primären Elternteils (und nicht des Stiefelternteils), dafür zu sorgen, dass dieser spezielle Anspruch durchgesetzt wird.

## Unerfüllbare Erwartungen und wenig Unterstützung

Eine Therapieklientin berichtete mir, was sie den beiden Töchtern des Witwers, den sie geheiratet hatte, eine Woche nach ihrer Wiedervermählung sagte: »Ich weiß, ich bin nicht eure Mutter, und ich kann sie auch nie ersetzen. Aber ihr sollt wissen, dass ich euch kein bisschen weniger lieben werde als meine eigenen Kinder.« Diese Frau ist eine erfahrene Mutter; ihre eigenen Kinder sind neun und zwölf Jahre alt. So lange reicht ihre Geschichte mit ihren Kindern zurück; von der Empfängnis an war sie immer mit ihnen zusammen. Im Unterschied dazu ist ihre gemeinsame Geschichte mit ihren Stieftöchtern nicht länger als fünf Minuten. Wie kommt sie dazu, ein solches Versprechen abzulegen? Wie kann sie an sich selbst einen so unrealistischen Anspruch stellen? Sieht sie es als ihre Aufgabe an, die Trauer der beiden Mädchen auf magische Weise durch ihre Liebe zu heilen? Erwartet sie, dass ihre Stieftöchter ihr ein so unrealistisches Versprechen abnehmen? Es ist verblüffend, was Frauen durch ihre Rollenerziehung an der Fürsorgefront von sich selbst zu erwarten lernen!

Das Traurige ist, dass nur eine einzige Familienform – die traditionelle, durch eine erste Ehe gebildete Kernfamilie – in unserer Gesellschaft hinreichend Unterstützung findet. Im Fernsehen oder in den Mainstream-Medien werden Sie wenig bis nichts finden, das Ihnen verstehen hilft, wie das Leben einer Stieffamilie vernünftig und harmonisch gestaltet werden kann oder wie die Erfahrungen einer Stiefmutter aussehen könnten. Und das, obwohl jedes Jahr eine Million neuer Familien durch Wiederverheiratung gebildet werden, obwohl mehr als ein Drittel aller Kinder in den USA in zweiten oder neu zusammengesetzten Familien lebt, obwohl die Stieffamilie in unserem Land die am schnellsten wachsende Familienform ist.

Emily und John Visher, anerkannte Pioniere auf dem Gebiet der Dynamik von Stieffamilien, erinnern uns daran, dass fast jede zweite Ehe zwischen Menschen geschlossen wird, von denen mindestens einer schon einmal verheiratet war, dass diese Geschiedenen zu 60 % Kinder aus vorangegangenen Beziehungen mitbringen und dass die durch Wiederverheiratung gebildete, zweite Familie den Voraussagen der Demographen nach bald die vorherrschende Familienform in den Vereinigten Staaten darstellen wird. Sie betonen, dass diese Familien Akzeptanz, Informationen, Anleitung und Unterstützung brauchen und dass von alldem sehr wenig vorhanden ist, vielleicht, weil

zweite Familien nicht die »idealen amerikanischen Familienwerte« repräsentieren. Eine glückliche, harmonische Stieffamilie stellt die Auffassung infrage, dass Scheidung etwas grundsätzlich Schlechtes sei und dass Paare in ersten Familien, auch
wenn sie unglücklich sind, »um der Kinder willen« zusammenbleiben sollten. Die Gesellschaft gibt immer noch vor, dass die
traditionelle Kleinfamilie (oder alles, was so aussieht) das Einzige ist, was zählt und was funktioniert.

Was können Sie also tun? Sie können sich einer Selbsthilfegruppe anschließen oder selbst eine gründen oder nach einer
Stieffamilien-Vereinigung Ausschau halten. Sie können in den
nächsten Buchladen gehen, sich Literatur über das Thema be-
schaffen und lesen, lesen, lesen! Sie finden in dieser Literatur
hilfreiche Hinweise, wie Sie die Beziehungen innerhalb einer
Stieffamilie fördern können, wie Sie Rituale kreieren können,
um Ihre neue Familie zu definieren und ihr ein eigenes Gesicht
zu geben, wie Sie logistische Probleme lösen können – finanzielle Arrangements oder das Pendeln zwischen zwei Haushalten, wie Sie mit Fehden oder anderen Problemen umgehen können. Natürlich werden Sie – wie in aller Ratgeberliteratur – auf
widersprüchliche Ratschläge stoßen, also machen Sie sich zu
Eigen, was Ihnen nützlich und sinnvoll erscheint, und vergessen Sie den Rest. Jeder Weg, der zu einem ausgeglichenen, harmonischen Leben in Ihrer Stieffamilie führt, ist in Ordnung –
solange er nicht auf Ihre Kosten geht.

Wenn die Probleme Sie an den Rand des Nervenzusammen-
bruchs bringen, schließen Sie daraus nicht, dass Sie versagt hätten oder dass alles Ihre Schuld sei. In zweiten Familien gibt es
manchmal situationsbedingte, inhärente Komplikationen und
Ambivalenzen, für die es keine einfache Lösung gibt, und eine
Stiefmutter steht dann unter einem Erwartungsdruck, dem kein
normaler Mensch gerecht werden kann. Quälen Sie sich nicht
mit Selbstvorwürfen, wenn es nicht so läuft, wie Sie erwarte-

ten, und bilden Sie sich nicht ein, Sie könnten durch Ihre individuelle Initiative und Ihre guten Absichten »alles in Ordnung bringen«. Suchen Sie sich lieber eine familientherapeutische Praxis mit Leuten, die auf zweite Familien spezialisiert sind, und lassen Sie sich beraten – besser früher als später.

Es ist nie einfach, Pionierleistungen zu vollbringen. Ein Vorfall, der sich erst kürzlich ereignete, erinnerte mich daran, wie leicht wir in das tradierte Rollendenken zurückfallen können. Ich arbeitete mit einem Paar, das familiäre Probleme hatte, unter anderem deshalb, weil der Mann, durch seinen Beruf bedingt, nur an den Wochenenden zu Haus war. An den Wochentagen blieb es seiner Frau, mit der er seit etwa einem Jahr verheiratet war, überlassen, sich um seine drei Söhne zu kümmern. Die Kinder machten jedes Mal ein Riesentheater, wenn sie zu Bett gehen sollten. Als der Mann insistierte, er könne sich nicht um das Problem kümmern, da er beruflich nun einmal so viel unterwegs sein müsse, erwischte ich mich dabei, wie ich reflexhaft nickte. Dann fiel mir plötzlich ein, was Betty Carter[3] vor mehr als zehn Jahren einem Vater in einer ähnlichen Situation gesagt hatte. »Schon mal was vom Telefon gehört?«, hatte sie in ihrer entwaffnenden Art gefragt. Durch diese Erinnerung wachgerüttelt, gab ich ihm den Auftrag, seine Jungen an Abenden, die er nicht zu Haus verbringen konnte, anzurufen. Es war seine Aufgabe, sie zu fragen, was sie den Tag über erlebt hatten, ihnen zu sagen, was er zur Zubettgehenszeit von ihnen erwartete, und darauf zu bestehen, dass sie ihre Stiefmutter mit Respekt und Höflichkeit behandelten, wenn sie sie daran erinnerte, dass es Zeit sei, schlafen zu gehen. Die Beziehungen zwischen allen Familienmitgliedern besserten sich merklich, als er den Vorschlag annahm und sich dem Problem gewachsen zeigte, und er selbst fühlte sich mit dieser Lösung auch viel besser.

Was tun, wenn die Komplikationen des Lebens in einer Stieffamilie zu viel für Sie sind? Die beste Lösung in diesem Fall, regt McGoldrick ironisch an, könnte sein, mit dem Mann, den Sie lieben, eine sehr, sehr lange Affäre zu haben, eine Affäre, die andauert, bis sein jüngstes Kind achtzehn und aus dem Haus ist. Und dann können Sie überlegen, ob Sie wieder zusammenziehen oder heiraten wollen. Eigentlich ist dieser Rat nur eine andere Art, zu sagen: »Es ist einfach so unendlich schwierig.«

# 16 Der Familientanz

Wenn die atmosphärischen Spannungen im Familienleben ansteigen, liegt das in den seltensten Fällen an den Hormonen oder an den Mondphasen. Eltern fixieren sich auf ein Kind, wenn sie unter starkem Stress stehen oder wenn die Familie eine schwierige Phase ihres Lebenszyklus durchläuft. Aber wenn wir mit einem Kind in Schwierigkeiten stecken, haben wir grundsätzlich den Tunnelblick; wir fokussieren uns ausschließlich auf dieses Kind, und vielleicht eine andere erwachsene Person, und sehen sie als »das Problem«. Wir benehmen uns wie der sprichwörtliche Betrunkene, der seine Schlüssel in der dunklen Allee verlor und unter der hellen Straßenlaterne danach suchte, weil dort das Licht besser war. Je intensiver wir auf das Problemkind fokussiert sind, desto wahrscheinlicher ist es, dass die größeren Zusammenhänge und die wirkliche Quelle der Ängste, die uns antreiben, unserer Aufmerksamkeit entzogen bleiben.

Ich werde Ihnen an einem Beispiel demonstrieren, in welcher Weise Ihre Beziehung zu Ihrem Kind mit jeder anderen Familienbeziehung verknüpft ist und wie alle Familienbeziehungen ineinander greifen und einander beeinflussen. Wie der Naturforscher John Muir schon sagte: »Wenn wir versuchen, irgendeinen Teil für sich herauszunehmen, stellen wir fest, dass er mit allem anderen im Universum verbunden ist.«

Wir werden auch einen detaillierten Blick auf die Rolle eines Vaters im familiären Tanz der Konflikte werfen. Warum das, wo es in diesem Buch doch um die Mutterschaft geht? Ich habe mich bewusst entschlossen, die Mutter in diesem kurzen Familienporträt vom Zentrum der Bühne abtreten zu lassen, nicht etwa, weil sie im Leben dieser Familie eine weniger wichtige

Rolle spielte, sondern weil Müttern generell mehr Macht und mehr prägender Einfluss auf das Leben ihrer Kinder zugeschrieben wird, als sie tatsächlich besitzen. In Wahrheit hat kein einzelnes Familienmitglied Macht über die Gesamtdynamik.

Was noch wichtiger ist: Wir können die Beziehung zwischen Mutter und Kind nicht wirklich verstehen, wenn wir uns zu eng darauf fokussieren oder sie aus dem Geflecht der ineinander greifenden Beziehungen, in die sie eingebettet ist, isolieren. Obwohl alle am Familientanz partizipieren, braucht nur ein Elternteil eine substanzielle Veränderung vorzunehmen, um das Gesamtklima so zu verändern, dass Kinder davon profitieren.

## Ein familiäres Spannungsdreieck in Aktion

Sam und Rayna suchten mich in der Menninger Clinic auf, weil sie sich um ihre sechsjährige Tochter Sarah sorgten; das Kind war in diesem Jahr eingeschult worden und kam mit der Umstellung nicht gut zurecht. Was Sam am meisten Sorgen machte, waren jedoch nicht Sarahs Schulprobleme; er regte sich vielmehr darüber auf, dass seine Tochter eine so wählerische und zimperliche Esserin war, und sah ihre Gesundheit in Gefahr.

Nach einigen Beratungsgesprächen, die ich zum Teil mit beiden, zum Teil mit Sam und Rayna jeweils einzeln führte, erfuhr ich, wie ein Familienstreit beim gemeinsamen Essen typischerweise verlief: Sarah spielte mit ihrem Essen herum oder sagte, sie sei nicht hungrig. Sam wurde ärgerlich, stellte ein Ultimatum – »Kein Nachtisch« oder »Kein Fernsehen, wenn du dein Gemüse nicht aufisst!« – und äußerte seine ängstliche Besorgnis um Sarahs Gesundheit. Rayna unterlief die Bemühun-

gen ihres Mannes, Sarah zu einer guten Esserin zu erziehen,
indem sie ihm sagte, er solle aufhören und das Kind in Ruhe
lassen. Es brachte Sam zur Weißglut, wenn Rayna sich in dieser Form einmischte; er fühlte sich sabotiert und in seiner
Autorität unterminiert. Dann lenkte er seine Wut von seiner
Tochter auf seine Frau um und fing an, ihr Verhalten als Mutter zu kritisieren: »Das wirkliche Problem ist, dass du nicht
richtig auf Sarahs Ernährung achtest, sondern ihr einfach alles
gibst, was sie will.« Gewöhnlich eskalierte der Wortwechsel
zwischen Rayna und Sam zum Ehestreit, und Sarah zog sich
auf ihr Zimmer zurück, nachdem sie an ihrem Essen nur her-
umgepickt hatte.

   Die Szene, die ich hier schildere, könnte sich an einem
schlechten Tag in jeder Familie abspielen, aber in dieser Familie hatte sich die Streitdynamik zu einem rigiden Muster verfe-
stigt. Sam und Rayna stritten sich unentwegt über Sarahs Erziehung, wobei sich ihre Debatten größtenteils, wenn auch
durchaus nicht ausschließlich, um das Thema Essen drehten.
Als Rayna und Sam zu mir zur Beratung kamen, war der Stand
der Dinge, dass Sarah nicht zur Schule gehen wollte und sich
von anderen, gleichaltrigen Kindern weitgehend zurückgezogen hatte. Zu Haus war sie »Mutters beste Freundin«, und ihr
Vater war in diesem Schlüsseldreieck in der Position des Au-
ßenseiters. Rayna ging oft mit Sarah Eis oder Hamburger essen
und nahm ihr das Versprechen ab, Dad nichts von diesen heimlichen Genüssen zu erzählen. Sie erlaubte Sarah auch, Verbote
zu missachten, die Sam ausgesprochen hatte – »auf der weißen
Couch wird nicht herumgehopst« –, wenn der Vater nicht anwesend war. Es gab zahllose ähnliche Botschaften von der Mutter an die Tochter, die alle auf »Tu was du willst, aber sag Dad
nichts davon« hinausliefen.

   Sam, für seinen Teil, trug zu den Spannungen in dieser Dreieckskonstellation durch seine Heftigkeit und seine Strenge bei

und dadurch, dass er Sarah zu verstehen gab, ihre Mutter sei nachlässig, kümmere sich nicht um ihre Gesundheit und sei unfähig, richtig für sie zu sorgen. Als ich der Familie zum ersten Mal begegnete, war eine Eskalationsstufe erreicht, auf der die Wahl zwischen grünem Salat und einem Cremetörtchen für Sarah zu einem angstbesetzten Dilemma geworden war. Unbewusst war damit auch assoziiert, auf wessen Seite sie im Ehekampf zwischen zwei Eltern stand, die sich über ihre Erziehung nicht einig werden konnten.

Sam und Rayna erwarteten von mir, dass ich ihnen sagte, wer von ihnen in Bezug auf Sarahs Ernährung und andere Einzelheiten der Kindererziehung Recht hatte, aber um Rechthaben ging es hier nicht. Es gibt ihn einfach nicht, den einen »richtigen«, allein selig machenden Weg, Kinder aufzuziehen und ein gutes Familienleben zu führen. Natürlich ist es generell empfehlenswert, Extreme zu meiden, das heißt, für eine Familie ist es weder optimal, nach rigiden, autoritären Regeln zu operieren wie ein Militärcamp, noch wie ein Klumpen Protoplasma dahinzuwabern, ohne erkennbare Leitlinien und Grenzen. Aber es gibt eine immense Variationsbreite von familiären Stilen, mit denen Kinder sehr gut leben können. Womit Kinder gar nicht zurechtkommen, ist, zum Zankapfel und zum Fixpunkt der Spannungen zwischen ihren Eltern gemacht zu werden. Kinder entwickeln besonders starke Ängste und Unsicherheiten, wenn die Eltern polarisierte Haltungen einnehmen, einander ständig kritisieren und unfähig sind, sich in Erziehungsfragen zu einigen.

Heißt das nun, dass Sam und Rayna in allen Dingen einer Meinung sein sollten? Nein, natürlich nicht! Ich gehe davon aus, dass zwischen allen Eltern ein gewisses Maß an Meinungsunterschieden in Fragen der Kindererziehung herrscht, es sei denn, das Paar wäre an der Hüfte zusammengewachsen und durch ein gemeinsames Hirn und einen gemeinsamen Blutkreislauf verbunden. Was Sam und Rayna aber tatsächlich lernen mussten, war, sich außerhalb der Hörweite Sarahs zu streiten. Und sie mussten lernen, sich zu lockern, einander zu unterstützen und in Bezug auf Erziehungsregeln und Erwartungen an ihr Kind zu einem Konsens zu finden, mit dem sie beide leben konnten. Solange sie das nicht erreichten, würde ihr Kind immer ängstlich und unsicher bleiben und ihnen weiterhin »Schwierigkeiten machen«.

Versteht sich von selbst, nicht wahr? Das sagt einem doch der gesunde Menschenverstand. Aber wenn Rayna und Sam fähig gewesen wären, eben diesen zu gebrauchen, wären sie nicht in meiner Praxis gelandet, festgefahren, unflexibel, auf rigide polarisierte Positionen festgelegt, und beide tief verzweifelt, weil ihr einziges Kind in seiner Entwicklung zunehmend blockiert zu sein schien.

## Sams Familie

Sam war bei weitem der ängstlichere und besorgtere Teil des Paares. Als ich mehr über seine Herkunftsfamilie erfuhr, leuchtete mir allmählich ein, warum er so furchtsam auf Sarahs Gesundheit fixiert war. In Sams Familie hatte es über mehrere Generationen viele traumatische Verluste gegeben. Die Frauen vor allem »starben weg wie die Fliegen«, wie er es nannte; man konnte sich nicht darauf verlassen, dass sie am Leben blieben. Der verheerendste dieser Verluste ereignete sich, als Sam noch ein kleines Kind im Vorschulalter war. Seine Mutter und seine Schwester wurden durch einen Verkehrsunfall getötet, den ein betrunkener Autofahrer verursacht hatte. Sam und sein Vater sprachen nie über diese Todesfälle und trauerten auch nicht offen. Als Sams Vater sich zwei Jahre später wieder verheiratete und mit der neuen Familie in eine andere Stadt umzog, verlor Sam allmählich jeden Kontakt zu der Familie seiner verstorbenen Mutter. Die Erinnerungen an das Familienleben vor dem Unfall verblassten, so wie die Fotos von Mutter und Schwester, die in einer Schachtel auf dem Dachboden aufbewahrt wurden.

Als Sarah geboren wurde, nahm Sam sie als empfindliches, schwächliches Kind wahr, dessen Überleben nicht als selbstverständlich betrachtet werden konnte. Bevor er sich in Therapie begab, hatte Sam seine angstgetriebene Fokussierung auf Sarahs Gesundheit nie mit der Tatsache in Zusammenhang gebracht, dass die erstgeborene Tochter in seiner Herkunftsfamilie in jungen Jahren plötzlich und unerwartet gestorben war, ebenso wie seine Mutter. Männer bewältigen ihre Ängste oft durch Distanzierung von ihren Emotionen, aber das war nicht Sams Stil. Er umkreiste seine Tochter vielmehr wie eine aufgeregte Glucke, versuchte ängstlich, ihr Verhalten zu steuern, und machte sich zum Sprecher für alle Arten von Sorgen und Befürchtungen. Sams Ängste schossen explosionsartig in die Höhe, als Sarah in den Kindergarten kam – das heißt, als sie das Alter erreichte, in dem er selbst gewesen war, als seine Welt zerbrach.

Als ich Sam fragte, wie er als Kind in Fragen des Essens oder anderen Dingen gemaßregelt wurde, sagte er, sein Vater habe ihn nie getadelt oder bestraft, nicht ein einziges Mal, soweit er sich erinnern könne. So wie Sam es beschrieb, lebte sein Vater nach dem Tod seiner ersten Frau »in einer Art Trance« und übte »null Autorität« aus. Sams lebhafteste Kindheitserinnerung war, wie er einmal, als Sechsjähriger, voller Wut einen hölzernen Küchenstuhl die Kellertreppe hinunterwarf, sodass der Stuhl in zwei Stücke zerbrach. Sein Vater saß währenddessen am Küchentisch und verzehrte sein Abendessen, so als sei nichts geschehen. »Mein Dad konnte mit offenen Konfronta-

tionen nicht umgehen«, sagte Sam, »oder er konnte mit mir
nicht umgehen.« Diese Art von »nichtvorhandenem Vater«
wollte Sam in der Beziehung zu seinem eigenen Kind nicht sein,
das hatte er sich geschworen.

Als Sams Vater sich wieder verheiratet hatte, übernahm seine neue Frau das Kommando und organisierte das Familienleben wie ein Feldwebel. Sie erließ strikte Befehle in puncto Sau-
berkeit, Ordnung und Verantwortung, die Sam zu befolgen
hatte und die sie eisern durchsetzte. Da Sams Vater als elterliche Autoritätsfigur abgedankt hatte, war die Rolle der »bösen
Stiefmutter« frei und musste nur noch besetzt werden. Sams
Vater fand nie einen Weg, sich gegen seine Frau durchzusetzen
oder für sich selbst herauszufinden, welche Wertvorstellungen
ihm in der Erziehung seines Sohnes wichtig waren. Obwohl es
für Sam viel Schmerz und Leid bedeutete, dass sein Vater die
elterliche Verantwortung vollständig abgegeben hatte, war dieses Arrangement durchaus nichts Ungewöhnliches oder Überraschendes. Nicht nur, dass der Vater sich in seiner Trauer verloren hatte wie in einer Nebelwelt, er tat genau das, was
Männer zu jener Zeit eben taten und was viele bedauerlicher-
weise auch heute noch tun: nämlich der »Frau im Haus« die
Verantwortung für die Kinder zu überlassen.

Zu Hause passte Sams Vater sich seiner Frau vollständig an,
gab immer nach und stellte ihr Programm nicht infrage. Aber
wenn er mit seinem Sohn allein und ihren strengen Blicken entzogen war, behandelte er Sam mit besonderer Nachsicht, kaufte ihm verbotene Geschenke und lud ihn ein, die Regeln zu brechen. Genau diese Dreieckskonstellation setzte Sam ungewollt
wieder in Szene, als er selbst Vater geworden war, nur diesmal
mit vertauschten Rollen. Man könnte sagen, dass Sam seinen
Vater geheiratet hatte. Und dann wütete er gegen Rayna, weil
sie dieselbe Laisser-faire-Haltung an den Tag legte, die er bei
seinem Vater so gehasst hatte.

## Raynas Familie

In Raynas Herkunftsfamilie hatte es keine traumatischen Verluste gegeben, aber ihr Vater war durch seinen Beruf sehr viel unterwegs und sehr selten zu Hause; für seine Frau und seine Kinder war er mehr oder minder ein Fremder. Von klein an hatte Rayna sich der unerfüllbaren Aufgabe gewidmet, die Leere im Leben ihrer Mutter auszufüllen und sie glücklich zu machen. Was elterliche Autorität und Disziplinierungsmaßnahmen anging, war ihre Mutter »das Letzte«, wie Rayna es ausdrückte. Die Mutter versuchte unentwegt, Raynas älteren Bruder Ted zu maßregeln und unter Kontrolle zu bringen, und ihre Anstrengungen steigerten sich bis zum Exzess, als Ted die Adoleszenz erreichte. Rayna konnte eine zum Brüllen komische kabarettistische Darstellung dieser täglichen Machtkämpfe hinlegen, aber es war klar, dass die wütende Spannung zwischen ihrer Mutter und ihrem Bruder für sie alles andere als komisch gewesen war. Rayna zufolge scheiterte ihre Mutter erbärmlich bei ihren Bemühungen, Ted zum Befolgen der von ihr gesetzten Regeln zu veranlassen. Ein typischer Wortwechsel zwischen Mutter und Sohn verlief etwa so:

»Wann bist du gestern Nacht nach Haus gekommen, Ted? Du weißt, du solltest spätestens um zehn Uhr hier sein!«
»Ich komme nach Haus, wann ich will.«
»O nein – nicht solange du unter meinem Dach lebst. Das dulde ich nicht!«
»Halt's Maul.«
»Was? Du wagst es, in diesem Ton mit mir zu reden?! Ich dulde solche Unverschämtheiten nicht, hast du mich verstanden?«
»Halt die Luft an. Du gehst mir auf den Zwirn.«
»Also, das ist doch … Dieses Wochenende hast du Ausgangssperre! Du gehst nicht weg!«

»Ich gehe weg. Mach was dagegen, wenn du kannst.«

»Ich dulde dieses rüpelhafte Benehmen nicht. Ich will dich nicht mehr im Haus haben, wenn du so mit mir redest! Ich setze dich auf die Straße!«

»Ja, schmeiß meine ganzen Sachen raus auf die Straße. Ich hasse es sowieso, hier zu leben.«

»Wie kannst du deine eigene Mutter nur so behandeln? Womit habe ich das verdient?!«

»Warum lässt du mich nicht einfach in Ruhe?«

»Wenn du dich benehmen könntest, würde ich nichts lieber tun als dich in Ruhe lassen ...«

Eine solche Szene konnte sich zehn bis fünfzehn Minuten lang fortsetzen und endete nicht selten damit, dass die Mutter vor Teds verschlossener Zimmertür stand und weiter tobte und schrie. Rayna hatte Recht, als sie diese Kämpfe »erbärmlich« nannte, denn sie gingen ewig in derselben Form weiter und führten zu nichts. Jedes Mal, wenn die Streitereien zwischen Mutter und Bruder sich zu einer Brüllorgie steigerten, flüchtete Rayna auf ihr Zimmer, hielt sich die Ohren zu und betete, dass ihre Mutter endlich aufhören und Ted in Frieden lassen möge. Sie machte ihrer Mutter so wenig Schwierigkeiten wie möglich, weil sie sah, dass Ted die Schaltkreise bereits überlastet hatte. Die Rollen, die Rayna und Ted in der Familie spielten, wurden immer krasser polarisiert und immer rigider; sie war »das gute Kind« und Ted war der Unruhestifter, der »Schwierige«, der nur Probleme verursachte.

Rayna fühlte sich von den unablässigen wütenden Auftritten zwischen ihrer Mutter und ihrem Bruder so abgestoßen, dass sie sich schwor, nie mit ihrem Kind zu streiten, wenn sie selbst Mutter würde. Sie war so allergisch gegen Konfrontationen, dass sie sich Sarah gegenüber eher wie eine ältere Schwester oder Freundin verhielt und nicht wie eine Elternfigur. In der

Therapie wurde Rayna schmerzlich klar, dass sie auch jetzt, als Erwachsene, jedes Mal den Impuls verspürte, auf ihr Zimmer zu flüchten und sich die Ohren zuzuhalten, wenn ihr Mann versuchte, Sarah zu maßregeln. Sie konnte die gegenwärtige Situation kaum noch ertragen, aber abgesehen von ihren Versuchen, zu Sarahs Gunsten zu intervenieren, hatte sie absolut keine Vorstellung, was sie anders machen könnte.

## Ein Kind zwischen den Fronten

Sarah, für ihren Teil, war nicht in der Lage, ihre Aufmerksamkeit auf die normalen Aktivitäten von Sechsjährigen auszurichten. Ihre Rolle in der Familie als Mutters beste Freundin absorbierte einen großen Teil ihrer emotionalen Energie, und sie fühlte sich schuldig und unbehaglich mit den »Sag-Dad-nichts-davon«-Botschaften, die sie zur Alliierten ihrer Mutter machten, auf Kosten der Beziehung zu ihrem Vater. Obwohl Sarah von den tragischen Verlusten in der Familie des Vaters nichts wusste, fing sie mit dem feinen Gespür für Stimmungen, das alle Kinder haben, den tiefen Kummer auf, von dem ihr Dad erfüllt war, und wusste intuitiv, wonach sie nicht fragen durfte. Sie wollte den Schmerz ihres Vaters beseitigen, aber sie wusste nicht, wie. Außerdem hatte sie Angst, dass ihre Eltern sich scheiden lassen würden und dass sie, Sarah, daran schuld wäre, denn bei den meisten Ehekrächen ging es um sie – oder so sah es an der Oberfläche jedenfalls aus. Sarahs Schulprobleme trieben ihre Eltern schließlich dazu, therapeutische Hilfe zu suchen, was zumindest ein Weg war, die Dinge in Bewegung zu bringen.

Es ist ungemein wichtig, sich vor Augen zu führen, dass alles, was sich in dieser Familie abspielte, normal, alltäglich und allgemein menschlich ist. Sam und Rayna waren nicht böswil-

lig, lieblos, gemein oder krank. Die Koalitionen, Dreieckskonstellationen, Polaritäten und Muster, die ich hier geschildert
habe, sind für ein normales Familienleben charakteristisch, das
heißt, es ist die Norm, dass Eltern das emotionale Erbe aus ihren Herkunftsfamilien in die neue Familie, die sie kreieren, hin-
eintragen. Wenn etwas »normal« ist, bedeutet das natürlich
noch lange nicht, dass es auch gut für uns ist, aber es bedeutet,
dass niemand dagegen immun ist, sich in einem »dysfunktio-
nalen Familienmuster« zu verfangen.

Woher hätten Rayna und Sam wissen sollen, wie sie als
Eltern ein Team bilden und zusammenarbeiten konnten? Denken wir an die Modelle elterlichen Erziehungsverhaltens, die
beide aus ihren Herkunftsfamilien mitbrachten! Sams Modelle
waren sein nachgiebiger, distanzierter Vater, eine Mutter, die
starb, als er noch ein kleines Kind war, und eine dominante,
kontrollierende Stiefmutter. Raynas Modelle waren ein abwe-
sender Vater und eine Mutter, die permanent Kämpfe mit ihrem Sohn ausfocht, aber nie zu ihm durchdrang.

Sam und Rayna hatten ihre Eltern nie als Teams zusammenarbeiten sehen. Und sie hatten auch nie erlebt, dass ein Elternteil sich unabhängig vom anderen kompetent verhielt. Warum
sollten wir also erwarten, dass Rayna und Sam – oder irgendeiner von uns – es automatisch »richtig hinkriegten«? Das Einzige, was wir alle automatisch tun, ist, unsere Kindheitsgeschichte zu wiederholen oder aus der Rebellion heraus ins andere
Extrem zu verfallen. Wie Sam und Rayna tun wir gewöhnlich
ein wenig von beidem – und weder das eine noch das andere
funktioniert.

Ich will hier keineswegs Pessimismus verbreiten, sondern Sie
vielmehr ermutigen, ein bisschen geduldiger zu sein und mit
sich selbst und Ihrem Partner etwas gelassener und lockerer
umzugehen. Im Lebenszyklus einer normalen Familie geht an
irgendeinem Punkt mit mindestens einem Kind grundsätzlich

irgendetwas fürchterlich daneben. Wenn Ihnen das nicht passiert, sind Sie ein merkwürdiger Ausnahmefall oder Sie haben verdammtes Glück gehabt oder Sie befinden sich im Zustand der Verleugnung oder Ihre Zeit ist noch nicht gekommen. Und wie wir gesehen haben, bringen Stieffamilien noch eine ganz neue Dimension in die Herausforderungen der Mutterschaft ein. Aber um welche Familienform es sich nun auch handeln mag, es hilft natürlich immer, ein klares Verständnis dafür zu entwickeln, welchen Anteil jede Person an der Problematik hat.

## Die Grenzen der Beratung

Als der Motor der Veränderungsbereitschaft bei Rayna und Sam warm gelaufen war, hielt ich mit beiden ein Brainstorming über Erziehungsregeln in Fragen des Essens und anderen Angelegenheiten ab, die sie beide unterstützen konnten. Ich sagte ihnen ohne Umschweife, dass Sarah die Spannungen zwischen ihnen nicht aushalten konnte, und forderte sie heraus, als Team zusammenzuarbeiten und ihre Meinungsdifferenzen unter sich zu regeln, außerhalb der Hörweite des Kindes. Aber was ich auch vorschlug, Sam und Rayna konnten von meinem Rat keinen Gebrauch machen. Je mehr ich ihnen zu helfen versuchte, kreative Kompromisse zu finden, desto rigider zogen sie sich auf ihre polarisierten Positionen zurück. Wenn Sam »schwarz« sagte, sagte Rayna »weiß«. Wenn Sam für »Recht und Ordnung« argumentierte, trat Rayna für »Liebe und Verständnis« ein. Trotz ihrer offensichtlichen Verzweiflung und ihrer genuinen Sorge um ihre Tochter gab keine Seite auch nur einen Millimeter weit nach, sondern beide zogen sich nur umso entschiedener auf ihre ursprünglichen Positionen zurück.

Die typische unausgesprochene Erwartungshaltung von Eltern, die wegen eines »Problemkindes« zur Beratung kommen, ist: »Bringen Sie mein Kind in Ordnung, aber verlangen Sie nicht von *mir*, dass ich mich ändere!« Aber wenn Eltern polarisiert und auf ein Kind fixiert sind (was häufig der Fall ist), haben die entscheidenden Probleme gewöhnlich nichts mit dem Kind zu tun. Das Kind fungiert vielmehr als Blitzableiter; es absorbiert die Spannungen der Eltern und leitet sie von den eigentlichen Problemquellen ab. Obwohl ich Sarah nach zwei Sitzungen entließ, konnten Sam und Rayna zu Anfang über nichts anderes als ihre Tochter sprechen, und beide hofften insgeheim, dass ich den anderen Elternteil irgendwie »zur Vernunft bringen« würde. Sie konnten nicht aufhören, über Sarah zu streiten, bis sie schließlich bereit waren, sich auf ihr eigenes Selbst zu konzentrieren und sich mit Problemen zu konfrontieren, die aus ihrer eigenen Vergangenheit stammten. Nur dadurch, dass sie die Verbindung zu ihrer Vergangenheit wieder aufnahmen, konnten sie sich weiterentwickeln und einen konstruktiven Weg in die Zukunft finden.

## Sie können den Weg zurück finden

Sam hatte nie um seine Mutter und seine Schwester getrauert, und so verfolgten ihre geisterhaften Schatten ihn noch immer. Plötzliche, unerwartete Todesfälle sind für Familien überaus schwer zu bewältigen, und gewöhnlich hat der traumatische Verlust einen Welleneffekt, der in den nachfolgenden Generationen immer noch spürbar ist. Trauer war in Sams Familie, die zwei tragische Verluste gleichzeitig erlitten hatte und in der die Kommunikation vor langer Zeit zum Erliegen gekommen war, ein besonders spannungsgeladenes Thema.

Als ich anfing, mit Sam ein Genogramm (Stammbaum der Familie) zu konstruieren, stellte sich heraus, dass er über die mütterliche Seite seiner Familie so gut wie nichts wusste. Es ging so weit, dass er nicht einmal die Namen der Geschwister seiner Mutter kannte und nicht informiert war, ob seine mütterlichen Großeltern noch lebten. Über die Familie seines Vaters wusste er mehr, aber auch hier kannte er kaum Details, nicht einmal die nüchternen Fakten über Geburten, Todesfälle, Ehen, Scheidungen, physische Krankheiten, Ortswechsel oder Immigrationen. So war es denn auch nicht verwunderlich, dass er keine Vorstellung von den emotionalen Problemen und Beziehungsmustern in vorangegangenen Generationen hatte. Ein Nachteil für ihn, denn dieses Wissen hätte ihm geholfen, Einsicht in seinen eigenen Beziehungsstil zu erlangen, zu begreifen, warum er seine gegenwärtigen Beziehungen zu seiner Frau und seiner Tochter so gestaltete, wie er es tat. Wenn ich ihn zum Beispiel fragte: »Wer war in der Familie Ihres Vaters die Autorität, die für Disziplin und Ordnung sorgte?«, oder: »Hatte Ihr Vater zu einem Elternteil eine besonders enge Beziehung?«, oder: »Welche Art von Beziehung hatte Ihr Vater zu seinem eigenen Vater? Wo sehen Sie Ähnlichkeiten zu Ihrer Vaterbeziehung und wo sehen Sie Unterschiede?«, zuckte Sam nur verwundert und gleichgültig die Achseln, so als hätte ich ihn nach den Lebensgewohnheiten der Fidschianer oder nach dem neuesten Stand der Astrophysik gefragt. Sam zeigte mehr Interesse, aber hatte auch nicht mehr zu sagen, wenn ich ihm Fragen nach dem tödlichen Unfall und seinen Folgen stellte, etwa: »Wurde Ihre Beziehung zu Ihrem Vater nach dem Tod Ihrer Mutter enger oder distanzierter?« oder: »Bei wem suchte Ihr Vater Unterstützung, nachdem er seine Frau und seine Tochter verloren hatte?« Es erfordert oft ein hohes Maß an Geduld und Geschicklichkeit von der therapeutischen Seite, Klienten bei der Überwindung ihrer ausgeprägten Allergie gegen das Wissen um ihre eigenen Wurzeln zu helfen und es ihnen leichter zu machen, wieder Kontakt mit ihrer Vergangenheit aufzunehmen. Wir erzählen vielleicht gern Geschichten über unsere verrückte Familie, und wir erzählen dieselben Geschichten wieder und wieder, aber die meisten Leute haben es nicht gern, wenn die Fakten sich störend in ihre Fiktionen einmischen. Außerdem ist es eine große Herausforderung, das eigene Verhalten zu verändern und mit schwierigen Familienmitgliedern tatsächlich anders umzugehen, statt nur über sie zu reden, was zunächst wichtig und hilfreich sein kann, uns aber nach einer Weile nicht mehr weiterbringt.

Sam und sein Vater unterhielten sich gewöhnlich nur über Sport und über das Wetter; also musste Sam ein beträchtliches Maß an Mut aufbringen, um das Tabuthema des Todes von Mutter und Schwester anzuschneiden und seinen Vater zu fragen, wie dieser tragische Verlust sich auf ihr gemeinsames Leben ausgewirkt hatte. Durch die Therapie unterstützt, wagte er sich jedoch auf den schwierigen Pfad, wobei er zuerst mehr Kontakt mit seinem Vater etablierte, um eine Basis für das Gespräch über die problematischen Fragen zu schaffen. Sams Bereitschaft, meinem Rat zu folgen und die bloße Quantität des Kontakts durch Grußkarten, Anrufe und Besuche zu erhöhen, war von großer Bedeutung, denn es ist unmöglich, aus einer Position der emotionalen Distanz heraus im Gespräch mit Familienmitgliedern »heiße Eisen« anzupacken.

Ich habe unzählige Male erlebt, wie Männer und Frauen sich auf ihre Familien stürzten, ohne zuvor irgendeine Form von authentischem Kontakt zu ihnen herzustellen oder nachdem sie wichtigen Familienereignissen wie Hochzeiten, Beerdigungen, Geburtstagen oder Jubiläen jahrelang ferngeblieben waren. Dann schnitten sie ohne Vorwarnung die schwierigsten Themen an, über die seit Jahrzehnten nicht offen gesprochen worden war, und stellten ihre Fragen, weil sie emotional unter Druck standen, in anklagendem, kritischem Ton. Diese Vorgehensweise führt zu Defensivität, emotionaler Reaktivität und wütenden Konfrontationen, die dann die Rechtfertigung dafür liefern, dass man es aufgibt, Beziehungen zu Familienmitgliedern verändern zu wollen, weil es »einfach unmöglich ist, mit ihnen zu reden«.

## Heikle Themen und wie man sie ansprechen kann

Als Sam sich innerlich bereit fühlte, erzählte er seinem Vater, dass er seit Sarahs Geburt unter Hochspannung stehe und dauernd beunruhigt und voller Sorge sei. Er habe sich unwillkürlich gefragt, ob seine Ängste nicht irgendwie mit seiner eigenen Kindheit zusammenhingen, mit dem plötzlichen Tod seiner Mutter und seiner Schwester. Er habe lange gezögert, die Vergangenheit anzusprechen, fügte er hinzu, denn er wolle seinem Vater nicht noch mehr Schmerz zufügen, als er bereits erlitten habe. Aber er habe die Hoffnung, wenn er mehr über dieses tragische Ereignis wüsste, könne er sich vielleicht Klarheit über sich selbst verschaffen und ein besserer Vater werden. Sams Vater machte ein verblüfftes Gesicht und sagte: »Also, ich weiß auch nicht ... aber wenn ich helfen kann, will ich es gern tun.«

Nach und nach stellte Sam seinem Vater viele weitere Fragen. Wie war der tödliche Unfall eigentlich verlaufen, und wie hatte man Mutter und Schwester vorgefunden? (Sam hatte nie gewagt, sich den Zustand der tödlich verletzten Körper vorzustellen.) An welche Einzelheiten des Begräbnisses und der Trauerfeier konnte der Vater sich erinnern? Nach welchen Erwägungen war entschieden worden, dass er, Sam, nicht an der Beerdigung teilnehmen sollte? Wie war Sam und anderen Mitgliedern der weiteren Familie die Nachricht von dem tödlichen Unfall überbracht worden? Wer hatte es am schwersten aufgenommen? Wer war seinem Vater nach dem tragischen Ereignis näher gerückt, und wer hatte sich weiter von ihm entfernt? Hatten irgendwelche Familienmitglieder ihre Reaktionen auf den Verlust – Trauer, Depressionen, Wut, Reue, Schuldgefühle – offen gezeigt und zum Ausdruck gebracht? Und was konnte sein Vater ihm darüber sagen, wie er, Sam, damals als Kind auf die Todesfälle reagiert hatte, unmittelbar, als sie geschehen waren, und später, im Lauf der Zeit?

Jede dieser Fragen brachte neue Informationen zutage, die weitere Fragen aufwarfen. Sam fragte zum Beispiel, warum seine mütterlichen Großeltern nach der Wiederverheiratung seines Vaters völlig von der Bildfläche verschwunden waren. Sein Vater erklärte, dass er aufgehört habe, seine Schwiegereltern zu besuchen, weil seine zweite Frau dagegen war und ihm den Kontakt praktisch untersagt hatte. Daraufhin fragte Sam seinen Vater, ob er sich gegen seine zweite Frau je durchgesetzt oder ihr je offen widersprochen habe. »Wenn ich darüber nachdenke«, sagte er seinem Vater ganz offen, »kann ich mich nicht einmal erinnern, dass du in ihrer Gegenwart jemals ›Nein‹ gesagt hast.« Im Verlauf dieses Gesprächs gewann Sam ein klareres Bild von dem erstaunlichen Ich-Verlust seines Vaters in beiden Ehen, wie unfähig er gewesen war, für sich selbst einzustehen, und welche Aspekte seiner Vorgeschichte diesen Mangel an Durchsetzungsvermögen erklären halfen. Das brachte Sam dazu, objektiver über seinen eigenen diktatorischen Kommunikationsstil nachzudenken. Anders als sein Vater bezog er eindeutig Position und trat Rayna gegenüber sehr entschieden auf, aber in einer überaus rigiden und unflexiblen Weise, die sich nun auch für ihn klar ersichtlich als die bloße Kehrseite der Passivität und Anpassungsbereitschaft seines Vaters erwies.

Als Sam ein sensiblerer Gesprächspartner wurde und geschickter zu fragen lernte, sprach sein Vater zunehmend freier, sogar über Gefühle, soweit er sich daran erinnern konnte, und teilte ihm von sich aus mehr Fakten mit. Jedes Mal, wenn Sam daran dachte, weitere heikle Fragen zu stellen, hatte er Angst, dass es seinen Vater »umbringen« würde, aber natürlich war das Gegenteil der Fall. Ihre Beziehung wurde zum ersten Mal lebendig, als sie offen über das wichtigste emotionale Ereignis in ihrem gemeinsamen Leben sprechen konnten. Sam erfuhr auch von anderen Verlusten im Leben seines Vaters, und viele fehlende Puzzleteile der Familiengeschichten fielen von selbst an den richtigen Platz.

Schließlich nahm Sam Verbindung zu einigen Verwandten von der mütterlichen Seite seiner Familie auf und hörte sich ihre Geschichten und Erinnerungen an, die seine Mutter als reale Person zum Leben erweckten – als Mutter, Tochter, Schwester, Tante und Nichte und als die begeisterte Vogelkundlerin, die sie gewesen war. Etwa ein halbes Jahr nach dem Beginn seiner Therapie besuchte Sam zum ersten Mal gemeinsam mit seinem Vater die Gräber seiner Mutter und seiner Schwester, und die beiden Männer hielten sich in den Armen und weinten. Auf meinen Vorschlag hin initiierte er auch ein Gespräch mit seiner Tochter Sarah über den Autounfall und erzählte ihr, wie traurig es für ihn war, seine Mutter und seine Schwester so früh zu verlieren. Er fügte in leichtem Ton hinzu: »Ich weiß, dass du ein starkes, gesundes Mädchen bist, Sarah, aber ich schätze, ich habe einfach Angst, dass die Menschen, die ich liebe, aus meinem Leben verschwinden könnten. Vielleicht bin ich deswegen immer so gereizt, wenn du dein Gemüse nicht essen willst. Das hört sich wohl nicht sehr logisch an, oder?« Sarah umarmte ihren Vater und bat ihn, ihr ein Foto von seiner Schwester zu zeigen, und später fragte sie, ob sie das Bild in ihrem Zimmer aufstellen dürfe. Als sich der Todestag seiner Mutter zum nächsten Mal jährte, schickte Sam im Gedenken an sie einen Scheck über 100 $ an die Audubon Society. Er fragte die mittlerweile siebenjährige Sarah, ob sie der beiliegenden Karte etwas hinzufügen wolle. Sarah schrieb: »Es tut mir Leid, dass ich Grandma Holly nie kennen gelernt habe, aber ich freue mich, dass sie Vögel so gern hatte.«

Der Königsweg zur Veränderung

Die Arbeit, die Sam an sich selbst leistete, einschließlich seiner Bemühungen um eine authentischere und reifere Verbindung zu seinem Vater, führte zu einer grundlegenden Veränderung in der Art, wie er mit seiner Frau und seiner Tochter umging. Er lockerte sich Sarah gegenüber, weil er sie nicht mehr mit den Frauen in seiner Familie, die so früh aus seinem Leben entschwunden waren, verwechselte. In seiner Ehe mit Rayna fühlte er sich nicht mehr wie in einer Druckkammer, als er Verbindung zu seinen Angehörigen aufnahm, und indem er das tat, fand er zu einer gefestigteren Identität, die in seiner Vergangenheit wurzelte. Er konnte bestimmt und selbstbewusst auftreten, ohne diktatorisch zu sein, und er hörte auf, Rayna vor Sarah herabzusetzen, weil er zuversichtlicher war, dass er sich mit Rayna direkt auseinander setzen konnte.

Auch Rayna bemühte sich lange und intensiv, an den Problemen und Beziehungen in ihrer eigenen Familie zu arbeiten. Ich legte ihr besonders ans Herz, das familiäre Schlüsseldreieck aufzuarbeiten, in dem sie ihrer Mutter nahe war, während die Männer in der Familie abgewertete Außenseiter waren, entweder durch ihre Abwesenheit (im Fall ihres mittlerweile verstorbenen Vaters) oder durch ihr unverantwortliches Benehmen (im Fall ihres Bruders). Ich habe in meinen Büchern *Wohin mit meiner Wut* und *Zärtliches Tempo* erläutert, wie Dreieckskonstellationen operieren und wie wir unseren Anteil an der Dynamik verändern können. Ich schlug Rayna vor, diese Bücher sowie Monica McGoldricks Buch über die Wiederbegegnung mit der eigenen Herkunftsfamilie *You Can Go Home Again* zu lesen. Ich schätze es, wenn meine Klientinnen sich mit der Familiensystem-Theorie genauso gut auskennen wie ich selbst.[1]

Es soll genügen zu sagen, dass Rayna durch ihre Arbeit an sich selbst fähig wurde, sich auf Sams Kompetenz als Vater zu beziehen, und dass sie Sarahs Beziehung zu ihm unterstützen konnte, statt sie einzuladen, ihn zu sabotieren und seine Regeln zu missachten. Rayna verstand, dass Kinder in große Ängste und Schwierigkeiten geraten können, wenn sie zum Fokus der Konflikte zwischen ihren Eltern werden, und dass es wichtiger ist, die Spannungen auf dieser Ebene abzubauen, als »im Recht« zu sein.

Die Arbeit an der eigenen Herkunftsfamilie[2] ist mühsam und hat wenig Glitzereffekte zu bieten, aber sie ist der Königsweg zur Veränderung. Eines der größten Geschenke, die Sie Ihren Töchtern und Söhnen machen können, ist, Ihre eigenen Familienbeziehungen so reif und vernünftig wie möglich zu führen. Die Veränderungen, die Sie in diesem Bereich bewirken, schwingen weiter, bis in die nächsten Generationen hinein.

# 17 Das leere Nest – hurra?

Wenn Sie ein Kleinkind haben oder sogar einen Teenager, können Sie sich wahrscheinlich nicht vorstellen, wie es sich anfühlt, wenn das Nest leer ist. Vorerst ist das ein bloßer Gedanke, eine Abstraktion, die in der Gegenwart einfach nicht real erscheinen kann.

Als meine Kinder geboren wurden, sagten mir Frauen, die ich kaum kannte: »Genießen Sie jede Minute! Sie werden so schnell groß! Bevor Sie es sich versehen, sind sie schon aus dem Haus!« Dieses spezielle Stück Volksweisheit klang unecht in meinen Ohren, obwohl es mir wieder und wieder gesagt wurde. Kein Mensch genießt jede Minute irgendeines langfristigen Unternehmens – und des Aufziehens von Kindern schon gar nicht. Und die Zeit flog auch nicht dahin, sie war nicht vorüber, ehe ich's mich versah. Im Gegenteil: Ich kann mich kaum an mein Leben vor den Kindern erinnern. Es muss eine andere Existenz gewesen sein. Was in aller Welt machten Steve und ich mit all der Freizeit, die wir gehabt haben müssen?

Fast dreiundzwanzig Jahre lang war unser Haus ein brummender Bienenstock, angefüllt mit den Lebensgeräuschen unserer Söhne und ihrer vielen Freunde. Ich konnte mir ein Alltagsleben ohne Kinder im Haus gar nicht vorstellen, bis vor kurzem, als Ben fortging, um sein College-Studium zu beginnen. Plötzlich ist mein Leben transformiert.

Die Lebensereignisse und die Arbeitsthemen treffen bei Schriftstellerinnen manchmal zusammen, und so war es in meinem Fall. Ich war dabei, dieses Buch abzuschließen, als Ben das Haus verließ. Vor seiner Abreise lief ich umher und sagte meinen Freundinnen: »Ist das nicht eine GRANDIOSE KOSMISCHE KOINZIDENZ?! Ben geht genau zu dem Zeitpunkt fort, zu dem ich anfange, über das leere Nest zu schreiben!« Die Stadien der Mutterschaft und der Arbeit an meinem Buch waren in perfekter Übereinstimmung. Ich bemühte mich, diesen Synchronismus der Ereignisse als positives Vorzeichen zu sehen. In Wahrheit versuchte ich jedoch, eine immense Traurigkeit abzuwehren.

Als Bens Abschied bevorstand, wurde ich mürrisch und reizbar. Ich lag Steve ständig in den Ohren, wenn wir in Cambridge lebten, wie meine Schwester Susan, wären wir nur eine Stunde Autofahrt von der Universität unserer Jungen entfernt und würden sie häufig sehen. »Ist dir klar, wie anders sich diese ganze Situation anfühlen würde, wenn wir in Cambridge lebten?«, wiederholte ich dauernd, wie eine kaputte Schallplatte. »Wir leben aber nicht in Cambridge«, sagte Steve dann geduldig. »Wir leben in Topeka. Das ist unser Leben. Das einzige, das wir haben.« Seine Worte trösteten mich nicht. Ich fand es enervierend, dass er darauf bestand, sich so reif zu verhalten. Dann fiel mir ein: Wenn wir tatsächlich in Cambridge lebten, hätten unsere Söhne sich wahrscheinlich einen Studienort in Kalifornien ausgewählt, und die Entfernung wäre noch größer. *Das* tröstete mich.

Matthew bewirbt sich für ein Forschungsstipendium in Mexiko nach seinem College-Abschluss. Danach will er nach Berkeley ziehen. Es gibt keinen Wohnort, der mir ermöglichen würde, unsere Familie geographisch beisammenzuhalten.

Dienstag, 26. August 1997, 7.42 Uhr

Steve und Ben fahren aus der Einfahrt heraus. Sie sind auf dem Weg zum Flughafen. Matthew absolviert sein letztes Studienjahr an der Brown University; er wird also da sein und Ben helfen, sich einzuleben. Ich bin unendlich dankbar für diese Überschneidung, und dafür, dass Matthew ein so fantastischer großer Bruder ist. Das ist die beste Gelegenheit für Ben und Matthew, einander näher zu kommen. Ich versuche, mich auf das Positive zu konzentrieren.

Das Auto entschwindet meinem Blick. Zwei meiner Männer fahren davon und nur einer kommt zurück. Diese Worte gehen mir immer wieder durch den Kopf, wie ein trauriges altes Volkslied. Ich bin in Begräbnisstimmung.

Unmittelbar vor seiner Abreise stand Ben in der Küche, mit seiner Reisetasche in der Hand, und fragte mich, ob ich ihm einen letzten großen Gefallen tun und seiner Freundin Blumen schicken lassen würde. »Ich bezahle die Rechnung«, sagt er. »Kommt überhaupt nicht infrage«, gebe ich zurück. »Das ist nicht mein Job.« Als er anfängt, zu argumentieren, halte ich ihm einen belehrenden Vortrag über die überzogenen Preise von Floristen, über seinen, Bens, Mangel an Voraussicht und Planung und so weiter und so fort. Ben sagt mir, ich solle es vergessen, und erklärt in ruhigem Ton, es sei schade, dass seine letzten Momente zu Hause in einer Missstimmung enden. Sobald er außer Sicht ist, lasse ich mich auf der Veranda nieder und fühle mich entsetzlich. Vielleicht hätte ich beim Floristen anrufen sollen. Schließlich war es seine letzte Bitte an mich, bevor er das Haus verließ. Nein. Mit meiner Entscheidung fühle ich mich wohl. Aber die Belehrung, die hätte ich ihm und mir auf jeden Fall ersparen sollen. Ich komme mir furchtbar blöd vor; wie konnte ich es nur zulassen, dass wir auf diese Art voneinander Abschied nahmen?

Ich sitze mit einer Freundin beim Kaffee und erzähle ihr von dem Vorfall mit den Blumen. Vielleicht sollte ich mir ein T-Shirt mit dem Aufdruck »Rabenmutter« besorgen, witzeln wir. Eigentlich sollte auf dem T-Shirt stehen: »Mein letztes Kind hat heute das Haus verlassen.« Mein Leben hat sich gerade drastisch verändert, aber ich sehe noch genauso aus wie gestern.

Wie sollte jemand ahnen, wie mir zumute ist? Ich erinnere mich, wie ich mich fühlte, als ich erfuhr, dass ich schwanger war, zuerst mit Matthew und dann mit Ben. Ich hatte Lust, Unbekannte am Kragen zu packen und zu sagen: »Wissen Sie was? Ich bin SCHWANGER!« Jetzt habe ich Lust, Unbekannte am Kragen zu packen und zu sagen: »Meine Jungs sind weg! Ich habe KEINE JUNGS mehr im Haus!« Aber diesmal will ich getröstet und nicht beglückwünscht werden.

Der Vorfall mit den Blumen ist keine große Sache. Nur ein Ausdruck von Trennungsangst. Aber Bens Aufbruch in sein eigenes Leben ist eine große Sache. Ich trinke meinen Kaffee und sehe meine Nachbarn mit ihren Hunden spazieren gehen. Bingo! Das ist es. Mir fällt eine »Lösung« ein, wie ich meine Leere füllen kann. Ich werde mir einen Hund anschaffen. Einen Labrador. Diese Art von Hunden habe ich immer gemocht.

Während ich ins Haus zurückgehe und über einen braunen Labrador nachdenke, erinnere ich mich an den Tag, an dem ich Mutter wurde – an diesen großen, entscheidenden Wendepunkt in meinem Leben. Aus zweien wurden drei. Steve und ich brachten einen neuen kleinen Menschen mit nach Haus, und nichts war mehr so, wie es vorher war. Dann wurde Ben geboren, und aus dreien wurden vier. Und als Matthew 1993 sein Studium begann, wurden aus vieren drei.

Jetzt sind aus dreien zwei geworden. Da Scheidung und Wiederverheiratung mittlerweile als normative Ereignisse im Lebenszyklus gelten können, haben die meisten Mütter es mit weitaus komplexeren Zahlenverhältnissen zu tun. Aber in meinem Fall ist es so einfach: 2-3-4-3-2. Steve und ich sind wieder ein Paar. Ich werde immer die Mutter meiner beiden Söhne bleiben, aber in Zukunft werden sie Gäste sein, wenn sie nach Hause kommen. Und wenn Steve am Ende der Woche wieder heimkommt, werden wir in eine neue Phase unseres gemeinsamen Lebens eintreten – ohne Kinder.

Ich gehe in den zweiten Stock hinauf und werfe einen Blick auf das Chaos. Ben hat seine Sachen in letzter Minute gepackt, und sein Zimmer sieht aus wie ein Schlachtfeld. Wenn das Zimmer aufgeräumt ist, wird es bis zum Erntedankfest so bleiben. Ich habe die plötzliche Eingebung, dass Gott Teenager so unordentlich, streitbar, laut und schwierig gemacht hat, damit es ihren Eltern leichter fällt, sie fortgehen zu sehen.

Ich schnappe mir ein Blatt Papier und fange an zu kritzeln:

Was gut daran ist, keine Kinder im Haus zu haben:

1. Haus bleibt sauber
2. Kein Aufbleiben und Warten spät in der Nacht, dass Ben nach Hause kommt
3. Mehr Freizeit
4. Wiederkehr der Freiheit und Spontaneität in meinem Leben
5. Kochen wird einfacher
6. Keine Ausrede mehr, Körpertraining sausen zu lassen
7. Ruhe

Die Liste endet mit meiner Absichtserklärung, mir einen braunen Labrador anzuschaffen. Aber ich weiß, dass es unklug ist, in Krisenzeiten große Veränderungen vorzunehmen, also streiche ich diesen letzten Punkt. Ich habe schließlich nie in meinem Leben einen Hund gehabt, ich weiß nicht, wie man Hunde erzieht oder trainiert, ich bin sehr viel unterwegs, und ich habe gehört, dass ein Hund genauso viel Aufmerksamkeit und Arbeit erfordern kann wie ein Kind. Ich komme zu dem Schluss, dass ich meine neue Freiheit erst einmal ganz erfahren sollte, bevor ich mir freiwillig zusätzliche Verantwortung aufbürde. Steve und Ben haben den Flughafen von Kansas City noch nicht erreicht, und ich habe in der Zwischenzeit bereits eine Lebensentscheidung getroffen und widerrufen. Ja, ein Hund. Nein, besser nicht. Auf gar keinen Fall. Später, am Nachmittag, denke ich, dass ich mir vielleicht einen kleineren, handlicheren Hund anschaffen sollte und jemanden dafür bezahlen sollte, ihn zu trainieren.

## Jüdische, italienische, irische und WASP-Familien

Vor vielen Jahren nahm ich an einem Workshop teil, den die Familientherapeutin Monica McGoldrick leitete. Zu den Themen gehörte unter anderem, wie unterschiedliche ethnische Gruppen darüber denken, ihre Kinder in ihr eigenes Leben zu entlassen. Jetzt, nach Bens Abreise, fällt mir plötzlich wieder das kontrastierende Bild von WASP-Familien und italienischen Familien ein, das McGoldrick präsentierte.

Um es kurz zu machen: Weiße protestantische Amerikaner britischer Herkunft legen überaus großen Wert darauf, dass ihre Kinder im angemessenen Alter als eigenständige, unabhängige, kompetente Individuen in die Welt hinausgehen. Da dem Aufbruch ins eigene Leben zum »richtigen Zeitpunkt« so viel Bedeutung zugemessen wird, kann ein junger Mensch von achtzehn Jahren, der noch nicht bereit ist, das Elternhaus zu verlassen oder ein separates, unabhängiges Leben zu führen, als »Problemfall« etikettiert werden. Selbständigkeit und Unabhängigkeit werden so hoch bewertet, merkt McGoldrick an, dass es in vielen Oberschicht-WASP-Familien in den USA als Anzeichen einer abnormen Entwicklung betrachtet wird, wenn Eltern ein Kind nicht spätestens mit vierzehn Jahren auf ein Internat schicken.

Im Gegensatz dazu legen Familien italienischer Abstammung höchsten Wert auf Loyalität und Zusammengehörigkeit. Man betrachtet den Einzelnen nicht als separates, von der Familie unabhängiges Individuum und die Kleinfamilie nicht als separate, von der Großfamilie unabhängige Einheit. Wenn eine Tochter oder ein Sohn heiratet, bedeutet das zum Beispiel nicht, dass sie oder er nun ein eigenes, getrenntes Leben führen wird, sondern dass ein neues Mitglied in die Familie eintritt. Familienloyalität und Fürsorge für die eigene Familie genießen oberste Priorität. Im Unterschied zur WASP-Kultur, in der Abhängigkeit und/oder Hilfsbedürftigkeit Anlass zur Sorge sind, schätzen italienische Familien wechselseitige Hilfe und familiären Zusammenhalt. Wenn junge Menschen sich weit von der Familie entfernen, um ihre Ausbildungsziele und eine individuelle Karriere zu verfolgen, finden sie bei ihren Angehörigen keinen Beifall.

Vor Jahren, als ich Monica McGoldricks Vortrag hörte, identifizierte ich mich mehr mit ihrer Schilderung der WASP-Kultur. Es erschien mir vernünftiger, die Individualität und Unabhängigkeit von Kindern zu fördern, statt sie eng an die Familie zu binden. Aber nun, unmittelbar nach Bens Abschied, fühle ich mich völlig anders. Warum sind meine Jungen *dort* und ich bin *hier*? Was soll gut oder vorteilhaft daran sein, wenn die Mitglieder einer Familie so weit verstreut sind?

Irgendetwas – ich bin nicht ganz sicher, was – an diesem ganzen Prozess des Ins-eigene-Leben-Entlassens fühlt sich grundfalsch an. Da lebt man nun achtzehn oder mehr Jahre lang Tag für Tag mit seinen Nachkommen zusammen, und plötzlich – puff – ist die alltägliche Beteiligung am Leben der eigenen Kinder vorbei. Das soll *normal* sein?

Ich will meine Jungen wiederhaben. Ich komme zu dem Schluss, dass – neben meiner russisch-jüdischen Herkunft – auch italienisches Blut in meinen Adern fließen muss.

Zwei Tage nach Bens Abreise suche ich in meinem Bücherregal nach Betty Carters und Monica McGoldricks Buch über die Wandlungen im Lebenszyklus von Familien, *The Changing Family Life Cycle*[1], um nachzuschauen, was sie über die Einstellung jüdischer Familien zum Aufbruch der Kinder ins eigene Leben sagen. Ich stoße auf die folgende Passage:

> »Man könnte sagen, dass in jüdischen Familien Mangel an Erfolg als das primäre Problem in der Ablösungsphase betrachtet wird. Die Duldung der Trennung von der Familie scheint oft davon abhängig zu sein, in welchem Maß der junge Mensch sich als erfolgreich erwiesen hat.«

Ich kann bestätigen, dass der Erfolg der Kinder in jüdischen Familien sehr hoch bewertet wird, aber ich protestiere gegen diese Generalisierung. Es ist mir völlig egal, ob Ben »erfolgreich« ist; ich will nur, dass er glücklich wird. Natürlich ist Ben der Typus Mensch, der nicht glücklich sein kann, wenn er keinen Erfolg hat. Bin ich defensiv? Nun ja, wir werden sehen. Ich lese weiter:

> »Die Kontinuität aktiver, intimer Familienbeziehungen wird erwartet. (...) Es ist zum Beispiel nicht ungewöhnlich, dass eine erwachsene jüdische Tochter sich ihrer Mutter mit ihren sexuellen Probleme anvertraut, während eine irische oder eine WASP-Tochter ihren Eltern vielleicht nicht einmal die banalsten Details ihres Alltagslebens enthüllt.«

Damit kann ich mich vollständig identifizieren. Als Ben mir gestern am Telefon sagte, er könne im Moment nicht reden, weil er mit seinem Zimmergenossen und seiner Cousine Amy Pizza äße, wollte ich wissen, was auf der Pizza war: Peperoni? Pilze? Zwiebeln? Ich will, dass meine Jungen mir in allen Einzelheiten über ihr Leben berichten. Na ja – vielleicht nicht in *allen* Einzelheiten.

In irischen Familien wird die offene und direkte Diskussion über emotionale Fragen dagegen gewöhnlich vermieden. Beide, Carter und McGoldrick, sind Amerikanerinnen irischer Abstammung, also ist meine Neugier geweckt, was sie über ihre eigene ethnische Gruppe zu sagen haben:

> »In irischen Familien hängt das größte Problem in der Ablösungsphase vielleicht damit zusammen, dass in Übergangssituationen nicht viel an ›Durcharbeitung‹ erwartet wird. Der Wunsch, den äußeren Schein zu wahren, kann in Familien zu großen Ängsten und Spannungen führen, wenn irgendetwas nicht ›richtig‹ läuft, obwohl man nach außen gewöhnlich Fassade zeigt und vorgibt, es sei alles in Ordnung.«

Es kommt in dieser Phase oft zum Bruch zwischen Eltern und Kindern, fährt McGoldrick fort, weil sie unfähig sind, über die Veränderungen in ihren Beziehungen, die der Abschied vom Elternhaus notwendigerweise mit sich bringt, offen zu sprechen.

Im Umgang mit solchen Generalisierungen ist zwar große Vorsicht geboten – sie sind immer nur bedingt wahr und es gibt zahllose Ausnahmen zu jeder Regel –, aber unser ethnischer Hintergrund ist in der Tat einer der Filter, durch die wir die Welt sehen. Für mich ist Jüdischsein ebenso sehr eine ethnische wie eine religiöse Identifikation. McGoldrick zeigt, dass ethnische Gruppen sich darin unterscheiden, wie sie Übergangssituationen im Lebenszyklus – Geburt, Heirat, Aufbruch der Kinder ins eigene Leben, Tod – bewältigen, wie sie auf Immigration reagieren, welche Eigenschaften, Qualitäten und Verhaltensweisen sie bei ihren Kindern wünschen und erwarten, und welche sie lieber gemieden sehen wollen. Oft unterscheiden sie sich auch darin, welche Formen der Problemlösung sie als adäquat betrachten und wie sie dazu stehen, Hilfe zu suchen.

Das Wahrnehmen und Anerkennen dieser Unterschiede hilft

uns verstehen, dass es keinen »richtigen« oder »normalen« Zeitpunkt für die Ablösung von der Familie gibt, der für alle Jugendlichen gleichermaßen gilt, und dass es für Mütter keine allgemein gültigen »richtigen« oder »normalen« Gefühle zu diesem Abschied gibt. Außerdem existiert auch kein allgemein gültiges Maß für das perfekte Gleichgewicht zwischen individueller Unabhängigkeit und Zusammengehörigkeit, das auf alle Familien passt, obwohl es offensichtlich nicht ratsam ist, zu weit in das eine oder das andere Extrem auszuschlagen. Aber es gibt einen sehr weiten Spielraum für das, was als »normal« betrachtet werden kann. Damit tröste ich mich, während mir durch den Kopf geht, was mit mir nicht stimmt und warum ich nicht mehr Begeisterung fühle, dass Ben nun seinen eigenen Weg geht und in eine neue Phase seiner Entwicklung eintritt.

Väter reagieren gewöhnlich mit ebenso großen Ängsten wie Mütter, wenn das letzte Kind das Elternhaus verlässt, auch wenn sie ihre Gefühle vielleicht nicht direkt zum Ausdruck bringen. In der Zeit, als Bens Abschied bevorstand, entwickelte Steve eine hartnäckige Atemwegsinfektion, die einen Monat lang anhielt. Zwei Nächte vor der geplanten Abreise saß er plötzlich keuchend und nach Luft ringend aufrecht im Bett, in Panik, dass seine Atmung versagen und er auf der Stelle sterben würde. Er war der Erste, der darauf kam, dass seine Krankheit und der dadurch ausgelöste akute Anfall von Atemnot eine beachtliche Stresskomponente hatten. In den Wochen und Tagen vor Bens Abschied hatte es zwischen Steve und mir auch oft auf geringfügige Anlässe hin wütende Wortgefechte gegeben.

Betty Carter erzählt eine ähnliche Geschichte. Als ihr Sohn Tim achtzehn wurde und seine Abreise zum College bevorstand, wurden sie und ihr Mann im Umgang miteinander zunehmend gereizt und zogen sich voneinander zurück. »Sam hatte auch physische Symptome, Furcht erregende Anfälle von

Herzrasen, die ihn für Tage außer Gefecht setzten; er musste sogar mehrmals zu Tests und Untersuchungen ins Krankenhaus eingewiesen werden.«

Unabhängig davon, welche Einstellung oder welche Bewältigungsstrategien Ihr kultureller oder ethnischer Hintergrund Ihnen nahe legt – eines dürfen Sie mir glauben: Ihre Ängste können sich ins Unermessliche steigern, wenn Ihr letztes Kind das Haus verlässt.

## Das Leere-Nest-Syndrom

Im Scherz sage ich einer Freundin, dass ich unter LNS leide; sie missversteht es zuerst und glaubt, ich hätte PMS (Prämenstruelles Syndrom) gesagt, aber das ist zur Zeit definitiv nicht mein Problem. »Ich hasse diesen Ausdruck, ›das leere Nest‹«, sagt sie, nachdem wir das Missverständnis geklärt haben. »Es hört sich so erbärmlich an und gibt Frauen einen so jämmerlichen Anstrich, als hätten wir kein eigenes Leben mehr, wenn unsere Kinder aus dem Haus sind.« Ich dagegen hasse den Begriff »Ablösung«, der in der familientherapeutischen Literatur überwiegt. »Es hört sich irgendwie nach toten Hautfetzen an«, sage ich ihr, »die nach einem Sonnenbrand vom Körper abschilfern.« Und »Entlassen« gefällt mir auch nicht, denn man kündigt seinen Kindern schließlich nicht. Wie man es auch nennt, kommen wir überein, der plötzliche kinderlose Zustand ist ein Schock. Gleichzeitig ist diese Phase für viele Frauen auch ein Neubeginn. Die Autorin und psychoanalytische Beraterin Kim Chernin schrieb die folgenden Worte nieder, als ihre Tochter das Haus verlassen hatte, um aufs College zu gehen:

»Ja, eine gefährliche Zeit, ein Bruch mit der Vergangenheit, die Antizipation einer plötzlichen neuen Freiheit. Keine Kinder im

Haus, ein Neuanfang für die Mutter, als ob auch sie und nicht nur die Tochter in ihr eigenes Leben hinausginge. Alles ist möglich. Die Zukunft ist ungewiss. Zeit für das ungelebte Leben, ans Licht zu kommen und seinen Anspruch anzumelden – alles, was du hättest werden können, aber nicht geworden bist, alles, was du für dich selbst gewünscht, aber beiseite geschoben hast. Jetzt ist deine Chance gekommen.«[2]

Chernin war Ende dreißig, als ihre Tochter flügge wurde. Meine Freundin Jeffrey Ann erinnert mich daran, dass sie im Pensionsalter sein wird, wenn ihr Sohn Alex anfangen wird zu studieren. Ich bin zweiundfünfzig, irgendwo in der Mitte. Im Augenblick kann ich mir nicht vorstellen, welcher ungelebte Aspekt meines Lebens ans Licht kommen und seinen Anspruch anmelden wird.

## Lassen Sie sich Zeit

»Meine Kinder sind alles für mich«, sagte meine Mutter immer. Wie wurde sie damit fertig, dass ich mich im letzten Moment weigerte, wie geplant das Brooklyn College zu besuchen, und stattdessen in den Mittelwesten abflog? Im September 1962 bestieg ich auf dem Inlandsflughafen La Guardia zusammen mit meiner besten Freundin Marla Isaacs das Flugzeug, und wir winkten unseren Eltern zum Abschied zu. Marla und ich waren in Flatbush zusammen aufgewachsen; wir wohnten in gegenüberliegenden Häusern und waren seit der ersten Klasse praktisch unzertrennlich. Es war Marla, die entschied, dass das Brooklyn College nicht unser Schicksal sein würde. Sie wählte unseren Studienort aus, die Universität von Wisconsin in Madison, und sie stand hinter mir, als ich die Formulare ausfüllte, die sie angefordert hatte. Ich bekam ein Stipendium, also hatten meine Eltern keinen Grund, aus finanziellen Erwägungen heraus zu protestieren.

Als ich selbst Kinder hatte, fragte ich meine Mutter, wie es für sie gewesen sei, mich fortgehen zu sehen. Sie gab mir die traurigste Antwort. »Es war furchtbar«, sagte sie, »einfach furchtbar. Wir konnten den Gedanken, in das große leere Haus zurückzukehren, nicht ertragen. Wir verließen den Flughafen und gingen direkt zu Freunden. Wir wollten nicht nach Hause.«

Ich war erschüttert und voller Mitgefühl. Eine Woche später rief ich sie noch einmal an, weil mir eine weitere Frage eingefallen war. »Mami«, sagte ich, »du hast mir erzählt, wie hart es für dich war, als ich von zu Hause wegging, zum College. Wie lange hat die harte Zeit gedauert? Kannst du dich erinnern?« Meine Mutter schwieg einen Augenblick und dachte nach. Dann sagte sie ganz nüchtern: »Eine Woche. Vielleicht auch etwas länger.«

»Eine Woche?«, rief ich ungläubig aus. Susan und ich waren doch ihr Ein und Alles gewesen. Eine Woche? Wie konnte das sein? »Na ja«, sagte sie sachlich und ohne entschuldigenden Unterton, »man gewöhnt sich sehr schnell an die Ruhe und die Freiheit. Dann fängst du an, es wirklich zu genießen. Das Leben wird viel einfacher.« Sie erinnerte mich daran, dass sie nach meinem Abschied von zu Hause angefangen hatte, für Anna Neagoe zu arbeiten, eine außergewöhnliche europäische Künstlerin, die damals in New York lebte. Neagoe bezahlte sie großzügig mit Gemälden. Das war der Beginn einer wichtigen Freundschaft, und der Anstoß für meine Mutter, eine bemerkenswerte Kunstsammlung zusammenzutragen, die sie später in ein kleines, einträgliches Geschäft verwandelte. Meine Mutter hat immer gesagt, dass sie in den Jahren um fünfzig am glücklichsten war, denn in dieser Zeit konnte sie ihre volle Aufmerksamkeit auf die Welt der Kunst richten, die ihre Leidenschaft war und die sie mit anderen teilen wollte.

Ben ist nun zwei Tage fort, und ich klage jedem, der zuhören will, mein Leid. Ich kann nicht umhin zu bemerken, dass die Reaktionen auf meine Klagen ziemlich sauber in zwei Kategorien einzuordnen sind. Wenn ich mich bei Frauen mit kleinen Kindern – oder Frauen, die nie Kinder hatten – beklage, bekomme ich eine wirklich emphatische Antwort: »Oh, wie furchtbar. Das muss ja so schwierig sein. Ich fühle mit dir.« Diese netten Menschen rufen auch an, um sich zu erkundigen, wie es mir geht.

Wenn ich mit Frauen spreche, deren Kinder schon aus dem Haus sind, fällt die Reaktion ganz anders aus. »Warte nur ab«, sagen sie mir. »Am Anfang ist es sehr schwierig, aber dann wirst du es einfach wunderbar finden.« Oder: »Bald wird dein Leben dir wieder ganz normal vorkommen. Glaub mir, du wirst nicht wollen, dass sie wieder bei dir einziehen.« Diese Frauen, die Erfahrung haben, äußern sich genauso wie meine Mutter.


## Reflexionen über »die guten alten Zeiten«

Nach drei Tagen fühlt mein Leben sich alles andere als normal an, abgesehen von der Tatsache, dass ich es immer noch fertig bringe, mir um Ben Sorgen zu machen, obwohl er mir aus den Augen ist. Das Semester hat noch nicht angefangen, aber ich fürchte jetzt schon, dass Ben nach seinem Studienabschluss keine Stellung, kein Auskommen finden wird. Er hat vor, später vielleicht an einem College zu unterrichten, aber ich kann nicht umhin, an die vielen talentierten jungen Männer und Frauen mit Diplomen und Doktortiteln zu denken, die zur Zeit arbeitslos sind, oder an jene, die ohne eigenes Verschulden gute Positionen verloren haben und nun in Niedriglohnjobs arbeiten müssen, weil sie in ihrem eigentlichen Feld keine neue Stellung finden können.

Ich wuchs in der Zuversicht auf, dass eine Promotion die Eintrittskarte zu einem Arbeitsleben mit guten Verdienstmöglichkeiten und Absicherung bis ins Alter sein würde. Außerdem war es in den sechziger Jahren, den Jahren der expandierenden, blühenden Wirtschaft möglich, mit sehr geringen Mitteln über die Runden zu kommen. Steve und ich bestritten unseren Lebensunterhalt fast zehn Jahre lang von minimalen Stipendien, aber das wenige, das wir hatten, reichte für ein gutes Leben, die sprichwörtliche »Five-dollar-a-day«-Europareise eingeschlossen. Davon kann jetzt keine Rede mehr sein – nicht mehr, nachdem die Wirtschaftslage seit den späten siebziger Jahren immer angespannter wurde, seit ein Paar Jeans so viel kostet, wie wir früher an Miete bezahlten.

Ich kann nicht umhin, über die furchtbaren Probleme der Welt, in die ich meine Jungen entlassen habe, nachzudenken. Am liebsten würde ich uns alle in die guten alten Zeiten zurückversetzen, als alles so einfach erschien, so überschaubar, unkompliziert und sicher. Mein Anfall von Nostalgie hält gute fünf Minuten lang an, bis ich schließlich wieder zu mir komme. Anne Roiphe erinnert uns in ihrem Buch *Fruitful* daran, dass die so genannten guten alten Zeiten auf einem Sumpf von Konformismus, Repression, Bigotterie und massiven Vorurteilen aufgebaut waren. Sie waren nicht friedlich, liebenswert und harmonisch, und die Welt war *nicht* in Ordnung. Roiphe schreibt:

»Nostalgie kann uns alle leicht zu Narren machen. Elternhäuser wie das meine, in denen Scheidung nicht zur Debatte stand, waren nicht notwendigerweise Horte der Liebe, Achtung, Ehre und Aufrichtigkeit. Wir ereifern uns dieser Tage über Talkshows, in denen die schmutzigsten Geheimnisse vor einem Millionenpublikum von Fernsehzuschauern bloßgelegt werden, aber denken wir doch an das erstickende Klima der fünfziger Jahre – die erzwungene Geheimhaltung von Sexualität, die Furcht der Homosexuellen vor öffentlicher Bloßstellung, die Herabsetzung und Verspottung von unverheirateten Frauen, die heimlichen Ängste, abnorm, monströs, ein Fehlgriff der Natur zu sein, Ängste, die sich ins Unermessliche steigern konnten, weil niemand wusste, wie es bei anderen Leuten zuging.«[3]

Ich führe mir vor Augen, wie vieles sich seit meinen eigenen Studientagen zum Besseren verändert hat, und damit meine ich nicht Grußkarten, die »Happy Birthday« spielen, CD-Player und Videorecorder. Ich denke an die Erfahrungen, die meinen Söhnen jetzt, in ihrer College-Zeit offen stehen – die Vielfalt der Studiengebiete und Kursangebote, die Vitalität einer gemischten Studentenschaft, die wach und aufmerksam genug ist, um aufzupassen, wer einbezogen und gewürdigt wird und wer nicht. Ich begann mein Studium vor der zweiten Welle der Frauenbewegung, in einer Zeit, in der niemand auf die Idee kam, ein Vorlesungsverzeichnis infrage zu stellen, das keine Frau oder keine farbige Person unter den Lehrenden nannte, in der wir uns alle in einer Art Schlafzustand befanden, in der Männer die Botschaft erhielten, jemand zu werden, und Frauen, jemanden zu finden.

Ich denke auch daran, wie die Kommunikation zwischen den Generationen sich seit meinen Studientagen verändert und geöffnet hat. Fast alle meine Freundinnen und Freunde sind ihren Kindern näher, als sie es ihren eigenen Eltern in ihrer Jugend waren. Natürlich gibt es auch Ausnahmen, aber was mich selbst betrifft, ist die Verbindung zweifellos direkter und unkomplizierter.

Ich liebte meine Mutter sehr, aber als ich Studentin war, rief ich selten zu Haus an. Ferngespräche waren für Notfälle reserviert, und in meinem Wohnheim gab es nur ein einziges Telefon. Pflichtschuldig schrieb ich meinen Eltern jede Woche einen Brief, um sie auf dem Laufenden zu halten und ihnen zu versichern, dass es mir gut ging, selbst wenn das ganz und gar nicht der Fall war. Die Kommunikation war oberflächlich.

Meine Mutter wäre für mich da gewesen, wenn ich die Hand ausgestreckt hätte. Nur ein einziges Mal während meines dritten Studienjahres rief ich sie in Panik an und sagte ihr, dass ich den Druck der Abschlussprüfungen nicht mehr aushielte. Sie war fantastisch. Einfach dadurch, dass sie mit mir sprach, fühlte ich mich gleich wesentlich besser. Ich wusste, dass meine Mutter mich liebte und zu mir halten würde, ganz gleich, was geschah. Aber damals redeten wir nicht wirklich offen mit unseren Eltern und wandten uns nicht an sie, wenn wir Trost oder Rat brauchten. Ich erinnere mich auch, dass wir, meine Freunde und ich, über Besuche unserer Eltern auf dem Campus durchaus nicht erbaut waren. Wir schützten unsere Eltern damals vor dem Wissen, wie wir wirklich lebten – oder vielmehr: Wir schützten uns selbst vor den Reaktionen unserer Eltern auf diese Wirklichkeit.

Als Matthew zu studieren begann, blieben Steve und ich dagegen in enger Verbindung mit ihm, durch Anrufe, E-Mails und Besuche, und ich vertraue darauf, dass es mit Ben ebenso gehen wird. Unsere Söhne erzählen uns von ihren Problemen und sind offen dafür, wie wir die Dinge sehen. Laut Matthew ist dieser Stand der Dinge unter jungen Erwachsenen nicht ungewöhnlich. Er stimmt mir zu, dass junge Menschen heute offener mit ihren Eltern sprechen, als es in unserer Generation üblich war. »Die Kommunikation ist sehr viel aufrichtiger als in euren ›Trau-keinem-über-dreißig‹-Tagen«, sagt er.

Das heißt nicht, dass ich das Loblied der modernen Zeiten singen will. Unsere Gesellschaft ist in einem Zustand des Verfalls; wir sind weit davon entfernt, Lösungen für die großen

Krisen zu haben – im Gesundheitswesen, Kinderschutz und im Problemfeld Arbeit/Familie. Viele Kinder, insbesondere farbige Kinder, leben in Armut. Was kann man zur Verteidigung einer Gesellschaft sagen, die sich nicht für ihre Kinder interessiert? Ohne Frage: Es ist ein Akt des Gottvertrauens, ein Kind in diese Welt zu entlassen oder überhaupt eines in die Welt zu setzen.

Ich will nur sagen: Es ist sinnvoll, sich alle Faktoren vor Augen zu führen. Manche Aspekte des Familienlebens haben sich wesentlich verbessert, seit ich in dem Alter war, in dem meine Söhne jetzt sind. Es ist wahr, wir entlassen unsere Kinder in eine schwierige, problembeladene Welt, aber wir sollten uns vor Sentimentalität und falscher Nostalgie hüten. Wenn es um Familien geht, gibt es keine »guten alten Zeiten«, zu denen wir zurückkehren könnten, selbst wenn Zeitsprünge möglich wären.

## Wenn aus dreien zwei werden

Wenn Sie Kinder im Haus haben, die so schwierig und so anstrengend sind, dass Sie sie am liebsten aussperren würden, liegen Sie vielleicht auf den Knien und beten, der Tag ihres Aufbruchs ins eigene Leben möge endlich kommen. Aber wenn der Tag gekommen ist, stellen Sie vielleicht zu Ihrer größten Überraschung fest, dass Sie sich in einer Krise befinden. Die Situation des »leeren Nests« als solche, der viele Frauen sich im Rekordtempo anpassen, ist vielleicht gar nicht der entscheidende Punkt. Ich erwähnte es schon: Nichts ist für eine Familie mit größerem Stress verbunden als die Addition oder Subtraktion von Familienmitgliedern.

Betty Carter[4] weist darauf hin, dass es bei Paaren nach der Geburt des ersten Kindes und nach dem Abschied des letzten Kindes vom Elternhaus am häufigsten zu Scheidungen kommt, denn dies sind die beiden Übergangssituationen, die uns die größten emotionalen Veränderungen und Verhaltensänderungen abverlangen. Sie freuen sich vielleicht auf die neue Freiheit, die Sie und Ihr Partner genießen werden, sobald die Kinder aus dem Haus sind, aber die Wirklichkeit kann Sie wie eine Schockwelle treffen. Fünf Minuten nachdem Ihr letztes Kind ausgeflogen ist, springt Ihnen jedes ungelöste eheliche Problem oder Dilemma direkt ins Gesicht, weil nun keine Kinder mehr da sind, auf die Sie sich fokussieren können. Außerdem sind Sie mit der Herausforderung konfrontiert, für sich selbst einen neuen Weg zu finden, herauszufinden, wie Sie Ihr eigenes Leben gut und sinnvoll weiterleben können.

Im Idealfall haben Sie alle Ihre zentralen ehelichen Probleme gelöst, bevor das letzte Kind das Elternhaus verlassen hat. Die heiklen Fragen, die sich auftaten, als Sie zum ersten Mal Mutter wurden – Sex, Geld, wer den Lebensunterhalt verdient und wer was im Haushalt und im Familienalltag tut –, konnten im Lauf der Zeit bewältigt und in jedem neuen Stadium des Familienlebens auf konstruktive Weise neu verhandelt werden. So weit das Ideal. Aber im wirklichen Leben ist es höchst unwahrscheinlich, dass Sie bei diesem Unterfangen in allen Punkten erfolgreich waren. Sie können damit rechnen, dass unterschwellige Konflikte mit erneuter Kraft an die Oberfläche kommen, sobald Sie wieder ein Paar sind – und miteinander allein sind. Es wird häufig angenommen, dass die Ablösungsphase für allein erziehende Mütter sehr viel schwieriger sei, aber wenn Geldmangel nicht das Problem ist (und das ist unglücklicherweise oft das Problem), haben allein erziehende Mütter es nicht notwendigerweise schwerer als verheiratete.

Betty Carter unterscheidet zwischen unvorhersehbaren Stresssituationen in Ehen (ausgelöst durch Affären, chronische Krankheiten oder Invalidität, plötzliche Todesfälle oder Arbeitslosigkeit) und vorhersehbaren Transitpunkten im Leben eines Paares, die mit Stress verbunden sind (Heiraten, Kinder bekommen, Heranwachsende aufziehen, die Kinder ins eigene Leben entlassen, wieder ein Paar werden, den Übergang ins Alter vollziehen). Gehen Sie nicht davon aus, dass Sie eine bestimmte Übergangssituation im Familienleben, nur weil sie normal und vorhersehbar ist, locker und problemlos bewältigen werden. Aller Wahrscheinlichkeit nach wird es nicht so sein.

## Anregungen für Mütter im Transit

Versuchen Sie, die folgenden fünf Punkte im Auge zu behalten, wenn Ihr letztes Kind aus dem Nest fliegt:

1. Rechnen Sie damit, dass es schwierig wird. Dieser große Wendepunkt im Lebenszyklus der Familie verlangt von allen Familienmitgliedern beträchtliche emotionale Anpassungsleistungen; alle sind gefordert, ihre Beziehungen neu zu entwerfen und zu definieren.
2. Versuchen Sie, Ihre »Besorgtheitsenergie« gleichmäßig zu verteilen. Wenn Sie feststellen, dass Sie ständig grübeln, ob Ihr Sohn oder Ihre Tochter mit dem Studium klarkommt, übersehen Sie wahrscheinlich andere wichtige Stressquellen. Erweitern Sie Ihren Blickwinkel und denken Sie über folgende Fragen nach:

   ◆ Welchen Einfluss hat der Abschied Ihres Kindes auf Ihre Ehe oder Partnerschaft?
   ◆ Was glauben Sie? Werden Sie und Ihr Mann einander in den nächsten Jahren näher kommen oder sich weiter voneinander entfernen?
   ◆ Welche Pläne haben Sie für die Zukunft, jetzt, da Ihre alltägliche Erziehungsarbeit vorüber ist?

◆ Welche Ihrer Interessen oder Talente würden Sie jetzt gern weiterentwickeln?

◆ Was könnte Sie daran hindern, Ihren neuen Lebensplan zu formulieren und aktiv umzusetzen?

◆ Welche ungelösten Konflikte und unterschwelligen Ressentiments in Ihrer Ehe könnten zu diesem Zeitpunkt wieder an die Oberfläche kommen?

3. Denken Sie über die Vorgeschichte des Ausfliegens aus dem Elternhaus in Ihrer Herkunftsfamilie nach. In welchem Alter gingen Sie selbst von zu Hause fort? Was waren dabei die größten Schwierigkeiten für Sie? Was war mit Ihren Geschwistern? Kamen Ihre Eltern besser oder schlechter miteinander aus, nachdem das letzte Kind das Haus verlassen hatte? Wie erlebten die Eltern ihre eigene Ablösung von der Familie? Welche Ihrer Verwandten hatten Probleme damit – emotionale oder wirtschaftliche Probleme –, in ihr eigenes Leben hinauszugehen?

Unsere Reaktionen auf unsere Kinder – und wie sie sich durch den Lebenszyklus hindurchbewegen – sind durch den Filter unserer eigenen Familiengeschichte eingefärbt. Versuchen Sie also, sich über das gesamte Bild klar zu werden und mehr über die Vorgeschichte in Erfahrung zu bringen.

4. Beachten Sie das emotionale Klima, das Sie umgibt, während Sie diesen Transit vollziehen. Vielleicht fällt die Erfahrung des »leeren Nests« in eine relativ stabile Zeit in Ihrem Leben – oder in eine turbulente Phase, in der Sie mit beruflichen Schwierigkeiten, Eheproblemen, der Fürsorge für einen pflegebedürftigen alten Elternteil oder einer anderen Krise zu kämpfen haben. Denken Sie darüber nach, ob Sie dem »leeren Nest« in einem ruhigen oder einem ängstlich angespannten emotionalen Feld gegenüberstehen.

5. Vermeiden Sie unvorteilhafte Vergleiche mit den extrem erfolgreichen Kindern Ihrer Freunde. Kinder sind nicht alle gleich. Sie werden nicht alle in demselben Alter selbständig und landen nicht alle sofort sicher auf den eigenen Füßen. Manche brauchen einfach länger, um ihre Eigenständigkeit zu etablieren, unabhängig davon, ob sie mit psychischen oder physischen Beeinträchtigungen zu kämpfen haben oder ob ihre Entwicklung völlig »normal« verlaufen ist. Kinder und Jugendliche entwickeln sich ihrem eigenen inneren Zeitplan gemäß, und nicht nach einer vorgegebenen Schablone. Manche junge Erwachsene brauchen sehr lange, um sich im eigenen Leben zurechtzufinden, und bewegen sich im Kreis umher, bis sie schließlich ihren eigenen Weg in der Welt entdecken.

Wir leben in einer neuen Zeit, und es gibt kein allgemein gültiges Schema für die Ablösung von der Familie. Eltern, die es sich leisten können, finanzieren ihren Kindern den Lebensunterhalt oft bis weit über den Studienabschluss hinaus. Junge Erwachsene ziehen oft wieder bei ihren Eltern ein, weil die wirtschaftlichen Umstände schwierig sind oder weil sie keine Stellung finden. Wenn Sie zu bemerken glauben, dass Ihr Kind ernsthafte emotionale Probleme mit der Ablösung von der Familie hat, ignorieren Sie die realen Schwierigkeiten nicht. Gehen Sie aber andererseits nicht von Scheitern oder Versagen aus, nur weil Ihr Dreiundzwanzigjähriger gegenwärtig in Ihrem Souterrain haust und darum kämpft, sich selbst zu finden, während die gleichaltrige Tochter Ihres Nachbarn gerade an der Harvard Medical School ihre Fachausbildung in pädiatrischer Neurologie macht. Die hoch begabte, leistungsstarke junge Frau hat vielleicht ernste Probleme, von denen Sie nichts wissen, und Ihr Sohn findet vielleicht früher, als Sie denken, einen Job, der ihn ausfüllt und begeistert.

Und noch ein letzter Rat: Zögern Sie nicht, professionelle Hilfe für sich selbst in Anspruch zu nehmen. Wenn der Abschied Ihrer Kinder vom Elternhaus eine Ehekrise auslöst, haben Sie die Chance, sich mit zentralen Problemen auseinander zu setzen und Ihr Leben auf eine bessere, sinnvollere Weise weiterzuführen. Sowohl eine Einzeltherapie als auch eine Paartherapie können in dieser Situation sehr nützlich sein. Beziehungen, die sich im Fluss befinden, sind stärker gefährdet, auseinander zu brechen, aber sie haben auch das höchste Potenzial für eine positive Wandlung.

## 8. September 1997

Ich werde beim Schreiben zweimal durch das Läuten des Telefons unterbrochen. Zuerst ruft Matthew an, offensichtlich in Hochstimmung. Er hat das Gefühl, in diesem fünften und letzten Studienjahr an der Brown University besonders produktiv zu sein. Er strengt sich an, sein Fulbright-Forschungsstipendium für Mexiko zu bekommen, er spielt in der Jazzband der Uni, er hat ein Fußballteam organisiert, er hat in der Graphik-Abteilung einen interessanten neuen Job angefangen, seine Informatikseminare sind viel spannender, als er erwartet hatte, seine neue Wohnung ist toll, und mit seiner Freundin kommt er fantastisch aus.

Was für ein Unterschied zu seinen beiden ersten Studienjahren! Er war lustlos und apathisch, konnte sich für nichts engagieren und brachte kein Interesse an seinen Vorlesungen und Seminaren auf, abgesehen von seinem Spanischkurs. Manche meiner Freundinnen und Freunde erzählen mir, dass es bei ihren Kindern genau umgekehrt verlief. Sie stürzten sich anfangs voller Begeisterung in ihr Studium und stellten dann schließlich in ihrem Abschlussjahr fest, dass sie ihr selbst gewähltes Fachgebiet hassten und keine Ahnung hatten, was sie nach ihrem Studienabschluss mit ihrem Leben anfangen sollten. Aber wer von uns könnte voraussehen, wie die Lebenssituation unserer Kinder in zehn Jahren aussehen wird?

Fünf Minuten später ruft Ben an. Er hat offensichtlich mit der neuen Situation zu kämpfen und schildert seine Schwierigkeiten ehrlich und eloquent. Ich erinnere ihn daran, dass er erst seit zwei Wochen an der Uni ist – kaum angekommen also –, und dass auch Matthew große Schwierigkeiten hatte, sich zurechtzufinden.

»Aber wie geht es *dir*?«, fragt Ben nach einer Weile. »Wie ist es für dich und Dad, allein im Haus zu sein?« Ich sage ihm, dass es ein ständiges Auf und Ab ist, dass es schwierig und ungewohnt ist und dass wir, Steve und ich, uns vermutlich dennoch bald daran gewöhnen werden. Ich sage ihm, wie sehr ich mich darauf freue, ihn Ende Oktober beim Elternwochenende an der Uni zu sehen. Ich erinnere ihn daran, dass er an Thanksgiving und, kurz danach, in den langen Winterferien nach Hause kommen wird. Ich sage es so, als wäre er nicht wirklich aus unserem Haus ausgezogen, als wäre das College nur eine kleine Unterbrechung des gewohnten Familienlebens.

Aber Ben durchbricht meine Verleugnung. Er sagt mir, was für ihn zu den schwierigsten Dingen bei der Eingewöhnung ins College-Leben gehört: Nämlich zu realisieren, dass er wirklich von zu Hause fort ist, dass sein Leben, wie er es in Topeka gekannt hat, vorüber ist. Er sagt mir, wie viel einfacher es für ihn gewesen wäre, zusammen mit seinen besten Freunden an die University of Kansas in Lawrence zu gehen, wie viel wohler und geborgener er sich dort fühlen würde. Aber das habe er vorher gewusst, fügt er hinzu, und er habe sich nun einmal für die schwierigere Option entschieden.

Ich lege den Telefonhörer auf. Ich starre auf meinen Computermonitor und nehme die Stille in meinem aufgeräumten, ordentlichen Haus wahr. Ich will die letzten Seiten dieser Arbeit nicht schreiben, einer Arbeit, die mir meine Verbundenheit mit meinen Söhnen stärker vor Augen führt denn je. Und auch hier, in meiner Rolle als Schriftstellerin, muss ich schließlich loslassen; ich muss dieses Buch in die Welt entlassen, mich zurücklehnen und abwarten, welchen Weg es nehmen wird, wenn ich es aus der Hand gegeben habe.

Durch meine Traurigkeit hindurch versuche ich, mich an den Worten meiner Mutter festzuhalten. Ich vermute, dass sie Recht hat, dass es nicht mehr lange dauern wird, bis ich meinen Elan wieder finde und mein neues Leben feiern kann. Jetzt, in diesem Augenblick, ist es jedoch schwer vorstellbar.

# Epilog
## Kinder? Warum das Risiko eingehen?

Matthew hat immer geplant, Kinder zu haben, zwei, um genau zu sein. »Ich bin zutiefst davon überzeugt, dass Kinder zu bekommen und aufzuziehen das Wichtigste im Leben ist«, sagte er mir neulich am Telefon. Er hat vor, mit fünfunddreißig Vater zu werden, was ihm noch dreizehn Jahre Zeit gibt, sich seinen eigenen Interessen zu widmen, bevor er die »fundamentale Wandlung« vollzieht, wie er es ausdrückt, und sich auf Kinder einstellt. Matthew konnte immer fantastisch mit kleinen Kindern umgehen und war vom Wunder der Geburt fasziniert. Das hat er von seinem Vater.

»Das hört sich so an, als würdest du sehr enttäuscht sein, wenn du keine Kinder bekommen könntest«, sage ich; ich habe viele Paare kennen gelernt, deren größtes Problem die Unfruchtbarkeit eines Partners war.

»Dann würde ich eben Kinder adoptieren«, sagt Matthew, ohne zu zögern. »Ich denke, das ist eine gute Sache in der Welt, in der wir leben.«

»Wovor hast du am meisten Angst bei der Vorstellung, eine eigene Familie zu gründen?«, frage ich.

»Dass ich so werden könnte wie ihr«, sagt er unverblümt.

»Ist das dein Ernst?«

»Na klar, keiner will so werden wie die eigenen Eltern!«

»Und was stellst du dir vor, was deine größte Stärke wäre?«, frage ich weiter.

»So zu sein wie ihr«, sagt Matthew. »Ihr seid ziemlich gute Eltern.«

Ben ist dagegen fest entschlossen, keine Kinder zu haben. Das jedenfalls ist zur Zeit seine Haltung. Während seines letz-

ten High-School-Jahres verkündete er mehrmals mit großer
Entschiedenheit, dass er nie Kinder in die Welt setzen werde.
Nie im Leben. »Das Risiko ist einfach zu hoch«, sagte er. »Es
kann dein ganzes Leben ruinieren.« Dann führte er mir das
Beispiel all der Kinder vor Augen, mit denen er aufwuchs und
die jetzt in großen Schwierigkeiten stecken oder auf die schie-
fe Bahn geraten sind. Und die vielen weiteren Gefahren, die
überall lauern: Tödliche Autounfälle, Krebs, Drogen und so
fort. Ben hat viele schlimme Dinge gesehen, die Kindern passieren können, und nicht nur im Fernsehen. Außerdem neigt
er dazu, sich mit seiner außerordentlich aktiven Vorstellungskraft Katastrophenszenarien – die schlimmsten aller vorstellbaren Möglichkeiten – auszumalen. Das hat er von seiner
Mutter.

Ich weiß, was Ben meint. Eltern zu werden heißt, so intensiv zu empfinden, dass man sich einer Verletzlichkeit jenseits
aller Vorstellungskraft ausliefert. Was nicht alles passieren
kann! »Kinder bekommen heißt nach Problemen schreien«,
wie Myla und Jon Kabat-Zinn[1] sagen. Selbst wenn man sich
angesichts der Wechselfälle des Lebens um eine zen-artige Gelassenheit bemüht, bleiben Kinder doch immer Teil der eigenen Existenz. Sie zerren an dir und sie öffnen dein Herz unvorstellbar weit.

»Kinder zu haben ist eine der wichtigsten Erfahrungen im
Leben«, sage ich Ben. »Wart's nur ab. Du wirst ein großartiger
Vater sein.«

»Es ist viel zu kompliziert«, sagt er.

»Natürlich ist es kompliziert. Das ganze Leben ist kompliziert. Willst du dem Leben ausweichen?«

Ich höre unser Gespräch auf zwei Ebenen. An der Oberfläche vermittelt Ben mir seine gegenwärtige Einstellung zu den
Risiken und Problemen der Elternschaft. Aber auf einer tieferen Ebene darunter fragt er mich, ob es der Mühe wert war, ob

ich immer noch mit ganzem Herzen dazu stehe, ihn und Matthew in die Welt gesetzt zu haben, unabhängig davon, welche Sorgen die Zukunft bringen mag. Und meine Antwort ist: Ja, definitiv ja.

## Jenseits des Strebens nach Glück

Eine Freundin und ich diskutieren über einen Zeitungsartikel, der zu dem Schluss kam, dass Paare ohne Kinder ein glücklicheres Leben führen. »Wozu das Offensichtliche konstatieren?«, witzelt meine Freundin. »Natürlich sind Paare ohne Kinder glücklicher. Mit bestimmten Tiefenschichten ihres Seelenlebens kommen sie überhaupt nicht in Berührung. Unwissenheit ist Seligkeit.« Meine Reaktion ist etwas anders. »Glück ist überhaupt nicht messbar«, sage ich. Und außerdem geht »Glück« als Kriterium irgendwie am Wesentlichen vorbei.

Das Streben nach Glück ist als Menschenrecht in der amerikanischen Verfassung festgeschrieben. Aber so nobel der Gedanke ist, so absurd ist mir die konstitutionelle Garantie immer erschienen. Ich hörte die Schriftstellerin Isabel Allende einmal sagen, wir wären besser dran, wenn wir ein konstitutionelles Recht auf das Streben nach Weisheit hätten. Kinder sind, wenn es um Glück geht, definitiv ein Roulettespiel mit hohem Einsatz, obwohl sie Momente unbeschreiblicher Freude in Ihr Leben hineinbringen werden. Kinder sind nie einfach, also setzen Sie keine in die Welt und adoptieren Sie keine, um Ihr Glück zu vervollständigen oder zu mehren. Und schaffen Sie sich auch keine Kinder an, wenn Sie Ihr Lebensziel darin sehen, vollkommene Stille, Heiterkeit und Gelassenheit zu verwirklichen, oder wenn Sie es nicht leiden können, gestört zu werden, oder wenn Sie einen bestimmten Lebensweg gehen, der Ihre vollständige

Aufmerksamkeit und Hingabe erfordert. Bedenken Sie auch,
dass Kinder keine »Lösung« sind. Es gibt kein Problem auf Er-
den, wie Anne Lamott betont, das durch Kinder »gelöst« werden könnte. Sich für Kinder zu entscheiden heißt, für das Chaos zu optieren, für Komplikationen, Turbulenzen und für die
Wirklichkeit. Kinder bringen eine Kraft der Liebe in Ihnen zum
Vorschein, die Sie nie für möglich gehalten hätten. Kinder konfrontieren Sie aber auch mit all den schmerzlichen, unangeneh-
men und hässlichen Emotionen, die wir Menschen mit einem
so immensen Energieaufwand zu unterdrücken und zu vermeiden suchen. Kinder lehren Sie klar erkennen, wer Sie sind und
wie es sich anfühlt, den Forderungen der wichtigsten Verantwortung, die Sie je hatten oder haben werden, nicht gewachsen
zu sein. Kinder zeigen Ihnen, dass Sie zu unendlichem Mitgefühl fähig sind, aber sie demonstrieren Ihnen auch, dass Sie definitiv nicht die reizende, gelassene, kompetente, klar denkende und geistig hoch stehende Persönlichkeit sind, für die Sie
sich hielten, bevor Sie Mutter wurden. Ihre Kinder werden Ihnen abfordern, erwachsen zu werden. Sie werden Gelegenheit
bekommen, Ihre eigene Mutter in einem ganz anderen Licht zu
sehen – komplexer und differenzierter. Ihre Paarbeziehung
wird tiefer und intensiver werden, wenn sie bestehen bleibt,
aber auch Blessuren davontragen. Und ob Sie verheiratet bleiben oder sich scheiden lassen, es hängt in jedem Fall so viel
mehr davon ab, wie Sie Ihren Anteil in der Beziehung zum Vater des Kindes gestalten.

Kinder erhöhen die Einsätze, in jeder Hinsicht. Oder, wie die
Schriftstellerin Mona Simpson es ausdrückt, Kinder *sind* die
Einsätze. Sie schreibt: »Meine Ehe, mein Tod, meine Misserfol-
ge oder Erfolge, meine Güte oder meine Bosheiten im Alltagsleben – das alles bedeutet mehr, weil es von einer anderen Person außer mir als zentral und determinierend empfunden
werden wird.«[2]

Ich glaube auch, dass Kinder die besten Lehrmeister für die profundesten spirituellen Lektionen des Lebens sind: Dass Schmerz und Leiden zu unserem Dasein gehören, ebenso wie Glück und Freude, dass Unbeständigkeit und permanente Wandlung alles sind, worauf wir uns fest verlassen können, dass wir den Ablauf der Dinge nicht wirklich steuern und dass wir, wenn wir nicht die Reife entwickeln, diese schwierigen Wahrheiten anzunehmen, immer unglücklich sein werden, wenn unser Leben – und das unserer Kinder – sich nicht so entwickelt wie erwartet oder geplant. Oder, wie Elisabeth Kübler-Ross es ausdrückt: »Ich bin nicht okay, du bist nicht okay, und das ist okay.« Das Wunder liegt darin, dass Ihre Kinder Sie mit allen Ihren Unvollkommenheiten lieben werden, wenn Sie fähig sind, Ihren Kindern mit derselben Haltung entgegenzutreten.

Während unseres letzten Gesprächs zum Thema Elternschaft war Bens Haltung klar und entschieden: Keine Kinder. Ich war versucht, ihm eine Predigt zu halten, ihm zu erklären, dass Kinder den Einsatz wert sind, selbst wenn die schlimmsten Dinge passieren. Ich wollte ihm begreiflich machen, dass jedes menschliche Leben einzigartig ist und dass jedes menschliche Leben wertvoll ist. Aber er ist erst achtzehn Jahre alt, und außerdem ist es nicht an mir, zu entscheiden, ob er eines Tages Kinder haben sollte oder nicht. Ich weiß nur, dass ich meine beiden Söhne mehr liebe, als ich es mit Worten ausdrücken kann. Also vergesse ich meine Predigt und nehme ihn stattdessen fest in die Arme. Ich gestatte mir sogar, mich daran zu erinnern, dass auch ich nie Kinder haben wollte – auf gar keinen Fall –, bis sie da waren.

# Anmerkungen

## Einführung

1 Christina Baker Kline (Hg.), *Child of Mine. Writers Talk about the First Year of Mothering.* New York: Hyperion 1997. Zitat Gloria Steinem aus »Revolution Within« in: Kline, *Child of Mine,* S. 5.

## 2

1 Erma Bombeck, *Vier Hände und ein Herz voll Liebe.* Bergisch Gladbach: Lübbe 1985, S. 191.
2 Lisa Birnbaum/Donald Morrill, »Of Childlessness. A Couple Speaks« in: *Conneticut Revue* 18, Nr. 2 (Herbst 1996), S. 105–117, Zitate S. 111 und 114.
3 Interview mit Dorothy Allison aus: Judith Pierce Rosenberg (Hg.), *A Question of Balance. Artists and Writers on Motherhood.* Watsonville, Cal.: Papier-Mache-Press 1995, S. 63 f.
4 Mary Karr, »Lives« in: *New York Times Magazine,* 12. Mai 1996.

## 3

1 »Talfahrt einer Ehe« beschrieben in: Harriet Lerner, *Wohin mit meiner Wut? Neue Beziehungsmuster für Frauen.* Frankfurt am Main: Fischer Taschenbuch Verlag 1994.
2 Betty Carter/Joan Peters, *Macht und Liebe. Wege aus der Ehekrise.* Salzhausen: iskopress 1997, S. 281.
3 Jay Belsky/John Kelley, *Was ist mit uns passiert? Wie das erste Kind die Beziehung verändert.* München: Goldmann 1993, S. 32. Den Autoren zufolge sind die »fünf großen Streitthemen« für neue Eltern die Aufteilung von Berufstätigkeit, Geld, Arbeit, Sozialleben und die Aufrechterhaltung der Intimität in der Paarbeziehung. Siehe auch: Elisabeth Bing/Libby Colman, *Laughter and Tears. The Emotional Life of New Mothers.* New York: Henry Holt 1997.

4 Siehe Christina Baker Kline, *Child of Mine,* a. a. O., in dem Mütter ihre Gefühle und Sorgen während des ersten Lebensjahres ihrer Kinder beschreiben.
5 Carin Rubenstein, *Wenn Mütter zu sehr lieben. Kinder erziehen, ohne sich selbst aufzugeben.* Frankfurt am Main: Wolfgang Krüger Verlag 1999.
6 Anne Lamott, *Operating Instructions. A Journal of My Son's First Year.* New York: Fawcett Columbine 1994.

4

1 Anne Lamott, »Lady Madonna, Baby at Your Overexposed Breast« in: *Salon* (online-Magazin), »Word by Word«, 27. Mai 1996, Internet-Adresse:
http://www.salonmagazine.com/weekly/lamott960527.html.
2 Arlie Russell Hochschild, *The Time Bind. When Work Becomes Home and Home Becomes Work.* New York: Henry Holt/Metropolitan Books 1997, zitiert in: »There's no Place Like Work« in: *The New York Times Magazine,* 20. April 1997, S. 55.
3 Betty Carter/Joan Peters, *Macht und Liebe,* a. a. O.
4 Marianne Ault-Riché, »Sex, Money, and Laundry« in: *Journal of Feminist Family Therapy* 6, 1994, S. 69–87.
5 Betty Carter/Joan Peters, *Macht und Liebe,* a. a. O.

5

1 Rat an Rosalies Mutter zuerst veröffentlicht in: Harriet Lerner, »Must I Breast-Feed my Baby?« in: *New Woman,* April 1992, S. 45.
2 Philip Slater, *The Pursuit of Loneliness.* Boston: Beacon Press 1970.
3 Ron Taffel/Melinda Blau, *Parenting by Heart.* New York: Addison-Wesley 1991. Ron Taffel hat ein Audiotape *Getting Through to Difficult Kids* veröffentlicht, das 1996 beim Annual Family Therapy Network Symposium vom 21.–23. März aufgenommen wurde. Falls Sie es bestellen möchten: item #716–211, The Resource Link, 3139 Campus Drive, Suite 300, Norcroff, GA 30071. Taffel begründete

die TALK-Methode, die Eltern lehrt, die Aufmerksamkeit ihrer Kinder zu wecken und ihnen lernen zu helfen.
4 Anne Lamott, »Lady Madonna, Baby at Your Overexposed Breast«, a. a. O.

## 6

1 Anne Roiphe, *Fruitful*. New York: Houghton Mifflin Company 1996, S. 77.
2 Interview mit Alice Walker in: *The World is Made of Stories,* Audiotape. San Francisco: New Dimensions Foundation.

## 7

1 Anne Lamott, »Where Eagles don't Dare« in: *Salon* (online-Magazin), »Word by Word«, 9. September 1996, Internet-Adresse: http://www.salon.com/weekly/lamott960923.html.
2 Junioritätskämpfe, siehe Betty Carter/Joan Peters, *Macht und Liebe,* a. a. O., S. 131–134.
3 Die volkstümliche Erzählung hörte ich von der Familientherapeutin Rachel Hare-Mustin.
4 Ron Taffel/Melinda Blau, *Parenting by Heart,* a. a. O., S. 225 f.

## 8

1 Rachel Naomi Remen, *Dem Leben trauen. Geschichten, die gut tun.* München: Blessing 1997, S. 41.
2 Die Geschichte von Matthew und dem scharfen Messer schilderte ich erstmals in: *Wohin mit meiner Wut?* a. a. O., S. 88.
3 Ron Taffel, *Getting Through to Difficult Kids,* Audiotape, a. a. O.
4 Ders., *Parenting by Heart,* a. a. O., S. 105–108, 128.
5 Ebenda, S. 246 f.
6 Heikle Themen: siehe auch Kathy Weingarten, *The Mother's Voice.* New York: The Guildford Press, 1997, und Harriet Lerner, *Was Frauen verschweigen. Warum wir täuschen, heucheln, lügen müssen.* Frankfurt am Main: Fischer Taschenbuch Verlag 1996.

## 9

1 Eine provozierende Diskussion zum Thema Essen und Sex im Leben von Erwachsenen finden Sie bei: Susi Bright/Mollie Katzen/Harriet Lerner, *Food, Sex, and Relationships*. Audiotape. Sounds True, P. O. Box 8010, Boulder, CO 80306.

2 Aus: *Feminist Jewish Women's Voices. Diversity and Community*. Audiotape. Eighth Annual National Women's Studies Convention, Fourth Plenary, National Women's Studies Association.

3 Die Geschichte über den »Teller-leer-Club« erschien zuerst in *Lillith*, Sommer 1995.

4 Jane Hirshman/Lela Zaphiropoulos, *Are You Hungry?* New York: Random House 1985 (erst kürzlich neu erschienen unter dem Titel *Preventing Childhood Eating Problems*. Carlsbad, CA: Gürze Books 1993).

5 Ebenda, S. 20.

6 Ellyn Satter, *How to Get Your Child Eat ... But Not Too Much*. Palo Alto, CA: Bull Publishing 1987.

7 Susie Bright/Jill Posener (Hg.), *Nothing But the Girl*, New York: Cassell Academic, Freedom Editions, 1997, S. 9.

8 T. W. Shannon, *Self Knowledge and Guide to Sex Instruction*. Marietta, Ohio: The S. A. Mullikin Co. 1913.

9 Siehe auch: Susie Bright, *Sexual State of the Union*. New York: Simon & Schuster 1998, sowie: Leonore Tiefer, *Sex is Not a Natural Act and Other Essays*. Boulder, CO: Westview 1995.

10 Der Rat an Emilys Mutter wurde zuerst veröffentlicht in: Harriet Lerner, »Is It Okay For Kids to Sleep in the Nude?« in: *New Woman*, März 1997, S. 50.

## 10

1 Elizabeth (Betty) Carter/Peggy Papp/Olga Silverstein/Marianne Walters, *Mothers and Daughters*. The Women's Project in Family Therapie Monograph Series, Bd. 1, Nr. 1. Washington, D.C., 1983, S. 14.

2 Siehe auch: Carol Gilligan, *Die andere Stimme. Lebenskonflikte und Moral der Frau*. München: Deutscher Taschenbuch Verlag 1996, Mary Pipher, *Pubertätskrisen junger Mädchen und wie Eltern helfen können*. Frankfurt am Main: Fischer Taschenbuch Verlag 1999, so-

wie Peggy Orenstein, *Starke Mädchen – brave Mädchen. Was sie in der Schule wirklich lernen.* Frankfurt am Main: Fischer Taschenbuch Verlag 2000.

3  Die Geschichte aus dem Workshop erschien zuerst in: Harriet Lerner, *Was Frauen verschweigen,* a. a. O., S. 100.

4  Jessie Bernard, *The Future of Motherhood.* New York: Dial 1974.

5  Adrienne Rich, *Von Frauen geboren. Mutterschaft als Erfahrung und Institution.* München: Frauenoffensive 1979, S. 225 f.

6  Ebenda, S. 245.

7  Über Geschwisterpositionen siehe auch Elizabeth (Betty) Carter/Peggy Papp/Olga Silverstein/Marianne Walters, *Mothers and Daughters,* a. a. O.

8  Monica McGoldrick, »Ethnicity and Family Therapy. An Overview« in: Monica McGoldrick/Joe Giordano/John K. Pearce (Hg.), *Ethnicity and Family Therapy.* New York: The Guildford Press 1996, S. 11.

9  Die Geschichte meiner eigenen jüdischen Familie veröffentlichte ich zuerst in »Sisters and Other Family Legacies« in: *Lillith,* Frühjahr 1989, S. 11–13.

10  Constance Ahrons, *Die gute Scheidung. Die Familie erhalten, wenn die Ehe zerbricht.* München: Droemer Knaur 1995.

11  Elizabeth (Betty) Carter/Peggy Papp/Olga Silverstein/Marianne Walters, *Mothers and Daughters,* a. a. O.


11


1  Olga Silverstein/Beth Rashbaum, *The Courage to Raise Good Men.* New York: Penguin Books 1994.

2  Ebenda, S. 2.

3  Michael Kimmel, *Manhood in America. A Cultural History,* New York: Free Press 1995, S. 160 f.

4  Rachel Naomi Remen, *Dem Leben trauen,* a. a. O., S. 42.


12


1  »Unser Geschwistererbe« erschien zuerst in: Harriet Lerner, *Zärtliches Tempo. Wie Frauen ihre Beziehungen ändern, ohne sie zu zerstören.* Frankfurt am Main: Fischer Taschenbuch Verlag 1994, S. 30–32.

2 Die Familiengeschichte erschien zuerst in »Sisters and Other Family Legacies« in *Lillith,* a. a. O.


## 13

1 W. S. Barnes, *Sibling Influences Within Family and School Contexts.* Unveröffentlichte Dissertation. Harvard Graduate School of Education, 1984.
2 Der Rat an Cindys und Megs Mutter wurde zuerst in Harriet Lerner, »Telling One Child a Secret« in: *New Woman,* Oktober 1994, S. 48, veröffentlicht.
3 Harriet Lerner/Susan Goldhor, *What's so Terrible About Swallowing an Apple Seed?* New York: HarperCollins Children's Books 1996.


## 14

1 Rozsika Parker, *Mother Love/Mother Hate. The Power of Maternal Ambivalence.* New York: Basic Books 1996, S. 5.
2 Ebenda.
3 Die Geschichte »When Matthew Was Several Weeks Old« erschien zuerst in *Life Preservers.* New York: HarperPerennial 1996, S. 260.
4 Erich Fromm, *Die Kunst des Liebens.* Frankfurt am Main/Berlin/Wien: Ullstein 1980, S. 53 ff.
5 Lois Braverman, »Beyond the Myth of Motherhood« in: Monica McGoldrick, *Women in Families. A Framework for Family Therapie.* New York: W. W. Norton 1991, S. 227–243.
6 Elisabeth Badinter, *Die Mutterliebe. Geschichte eines Gefühls vom 17. Jahrhundert bis heute.* München: Piper ⁵1992.


## 15

Die theoretischen Grundlagen dieses Kapitels verdanke ich den Arbeiten von Monica McGoldrick und Betty Carter.
1 Siehe auch Betty Carter/Joan Peters, *Macht und Liebe,* a. a. O., S. 308.
2 Ebenda, S. 306–325; Monica McGoldrick/Betty Carter, »Forming a

Remarried Family« in: Betty/Monica McGoldrick (Hg.), *The Changing Family Life Cycle.* New York: Gardner Press 1988, S. 399–429; Marianne Walters/Betty Carter/Peggy Papp/Olga Silverstein, *Unsichtbare Schlingen. Die Bedeutung der Geschlechterrollen in der Familientherapie.* Stuttgart: Klett-Cotta 1995, S. 373–388; Monica McGoldrick, *Making Stepfamilies Work.* Audiotape, aufgezeichnet beim Annual Family Therapy Networker Symposium 1996 vom 21. bis 23. März 1996, bestellen können Sie dies: item #716–324, The Resource Link, 3139 Campus Drive, Suite 300, Norcroff, GA 30071.

3  Betty Carter/Joan Peters, *Macht und Liebe,* a. a. O., S. 292.


16

1  Siehe auch: Harriet Lerner, *Wohin mit meiner Wut?,* a. a. O., und dies., *Zärtliches Tempo,* a. a. O., sowie Monica McGoldrick, *You Can Go Home Again.* New York: W. W. Norton 1995.
2  Die Arbeit mit der Herkunftsfamilie und dem Genogramm wurde von Murray Bowen entwickelt, dem Begründer der Bowen Family Systems Theory.


17

1  Siehe auch: Monica McGoldrick, »Ethnicity and the Family Life Cycle« in: Betty Carter/Monica McGoldrick (Hg.), *The Changing Family Life Cycle,* a. a. O., S. 69–90.
2  Kim Chernin, *My Life as a Boy.* Chapel Hill, N. C.: Algonquin Books of Chapel Hill 1997, S. 1.
3  Anne Roiphe, *Fruitful,* a. a. O., S. 54.
4  Betty Carter/Joan Peters, *Macht und Liebe,* a. a. O., S. 249–253.


Epilog

1  Myla und Jon Kabat-Zinn, *Mit Kindern wachsen. Die Praxis der Achtsamkeit in der Familie.* Freiamt: Arbor Verlag 1998, S. 89.
2  Mona Simpson, »Beginning« in Christina Baker Kline (Hg.), *Child of Mine,* a. a. O., S. 326.